晋商兴衰史

张正明　张舒 ◎ 著

1990年国家社科基金项目

JINSHANGXINGSHUAISHI

增订本（第三版）

山西出版集团
山西经济出版社

1990 年国家社科基金项目

三晋文化研究丛书编辑委员会

主　任：赵雨亭
副主任：李玉明　刘舒侠　刘贯文　刘　江
　　　　陈墨章　张　颔　武正国

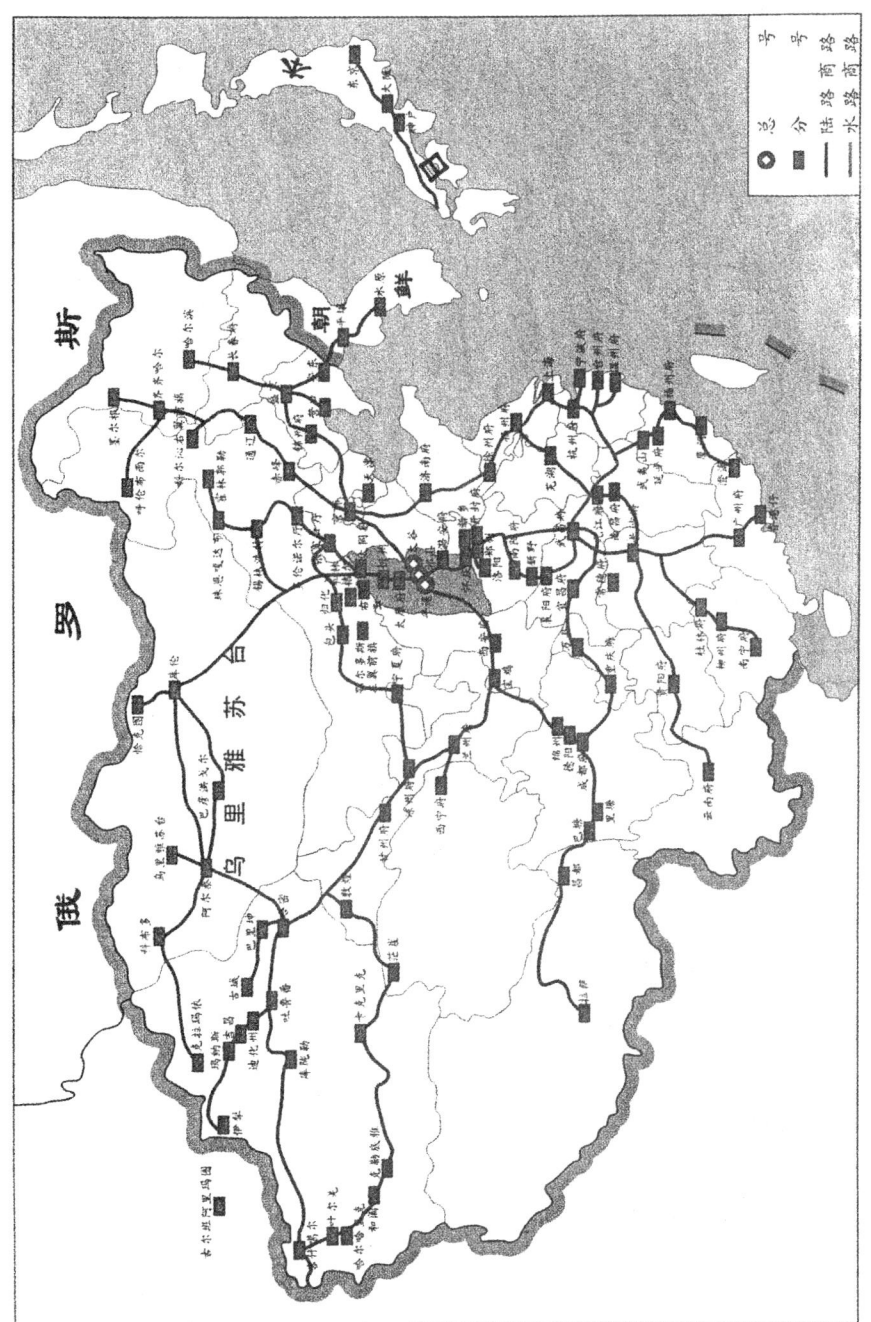

明清晋商商路示意图

选自王尚义《晋商商贸活动的历史地理研究》

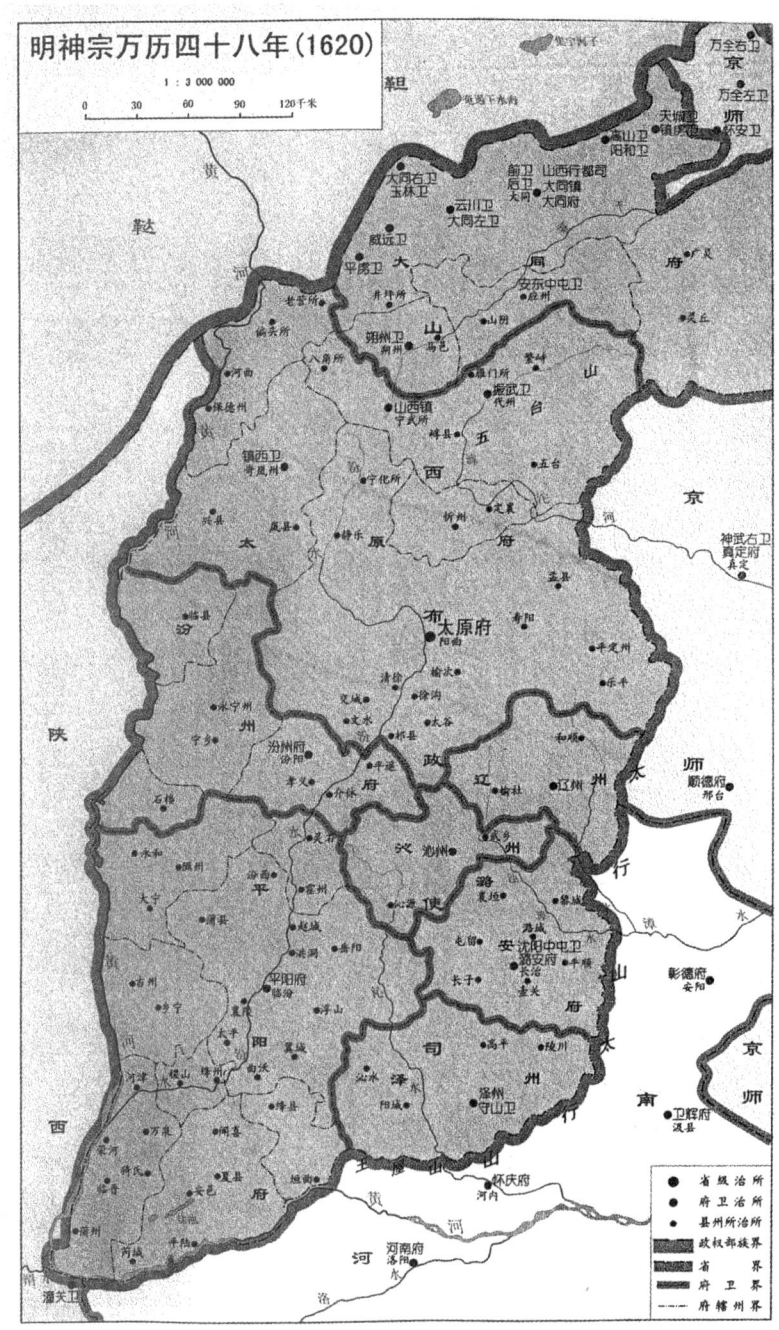

明代山西政区图

选自王尚义《晋商商贸活动的历史地理研究》

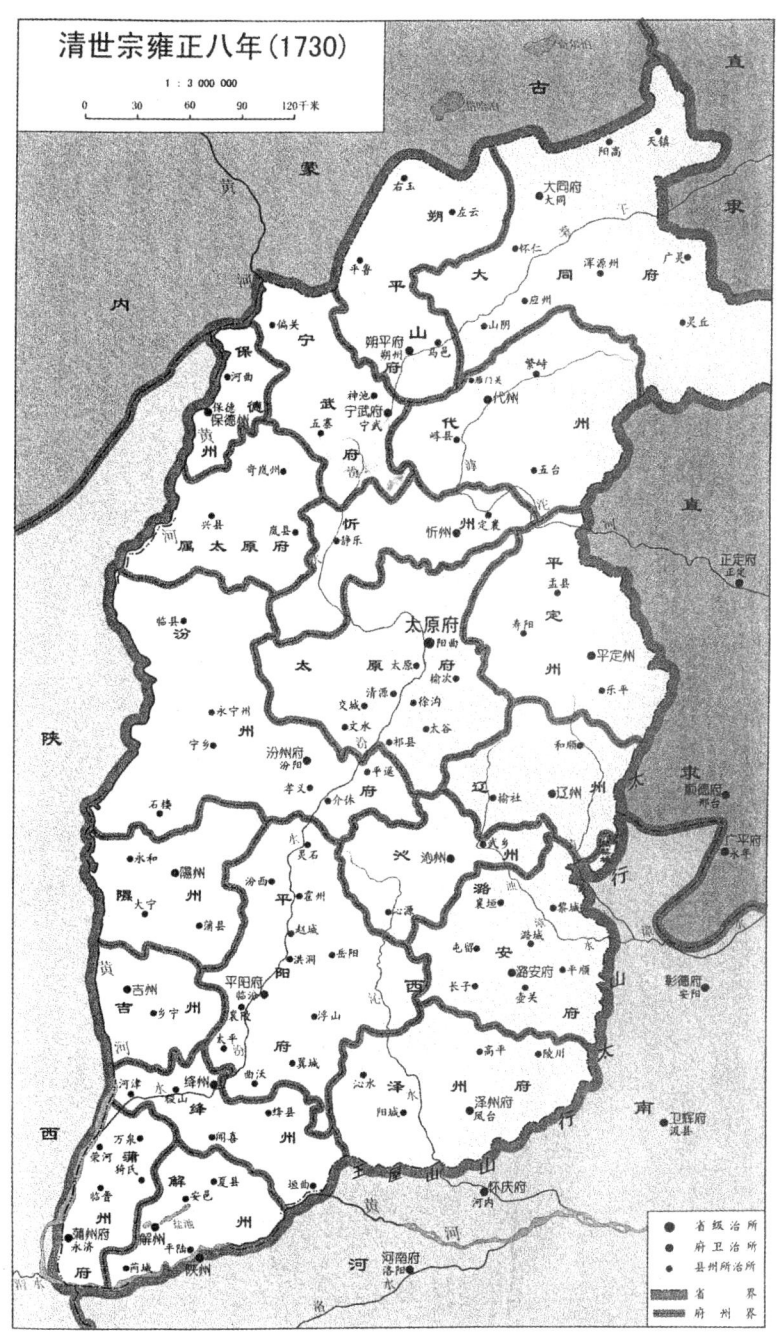

清代山西政区图

选自王尚义《晋商商贸活动的历史地理研究》

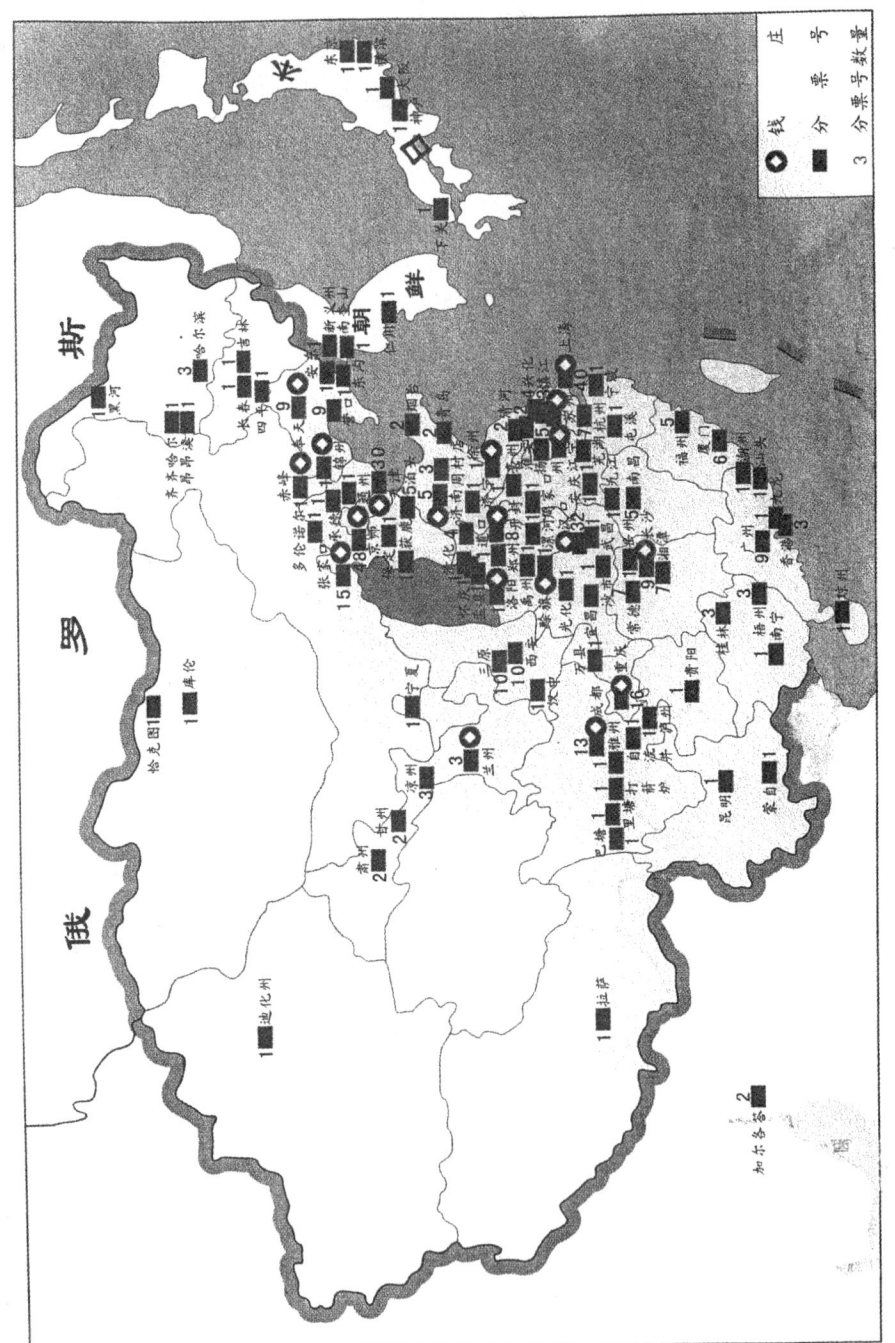

明清晋商全盛期钱庄票号在国内的分布

选自王尚义《晋商商贸活动的历史地理研究》

三版（增订本）前言

拙著《晋商兴衰史》(《明清晋商研究》)为1990年国家社科基金项目，1995年由山西古籍出版社出版，2001年再版一次，并先后印刷四次。这次应山西经济出版社之约，增订改版后作为第三版出版。

近年来，社会上对明清晋商的历史比较关注。晋商旅游点的开发、文化媒体的宣传与推动，使明清晋商的历史更多地进入了人们的视野。而明清晋商受到人们的关注，最重要的是这一历史现象有着它的历史价值与现实意义，即明清晋商的历史反映了当时社会的一些新的经济因素与社会变化。因此，人们对明清晋商历史要思考和回答的问题很多。例如：明清晋商为什么能够称雄商界五个多世纪？他们何以兴、何以衰？他们的经商成功之道是什么？其历史作用如何？其经验教训有哪些？在中国和世界商业史上的地位怎样？对现代商业企业的发展有何启示和借鉴之处？等等。

对于明清晋商历史的研究，中外学者一直比较关注。清末晋商李宏龄等就将自身经历与对晋商发展的意见撰写为著作，如《山西票商成败记》、《同舟忠告》等。20世纪三四十年代，历史学者卫聚贤的《山西票号史》、陈其田的《山西票庄考略》等可谓有关晋商研究的代表作。海外学者对明清晋商的研究涉猎也较早，近年来更是多有关注，并整理了很有价值的史料和发表出版了许多有见地的论文及著作。国内学者从20世纪60年代着手对山西票号资料进行比较全面系统的搜集整理，80年代明清晋商史的研究已渐趋热，90年代与新世纪初，明清晋商史的研究已经硕果累累。2005年8月,由山西省晋商文化研究中心组织召开了"晋商国际学术研讨会",来自英国、美国、新加坡及国内包括香港、台湾学者70余人参加了会议。这次会议是对近年来明清晋商史研究成果的一次检阅,并且使明清晋商史的研究进一步走向了世界。目前,明清晋商史的研究已经形成新的格局,正在向纵深发展。

拙著1995年初版,蒙胡富国、经君健先生作序,并得到了国内学者秦佩珩、张文彬、吴慧、郭松义、王春瑜、张海瀛、郭正忠、周绍泉、刘重日、宋元强、阎守诚、刘式如与海外学者小野和子、松浦章、山根幸夫、袁清教授、居蜜女士等大力支持,谨在此表示诚挚谢意。

张正明　张　舒

2009年10月

初版序一

张正明研究员写了一部《晋商兴衰史》,要我写一篇序文。我没有系统读过这方面的史料,也没有来得及阅读本书全文,只能就本书的有关内容说几句话,以表示对这一学术研究的支持。

明清晋商是我省历史上很重要的一个历史现象,也是一个很值得研究的课题。比如,他们为什么能够称雄商界五个多世纪,他们何以兴、何以盛、何以衰,他们经商的成功之道是什么?其历史作用如何?在中国商业史上的地位怎样?对我们有什么历史启示等等,都需要探研。我省历史学者张正明经过多年的研究,写出了这部《晋商兴衰史》,试图回答上述问题。张正明的研究虽是一家之言,但其研究成果是有价值的。鉴往知来,古为今用。深入客观地分析研究明清晋商的历史,从中汲取有益的经验教训,对我们发展社会主义市场经济无疑会有一定的借鉴作用。

看这本书,使我想到这样一些问题:为什么明清时期的山西能有那么多人外出经商?当时的交通条件远非今日可比,但他们却能"足迹遍天下"。他们不畏艰辛,横波万里浪,千里走沙漠,曾到阿拉伯国家贩运货物,到莫斯科、彼得堡开办商号,最先到朝鲜、日本开办银行。这在当时来讲,他们是何等有魄力,有开拓进取精神!晋商的进取精神、敬业精神、群体精神、经营之道,乃是其长处。在商业竞争中,他们以地域为纽带,形成了松散的商人群体,如山西会馆就几乎遍布全国各商埠。还有,他们通过经理负责制和学徒选拔制培育人才,通过号规加强企业管理,通过推行伙计制、股份制解决利益分配问题,调动员工积极性等。这些历史经验都是宝贵的财富,有借鉴作用。

党的十四大明确地提出了我国经济体制改革的目标是建立社会主义市场经济体制。这是一项前无古人的开创性伟业,在社会主义的发展史上具有划时代的意义。社会主义市场经济是一所大学校,在这所大学校里,我们需要学习研究的东西很多,其中包括学习研究中外历史上创造的成功经验。晋商所创造的经商经验,是我们山西人尤其应该珍惜的历史遗产。结合我们当前发展社会主义市场经济的实践,应很好地研究借鉴山西商人的经商之道,学习他们的敬业精神,发掘他们的开拓进取精神,为加快建立社会主义市场经济体制的步伐,为实现兴晋富民的宏伟目标而努力奋斗!

胡富国
1995年9月3日

初版序二

晋商是明清时代最大的商帮之一,他们曾对中国封建经济的发展起过重要的作用。

明清时代的中国封建经济是以地主制经济为主体的经济。地主制经济是以地主、佃农、个体农民以及其他小生产者家庭为独立经济单位进行经济活动的。佃农向地主缴纳品种单一的实物地租——粮食。在经济上相对独立的佃农和众多小农收获的粮食也罢,地主得到的租谷也罢,假若没有交换,没有流通,就难以进行再生产,也难以满足消费的需要,当然也谈不上整体的社会经济的顺利运转。有了交换,有了流通,问题迎刃而解。归根到底,地主制经济制度乃是中国封建社会中商品经济存在和发展的根本原因。在这样的经济制度下,商人促进了商品经济的发展,同时也促使地主经济壮大和繁荣。

明清社会中国地主制经济已经发展到完全成熟的阶段。社会经济的繁荣达到了前所未有的程度,山西商人和全国其他商人一道,为数百年封建经济的繁荣和发展做出过不可磨灭的贡献。他们在全国相当大的范围内,沟通了生产者与消费者之间的关系,发展了城市与乡村之间的经济关系,扩大了区域之间的经济联系;在诸如粮、棉、布、盐、铁、木等最为重要的生产资料和生活资料的地区性的买卖以及全国性运销中,他们都起着举足轻重的作用。在旧式金融方面,票号是山西商人的创造性发明。票号的产生,标志着中国封建社会商品经济的发展达到了新的水平,也对商品经济的发展起到了极大的推动作用。

明清时代山西商人资本的运转方式和它本身的经营方式，都与地主制经济的结构是完全协调的。他们用"货币—商品—货币"的活动方式，以交换为手段，将其触角所及的人和物，统统装到商品经济的车子上来，推动他们在传统的经济模式下不断前进。山西商人及其资本，和其他商帮一样，是中国封建社会商品经济发展到一定程度的产物，反过来又有力地促进了商品经济的发展。他们在封建社会生产、分配、交换、消费经济链条的转动中起着推动和润滑的作用。

明清山西的官商，或称之为"大商"，还满足了政府在军事上的物质供应和财政上的需要，就此而言，山西商人中的"大商"比民商（或称之为"小商"）多了一种功能——封建政府的工具。这类活动中，他们在赚取大量财富的同时，也为巩固封建政权做出了贡献。

明清时代山西商人资本的利润实现方式主要是贱买贵卖，即不等价交换。当时不等价交换得以实现，主要是由于地区间存在商品差价和某些商品存在垄断价格。山西商人的利润来自所有与之发生经济关系的对象——小生产者、消费者、债务人，乃至包括官僚和政府（财政），最终当然来自小生产者。明清山西商人的存在条件反映了小商品经济已经有了长足的发展，但生产力水平仍然相当低下，也反映了全国性的生产力地区性不平衡，以及资本主义生产关系的不存在。

所以，如果给山西商人定性的话，是封建性的。在地主制经济体制之下，无论山西商人集团及其资本有多么巨大的发展，都不是必然导向资本主义的，相反，这个集团及其资本有多么巨大的发展,都不是必然导向资本主义的,相反,这个集团及其资本越是巨大,其地主制经济的属性,即封建性,就越明显。

山西商人在省内外活跃的经济活动中获利颇丰,因而在一定程度上缓和了山西某些州县人多地少的矛盾,减少了本省因地瘠而民贫的现象。正如这本书中所描述的那样,山西商人的足迹东南到台湾、海南岛,西南到云南、贵州、打箭炉,西北到达塔尔巴哈台、伊犁,东北则到了黑龙江,北向内蒙、外蒙,南下少数民族地区,有力地促进了民族经济的发展。他们由北面西,直达俄国彼得堡、莫斯科,同时东渡大海,前往朝鲜、日本,甚至远到伊朗,在对外贸易方面做出了重要贡献。

山西商人的店铺字号中,内部东伙之间依靠一定的原则组成适当的关系,在商业、金融方面积累了整套的经营方法。历史证明,在当时的条件下,这些原则和方法是极为有效的,否则不可能活跃长达五百余年之久。其中有些在今天看来仍然是合理的,应该被当作文化遗产,认真分析研究,吸收利用。

由此可见,不论对于研究明清时代的全国经济史还是山西经济史,研究地主制经济还是财政、金融、商业等部门经济,研究民族经济还是对外经济,研究商业经营方法还是研究成果,既能大大丰富中国经济史学,也能对今天发展社会主义商品经济,提高商业企业的经营水平有所启迪。由于山西商人在国外的经济活动,有关的研究成果,当然对研究中外经济关系史和各该国家的经济史,有着特殊的意义。

张正明教授多年从事中国经济史研究,山西经济史尤为专长。他的学术资料积累相当丰富。对山西的土地关系、农业、手工业、金融业、商业，以及阶级关系等方面，都曾涉及，并都达到了较高的研究水平。《晋商兴衰史》一书正是他在如此广博的学术基础上，吸收了前人研究成果写成的，书中披露了许多新的史料。例如合盛元票号在日本神户、横滨开办银行的日文资料，对清档中有关史料做了有力的补充和印证。书中对山西商人的兴起、活动、特点、性质、经营方式、成功经验、衰落原因以及历史地位和历史作用等方面，一一进行详尽的叙述和剖析。书中把山西商人和安徽商人进行比较，指出山西商人资本的实力在明代时已超过徽帮，其活跃的年代也超过后者，作者还指出晋商与徽商的另一不同，即晋商以商为本，学而优则商，而不是学而优则仕。这都是值得注意的现象。

《晋商兴衰史》一书的出版，是有其特定的学术价值的。这本书丰富了山西经济史和明清经济史的内容，同时，也正像人们所期望的那样，其中关于晋商成功之道的研究，对社会主义经济建设中的商业文化建设也会有很大的帮助。

谨此祝贺正明教授取得这一硕果

经君健
1995年8月

目录 contens

第一章　明初晋商的兴起 ……………………………… 1
　第一节　明清以前的山西商人 ……………………………… 2
　第二节　有关明清晋商兴起缘由的几种说法 ……………… 4
　第三节　晋商兴起的原因 …………………………………… 7

第二章　明中后期商界劲旅的晋商 ……………………… 25
　第一节　明中后期晋商的特点 ……………………………… 26
　第二节　明中后期晋商称雄商界原因探析 ………………… 39

第三章　清代晋商经营资本的新发展 …………………… 47
　第一节　晋商新发展的历史前提与条件 …………………… 48
　第二节　晋商经营资本的新发展 …………………………… 60

第四章　清季执金融界牛耳的晋商 ……………………… 101
　第一节　山西票号产生的社会背景与历史条件 …………… 102
　第二节　山西票号产生的年代 ……………………………… 110
　第三节　山西票号的发展 …………………………………… 114
　第四节　山西票号的营业内容与范围 ……………………… 117

第五章　明清晋商的成功之道 …… 127
第一节　晋商精神 …… 128
第二节　经营意识 …… 137
第三节　组织管理 …… 144
第四节　心智素养 …… 150

第六章　著名商号与商人 …… 155
第一节　著名商号与票号 …… 156
第二节　著名商人 …… 183

第七章　山西商人家族 …… 199
第一节　十二户山西商人家族的兴衰 …… 200
第二节　山西商人家族与徽州商人家族的比较 …… 237

第八章　明清晋商的衰落及其性质 …… 241
第一节　明清晋商的衰落 …… 242
第二节　明清晋商的性质 …… 255

第九章　明清晋商的历史作用与地位 ······ 263
第一节　明清晋商的历史作用 ······ 264
第二节　明清晋商与其他商人的比较 ······ 293

结束语　明清晋商的历史启示 ······ 303

注　释 ······ 309

附　录 ······ 333
附录一　主要参考书目 ······ 334
附录二　英国福公司与山西当局议定山西开矿等有关章程、合同 ······ 339
附录三　中国晋商会馆名录 ······ 345
附录四　贸易须知 ······ 368
附录五　吴慧先生诗词 ······ 380

后　记 ······ 383

第一章
明初晋商的兴起

曾经有人说：凡是有麻雀的地方就有山西商人。

在明清时期，晋商是当时国内势力最大的商帮，也是当时国际贸易中的一大商人群体。从明初到清末，他们在商界活跃了五个多世纪。其活动遍及国内各地，并把足迹延伸到了欧洲、日本、东南亚和阿拉伯国家。晋商的经营项目十分广泛，"上自绸缎，下至葱蒜"，无所不包。尤其清代创立票号之后，商品经营资本与金融资本相结合，一度执全国金融界之牛耳。明清晋商资本之雄厚，经营项目之多，活动区域之广，活跃时间之长，在世界商业史上是罕见的。近代思想家梁启超曾骄傲地以明清晋商而"自夸于世界人之前"，[1]明清晋商完全可与世界商业史上著名的威尼斯商人、犹太商人等相媲美。那么，晋商是怎样兴起的？这是首先要回答的问题。

第一节
明清以前的山西商人

山西人经商,历史久远。有的学者认为,"贾"出于"鹽","鹽"即指河东解州池盐。尧、舜、禹及夏、商、周的都城大体都在河东解州池盐的消费地区,盐池可谓是中国古代文明的经济基础。中国商业的起源,同盐有着密切关系。最早的重要商业就是盐,因此中国最早的商人恐怕就是晋商。[2]春秋时期,晋国为了运销他国的剩余产品,曾采取"轻关、易运、通商、宽农"等政策,以致晋南绛邑富商"其财足以金玉其车,文错其服","能行诸侯之贿"。[3]相传为晋国流亡公子的计然,总结出了一套商业经营的理论和原则——"积著(贮)之理",被后来成为大商人的范蠡尊以为师。[4]魏文侯的老师段干木,原是"晋之大驵",[5]也就是交易经纪人。晋人还重视与北方戎狄族进行贸易,他们以晋阳为基地,积极开展与戎狄部族的贸易,[6]1963年在山西阳高县发现的战国时期货币——"晋阳布",可以说是当时交易之佐证。[7]直到汉代,山西人还经常与匈奴在长城下进行边境贸易。《汉书·匈奴传》载:"匈奴自单于以下,皆亲汉,往来长城下。"汉武帝欲出击匈奴,使山西马邑人聂壹"间阑出物与匈奴交易"。聂壹应是一个常与匈奴做买卖的大商人。丝绸之路开辟后,山西人加入了与西域商人贸易的行列,清末在今山西灵石县曾掘得古罗马铜钱16枚,从币面看为罗马梯拜流斯至安敦皇帝时代所铸,相当于我国的汉代。在今灵石县还有贾胡堡村,与《后汉书·马援传》"西域贾胡到一处辄止"的说法相印证。古灵石为晋阳(太原)与洛阳、长安交通之要冲,贾胡堡可能是因曾为西域商人的聚集地而得名,灵石地方发掘出古罗马铜钱,正与"贾胡"有关。[8]汉代的山西商人还把触角伸到了东北地区,《后汉书·独行传》就有太原人王烈避地辽东经商作贾的记载。三国时,"鲜卑酋长曾至魏贡献,并求通市,曹操表之为王。鲜卑之人尝诣并州互市。"[9]

山西人经商是有传统的。魏晋南北朝时期,山西繁峙人莫含"家世货殖,资累巨万"。[10]《晋书·石勒载记》载:后赵的建立者上党武乡羯人石勒(274–333)"年十四,随邑人行贩洛阳"。北朝时期"河东俗多商贾,罕事农桑"。[11]隋唐时

近代思想家梁启超

期,山西文水人武士彟是个大木材商人,早年"与邑人许文宝以鬻材为事,常聚材木数万茎,一旦化为丛林森茂,因至大富"。[12]李渊晋阳起兵,曾得到武士彟财力上的支持,后来武士彟累官至礼部尚书,进封应国公,其女就是著名的女皇武则天。唐代晋阳(太原)为北都,据《通典》载:唐代"北至太原、范阳,西至蜀川凉府,皆有店肆,以供商旅"。同时,以晋阳为中心,由晋阳向西南,经汾州、晋州、绛州、龙门关或蒲津关,可通往国都长安;由晋阳向南,经潞州、泽州,越太行山天井关,可通向东都洛阳;由晋阳东出井陉关,经河北恒州、定州,可通向幽州(今北京),并可进而联系东北地区靺鞨、渤海诸部及高丽、新罗、日本等国;由晋阳向北经忻州、代州、朔州、云州,可通向突厥、回纥诸部。据《太平广记》载:山西闻喜人裴仙先,在边境贸易中"货殖五年,致资财数千万"[13]五代后周时,太原商人李彦顿曾出任太祖朝的榷易使,掌管了后周的财税大权。[14]《新五代史·四夷附录》载:"上京(临潢府)所谓西楼也……有邑屋市肆交易,无钱而用布。……而并、汾、幽、蓟之人尤多。"宋代并州阳曲人张永德,经商致富,"家世饶财……在太原尝令亲吏贩茶规利,阑出徼外市羊。"张永德财大气粗,宋太祖娶孝明皇后时,他"出缯钱、金帛数千以助之"。结果,"尽太祖朝而恩渥不替"。[15]辽金时期,据《金史·食货志》载:"解、绛民多贩盐。"元代,山西商人也很活跃。《马可波罗游记》称:"这里的商业相当发达……这一带的商人遍及全国各地,获得巨额的利润。"马可波罗还特别提到:在晋陕豫黄河三角地区有"大批的商人从事广泛的贸易活动"。[16]由上可见,山西地接塞外,山西人自古与少数民族错居杂处,拥有同少数民族交易和多方位营销贩运商品的区位与历史优势，因而明清以前山西商人就比较活跃。但是还应该看到，明清以前的山西商人与其他地方的商人相比较，尚无突出地位，也无一定的组织形式，还未形成商人集团。山西商人成为国内的一大商帮，并且走向世界，成为国际贸易商，是在明清时代。而且，明清山西商人在经营理念、经营方向、经营方式、管理制度等方面与历代商人相比，都有着许多新的变化。这些，都是我国封建社会后期新的经济因素的反映。这正是明清晋商与历代晋商不同之处，也是明清晋商研究的价值与意义所在。

第二节 有关明清晋商兴起缘由的几种说法

明清晋商，是以地域、血缘关系为纽带形成的松散的地方商人群体。它的形成有一个由松散到逐渐强化的渐进过程。关于明清晋商的兴起缘由，社会上和学术界有多种说法。

第一种，明末李自成遗金说。近人徐珂《清稗类钞》说："相传明季李自成携巨资，败走山西，及死，山西人得其资以设票号。"卫聚贤《山西票号史》说："李自成入北京，将明朝文武诸臣八百余人拷打求金银，及李自成自山海关败归，将所掠及宫中藏的银器等，熔铸成饼，每饼重约千两，共数万饼，用骡车载走。清兵进至定州……乃沿南山行走，至祁县南二十里孙家河时，或者曾将现银一部分遗弃，现在祁县尚传说元丰玖票号股东孙郅系孙家河人，其先人曾拾有李自成的弃金。"出版于1907年的日本《中国经济全书》说：票号"开始是山西的康氏。清初顺治年间李闯王造反，不利败走时，所有的金子携带不便，把军中所有的金银财宝，放在康氏的院子里而去。康氏忽拾得八百万两，因此将从来谋

一般人便利的山西汇兑业改为本业,特创票号,至是该地的巨商都是康姓。"上海《申报五十年纪念册》张一麐《五十年来国事丛谭》云:"莫打鼓来莫打锣,听我唱个因果歌。那李闯逼死崇祯帝,那文武百官一网罗。那闯将同声敲夹烙,霎时间金银堆积满巖阿。冲冠一怒吴三桂,借清兵驱贼出京都。贼兵舍不得金银走,马上累累没奈何("没奈何",金银大块名)。一路追兵潮涌至,把金银向山西境上掩埋过。贼兵一去不复返,农夫掘地富翁多。三百年票庄称雄久,不成文法孰磋磨,相传是亭林青主两公笔,这一桩公案确无讹。"按:李自成在北京时,据《明史》载,确有铸金为饼运至西安之说。[17]但李自成在败离北京、兵退西安途中有无遗金,却无实证。李自成是农历三月十九日入京,四月初七夜令备车数百辆运财宝入秦,二十九日才离京赴秦。"则其搬运,可云优游有余暇,其不致仓皇失措,中途舍弃或埋藏,此属易知"。[18]同时,晋商并非明末清初才称雄商界,如明人王士性说:"平阳、泽、潞豪商大贾甲天下,非数十万不称富。"[19]王士性系明万历五年(1577)进士,上面一段文字载于《广志绎》,其自序写于万历二十五年(1597)。也就是说,晋商在明中叶已经有了相当雄厚的资本。可见,说晋商是依靠明末李自成遗金起家,有悖于史实。再者,就算是有人拾得李自成遗金,但也只能是个别人,不会成为许多山西商人兴起的原因。显然,山西商人是由于明末李自成遗金而兴起的说法,不切事理,不足置信。

第二种,山西农业发展说。著名经济史学家傅衣凌先生说:"其在内地商业资本的发展,如山陕商人,则靠着广大的农业地区为基础,以其地方的丰富资源,先由于农业上的积蓄,逐渐的形成为巨大的地方商人。"傅先生虽未列举山西农业发展之所在,但对关中地区"沃野的平畴,阜盛的农产"给予高度评价,故陕商参加商业活动的动机,"有由于农业上的累积的赐予,有受着封建制度下的相对人口过剩的压力","于是他们每以农商起家"。[20]但是应该看到,山西由于受到自然条件的限制,农业生产与邻省相比,并不先进。明人陆深《燕闲录》称:"《禹贡》八州,皆有贡物,冀州独无之。而冀即今之山西,土瘠天寒,生物鲜少,盖自古已然。"陆深据山西现状,推论古代山西,虽未可确信,但其"土瘠天寒,生物鲜少"之语,也是实情。山西地处内陆,海拔较高,地形崎岖,岭谷相间。农业耕地以旱地为主,水地面积很少。明清时期无耕地分类记载,据1935年的调查,全省耕地中旱地占97.18%,水地仅2.82%,而旱地中有48.51%是山坡地。[21]平原洼地有土壤碱化问题,高阶台地有水源短缺问题,黄土丘陵有水土流失问题,山地有热量不足问题。山西春季短促多风沙,常干旱,夏季多涝灾,冬季寒冷干燥。又介于少水带和贫水带之间,不利于土地开发利用和农作物生长。山西自然灾害较多,由于气温、降水季节变化大,导致了风雨雹霜冻灾频繁。明代山西平均4年一次全省性旱灾,最多一次连续11年大旱,局部地区旱灾更是经常不断。尽管明清时期山西农业生产比前代有所进步,但由于受自然条件的约束,粮食产量偏低。明代农业生产水平,一般常年亩产麦粟为一石左右,稻谷为三石左右。[22]但山西却不同,清人任启运说:"自直隶北境及山西,大抵土广而人稀,江南二百四十步为亩,山西千步为亩,而田之岁入不及江南什一。"[23]山西北部地区粮食产量更低,如大同"岁丰,亩不满斗"。[24]因此,山西是缺粮省。清人朱轼说:"查山、陕二省地瘠民稠,即丰年亦不足本省食用,全凭东南各省米艘,由江淮溯河而北,聚集豫省之河南、怀庆二府,由怀庆之清化镇太行山口运入山西,由河南府之三门砥柱运入潼关,晋省民人,藉以糊口,由来已久。"[25]就是自然条件较好,农业生产水平较高的晋南平阳(临汾)、蒲州(永济)、解州等地,也是"人稠土狭,本地所出之粟,不足供居民之用,必须仰给河南、陕西二省。"[26]在山西农业生产水平相对低下,粮食尚不能自足的状况下,何以能靠农业积累去经商呢?显然与史实不符。

第三种,工商业发展不普遍说。今人童书业先生认为,明代皖南和山西商业资本特别集中的主要原因是:"工商业的发展比较不普遍,远走各地转贩的都是些大商人,他们拥有许多伙计,役使小商人为他们服务,小商人对于大商人有依附性,这样就造成大商人利用资本、人力垄断商业的局面。"童先生把明代国内商业区域划分为四类,即"第一类是生产最发达,特别是农业发达、交通方便的地方,如江南平原一带。第二类是靠海对外交通方便的地方,如广东、福建一带。第三类是沿江河水运发达的地方,如长江流域、运河流域等地区。第四类是内地生产不发达,需要外来商品的地方,如山西、皖南等区域。"童先生指出:"大致说来,东南和滨海一带,是商业集中的处所。但江南地区虽然很富庶,由于工商业发展比较普遍,商业资本的集中,似乎还不及皖南和山西。"[27]童先生把明代国内商业区域划分为四类,基本上符合史实。但是把山西商业资本集中的原因,归结为工商业发展不普遍,小商人依附大商人,却值得商榷。因为明代云南、贵州等地工商业同样发展不普遍,何以未能出现类似山西、皖南那样的大商人呢?显然,山西、皖南商人的兴起别有原因。而且,一般说来工商业发展比较普遍的地方，商业资本比较集中。山西地方工商业发展比不上江南地方，但商业资本比较集中，一定有它的特殊缘故，这也正是需要我们探讨之处，把其兴起原因归结为工商业发展不普遍，似乎欠妥。

此外，还有山西人靠运城盐池致富说，山西人"性至悭啬"说等等。山西有盐池之利，自古皆然，何以山西人独在明清时代以盐池致富呢？同时两淮、长芦盐场比山西运城盐池规模大得多，其产量、质量都超过运城盐，何以明清时期的淮浙盐未被江浙人操纵而由晋商、徽商垄断呢？显然，说山西人仅仅靠运城池盐致富是站不住脚的。至于说山西人是由于"性至悭啬"，而成为明清两代长达五个多世纪的大商人，所说更是无法成立。

第三节 晋商兴起的原因

那么，明清晋商是如何兴起的呢？笔者以为，明清晋商兴起于明初，其兴起原因主要是：

一、明政府为北边各边镇筹集军饷而推行开中制，为晋商的兴起提供了契机

明初开中制是明代统治者为了军事目的而创设的一种招商代销制度。由于封建国家直接控制着盐的生产和盐的专卖权，并根据边防军事需要，定期或不定期出榜招商。应招商人则把政府需要的粮食实物代为输送到边防卫所，换取盐引（贩盐专利执照），然后凭引到指定盐场支盐，并在指定行盐地区销售，这套制度就称作"开中"。《明史·食货志》载："召商输粮而与之盐，谓之开中。"开中制的实质是商人以力役和实物向封建国家换取盐的专卖权，具体内容包括纳粟、纳马、纳铁、纳帛、纳草等多种项目。山西地临北方边镇，这一制度一实

行，山西商人便以开中制为契机，利用地理优势，捷足先登，兼粮、盐商于一身而兴起于商界，此可谓历史给予的契机。为详细了解明初开中制实行的历史背景、具体办法及山西商人的活动情况，兹分别叙述如下：

1. 开中制实施的历史背景

朱明建国后，为巩固其政权，在继续追击元蒙残余势力方面下了很大力气。洪武时，朱元璋多次出兵塞北，其中使用兵力较多、规模较大的就有三次。永乐时，朱棣曾经五次亲征漠北，并迁都北京，以加强对北边的政治、军事控制。元蒙势力在明朝的军事压力下，被迫北归。后来，由于统治权力削弱和内部争权夺利，逐渐分化为鞑靼、瓦剌、兀良哈三部。鞑靼是成吉思汗直系后裔，居

嘉峪关

大漠南北;瓦剌又称厄鲁特,为蒙古别部,在鞑靼西,居天山南北;兀良哈也是蒙古别部,居黑龙江南,大兴安岭东。明代蒙古各部无统一政权,不能有统一的行动计划,但由于是单一的游牧经济,"人不耕织,地无他产,锅釜衣缯之具",[28]都要仰仗中原,而明政权对蒙古各部又采取严密的防范政策,限制蒙古各部与中原交往,故蒙古各部出于掠夺财物的需要,经常南下扰边,使明朝的统治受到严重威胁。《明史》卷 327 载:"鞑靼之来也,或在辽东、宣府、大同、庄浪、甘肃,去来无常。"同书卷 328 载:宣宗初,兀良哈朵颜、福余、泰宁三卫"掠永平、山海间";正统间,又"屡寇辽东、大同、延安境";正统十四年(1449)七月,瓦剌部也先"诱胁诸番,分道大举入寇","也先自寇大同",并在土木堡俘获御驾亲征之明朝英宗皇帝朱祁镇。而明朝方面,从宣宗以后,已经"今非昔比",再无力出征漠北,只好改为防御。于是采取了以下三条防御政策与措施:一是重新修筑长城,加强北边军事防御设施。长城自后晋石敬瑭把燕云十六州割给辽国后,已丧失作用,400 年来大多已倒塌。明朝欲与北方蒙古抗衡,不惜倾全国之力,兴筑长城。大致山海关至黄河一段于 15 世纪完成,黄河至嘉峪关一段于 16 世纪完成,其工程巨大远远超过公元前 3 世纪秦王朝修筑的数百公里长城的百倍以上。二是疏通南北运河,使南粮北调,以供京需和边饷。三是沿长城线,设立军镇,驻扎军队,作为防止蒙古军南下的军事防线。《明史·兵制》载:"初设辽东、宣府、大同、延绥四镇,继设宁夏、甘肃、蓟州三镇,而太原总兵治偏头,三边制府驻固原,亦称二边,是为九边。"九个边镇由东到西,沿长城线一字排开,形成一条防御屏障。九个边镇的具体情况是:

辽东镇,驻地在今辽宁辽阳,管辖边墙从东海岸起,西至山海关,全长 1950 余里。

蓟镇,驻地在今河北蓟县,管辖边墙东自山海关,西至居庸关灰岭口,全长 1200 余里。

宣府镇,驻地在今河北宣化,管辖边墙东自居庸关,西至大同平远堡,全长 1023 里。

大同镇,驻地在今山西大同,管辖边墙东自宣府镇西阳河堡宽沟,西至山西偏关鸦头山,全长 647 里。

山西镇,也称太原镇,驻地在山西偏头,管辖边墙东自鸦头山,西至老牛湾延绥镇边,这一带长城有好几重,全长 1600 余里。

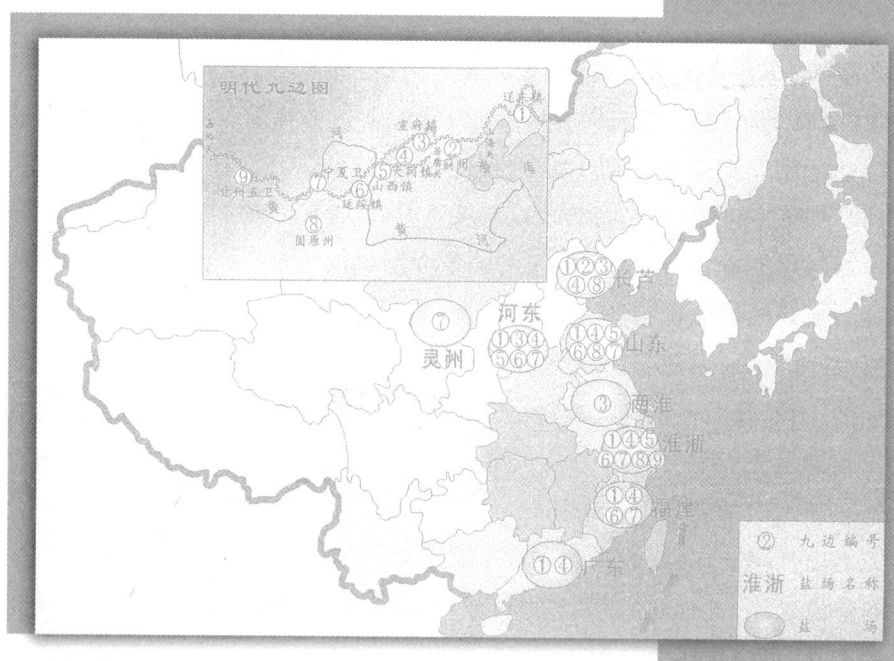

九边各镇盐引所对盐场分布图

延绥镇,也称榆林镇,驻地在今陕西榆林,东自山西镇老牛湾,西至宁夏镇边,全长1770里。

宁夏镇,驻地在今宁夏回族自治区银川市,管辖边墙东自延绥镇边,西至固原镇边,全长2000余里。

固原镇,驻地在今宁夏回族自治区固原县,管辖边墙东自宁夏镇边,西至甘肃镇边,沿边长200余里。

甘肃镇,驻地在今甘肃张掖,管辖边墙东自固原镇边,西至本镇嘉峪关,全长160余里。

明朝政府在九边布置有80余万军

偏关镇

队。下面是明朝永乐年间(1402~1424)边镇的官军和马匹数量统计[29]：

边 镇		官军(人)	马(匹)
蓟镇	蓟 州	39339	10700
	密 云	9605	2032
	永 平	22307	6083
	昌 平	14295	3015
辽 东		94693	77001
宣 府		151452	55274
大 同		135778	51654
山 西		25287	6551
延 绥		80196	45940
宁 夏		71693	22182
固 原		126919	32250
甘 肃		91571	29318
合 计		863135	342000

俗话说："兵马未动,粮草先行。"这么多的军队和马匹需要大量的军饷才能维持,从而形成了一个庞大的军事消费区。据《明会典》卷28载,明初(永乐

边 镇		屯 粮（石）	民运粮（石）	民运布（匹）	民运棉花（斤）	漕 粮（石）	京运银（两）	盐 引（引）
蓟镇	蓟 州	116600	110000	100000	100000	140000	50000	13581(两)
	密 云	4627	55000			15000	15000	
	永 平	35782	27713			56000	28672	42500
	昌 平	3232	13000			20000		
辽 东		700000		310000	140000		10000	141548
宣 府		254000	270000				50000	200000
大 同		513904	418860				50000	80000
山 西		800	68033				20000	120000
延 绥		65845	280000				100000	200000
宁 夏		107497	200000					108000
甘 肃		603188	246744				60000	75000
固 原		324622	42103	65846	29110		48871	72857
合 计		2730097	1731453	475846	269110	231000	432543	1039905 引 13581(两)

年间)各边镇的粮、布、棉花、盐引的饷额见第11页下表[30]。

由表可知,屯粮、民运粮、开中制(纳粮换盐引)是明初解决边镇军饷的主要手段。但是屯粮自洪熙年(1425)以来,由于当地豪强和高级军人私占屯田并私自役使军丁而遭到破坏,民运粮由于税粮和运输负担过重而大受影响。[31]最后,只有开中制成为明政府解决边镇军饷的主要手段,而开中制的实施与商人有着密切关系。

2. 开中制的具体办法及实施过程

明代食盐由官府控制生产和运销,由商人承办边镇需求的粮食等物资,并由官府出让盐的专卖权。具体办法是,官府出榜招商,商人应招,输纳粮食等物资于边镇,换取盐引,凭引到指定盐场支盐,然后到指定地区销盐。明代盐引今已无存,下面是《河东盐法志》载清代河东运商盐引式样,可以约略窥见当时盐引式样:

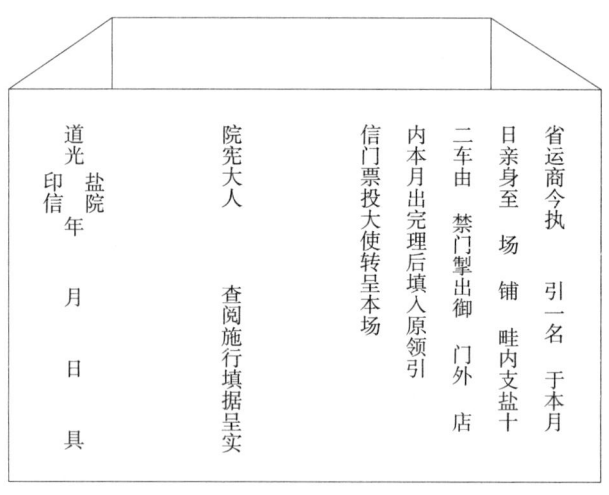

开中制最初实行于山西大同镇。洪武三年(1370)山西行省言:"大同粮储,自陵县(今山东陵县)运至太和岭(在今山西马邑),路远费烦,请令商人于大同仓入米一石,商人鹜毕,即以原给引目赴所在官司交之,如此则转运费省而边储充。"[32]有的学者认为:"山西省建议开中的米数过高,商人无利可图,不愿纳米开中,故开中制在其时未见完全实现。"[33]其实不然,这一制度除了在山西外,还在其他地方实行过。明初天下初定,卫所遍布全国,故开中地点初时相当分散,后来瓦剌、鞑靼相继兴起,内地卫所渐撤,开中输粟地逐渐集中在北边卫所。洪武(1368~1398)初,开中地有临濠、开封、陈桥、襄阳、安陆、荆州、归州、大同、太原、孟津、北关、河南府、陈州、北通州诸仓。至宣德(1426~1435)时移向万全、左卫、怀来、古北口、广宁、西宁、甘肃、赤城、哨马营、独石口。正统时为西宁卫、甘肃、凉州、肃州、辽、广、宁、义州、云南、陕西、独石、开平、辽东、四川。景泰(1450~1456)时为大同、宣府、保定、山西、肃州、古北口、云州、龙门、辽东、贵州、大同右卫、万全、四川、赤城、柴沟堡等边镇。其中尤以北部边镇开中需要数量最大。商人开中在明初大体经历了运输换引与纳粟换引两个阶段。据《续文献通考》卷20载,洪武三年(1370)九月,明政府招募商人往洛阳、开封、怀庆(沁阳)、西安、凤翔、临汾等地输粮而与之盐。并规定输粮至洛阳一石五斗、开封及陈桥仓二石五斗、西安一石三斗者,给淮盐一引;输米西安、凤翔二府二石,河南、平阳、怀庆三府二石五斗和蒲、解、陕三州三石者,给解盐一引。洪武四年(1371)又规定:"输米临濠、开封、陈桥、襄阳、安陆、荆州、大同、太原、孟津、北平、河南府(洛阳)、陈州诸仓,计道里远近,自五石至一石有差。"[34]我们仔细阅读《明史·食货志》还会注意到原文是讲"招商输粮而与之盐",尚不是"招商纳米而与之盐"。明人张萱说:"盖洪武年间,盐一引纳银八分而已。"[35]这就是说,当时银八分可换一盐引。据《明史·食货志》载:当时是一石米需银一两。显然,商人不可能纳价值一两银的一石米去换价值仅银八分的一盐引。可见洪武初商人并非交纳米到边,而是运输官米到边,换取盐引,再凭盐引到指定盐场支盐,然后到指定地区售盐,获取利润。以上可谓开中法的第一阶段。

开中法的第二阶段,即开中纳米阶段。此法始于洪武二十八年(1395),[36]关于开中纳米盐引原额,上表已列,下面是明代各边镇中盐盐场:[37]

边 镇	盐 场
辽 东	淮浙、山东、长芦、福建、河东、广东
宣 府	两淮、长芦、河东
大 同	淮浙、长芦、河东、福建、山东、广东
山 西	淮浙、山东、河东
宁 夏	淮浙、河东、灵州、山东、福建
甘 肃	淮浙
延 绥	淮浙、河东、福建、山东
固 原	淮浙、长芦、山东
蓟 州	长芦

纳米开中有两种形式：一是经常年例，即各边镇常年需粮由开中解决部分；二是临时招募，即边镇战争紧急，军队大量集结或边镇屯田因灾减产时，政府随时出榜召商纳粮中盐，乃属临时性质。前一种形式，由于是长期固定，商人因运粮至边，路远费烦，便在边境雇人耕种生产粮食，于是商屯应运而生。明人霍韬说："是故富商大贾悉于三边自出财力，自招游民，自垦边地，自艺菽粟，自筑敦台，自立保伍，岁时屡丰，菽粟屡盈。"[38]商屯的实行，对于军、民、商均有便利之处。明人刘应秋说："商人自募民耕种塞下，得粟以输边，有偿盐之利，无运粟之苦，便一；流亡之民，因商召募，得力作而食其利，便二；兵卒就地受粟，无和籴之扰，无侵渔之弊，便三；不烦转输，如坐得刍粮，以佐军兴，又国家所称为大便者。"[39]可见商屯制度对于商人有"得粟以输边"的作用。明代商屯的生产状况鲜有记载，我们只能进行推算。据《明史·食货志》载："弘治五年，商人困守支，户部尚书叶淇请召商纳银运司，类解太仓分给各边，每引输银三四钱有差，视国初中米直加倍，而商无守支之苦，一时太仓银累至百余万。"按照这条史料记载，废止商屯，开中实行纳银制，得银100万两，若以每盐引值4钱计，则共合盐引250万小引。明人王德完说："洪武、永乐时，边商引盐，一引止输粟二斗五升，小米不过四斗。"[40]不过，王德完所说粟、米可能有混淆。已故王守义先生说："惟明人记述开中及商屯问题时，对米粟二事不甚分别清楚，有时统称之曰粟，有时称米，相差甚大。"[41]笔者以为，王守义先生所说是有道理的。明人顾炎武说："永乐中，令商于各边纳米二斗五升，或粟四斗，准盐一引。"[42]又据《明史·食货志》载：永乐时规定，粟二石准米一石。笔者以为，明代纳米开中似以顾氏所说为妥，王德完所说恐有粟米颠倒之误。若以米二斗五升、粟四斗计算，粟谷出米率为62.5%，也较接近实际。这样，以共合盐引250万小引乘小米二斗五升，应为米62万石，占九边屯粮额273万石的22.7%；以共合盐引250万小引乘粟四斗，应为粟100万石，占九边屯粮额273万石的36.6%。若按每人一年食用小米二石六斗计，则商屯粮可供边镇军士20万人食用。当然，开中输边之粮并非全部来自商屯，另有在附近收买或从他处转运而来之粮。[43]不过商屯终究是解决边镇粮饷的一个重要手段。

除了粮食外，各边镇对棉布、棉花的需求量也很大。具体数量，文献鲜有记载。若按86万边军，每个军士棉布二至四匹、棉花一斤半计算，年需棉布172万匹～344万匹，棉花129万斤。从有关文献记载看，各边镇对棉布、棉花用途

主要有以下五个方面：一是边兵冬衣。《明宣宗实录》宣德十年（1435）四月甲申载，对在京、直隶、山西、陕西、万全、大宁、辽东都司所辖军士，每年发给"冬衣"。二是军饷——月粮的折顶米、钞部分。《明代宗实录》景泰二年（1451）八月己巳载，大同诸卫的俸禄，除每月米麦一石外，其余部分为银两与布匹。三是褒奖战功。《明代宗实录》景泰元年（1450）二月壬午载，对大同、宣府的巡哨士兵，各发给银一两、布一匹、鞋一双等。四是边塞交换马匹的物资。兵部规定，与蒙古人交易，上上等马1匹换绢8匹或布12匹，上等马1匹换绢4匹或布6匹，中等马1匹换绢3匹或布5匹，下等马1匹换绢2匹或布2匹。五是制作棉甲。所谓棉甲，是一种铠甲，据明人朱国祯《涌幢小品》卷12称："棉甲以棉花七斤，用布缝如夹袄，两臂过肩五寸，下长掩膝，粗线逐行横直缝紧，入水浸透取起，铺地，用脚踏实，以不胖胀为度，晒干收用。见雨不重，雪鬌不烂，鸟铳不能大伤。"这样，商人报中除纳米形式外，还有纳布、纳棉等形式，其中军饷——月粮部分折发银两，又为商人赴边提供了货币交易形式。

山西大同

3. 晋商在开中制实施过程中的活动

山西位于长城内侧,明代的北方边镇均在长城沿线,九边镇之首的大同及山西镇均在山西境内,宣大总督辖宣府、大同两镇,宣府也邻近山西。明人胡松说:"大同为山西、河南之门户,大同安则诸郡安。"[44]叶盛说:"朝廷今日防边重镇,其大者大同、宣府。"[45]马文升说:"我之所持以捍御北虏者,惟大同、宣府二镇,以为藩篱。"[46]由于大同、宣府为重镇,布置军队最多,所需军饷也最多,开中盐引量也最大,于是山西商人以"极临边境"的优势,一俟明初开中法实施,便捷足先登,纷纷进入北方边镇市场。明人章懋说:"圣祖以边城险远,兵饷不克,而粮运劳费,乃命商人输粟边仓,而多给引价,以偿其费,商人喜得厚利,乐输边饷。"[47]顾炎武说:"永乐中,令商于各边纳米二斗五升或粟四斗,准盐一引,于是富商大贾自出财力,招游民垦田,日就熟而年谷屡丰,甘肃、宁夏粟石值银二钱,而边以大裕。"[48]上述章懋、顾炎武所说之边商,实际多为晋商。如太原阎蹯楚之祖父和父亲,先纳粮报中于北方边镇,换取盐引,后"以太原望族贾淮上筴盐",到明中叶开中制由纳粮改为纳银后,又由边商转内商,举家迁居扬州。[49]不仅大同、宣府等北方边镇是山西商人活跃之地,就是西北边镇也多有山西商人。如祖籍山西洪洞的李氏"自长一公以来,以财雄里中,而月峰公起为边商,输粟延安之柳树涧"。[50]蒲州人范世逵"服贾四方⋯⋯凡商人占淮浙盐者,悉令输粟甘肃、宁夏等边⋯⋯然自开中以来支给旷日,且出入戎马,间有烽堠,而盐利又时有朒朓,是以商人不乐与官为市,公独曰此可居也,遂历关陇,度皋兰(兰州),往来张掖、酒泉、姑臧(武威)之境,察道里险易⋯⋯蓄散盈缩,以时废居而低昂,其趋舍每发必奇中,往往谋大利"。[51]在延绥,开中商人也多为山西商人。曾任延绥巡抚的涂宗浚说:"召集山西商人认淮浙二盐,输粮于各堡仓给引,前去江南投司,领引发卖"。[52]由于当时报中地点在九边,因而盐商主要由沿边土著组成,"其中秦、晋的富户逐渐垄断了报中特权,形成为明代最早兴起的地方商人"。[53]山西商人通过报中,取得了贩运盐的特权,获得了高额利润。明人徐阶说:"夫防边莫要于足兵,足兵又莫先于足食,先年商人中盐利,于各边上纳本色,谓之飞挽,其利甚大"。[54]明人胡松说:"夫一引得白银六钱,积而千引,则可坐致六百金,万引则可得六千金,"[55]这就是说,商人开中利润大约每引6钱银左右。所以,"洪武永乐中,内地大贾争赴九边,垦田积粮以便开中,朝中募支,价平,息倍,商乐转输"。[56]于是,山西商人集粮、盐商于一身,在开中制的实施过程中,兴起于商界。

二、山西地处中原与北方游牧民族地区物资交流的要冲,这是晋商兴起的有利地理条件

山西背靠蒙古草原,南接中州河南,右连陕西,左屏河北,位处北方蒙古草原单一的游牧经济区域和中原汉族广大农业、手工业区域之间。古代中原汉民族生产和生活使用的耕牛、皮毛,特别是战争中使用的军马,主要取之于北方蒙古地区,而古代北方游牧民族的衣、食、日用品则主要依赖于内地汉民族的农业和手工业。由于山西位于这两个不同经济区域的中间地带,"路当孔道",[57]所以南北区域的物资交流历来在山西十分活跃。同时,大量的考古文物表明,从汉代起,就有着经蒙古草原通向中亚和北亚的两条商道:即东起辽东,经燕山、阴山北麓,西奔戈壁、阿尔泰山,走天山北麓到中亚;或经漠北高原、西伯利亚高原,到欧洲。有人称之为"草原丝绸之路"。[58]自古以来,山西商人在北方进行边境贸易、南北农牧两大区域的物资交流和"草原丝绸之路"的国际贸易中,都担当着重要的角色。汉代以前的情况前已述及。到了元代,"北方诸国由陆路通商者,则以大同、宣府"。[59]法国13世纪旅行家鲁布鲁克说,蒙古和林(在今乌兰巴托西南)有两个城区,其中一个是"契丹人的城区……城四周是泥土墙,有四道门。东门卖粟及其他种类的谷物,不过这些很难运到那里;西门卖绵羊和山羊;南门卖牛和车;北门卖马"。[60]从前述商道来看,"这些货物多是由山西商人运来的"。[61]明朝与蒙古的关系虽然时好时坏,但南北的物资交流,可以说从未间断过。早在明代永乐时,就在辽东设马市。宣德四年(1429)又建宣府、万全右卫、张家口堡马市,宣德九年(1434)再建山西水泉堡马市,与蒙古和女真族进行互市。马市有官市、民市之分,官市是明政府与各族的交易,民市是各族人民之间的交易。明初民市规模小于官市,是官市的补充,但不可忽视其作用,而山西商人又充当着马市中的重要商人角色。明代仍有商人沿着前代开辟的经蒙古草原通向北亚和中亚的商道来进行贸易,[62]而这些商人中不乏山西商人。可以看出,明代山西地理位置的特殊性,是明初晋商兴起的一个有利条件。

三、明代山西盐铁等手工业商品生产的发展为晋商的兴起提供了物质基础

明代山西的手工业商品生产,特别是盐、铁、潞绸、煤炭业等均有一定发

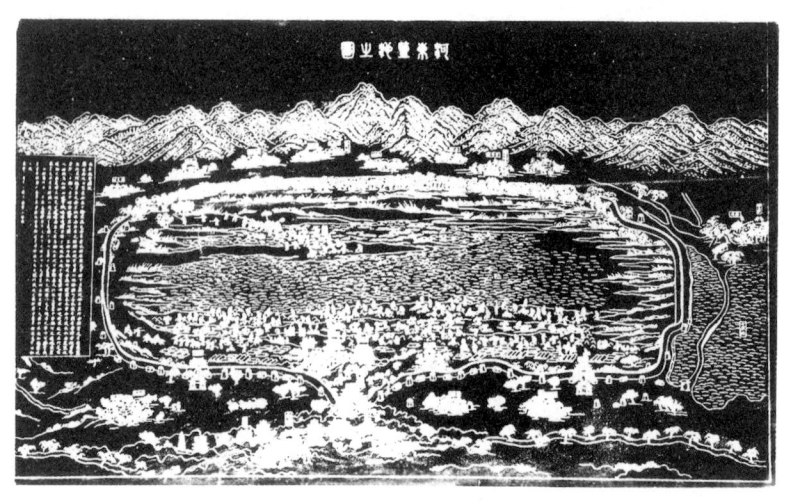

运城县博物馆复制
明代河东盐池之图石刻　　运城县博物馆赠

运城盐城

展。有的学者认为："山西资源运用,在明清两代,并未见其增加。"[63]此说恐怕有误,请看如下史实:

池盐业　山西解州池盐（又称河东盐、运城盐）历史悠久,而且是自然结晶成盐,为世界一大奇观。日本学者宫崎市定对解州池盐给予了高度评价,他认为："中国最古的文明,实兴起于河东盐池附近,我想夏、商、周三代的国都大体上都位于消费池盐的地区,毫无疑问,盐池就是三代文明的经济基础。中国商业的起源也同盐有关系,最初的重要商品恐怕就是盐。"[64]明初山西解州池盐生产是官办,销晋豫陕三省。明政府实行开中制后,解州盐池为宣府、大同纳粟开中盐场。《河东盐法志》卷6载："明洪武河东运使岁办盐引分拨山西、河南,食盐开中于宣大,凡遇开中盐粮,

务要量其彼处米价贵贱及道路远近险易定夺则例,立案具奏,出榜给发,各司府并运司张挂召商中纳,仍先编置勘合并底簿发各该布政司并都司卫及收粮衙门收掌,如遇客商纳粮完,填写所纳粮并该支行盐数目,付客商赍赴各该运司及盐课提举司照数支盐,其底簿发各运司及盐课提举司收掌,候盐客商纳米完赍,执勘合到,比对殊墨字号相同,照数行场支盐。"以上说明,明初行开中法后,解州池盐的产运销均较活跃。随着商人在盐池势力的增长,武宗时,明政府已被迫允许解州盐商"自雇夫役捞办关支",[65]产品官商伙分,归民部分抵作工本,官许给小票发卖。产品分配比例,隆庆初"官得其十,民得其一",[66]万历时"准半报以恤久困,每十车,五车工本,五车自报",[67]天启时"劝民自备工本浇晒……每十车,准三车工本"。[68]这种产品分配比例,使商民比过去获利增加,刺激了商民的经营积极性。明人郜永春说:"盖盐丁视为官事,商民视为家事,""盐丁之力十不得一二,召募之夫一可以当十百。"[69]另外,在池盐生产技术上,明代比前代也有所进步,如池旁耕地为畦垄,"引清水入所耕畦中,忌浊水参入,即淤淀盐脉。凡引水种盐,春间即为之,久则水成赤色,待夏秋之交,南风大起,则一宵结成,名曰颗盐,则古志所谓大盐也"。[70]这就是所谓的制解盐法。明代缺乏池盐产量记载,但到万历时盐引达1440700道,反映了明代池盐生产的增长趋势,从而为山西商人报中池盐提供了物质条件。后来,开中纳粟改为开中纳银后,经营解州池盐"盐利倍增",盐商人数竟达500余家。[71]

冶铁业 明代山西的冶铁生产,无论其规模、产量、技术都超过了以往任何朝代,成为当时中国冶铁生产最发达的地区之一。[72]明代山西的铁矿产地有32州县,即晋城、长治、壶关、平定、盂县、榆次、孝义、平遥、汾西、临汾、洪洞、翼城、高平、阳城、交城、太原、阳曲、五台、吉县、朔州、山阴、繁峙、右玉、永和、乡宁、稷山、绛县、怀仁、清源、静乐、介休、灵石,占当时全国246个铁矿产地的12.6%,居全国第一位。明初,实行官冶铁制。当时,全国共有官营铁冶所13个,其中在山西设置的官营铁冶所就有5个,即平阳府吉州富国、丰国二冶(洪武七年置,十八年罢),太原府大通冶(洪武七年置,三十年罢),潞州润国冶(洪武七年置,十八年罢),泽州益国冶(洪武七年置,十八年罢)。洪武初,全省生铁产量为1146917斤,[73]居全国各省铁产量第五位,其中山西交城云子铁,质地优良,用于铸造兵器。明政府规定,每年需交云子铁10万斤作为制作兵器之用。但是由于官营铁冶所管理不善,生产下降,明政府被迫罢官营,允许民营,只收税课。《明太祖实录》卷176载,洪武二十八年(1395)"诏罢各处铁冶,令民得自采炼，而岁输课程，每三十分取其二"。从此，民营铁冶在山西日益发展起来，如阳城、太原、平遥、盂县、交城、安邑、大同等地均出现了民营铁冶。特别是"阳城县铁冶甚多"，在白巷里地方，冶铸炉火遍布，夜间明亮烛天，照得一条山沟如同白昼，人称火龙沟。随着民营铁冶的发展，铁产量大幅度上升。天顺年间（1457～1464）阳城"每年课铁不下五六十万斤"。[74]按上述明代铁课"每三十分取其二"的税率计算，则阳城县年产铁750万斤～900万斤，相当于明初全省铁产量的七八倍。如果再加上其他县的民营铁冶产铁量，则山西民营铁冶产铁数字更高，不仅超过了山西历史上任何朝代的水平，而且在当时名列世界第一。[75]因此，阳城居民世代客居外地专门推销铁货者甚多。李、杨、曹、徐氏皆为贩铁大户，活跃在豫、鲁、青、察、鄂等地。李氏思孝在开封、周口、亳州、曹州等地皆有铺户，有资产银数十万两。[76]明代山西的勘探铁矿和冶铁炼钢铸造技术也较先进。明代山西的铁矿工，已具备根据矿山泥土表面颜色（赤褐色）来判断地下铁矿储藏的勘探方法和经验。[77]明人宋应星还指出，山西铁矿工用"土面浮出墨块"方法勘探铁矿，他说："凡土锭铁，土面浮出墨块，形似秤锤，遥望宛然如铁，捻之则碎土。……山西平阳则皆砂铁之数也。凡砂铁，一抛土膜即现其形，取来淘洗，入炉煎炼，熔化之后与锭铁无二也。"[78]在炼钢技术上，宋代山西已炼出灌钢，明代又创造了"地下土圆炉炼钢法"，阳城、潞安、晋城均用此法。具体是在干燥的红土地下挖一个6尺深的土坑进行冶炼，方法设备虽很简单，但炼出来的钢铁富于延展性，可以拉成钢丝，为制针、制钉业提供了良好的钢材。在冶铁生产中，不仅已普遍使用煤冶铁，而且还用焦炭炼铁，大大提高了炼铁效率。在铸造工艺上，不仅种类繁多，有生产工具、生活用具和铁钟、铁牛、铁狮等艺术品，而且铸造技术相当高超，特别是潞锅，价廉物美，[79]深受蒙古牧民的欢迎，是明代北方边镇马市的重要交换物资。山西的生铁和铁制品还大量运销外地，如陕西所用之铁，均仰给山西。[80]甚至出现"山西铁冶铸火盆面洗之类，出炉乘红刷以胆矾水，作生铜货之，受欺者多矣"[81]的现象。由上可见明代山西的冶铁生产和工艺，都有了较快的发展。

煤炭业 山西是我国煤炭资源最丰富和我国最早发现并利用煤炭的一个地区。入明以后，由于明政府对煤炭的开采管制较其他金属矿松弛，一般只抽税，甚至有免税的时候。[82]明人煤炭科学技术提高，对煤种和煤质地理分布规律有了一定认识。[83]因而明代山西煤炭生产比前代有了较快发展，并且是明

《金瓶梅词话》

代产煤最多的一个省。据《明一统志》载：山西的阳曲、太原、榆次、寿阳、清源、交城、静乐、霍州、吉州、临汾、洪洞、浮山、赵城、汾西、岳阳、翼城、河津、灵石、辽州、泽州、阳城等地都产煤。[84]但这个记载还不完全，例如：山西大同，在正统年间（1436～1449）就开采煤炭供军民使用。山西高平"独煤甲于天下"。万历三十一年（1603），高平县唐安镇一个煤窑曾发生过瓦斯爆炸事故。[85]万历三十三年（1605），泽州一煤窑发生火灾，数月不息。山西保德煤炭业繁盛，各煤窑虽按规定每年纳税银一两八钱，供祭贺庭燎、州官学田日用，但多为门皂侵用，为此知州胡楠于万历三十八年（1610）尽行蠲除，用价平买，并立石垂戒。[86]山西临县"中脚山在县东四十里，出炭"，"明嘉靖间知县张墀开凿利民"，后被水淹，"万历间知县常时芳复浚之"。[87]汾阳县所需煤炭原是"取给于百里外"，万历十九年（1591）刘衍畴任知州，"捐俸于山麓开煤窑，闾阎便之，号刘公炭"。[88]明代灵石县回来峪一带煤业很兴盛，当地枣洼寺中约500个和尚依靠开采煤炭和铁矿生活。特别是平定所产之煤，"坚黑而光，极有火力"。[89]

随着煤炭生产的发展，煤炭的商品流通也发展很快，省内地区间的煤炭贩卖，自不待言，甚至出现了由山西贩运煤到北京发卖的商人。[90]

潞绸业 明代北方丝绸业中心是山西潞安府，这里出产的潞绸，以质地精美闻名于世。在明代文学作品中屡有描写潞绸之处，充分反映了潞绸之珍贵。如《醒世恒言》中《卖油郎独占花魁》称："美娘见到刘四妈沉吟，只道他作难索谢，慌忙又取出四匹潞绸。"《金瓶梅》中有17处提到潞绸，如第37回，西门庆为王六儿之女爱姐"买了两匹红绿潞绸"。又第39回，吴道官送与西门庆哥儿的礼物中，有"一双青潞绸衲脸小履鞋"。又第42回，形容王六儿"身上穿紫潞绸袄儿"。《醒世姻缘传》第14回，珍哥"上穿一件油绿绫袄小夹袄，一件酱色潞绸小棉坎肩"。就连农民起义军领袖张献忠也是"身着酱色潞绸衣"。潞绸的生产，原是朱元璋第21个儿子沈王就藩潞安府后，开始从外地征集数千机户所织之绸，故称潞绸。明代潞绸机户分布在长治、高平、潞州。这些机户并不赴府当班，而是在当地分造交纳，再由当地政府派员解送赴京，向工部交纳。由于潞绸机户是民居散处，分头织造，他们在劳动时间的掌握上比轮班匠和住坐匠有较多自由，除完成上贡织造外，有条件从事家庭纺织，潞绸生产就由上贡生产范围扩大到一般商品生产。后来由于产品质量好，受到市场的欢迎，产量日增，上贡数额在产量比例中逐渐退居次要地位，而为市场生产的商品跃居首位。到嘉靖、万历时，这种商品化程度发展尤为迅速，万历时达到高峰。[91]成为全国畅销产品。明人郭子章说："潞城机杼斗巧，织作纯丽，衣被天下。"[92]吕坤说："是(潞)绸也，士庶皆得为衣。"[93]其生产自然十分繁荣，"登机鸣杼者奚啻千家，其机则九千余张"，[94]年产潞绸估计在10万匹以上。其花色丰富多彩，有天青、石青、沙兰、月白、酱色、油绿、秋色、真紫、艾子色等10余种，规格有大绸、小绸两种，大绸每匹长68尺、阔2尺4寸，重61两，小绸长6托(约合5尺)，阔1尺7寸。有明一代，潞绸不仅流行于广大汉族地区，也为北方蒙古牧民所喜爱。顺治《潞安府志》载，明代潞绸，除"贡篚互市外，舟车辐辏者转输于省直，流衍于外夷，号称利薮"。

其他手工业 《明一统志》载：山西代州、保德、曲沃、翼城、闻喜、垣曲产铜；交城、平陆产锡；临县产铅。锌，明代称倭铅。"矾产山西太行山一带"。[95]矾有白矾、黄矾、绿矾等多种，明人宋应星说，最盛者山西晋州(临汾)，[96]李时珍也说："今白矾(明矾)出晋(临汾)、慈(吉县)。"[97]陶瓷器、琉璃器、砂器也是山西的特产，以质量高闻名。此外，山西的酒也很著名，如襄陵酒，明人顾清赞称："襄陵为最……据所见当为第一。"[98]葡萄酒早在唐代就名扬全国，太原葡萄酒为明初上贡之物。明人叶子奇说：山西葡萄酒"久藏者，中有一块，虽极寒，其极皆冰，独此不冰，乃酒之精液也，饮之令人透脐而死"。[99]

由上可知，明代山西的盐、铁、煤、潞绸等手工商品生产均有一定发展，从而为明代山西商人的兴起提供了物资条件。

四、明代晋省南部地狭人稠,是山西人外出经商谋生的一个原因

清人康基田曾经分析过山西人外出经商的原因,他说:"太原以南多服贾远方,或数年不归,非自有余而逐什一也,盖其土之所有不能给半,岁岁之食不能得,不得不贸迁有无,取给他乡。"至于太原以北,他又分析道:"太原以北岗陵丘阜,硗薄难耕,乡民惟以垦种上岭下坂,汗牛痛仆,仰天待命,无平地沃土之饶,无水泉灌溉之益,无舟车鱼米之利,兼拙于运营,终岁不出里门,甘食蔬粝,亦势使之然。"[100]这就是说,早在明代,山西南部由于地狭人稠,人们为谋生计多外出经商,而山西北部土瘠民贫,却"拙于运营",外出经商者相对要少。明初山西南部地狭人稠,从洪武到永乐年的18次从晋省移民"就宽乡"也说明了这一点。元末明初中原和江淮地区,由于兵乱荒疫严重,人口大量减少,而山西战事较少,人口相对增加。据《明实录》载,洪武十四年(1381)河南人口1891000人,河北人口1893000人,而山西人口4030450人,比河南、河北的人口总和还多30万人。于是明廷出于经济、政治原因考虑,在洪武、永乐年间从晋省移民18次,近百万人,所迁之民被明政府安置到了北京、河北、河南、山东、安徽、江苏、陕西、甘肃、宁夏等地。而所迁之民,大多是山西南部和东南部平阳(临汾)、泽州(晋城)、潞安(长治)之民,当时明政府把山西南部的洪洞县作为移民聚散和办理手续的地方,这就是"问我祖先何处来,山西洪洞大槐树"之说的由来。山西南部之民,由于地狭人稠而外出经商,自然就成为他们的一条谋生之路。所以明人张四维说:"吾蒲(永济)介在河曲,土陋而民伙,田不能以一援,缘而取给于商,计其挟轻资牵车走四方者,则十室九空。"[101]

五、山西人勤俭、礼让、诚信的民风是晋商兴起的人文因素

山西地处黄土高原,地貌复杂,山地占全省总面积的40%,丘陵占全省总面积的40.3%,平原仅占全省总面积的19.7%。地表85%为黄土和黄土状物覆盖,抗蚀力弱。气候属温带季风型大陆性气候,年平均降水量500毫米,是"十年九旱"之地,加之风雹霜冻频仍,是一个自然条件较差的省份。但自然环境对于民风习俗很有影响。如宋人谢悰说:山西汾州"地高气爽,土厚水清,其民淳且厚"。[102]明人刘健《屯留记》称:屯留"其地在万山之中,险狭而硗薄,民力田勤苦,岁获不及他郡之半,故土俗称纯俭,其势然也"。下面是史志中有关晋人民

风勤俭的记载:

太原府:"士穷理学,兼集辞章,敦厚不华,淳俭好学,工商务实,勤俭。"[103]平阳府:"俭啬耳,甘辛苦,薄滋味,勤于耕织,服劳商贾……蒲解邻秦,其人乃有秦风。隰吉居山,其人多质朴、信实,霍人与平阳颇类。"[104]汾州府:"其民重厚、知义、尚信、好文。"[105]潞安府:"民多勤俭而力农,士尚气节而务学。"[106]泽州:"淳而好义,俭而用礼。"[107]辽州:"其民信实淳厚。"[108]

同时,山西是中华民族发祥地之一,山西南部地方人称"中华民族摇篮"之地,传说尧都平阳(临汾)、舜都蒲坂(永济)、禹都安邑,三代都在山西南部建都。明代以前山西涌现出了晋文公、狐偃、赵盾、王昌龄、王维、白居易、温庭筠、柳宗元、司马光、元好问、关汉卿等许多著名的政治家、文学家和思想家,对明代山西的人文环境产生了深远影响,使山西人具有勤俭、吃苦、耐劳、礼让、诚信的民风,这是晋商兴起的精神条件。

总之,明初晋商的兴起不是偶然的,它是山西人在一定的历史条件下,利用开中制契机的结果,同时也是晋省占地理之优势、因经济交流之需要、靠自身文化因素促进的结果。

第二章
明中后期商界劲旅的晋商

明初兴起的晋商,从明中叶以来,已经积累了相当数额的资本,是国内盐、粮、布、绸、绒货、茶、铁、烟、颜料等商业的主要经营者,活跃于长城内外、黄河流域、长江沿岸等地区,成为当时势力最大的一个地方商人集团。

第一节 明中后期晋商的特点

明中叶以来,随着社会商品经济的发展,晋商进入第一次大发展时期。具体来说有如下特点:

一、明代资本最雄厚的商人

明初推行开中制以来,晋商一度垄断了北边的开中特权,获取了高额利润。史称:"明中叶,益兵增将,络绎于道,营帐星罗棋布,饷用既饶,市易繁盛,商贾因此致富者甚多。"[109]顾炎武认为当时经营盐的利润与一般商业利润为五比三之比例[110]。所以晋商的商业资本经过明前期的积累,到明中后期已有相当规模。嘉靖时,内阁大学士严嵩的儿子严世蕃曾与人数说"天下富家",其"积资满五十万以上,方居首等",结果有十七家被列入,其中"山西三姓,徽州二姓"[111]。明人沈思孝说:"平阳、泽、潞豪商大贾甲天下,非数十万不称富。"[112]明人宋应星说:"(在扬州)商之有本者,大抵属秦、晋与徽郡三方之人。"[113]明人林希元说,在南京的山西商人"挟资大者巨万,少者千百"[114]。明万历时曾任内阁大学士的蒲州人张四维之父张允龄"盐长芦,累资数十百万",其妻兄官居宣大总督的王崇古也是蒲州人,"盐在河东",与张允龄"相与控二方利"[115]。由于山西商人富名在外,以致在南京发生了利用商人贪财心理,诈骗山西商人钱财的案例。据冯梦龙《智囊·杂智部》载,万历三十四年(1606),南京有山西商人开绒货店于三山街,有客偕一道士留定银一大锭购买绒货,自是以催货为名频频到店。后谎称店屋有秦始皇所藏千金,商人信之,约午后共掘之,俟深夜,发至五尺深,并无所见,天已大明,忽门外督府驾到,商人跪伏于地,督府曰:"闻秦皇埋金为足下所发,其富敌国,某特奉贺。方今边饷告匮,诚以数万佐国家之急,万户侯不足道也!某当为足下奏闻。"商人叩称无有,而客与道士言"埋金实有之,但不甚多。商人不能白,惧祸,馈三千金求免,并还定货之银,

由是绒业遂废"。

在明代的商人中,以晋商和徽商势力最为雄厚。明朝前期,两淮、两浙的盐引大部分为山西商人所控制。洪武时淮盐引岁办57万道(每引400斤),占全国发行总盐引数量的1/2,晋商从甘肃、延绥、宁夏、固原、大同、山西神池堡得到的大量仓钞,大多换为淮浙盐引,然后从事盐业贸易。由于明前期晋商控制着大量盐引,因而对于长江下游及浙江地区的盐业生产以及两淮两浙盐运司的行盐均有着重大的影响。弘治五年(1492),淮安籍的户部尚书叶淇,在徽商的推动下改定盐法,以纳银运司代替中盐纳粟供边,使内商可以在扬州、杭州等地直接向盐运使司纳银换取盐引,结果使"边商"的大量积粟无用,无法获得盐引,过去边商压倒内商的现象发生了根本性变化。面对这一形势,晋商及时转变经营盐业的方针:一方面部分商人迁居扬州,转化为"内商"继续经营淮盐,也保持了相当的经济实力,故在扬州"以新安最,关西、山右次之"。[116]另一方面,山西盐商在长芦和河东盐区取得了控制权,同时向其他行业和地区渗透。晋商的这一战略转移是非常实际的,由于盐法的改革使晋商失去了"极临边镇"的地理优势,而徽人又距离扬州较近,山西商人只有扬长避短,另图发展,才能继续保持兴旺发达。因此,明代中后期山西商人在扬州的资本相对来说逊于徽商,但从全国来看却称雄于整个商界。正如汪士信先生所说:"徽商插手两淮盐业的经营,始于明初而多见于开中法废弛的正德、嘉靖时期。在此之前,徽州人从事商业已经很多,经营多门,到万历时业盐致富才崭露头角。""但是,这时的徽州盐商,还不能与山西盐商争雄。"[117]所以明人谢肇淛说:"富室之称雄者,江南则推新安,江北则推山右。新安大贾,鱼盐为业,藏镪有至百万者,其他二三十万,则中贾耳。山右或盐、或丝、或转贩、或窖粟,其富甚于新安。"[118]

从明代山西富商的籍贯看,则多集中在山西南部地区。如蒲州商人王文显"以商起家";[119]蒲州人王海峰"缕析之利,因以丰";[120]蒲州人张四教"治业滋久,谙于东方篃利……末年业用大裕";蒲州人李仲节经商"善于时轻重,其产遂饶";蒲州商人范世逵"义而资益巨,占良田数百亩,积缗钱以万计"。[121]蒲州人席铭"懋迁居积,起家巨万金,而蒲称大家,必曰南席云"。[122]猗氏人沈江"牵车服贾……往往谋大利"。[123]安邑人王玺经商十余年"资既饶裕"。[124]在山西中部和北部地区也有一些富商,如太原阎氏"先是蹯楚公之祖父,以太原望族,贾淮上筅盐,积贮丰盈"。[125]大同"李承式,字敬甫,其先大同人,中盐于扬州……

子孙以商籍起家"。[126]

但是明代山西中部和北部地区富商相对来说没有南部地区多。其原因,笔者以为:一是山西南部商品经济比较发达,人们的文化素质较高。平阳(临汾)、解州、绛州、蒲州(永济)地处黄河流域,河东文化历史悠久。明人张瀚说:"河以北为山西……所辖四郡,以太原为省会,而平阳为富饶。大同、潞安,独边寒薄,地狭人稠,俗尚勤俭,然多玩好事末,独蒲坂一州富庶尤盛,商贾争趋。"[127]二是平阳、蒲州、解州地处南北交通要道。元、明以来,西南、西北的秦蜀等地通往京畿,或山西经豫省通向南方,平阳、蒲州均是重要通道。明代建的平阳府鼓楼朝四个方向挂有四块牌匾,分别是:南通秦蜀,北达幽并,东临雷霍,西控河汾。三是社会环境比山西中北部较安定。山西北部、中部面临北边军事防御区,战事较多,经常受到蒙古贵族率兵入境的骚扰。而山西南部战事较少,商人既可周旋于北方边镇市场,又可活跃于内地,故明代山西南部商人较活跃。

二、蒙汉互市的推动者和参与者

入明以后,明蒙关系很不稳定。尽管汉蒙两族统治集团经常处于对立状态,但是汉蒙间的经济往来还是在迂回曲折的道路上继续发展。

早在明初,因为缺乏马匹,明太祖就"分遣使臣,以财货于四夷市马"。[128]建文四年(1402),明成祖遣使谕兀良哈、鞑靼诸部,"商贾贸易,一从所便"。永乐三年(1405),明朝在开原和广宁开设马市。后来一度中断,成化十四年(1478)复开。正统三年(1438),在大同正式开设马市。次年,因"土木堡之变"中断。从天顺六年(1462)起,又渐恢复。后由于蒙古达延汗与明朝发生战争,遂废止。中断边境贸易后,造成蒙古地方"爨无釜,衣无帛",[129]"饥困易子而食"的局面,[130]终于酿成嘉靖二十九年(1550)的"庚戌之变"。蒙古俺答部长驱逼近北京,震撼了明王朝。次年,明政府被迫答应通贡,开马市于大同镇杀虎堡、宣府新开口堡和延宁。但不久又被明政府借故中断。

隆庆四年(1570)九月,发生了蒙古俺答汗之孙把那汉吉因女性问题而弃蒙降明的事件。在明王朝议处这一事件的过程中,晋商出于贸易的需要,积极推波助澜,通过朝中官僚,以把那汉吉事件为契机,推行其蒙汉议和开通互市的主张。时任宣大总督的王崇古提出了"封俺答,定朝贡,通互市"的"朝贡八议"。王崇古的奏议得到了内阁大臣高拱、张居正、张四维等的大力支持,而王

崇古、张四维都是有山西商人家庭背景的官僚。

王崇古父王瑶，伯父王现，长兄王崇义，都是大商人。张四维是王崇古的外甥，张四维之父张允龄、叔张遐龄、弟张四教也都是大商人。王、张两家的亲戚沈江、范世逵等也是商人。王崇古的奏议，既符合明政府的利益，也体现了晋商的利益。山西商人通过王、张等山西籍官僚推行其主张是显而易见的。《明史·方逢时传》载："始，逢时与崇古共决大计，而关市之议，古独成之。"《明史·张四维传》载："俺答封贡议起，朝右持不决。四维交关于(高)拱，款事遂成。"最后，明朝主和派终于战胜了主战派，于隆庆五年(1571)三月实现了隆庆议和。《明史·王崇古传》载："崇古乃广召商贩，听令贸易。布帛、菽粟、皮革远自江、淮、湖广，辐辏塞下，因收其税以充犒赏。其大小部长则官给金缯，岁市马各有数。崇古仍岁诣弘赐堡宣谕威德。诸部罗拜，无敢哗者。自是边境休息。东起延、永，西抵嘉峪七镇，数千里军民乐业，不用兵革，岁省费什七。"这一议和的结果，不仅确保了明朝的长城沿线较长时间的和平，而且明——蒙之间广泛地开展了通商贸易。[131]

从隆庆五年(1571)到万历十五年(1587)，明政府先后在长城沿线开设马市13处，即宣府的张家口，大同的守口堡、得胜堡、新平堡，山西的水泉营，延绥的红山边墙濮门，宁夏的清水营、中卫、左浪、高沟寨和铧尖墩，甘肃的洪水堡、扁都口。据统计，在宣府、大同、山西(偏关)三镇，隆庆五年(1571)官市马7030匹，万历二年(1574)官市马27000匹，万历十一年(1583)官市马45000匹，隆庆、万历年间官市马一直趋于上升势头。

在开设官市的同时,民市也发展起来。民市早在永乐年间(1403~1424)就已经出现,但由于明政府的限制,发展缓慢。蒙汉互市开通后,由于官市交换的物资无论从数量上和品种上都远远不能满足蒙古民族生产、生活之需,从正统元年(1436)始,蒙古牧民"以私马求市"的日渐增多。隆庆五年(1571),明政府允许"官市毕,听民私市",[132]民市贸易得以较快发展。据《万历武功录·俺答列传》载,双方互市商品范围很广,即内地以缎、绸、布、绢、棉花、针线、梳篦、米、盐、糖、果、梭布、水獭皮、羊皮、金,交换蒙古牧民马、牛、羊、骡、驴、马尾、羊皮、皮袄等,特别是山西生产的潞锅,尤受蒙古牧民欢迎,是民市交易的重要商品。商人以盈利为目的,见民市有利可图,遂蜂拥而至。《明实录》卷558载:"大同杀虎堡……汉夷贸易,蚁聚城市,日不下五六百骑,甚至有杯酒流连,喧

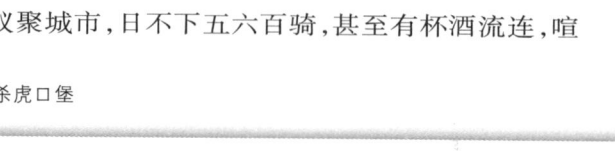

《万历武功录》

杀虎口堡

器讦殴者。"许多山西商人在民市交易中获得了厚利。王崇古说:"近访得北直隶、山西各处商贩,连年市获夷马,喂养有节,旋即膘壮,率得厚利。"[133]隆庆五年(1571)大同得胜堡、新平堡和宣府张家口、山西水泉营四个马市,官市贸易马7030匹,而这四个马市的民市贸易马骡牛羊达21380头,是官市贸易的3倍。[134]同时,官市所易马匹,除政府留用部分外,还要转售商人一部分。如隆庆五年(1571)得胜堡官易俺答部马1370匹,其中989匹给马军,余381匹转售商人。之后,每年一次的民市贸易还不能满足需求,于是又在宣府、大同、山西、陕西、甘肃、宁夏各边设月市,"月令巡边夷同欲市夷各以牛羊、皮张具告参将,听赴暗门外,军民得以布货变易"。[135]月市之外,又设临时的小市。万历前后,随着官市的衰落,民市的发展,马市已逐渐由官买马匹演变为各族间的自由贸易,他们在交易中,还相互交换日常用品,如"以釜得裘,铁得羊肘,细耳得马尾,火石得羔皮"[136]等,而晋商是这一贸易活动的主要参与者。

三、经营活动中的四个战略转移

如果说明初的晋商是集粮、盐、布商于一身,主要活动于纳粟开中范围的北方边镇、盐场和行盐地区,则明中叶以来的晋商,随着开中制的解体而改变了经营战略和方向:逐渐实现了由盐业的边商转为内商;经营项目由盐粮布经营转为多业经营;活动范围由纳粟开中地区转为向全国各地发展;商人朋合为帮的组织形式随之出现。

1. 由盐业的边商转为内商

明初晋商资本最大的是盐商,但是自弘治五年(1492)叶淇变法,将开中纳粟改为纳银后,开中制发生了根本性变化,商屯解体,边商日趋衰败,内商日渐兴盛,于是一部分晋商转为内商,成为专门的盐商。明人胡世宁说:"今山陕富民,多为中盐旅居淮浙。"[137]以致北边出现"山西之大贾皆去,土著之资本几何"[138]的状况。在两淮盐主要集中地扬州,嘉靖、万历时有不少流寓此地的山西商人,专门从事淮盐的经营。重修《扬州府志》卷52载:"(嘉靖)时西北贾商在扬者数百人。"嘉庆《江都县志》卷12载:"扬以流寓入籍者多……明中盐法行,山陕之商麇至。"大约初期寓扬之商,以"秦晋商人势力最大"。[139]如同治《两淮盐法志》载:"乔承统,字继之,山西襄陵人,明季贡生,父养冲,中盐卒于扬州。""李承式,字敬甫,其先山西大同人,中盐于扬州,承式登嘉靖三十五年进士。"

"高邦佐,字以道,山西襄陵人,随父中盐于扬州。""杨义,字宝元,号昆岳,山西洪洞人,其先业盐淮南。"蒲州人王瑶"货盐淮浙苏湖间,往返数年,资乃丰"。[140]另外,从"明万历定商灶籍,两淮不立运学,附入扬州府学,故盐务无册籍可稽,且有西商无徽商"。[141]也说明山西商人在扬州势力很大。当然,山西商人流寓扬州终究是一部分人,他们以商人"相时度地居物"之精明,把行盐重点逐渐放在了邻省的长芦盐区和本省的解州盐区。大体说来:明中叶以后,山西商人牢牢控制着长芦盐区和解州(河东)盐区。如明人张四维《送展玉泉序》称:"蒲俗善贾者必相时度地居物而擅其盈,故其业有不终生变者,不终岁变者,有一业不变而世守之者,惟占鹾为然,然鹾运凡六,蒲人之占贾者,惟淮扬为众,若青沧之盐,占之则近岁始,远者不过数十年,其最久而世贾于是者,则又惟展氏为然。"这位展氏不仅是长芦盐的世商,同时是长芦盐的成功经营者。张四维在是文中又说:"(展玉泉)自其父时以居沧鹾为业,玉泉方

扬州文昌阁

齠齔岁,固已从翁游焉,翁多画而善中,于时盐制方斁,诸近境类为它运司所侵,其滨海诸郡率私贩畿以右,又民善煮碱卤为盐,沧盐岁所发运不及额十之三四,诸贾人多去之,乃翁守其业不迁,仍付其子。近岁法制渐复,占沧盐者往往谋大利,诸贾人四方辐辏之,视昔时不啻十倍众矣,而惟展氏为世商。故蒲人谓展翁教子不易其业为有见也。"[142]明人王世贞指出:"(张)四维父盐长芦,累资数十百万,而(王)崇古盐在河东,相互控二方利。"[143]这就是说蒲州张、王二姓控制着长芦和河东(运城)盐区。由上可见,边商衰落后,晋商又以内商面貌积极活跃于淮浙、长芦、河东等盐区。

2. 由盐商转为多业经营

明初开中法内容有纳粮中盐、纳布中盐、纳铁中盐,总之是以盐业为中心,开展经营活动。明中叶以来,随着开中制的破坏,晋商除了继续进行两淮、长芦、河东盐等的运销外,对粮、布、茶等的经营也不再局限于供应北方边镇,而是扩大经营项目的范围,走向了多方位商业经营的道路。其经营的行业如:

粮食业 明人谢肇淛说:"三晋富家藏粟数百万石,皆窖而封之,及开则市者纷至,如赶集然。"[144]民国《沁源县志》卷2载:"粮店行,俗名斗行……集场之设,多在南北干路附近。明正德间,古寨曾设一处,有碑可稽。"

棉布业 明代生产发展较快,松江布有"衣被天下"之称,同时棉布又是北方边镇市场的重要商品,明代晋商很重视对棉布的经营。清人褚华说:"明季从六世祖赠长史公,精于陶猗之术。秦晋布商,皆主于家。门下常客数十人,为之设肆收买。"[145]清初上海人叶梦珠《阅世编》也有明末秦晋布商携带巨额资金数万两乃至数十万两,到上海县收买棉布的记载。[146]说明当时到上海县治下的各乡镇布庄收买棉布的布商,是以秦晋商人为主体。

棉花业 这是明代发展较快的商品,如光绪《山西通志》卷142载,明代绛州人赵统行商于西宁,"尝鬻木棉数万斤"。

丝绸业 这是传统商品,晋商历来重视经营丝绸。明代浙东地方盛产丝绸,吸引了许多山西商人到该处收买贩运。明人张瀚《松窗梦语》载:"秦、晋、燕、周大贾,不远数千里而求罗绮缯帛者,必走浙之东也。"

茶业 也是明代晋商经营的重要商品。明人杨一清说:"自弘治十八年为始,招谕山陕等处富实商人,收买官茶五六十万斤。"[147]《霍山县志》载:"土人素不辨茶味,惟晋、赵、豫、楚,需此日用,每隔岁,千里挟资裹粮,投牙予质。"[148]

绒货业 明代山西商人经营此业者甚多,如前述万历十四年(1586)南京三山街山西商人,就是绒货商。

颜料业 山西平遥县颜料商明中叶就在北京创建了颜料会馆,[149]说明明代晋商是颜料的主要经营者。《明武宗实录》载,山西绛州人韩重"及为尚书,纵其子与揽头输纳颜料,以营厚利,甚为士论所鄙"。[150]天启《赣州府志》卷3载:"城南之人,种蓝作靛,西北大贾,每岁一至,泛舟而下,州人颇食其利。"西北大贾,即指山西、陕西大商人,他们溯赣江到江西赣州收买蓝靛,然后运销到以染色著称的芜湖。

煤炭业 明代山西的煤炭生产比较发达,有不少山西商人经营煤炭。如河曲人苗根千,以"鬻炭为业"。山西煤炭还向外销,北京是晋煤的主要销售地,故在北京有"烧不尽山西之煤"之说。贩运煤炭的山西商人还参与了在北京的山西潞安会馆的建立。《娱目醒心编》有山西商人往北京贩运煤炭的故事。说的是景泰初年,山西太谷县商人房氏,往北京贩运煤炭10大船,值银28000两,由于煤炭运去时正是蒙古也先部围困北京后撤离不久,京师煤炭十分缺乏,房氏所贩晋煤十分抢手,最后净获利银10万余两,利润超过成本的两倍多。

铁货业 明代山西盛产的铁,自然是山西商人经营的重要商品。明人王崇古说:开大同马市后,可贩运潞锅,潞锅含铁量低于广锅,出售给蒙民以后没有用铁锅造兵器之虞,也能解决蒙古牧民炊灶锅釜之缺。[151]大同十一州县使用的铁器耕具,也由山西商人从潞州贩运而来。[152]马市交易之铁锅,自然也主要是由山西商人贩运而来。有的山西商人还把铁货贩运到全国各地,如在北京营销铁货者多为山西潞安府人。山西人张全伦,在苏州专门贩卖铁货。[153]

木材业 明代的晋商对木材的贩运很活跃。嘉靖初年(1522~1566),真定府同知胡泽曾令山西巨商伐采皇木,卖了三十余万。[154]《明神宗实录》卷302载:"山西商自五台山运木,由新落河,至赵堡口。"[155]

烟草业 烟草生产在明代发展很快,晋商中不乏大烟草商。据同治《衡阳县通志》卷11载:明中叶以来山西、陕西大商,以烟草为货者有九堂十三号,每堂出入资本岁十余万金。[156]

马尾主要是和北方蒙族交易,如瞿九思《万历武功录》载:"榆次人李孟阳,与虏私易马尾。"[157]

人参,包括东北参和山西的党参,如崇祯五年(1632)晋商泛海往日本贩运的商品,就是人参,价值十万金。[158]

祥云集烟店

油、纸张、干果、杂货、铜、锡、烟袋等,也是山西商人经营的商品,在北京的山西"临襄会馆"、"临汾东会馆"(临汾乡祠),就是经营上述商品的山西商人创建的。[159]

此外,还有牙行。牙行是买卖过程中为买卖双方说合的店铺。在明代由于市场的扩大与商业的繁荣,牙行已成为一个重要行业。《二刻醒世恒言》第四回说:有一位做毡生意的商人周尚质,到山西平阳府临汾县,向当地牙行"付了银子",由牙行主人领他到"永济乡收货……刚刚三四日就收完了"。可见,山西的牙行很活跃。

3. 活动范围由纳粟开中地区转为向全国各地发展

如前所述,明代晋商的兴起与纳粟开中有很大关系,故其活动范围主要在北方边镇和两淮、长芦、河东等盐区。他们为了满足北方边镇对大量粮、布、棉等的需求和蒙古牧民对马市交易的需要,有明一代山西商人在沿长城线北边地带一直非常活跃。如山西北边重镇大同,主要依靠山西商人"往大同、宣府输纳粮草军装及贩马、牛、绢、香、茶、器皿、果品"。[160]军民铁器耕具也"仰商人从潞州贩至"。[161]万历时,曾有大同土商任光裕等因加派而纷纷叫苦。[162]宣府为"朝廷之北门……河东诸盐商皆业于此"。[163]嘉靖《宣府镇志》卷20载,宣府有山西潞州绸铺、泽州帕铺。乾隆《宣化府志》卷37还有明代山西富商在独石堡附近经营土地的记载。在张家口,"八家商人者,皆山右人。明末时,以贸易来张家口,曰王登库、靳良玉、范永斗、王大宇、梁嘉宾、田生兰、翟堂、黄云发"。[164]晋商的足迹,还延伸到了九边镇的西陲,在延绥,"召集山西商人乐认淮浙二盐,输粮于各堡仓给引"。[165]明人王家屏《复宿山房集》卷26有山西曲沃商人李明性"挟资贾于秦陇间"的记载。光绪《山西通志》卷42载:明人"张荣魁,太平人,商秦陇"。明人蒲州徐山泉"家世业商","毅然以四方事自备……西走陇益,居货岐山池阳之城,雍凉诸郡稍稍遍历"。明人吕柟《续刻吕泾野先生文集》卷7有蒲州商人郭震在秦陇业商的记载。在长城东线的辽东同样有山西商人的足迹。如安邑县商人王玺,"东至辽陲,几逾十年"。[166]光绪《山西通志》卷142载,明人"杨一魁,盂县人,少商辽东"。明人葛守礼说:"辽东商人,山西居多,而汾州过半。"[167]

但是,明中叶以来,晋商除继续在上述地区活动外,又向全国各地发展,在黄河流域、长江流域以至国外,都留下了晋商的足迹。例如:黄河流域是我国古代文明发祥地,商品经济发展有一定基础,明中叶以来,晋商在这一地区非常活跃。如北京的颜料、纸张、干果、油、铜、铁、锡、炭、杂货等经营,多为山西商人。[168]在真定府,伐采皇木系由山西商人经营。[169]郑州在北直隶河间府附近,明人沈德符《万历野获编》卷24载:"郑州……每年四月初,河淮以北,秦晋以东,宣大蓟辽诸方商贾,辇运珍异并布帛之属,入城为市。"在天津,据光绪《山西通志》卷142载,明代"蒲州人王三鉴,商天津"。在山东,大同人陆应期,正德初年"贾齐、鲁间"。[170]《西园闻见录》卷17,有明代山西商人在山东历城经商时丢失资金的记载。在河南,乾隆《阳城县志》卷10有明代山西阳城人王海"幼从父贾河南"的记载。蒲州人李仲节,明成化十年(1474)"年益长,父命商于兖豫之间"。[171]

在长江流域,晋商也十分活跃,明代大同振武卫人杨近泉,曾"挟数千金,装游贾江淮间"。[172]明代马邑人覃表用"高资游贾江淮间"。[173]襄陵人高瓒,嘉靖

初年"贾游江淮"。[174]明代猗氏人沈江"携巨资游关陇、扬越间"。明代蒲州人席铭"历吴越,游楚魏,泛江湖,懋迁居积"。[175]明代朔平府人马禄,行商于苏州。[176]明代汾阳县商人贾守亭是活跃于江浙、湖广的商人。[177]明代安邑人孙员"货殖江湖,遂成大贾"。[178]《明季北略》载:"湖北云梦城内多山西贾商。"蒲州商人张允龄"西度皋兰、浩亹,居货张掖、酒泉间,数年乃南循淮泗,渡江入关……溯江汉,西上夔峡,岁往来楚蜀间",[179]张允龄子张四教,服贾远游,也"历汴泗,涉江淮,南及姑苏、吴兴之境"。[180]张允龄之弟张遐龄经商"南历五岭,抵番禺,往来豫章、建业诸大都会"。[181]蒲州人王文显经商"西至洮、张掖、敦煌,穷玉塞,历金城,已而转入巴蜀,沿长江,下吴越,又涉汾晋,迈九河,翱翔长芦之域"。[182]万历《四川总志》卷21载:"川中民贫资鲜,称盐商者,多为山陕之民。"在四川边远山区松潘县也不乏山西商人,所谓"松地苦寒,称贷为难,往往山陕富商携资,坐取重利"。雍正《山西通志》卷230《杂志》记载,明代山西商人聂某在四川经商,曾因遇张献忠起义,兵荒马乱中将资金丧失。蒲州人陈碧山"自甘、鄜、银、绥、云中、上谷、辽左诸塞沿以内,若燕、秦、青、豫、阳、吴、蜀、楚,通都大邑,凡居货之区,莫不有碧山公使焉"。[183]明人张四维对蒲州人外出经商地区,概括为"西到秦陇甘凉瓜鄜诸郡,东南达淮海扬越,西南则蜀"。[184]

明代晋商还到国外经商。如襄陵县西梁村贾人,在明万历时曾"贩于海外"。[185]明人谈迁《枣林杂俎》载:"崇祯壬午冬,有贾舶私贩日本……其贾多晋人。"

在本省,山西商人牢牢控制着故乡的商业。如明人马文升说:"往年,泽州人每以铁一百斤,至曲沃易盐二百斤。"[186]《明孝宗实录》卷178载:"大同十一州县军民铁器耕具,皆仰商人从潞州贩至。"[187]如此等等,不胜枚举。

由上可见,明中叶以来晋商的活动区域,已由明初的开中制活动区域迈向全国,其足迹可谓"半天下"了。

4.商人朋合为帮组织形式的出现

明初山西商人的经营方式有独资、贷金等形式。如代州振武卫杨近泉"幸藉先人遗资,已乃挟数千金,装游贾江淮间"。[188]夏县人裴绅,善治生,贷资与人,"蒲商某,假资贸易,被盗,惧不敢归。绅曰:全躯足矣,资何足云"。[189]但是在商业活动中,商业竞争是不可避免的,为了在竞争中取得胜利,加强自身的力量,山西商人内部的组合,从明中叶初步形成。其组织形式有如下三种:第一种是行帮。《长芦盐法志》卷2《沿革》载："明初,分商之纲领者五:曰浙直之纲,曰宣大之纲,曰泽潞之纲,曰平阳之纲,曰蒲州之纲。"所谓纲,就是早期的一种行帮形式,其"纲"的组成,是以商人的籍贯来区别。明代长芦盐商的五纲中山西籍商人就占了四纲(宣府也多为山西籍商人)。可见,山西商人通过"纲"的组织形式,基本垄断了明代的长芦盐。

第二种形式是朋合营利。明人庞尚鹏《清理延绥屯田疏》称:"间有山西运商前来镇城,将巨资交与土商朋合营利,各私立契券,捐资本者,计利若干,躬输纳者,分息若干,有无相资,劳逸共济。"[190]这就是说,资本雄厚的山西商人,将资本交给当地的土商,合作起来进行盈利活动,互相之间立有契约,规定出资者获利若干,屯田出力者分息若干,有资者和无资者,有力者和无力者互相合作,劳逸共济。这种朋合营利组合形式,"有无相资,劳逸共济",胜过单独经营,在一定程度上增强了山西商人的竞争力。

第三种形式是伙计制。这是明代晋商很普遍、又全新的组织形式。明人沈思孝说:"(山西商人)其合伙而商者名曰伙计。一人出本,众伙共而商之,虽不誓而无私藏。祖父或以子母息丐贷于人而道亡,贷者业舍之数十年矣,子孙生而有知,更焦劳强作以还其贷,则他有大居积者,争欲得斯人以为伙计,谓其不忘死,焉肯忘生也?则斯人输少息于前而获大利于后。故有本无本者,咸得以为生。且富者蓄藏不于家,而尽散之于伙计。估人产者,但数其大小伙计若干,则数十百万产,可屈指矣。盖是富者不能遽贫,贫者可以立富。"[191]由上可知,所谓伙计制,是由出资者选择品行端正之人做伙计,付予资本,由他们去经商。伙计对出资者也忠实地履行职责。如果祖父辈做伙计未能把资本和应得利润还给出资者,其子孙也要焦劳强作归还。因此,出资者争着要讲信义的人做伙计,谓其对已故辈之事尚且不忘,更不会人活着而昧良心。这样出资在前,获利在后。有资本和无资本者,都得益。且富者把资本尽付于各个伙计,所以估人资产者,但数其有多少伙计,便知其有数十万或百万资产。显然,出资者和伙计之间是一种合作经营形式。它与朋合营利形式的不同处是,朋合营利的捐资者和躬输纳者之间立有契券,而伙计制形式,出资者与伙计之间是以信义为本。另外,朋合营利形式的捐资本者与躬输纳者,多是异地之人,而伙计制形式的出资者与伙计多是同族或同一籍贯之人。例如,蒲州商人王海峰"其沟里子弟,受钱本,持缗券,以货居于郡国者,肩相摩趾相接也"。[192]蒲州商人陈碧山"其郊邑子弟,分余缗受成算,以服贾四方,而挚殖其产者,无虑百十室焉"。[193]

第二节
明中后期晋商称雄商界原因探析

晋商何以能在明代中后期得到较快发展呢？笔者以为主要原因有三：

一、开中纳粟制改为纳银后，晋商加快了向全国市场进军的步伐

如前所述，明初行开中纳粟法，晋商以此为契机，集盐粮商于一身而兴起。但是到明中叶开中纳粟法却遭到严重破坏，已不能正常进行。弘治五年（1492）户部尚书叶淇变法，将开中纳粟改为开中纳银。这一制度的变更，对于晋商的经营活动影响很大，下面我们介绍一下开中纳粟法的崩溃及开中纳银产生的原因及其影响。

开中纳粟制早在永乐年间（1403~1424）已经出现解体迹象。之后，问题越来越多。造成这一问题的原因主要有五：①政府屡增纳粮数量，使商人望而生畏，不愿纳米开中。例如：开中古北口，宣德八年（1433）淮盐每大引纳米5斗，景泰元年（1450）增至1石2斗；开中广宁，宣德二年（1427）淮盐每大引纳米3斗，正统三年（1438）增至7斗；开中独石，宣德十年（1435）淮盐每大引纳米9斗，正统八年（1443）增至1石2斗；开中甘肃，宣德十年（1435）浙盐每引纳米3斗，正统七年（1442）增至1石。②明政府任意增发盐引，在食盐销售市场不能扩大的情况下造成盐引壅积，当时，"商人有自永乐中候支盐，祖孙相代不得者"。[194]③盐官失政，边盐壅滞。延绥巡抚涂宗浚说："商人苦称边盐不通，引积不用，其情甚苦，其词甚哀，细询其故，盖缘江南盐官失政，恣肆渔猎，弊窦多端。如边盐每引每仓止重五百五十斤，例也。而彼盐每引重至二千五百斤。人情孰不欲利，谁肯舍多而就少乎，是彼得利四倍而边盐利少，无人承买。"[195]④权贵包办使开中商人受到排挤。明初开中规定仅限商民，四品以上官僚子弟家人不得参加。永乐时，官吏军民开中京卫，结果"勋贵武臣多令子弟家人行

商中盐,为官民害"。[196]⑤私贩之风日盛。明初私盐并不严重,景泰始渐炽。景泰二年(1451)户部奏称:"比者召商中盐,应者绝少。盖因私盐多而官盐阻滞。"[197]万历《陕西通志》卷8《盐法》载:"人得私贩,官盐沮坏,客商少中,无以济边用之急。"在这种状况下,开中纳粮已收不到应有效果。弘治五年(1492)户部尚书叶淇变法,把开中纳粮改为纳银,即商人不再纳粮到边换取盐引,而改为纳银换引。同时,叶淇还提高了盐引值,大致明初开中每小引纳米2斗5升,值银2钱多,而叶淇则"请召商纳银运司,类解太仓,分给各边,每引输钱三四钱有差,视国初中米直加倍"。开中纳粮改为开中纳银后,原来随着开中纳粮而兴起的商屯制度自然也就被淘汰了。

随着屯田制的解体,民运粮、民运布、民运棉花改为折色,开中纳粮改为纳银,明政府不得不增加京运年例银,以解决各边镇饷额。《明史·食货志》载:"京运始自正统中,后屯粮、盐粮多废,而京运日益矣……兵愈多,坐食愈众,而年例亦日增。"据明人潘潢奏称,嘉靖末年(1522~1566)各边镇的银两饷额见下表:[198]

边 镇	合 计	屯田折色	民运折色	盐 银	京运银	其 他
宣 府	1138355两	199771	662939	195645	80000	
大 同	1043953两	118574	644228	44185		224579
辽 东	498944两	72918	193158	41153	150000	42310
延 绥	513315两		217658	146198	30000	119279
宁 夏	493866两	192376	131982	130508	40000	
甘 肃	517883两		299920	137963	60000	20000
山 西	838352两	97478	393471	182991	168974	
蓟 州	307081两	22270	254818		30000	
固 原	325740两	236920		30000	50000	8820
合 计	5677282两	970307	2798174	908643	608974	414988

由上可见,嘉靖末年各边镇饷额达560万银两以上。显然,这是一个非常大的购买市场。如何利用这一市场,是摆在晋商面前的新问题。这里和明初不同的是:明初晋商凭借晋省极临边镇的地理优势,往边镇纳粟换引后,既可凭

引支盐到内地各盐场充当盐商(又称内商),又可将盐引卖给内商只充当纳粟换引之商(又称边商)。但是开中纳银后,内商只要纳银即可换取盐引支盐,边商已失去原有的优势。面对这一新情况,晋商适时改变经营方针:即一部分晋商由边商改为内商,如到两淮盐区纳银换引做专门的盐商去了;另一部分晋商则到全国各地贩运北方边镇所需粮布等物资,同时在各地区间进行物资交换。这样晋商就改变了明初单纯的开中商人身份,成为在全国各地贩运货物,进行多业经营的商人。

二、晋商在商业经营中所获取的利润,为扩大经营积累了资本

商人经营的目的是获取利润,明代山西商人以他们的精明,在商业经营中获取了较大利润。从而为扩大经营积累了相当数额的资本。晋商获取利润的手段很多,例如:

利用地区差价赚取利润 《明史·马文升传》称:"输边者,粮一石费银一两以上。"马文升弘治二年(1489)代余子俊为兵部尚书,任职兵部13年,此处所讲约指弘治十五年(1502)左右之米价。但是内地米价大大低于边地,如弘治二年(1489)十一月京师米价为银一两米2.5石。[199]据秦佩珩先生计算,弘治年间(1488~1505)每公石米平均价格仅0.518两。[200]又据吴承洛《中国度量衡史》,明代一石以1.0737公石计算,则一石米价格为0.482两,边地米价比内地价格高一倍多。提督大同军务左副都御史年富奏称:边地米麦的价格约为内地的两倍。《明神宗实录》万历三十八年(1610)三月己丑载:"宣府巡抚都御史薛三才言,宣镇……关塞险阻,挽负艰难,平时物价,率倍内地。"北边与内地间物价的悬殊,是产生商业利润的主要因素,其价格差的大部分(扣除运费)以商业利润形式落入了商人的私囊。而且这种地区差价,不仅存在于内地与边地之间,也存在于边地内部。如明正德元年(1506)户部左侍郎王俨说:"大同、宣府二镇城堡道里远近不同,折放官军俸粮银两,宜区别定拟,分为等第。如宣府北路独石马营等堡,孤悬口外,输送颇艰,大同右卫,霜早地寒,谷粟少生之所,为一等,每石不得过七钱。四海冶、赤城……为二等,每石不过六钱。朔州、应州、浑源……为三等,每石不得过五钱。"[201]这就是说,由于边塞各地道路远近、自然条件差异,发放俸银有差。由此,各地购买米粮价格亦不同。据《明世宗实录》

嘉靖三十四年（1555）正月丁未条载，宣府镇每斗米银五钱，而其他边镇每斗米八钱，约是宣府的一倍。更有甚者，如榆林镇银1钱米7升，至定边，相去四日程，其银1钱即得米2斗有奇，粮价竟差2倍。[202]再看马的价格，山西镇每匹马价银7两8钱，大同西市每匹马价银7两5钱，东市每匹马价银7两2钱，宣府每匹马价银8两2钱。[203]这就是说，在边镇以银8两可易马一匹，但到江南北一带，每匹马价银达24两，商人从中可获利2倍。

利用季节差价　《明世宗实录》嘉靖十年十二月兵部尚书李承勋说："边镇米价……一入初春，日益翔贵，商贩以时废居，卒致巨富。"嘉靖三十七年（1558）八月大学士严嵩说："近闻大同粮熟，银一两可得米九石，时七八月间，边臣来讨，户部未肯发银，若延至二三月时，米价腾贵，银三两可得米一石。"《明世宗实录》嘉靖四十三年（1564）载：八月，银一两可购米一石；十月，银一两可购米一石八斗，次年二月银一两可购米一石四斗。不同季节的不同价格，成为商人利用季节差价，获取高额利润的重要手段。宣大总督翁万达说："刍粮价值，与时高下，而商人乘贱上纳。待其踊贵，乃始受值，以规数倍之息。"[204]

囤积居奇　明人李承勋说："商贾兴贩之术，亦无他巧，只是米贱则买于民，米贵则卖于官。"[205]山西商人是开中商人的主要力量，囤积居奇，贱买贵卖，获取厚利，是他们的惯用手法。明人杨鼎指出：当农业歉收，粮价腾贵时，"则积蓄者高价以罔利"。[206]

勾结官吏，获取非法利润　明嘉靖时户部尚书高耀说："九边将官，往往私入各商之贿，听其兑折本色粮草，虚出实收，而宣大、山西、延绥为尤甚。"[207]还有的商人利用公家银来获利。明万历年山西巡抚贺一桂说："奸商交通官攒，先期领银为生息营家之资，或乘贱籴买，延至腾踊，方才上纳。"[208]有的商人甚至借支官银不还，《明武宗实录》正德四年十一月载：户部郎中总理大同粮储，召纳粮草，"商人许溥等，予支银数万两，过期未完"。

盘剥勒索粮食生产者　据《明经世文编》卷100《李承勋会议事件》载："宣、大二镇，又有势力之家，刁豪之客，乘青黄不接之时，低价撒放于农，而秋成倍收。"隆庆元年（1567）十一月，大学士徐阶说："且军士之有屯田而贫不能耕者，商人则资以丰种，至秋成计所得之息，分费粟而输之官。"[209]明人赵炳然指出："至于召买，则势商豪贾各挟重资，遍散屯村，予行收买。小家已卖青苗，不得私鬻，大家趁时广籴，闭粜牟势，遂使利源先已闭塞。"[210]

放高利贷获息 其放贷对象,一种是借给官府银两。《明武宗实录》正德十三年二月戊寅载:"宣府镇巡官及管郎中各奏,诸路兵马,会于宣府,粮草所费,计银六十七万五千一百余两,俱予借诸商者。"《东林列传》19载:"边帅纳津要者,皆乞贷于素封之家。"还有一种是借给土商,并乘机勒索。《明经世文编》卷471余懋衡《敬陈边防要务疏》:"土商不能待,则重资晋商之银。晋商乘其急,则贱博土商之引。"

投机取巧,侵欺肥己 晋商在与蒙古牧民交易时,投机取巧现象甚多。宣大总督杨时亨说:"虏人交通汉人,习知货物精细,价值高下,而内地官民又视货物为利薮,奸伪百出。"[211]晋商还通过侵欺肥己获取利润,明人杨鼎说:在开中纳粟时,晋商每当粮贱之际,"则纳者侵欺肥己"。[212]

晋商通过以上种种手段,到明中叶已成为"非数十万不称富"[213]的商人,从而为他们自明中叶以来扩大经营,提供了相当数额的资本。

三、明中叶以来社会商品经济的繁荣,是晋商发展的历史前提

明代社会经济经过明初的恢复,到明中叶有了较快发展。明代中后期社会商品经济的发展,是在明代社会生产力长足进步的基础上实现的。以农业生产来说,明代农业生产工具已臻完备,并有所改进,如广东之木牛,屈大均称为"耕具之最善者"。[214]为了防止虫害,"陕、洛之间忧虫蚀者,或以砒霜拌种"。[215]在浇灌工具上,出现了新式工具"虹吸"、"鹤饮","视他水器则犹力省而功倍焉"。[216]推广轮作复种、间作套种办法后,江淮、两广、福建可一年二种二收,个别地区可三种三收。在生产技术和经营管理上,因地制宜,改变自然条件,"使田无不可耕者"。在粮食作物的种植上,引进了许多新品种。如甘薯,又名白蓣、红薯、番薯、红蓣、紫蓣等,原产地在美洲,约明朝隆万年间传入中国,它"不与五谷争地,凡瘠卤沙岗皆可以长",水旱地均能适应。[217]又如玉米,又称玉蜀黍、御麦,原产地在南美洲,约明中叶传入中国,玉米耐旱、产量高,对于明代粮食生产的发展产生了很大影响。明代的粮食作物由于上述因素的影响,产量有了很大提高,如地主岁收"亩入十石为上功,七石为中功,五石为下功",[218]反映了当时的粮食生产已达到相当水平。经济作物从明中叶以来也有很大发展,如棉花几"种遍天下",[219]黄河流域,长江南北,均为重要产棉区。甘蔗以广东、福建

最盛,屈大均说:广东番禺、东莞、增城一带"蔗田几与禾田等"。[220]福建南部因稻利薄、蔗利厚,"往往有改稻田种蔗者"。[221]落花生原产于南美洲的巴西,至迟在明正德初年已传入中国。烟草也是明代从吕宋传入中国,最初种植于福建、广东等沿海地区,后发展到北方辽东、山东、山西等地。手工业生产发展也很快,棉纺织业随着纺织技术的提高和工具的改进,已成为当时较普及的手工业,尤其松江府"家纺户织,远近流通"、[222]"衣被天下"。[223]苏州府属县均有棉布生产,"而嘉定、常熟为盛"。[224]随着棉纺织业的发展,还引发了与之相关联的染坊、踹布坊的发展。清人顾公燮说:"前明数百家布号,皆在松江枫泾、洙泾乐业,而染坊、踹坊商贾悉从之。"[225]具有悠久历史的丝织业,在明代中后期发展到了新高度,其"机杼之巧殆天工"。[226]花缕机的构造更加复杂,纺织技术大大提高,可以织出不同纹路、不同花样的绫罗绸缎。江南地方是当时的丝织业中心,明人于慎行说:"吴人以织作为业,即士大夫家,多以纺织求利。"[227]嘉兴的王江泾镇"多织绸收丝缟之利,居者可七千余张,不务耕绩。"[228]山西潞安府是北方的丝织业中心,潞绸"织作纯丽",以质量好著称,最盛时"其登机鸣杼者,奚啻数千家"。[229]毛纺织业的中心在兰州和西安。明代中后期的制瓷业规模很大,瓷业中心在江西景德镇。此外浙江处州、福建德化县、河南禹州、北直隶曲阳县、南直隶宜兴等地,制瓷业也具备一定规模。明代中后期矿冶业的发展也较显著。在山西有以开矿而致富者,例如:"张守清,山西人也。少而贫,之五台山。……守清于山中聚工鼓铸……坐享富贵。"[230]明代煤炭已成为市场上的重要商品,《大学衍义补》载:"今京城百姓之家,皆以石煤代薪。"《天工开物》称:"煤炭普天皆生,以供锻炼金石之用。"河北、山东、陕西、河南是煤炭重要产地,南方的安徽、四川、江西、云南的煤炭生产也有了一定发展。明中后期的冶铁业发展很快,生铁产量"自明初到嘉靖年间不仅是我国历史上的最高水平,而且也是占世界上第一位的。"[231]采铁矿石已采用烧爆采法,大大提高了采矿工效。[232]在冶炼技术上居于当时世界领先地位,炼铁炉最大的一次可装铁矿砂2000多斤,一小时出铁一炉,约600斤,年产量160多万斤以上。同时,首创炼铁炉和炒铁炉串联使用技术,节省了工时,减少了能量和金属的损耗,现代转炉炼钢直接用炼铁高炉的铁水装炉技术,正是基于这种工艺思想。明代嘉靖年间创造出"苏钢"炼钢技术,所产"苏钢"质量优良,直到19世纪欧洲炼出的钢还比不上"苏钢"。"苏钢"最初盛行安徽芜湖一带,后传到四川和山西潞城、阳城地区,又发展为"地下土圆炉炼钢法",炼出之钢富于延展性。生产力是社会生产中最活跃、最革命的因素。由于明代中后期社会生产力的长足进步,使社会商品经济的发展注入了新的活力,而晋商在明初开中制实施过程中已获取了很大的利润,具有相当的经济实力,因而在明中后期社会商品经济日趋繁荣时,晋商乘此天时,施展其宏图,得以迅速发展。

  总之,到明代中后期晋商已发展成为拥有巨额资本、活动区域广、经营项目多的地方商帮,在全国商界占有举足轻重的地位。晋商在明代中后期的发展,既由于明代社会商品经济的发展,也是晋商抓住时机,积极开拓、善于经营的结果。

第三章
清代晋商经营资本的新发展

入清以后,中国封建社会虽然继续走向它的末期,但历经康、雍、乾三朝盛世,社会生产力较明代更加发展,商品经济在明代原有基础上,又向前推进了一大步。历经明代200多年锤炼的晋商无论是经营经验,还是商业资本的积累,都已经成熟起来。从清初到清末,数百年纵横捭阖,称雄国内市场,及至票号问世,更是执金融界之牛耳,闻名于国际商界,晋商进入了鼎盛时期,并在清前期和清后期出现了两次发展高潮。

第一节
晋商新发展的历史前提与条件

就清前期来看,晋商所以能持续发展,其自身特质自然是重要内因;但也应该看到,入清以后,晋商发展的客观条件和宏观环境远优于明代。

一、国家的统一,政治局面的相对稳定,为山西商人遍及南北的经商活动提供了有利的社会环境

朱明政权虽然也是一统天下,但长城外的鞑靼、瓦剌等并未被完全控制,并成为北部地区的不安定因素,由此也阻滞了商人由九边继续向北疆腹地挺进的经营活动。入清以后,随着明末战乱的结束,蒙古、新疆、西藏内附,出现了中国版图空前辽阔的大一统局面。从康熙二十年(1681)至康熙二十八年(1689)的8年中,相继平息三藩之乱于西南,统一台湾于东南,驱逐沙俄势力于东北,平息准噶尔部噶尔丹叛乱于西北,全国政局初步稳定。此后,康熙三十年(1691)举行了著名的多伦会盟,妥善地处理了蒙古各部之间的关系,在喀尔喀蒙古实行旗盟制度,加强了对喀尔喀蒙古的管理。噶尔丹的叛乱,经康熙、雍正、乾隆三朝,终于彻底平息。为了加强对新疆和西藏的有效统治和管理,乾隆二十七年(1762),在新疆设置"总统伊犁等处将军"军政机构。康熙五十七年(1718)、五十九年(1720),清政府两次派兵平定准噶尔部势力挑起的叛乱。雍正五年(1727)设驻藏大臣,负责管理前后藏事务。乾隆五十七年(1792)驱逐了入侵西藏的廓尔喀进犯之军,次年即颁布了《钦定西藏章程》。至此,大清王朝由东至西,由南到北,四方疆域安定。特别是对东北、西北、西南历来动乱较多、反复性较大的边疆地区实施了有效的行政管理制度,缓和了各民族间的矛盾,使多民族的国家出现了比较稳定的政治局面。[233]

与此同时,清政府加速在四边开发农牧业生产,发展边疆地区经济,以此作为巩固边防的辅助措施,取得了实际成效。17世纪末,清政府在黑龙江南岸

等地修筑了艾虎（瑷珲）、莫尔根（嫩江）、卜魁（齐齐哈尔）城，并督率八旗官兵和人丁耕垦。到19世纪初，瑷珲、嫩江、齐齐哈尔等城已"流人四至，商贾云集，竟为内地，其街市喧闹，仿佛北省中上州县"。为了巩固西北边防，乾隆二十五年（1760），清政府调集了大量军队驻防新疆，大兴屯田。新疆的屯田有军屯、回屯、户屯（商屯）。军屯和户屯"皆携眷移戍"，因而"生齿日繁"。同时在伊犁河北岸、惠远城一带修筑了通惠渠，溉田数万亩。清政府还在新疆建立了牧场。到乾隆五十八年（1793），牧场已孳生本马28569匹，孳生本牛10000头，骆驼4173头。牲畜的大量繁殖，不仅发展了边疆的畜牧业，而且推动了边疆的农业生产。蒙古地区本是单一的畜牧经济区，为了改变这一地区生产落后的面貌，清政府派专人前往"教养"，选择"田地甚佳，百谷可种"地区开垦农田，又"教之引（黄）河水溉田"，使蒙古地区的农牧生产有了长足的发展。

  清代前期出现的这种和平、统一与稳定局面，是商品经济得以恢复发展的重要保证。同时还应看到，入清以后清政府所颁布的一系列与发展农业相配合的恤商措施，使明代以来兴起的地区商帮的经营活动取得了政策保障。随着北部广大地区经济的开发，山西商人凭借地理位置和交通条件的优势，利用安定有利的社会环境，得以较早地占领北方市场。早在明末，青年努尔哈赤常常到抚顺一带的互市市场进行买卖活动。在他苦心经营四十余年，统一女真各部，建立后金政权后，便以辽东为根据地，积极准备向明政府进攻。所书"七大恨"便是向明政权发动进攻的挑战书。"七大恨"的内容之一是指明政府对辽东所设的互市贸易，规定了诸多限制条件，而主管互市官吏对前来交易的女真人敲诈勒索，不能公平买卖，激起了女真人的怨恨。从中可以看到，清在入关前就体现出较为强烈的重商意识。入关后，顺康雍乾时代都曾采取过减免关税、商税等恤商措施。如顺治时，以京师初定，特免各关征税一年，并豁免明季税课亏欠和加增税额，及各州县零星落地税。顺治十年（1653）"令各关刊示定则，设柜收税，不得勒扣火耗"，并革除"需索陋规"。[234]康熙时明令"严禁各关违例征收"。雍正时还特令各关征税时，不可定求足数。各关必须把征税税则刊刻于木板，遍示津口，晓喻商民。乾隆时一方面整顿税关，裁革吏员，核定税关经费。并颁布各省税课则例，以杜吏役滥征苛取。凡私添税口、苛执勒索的税官，一律严查究审，绳之以法，"司役严处，官吏严参"，收到了"舟车络绎，货物流通，则税自足额"的效果；另一方面减轻市税性质的落地税，规定："各省凡市集落地税其在府州县城内,人烟辏集,贸易每多,且官员易于稽查者,照旧征收,不许额外苛索,亦不许重复征收;若在乡镇村落则全行禁革,不许贪官污吏假借名色,巧取一文。"[235]尤其对流通中的粮食,为了调剂各地区丰歉余缺,常以更多更大范围的免征、减征关税、垫付资本、赏赐顶戴等鼓励办法,招徕商人长途贩运粮食。[236]

清初顺康雍乾时期持续150年的三令五申的恤商令,虽然在具体执行中掺杂有很大水分,有些重要关口存在有司中饱渔利、胥役额外苛征的弊端。商民嗟怨、百货阻滞的现象时有发生。但从总体上看,上述整顿税关、减免商税等恤商政令的颁布,仍起到了为国内市场商品流通清除路障的作用。特别是对满族起家的东北故地,以及北部、西北经济落后的广大地区,关税、商税的征收更较内地宽松。而入清以后的山西商人,除继续在淮盐运销区域与徽商角逐外,之所以能在北方各大区域迅速扩展力量,占领市场,与清代前期的恤商措施所造成的宏观政策环境有着直接的因果关系。

二、清代前期水陆驿站干道的迅速扩展,为山西商人占领北部、东北、西北广大市场提供了贩运贸易必需的交通条件

山西地理位置、交通均有优势,因称"中原天府",清初即已引起当政者的重视。据《清世祖实录》记载,早在顺治元年,都察院参政祖可法、张存仁就向清帝进言:"……山东乃粮运之道,山西乃商贾之途,急宜招抚。若二省兵民归我版图,则财赋有出,国用不匮矣。"[237]"晋省路当孔道",[238]作为"商贾之途",省内许多重镇雄县皆居交通要道。

晋东南上党居万山之中,过去商贾罕至,但其地绸与铁生产的发展,使这一地区自明至清,舟车辐辏,产品除贡篚互市外,由商贾"转输于省直,流衍于外夷",[239]商路四通。黎城、壶关是晋东南地区通豫州的要道,康熙时设检司司之,使"盐法有赖,商旅皆悦,而愿出于其路"。[240]而潞绸所需丝原料,皆"来自他方,远及川湖之地"。[241]没有畅通川湖等地的交通条件,是无法采买来的。乾隆时晋北五台山"凡官吏公役之外,拔世之士,商贾贩易之流,往来于晋省汾潞者莫不由此而成川湖河陕之游"。五台山成为南来北往者的息肩驻箨枢纽之地。"于是乃设十方院,行旅者甚便也。"[242]朔州,"明初设卫,为云西要路,兵道协镇,驻跸于斯,粮饷商旅,多所经过,城关接连,室庐相望,颇称富庶"。[243]孝义县

"民业勤苦谋食",依靠背负、畜驮、车载煤炭维生者,东南鬻至百余里,西南可鬻至二百里。本地土产"物贱而货远",有贩至陕西者。当地男女皆能纺织,棉布鬻于西北州县,棉花则从河北真定等处,经平遥、灵石、隰县而来。[244]晋中的祁县也是通达四方的要衢:"祁西南道河东,通秦陇,东南逾上党,达中州,北当直省孔道,固四达之衢也。"[245]距介休四十里的张兰镇,"为孔道要区",嘉庆时"城镇周五里,屋舍鳞次,不下万家,盖藏者万家,商贾复四方辐辏,俨如大邑"。[246]晋南的平陆,"北距条山,南濒大河,地当水陆之冲,值八省通衢,自虞坂以下,依山凿径,绵延百余里,扼关陕咽喉,由晋入豫者道所必经。故皇华冠盖之络绎,仕宦商旅之辐辏,纷至沓来,不胜纪计,而三晋蹉商辇运盐斤,尤当孔道"。[247]平阳府也是"汾水下游入河可通舟楫","陆路则方轨并进,南下风陵渡河即中州之陕洛,关中之三辅,四通八达,无往不宜"。[248]运城既是巡盐治所,牢盆聚集,商贾辐辏,"往来者莫不道经于其地"。[249]

山西长治上党门

清代版图辽阔,陆路交通主要靠以北京为中心的驿站网络,通连四面八方。按定制百里一站,每一驿站均备有夫、马、车、船。一般省份,驿站上百,最少的也有十至数十,均由各地方官府维持。

临县碛口歇马驿

虽然驿站主要是传达中央政府政令的邮传之路,但客观上成为商旅之路,成为连接各省府州县的交通干道。清代设在山西境内的驿站有125个,较明代的58个增加了一倍多,在全国由明代的第七位上升到第五位。这100多个驿站的设置,对山西境内及与外省的经济联系具有重要的意义。

值得一提的是,清政府在蒙古、新疆和东北地区设置的驿道台站,对于晋商到这些地区扩展商业势力,起了极为重要的推动作用。

清代蒙古台站分为漠南、漠北和漠西三部

分：漠南驿站的主要线段是喜峰口至科尔沁，杀虎口至鄂尔多斯，古北口至乌珠穆沁，独石口至嵩齐特，张家口至归化城、四子部落；漠北驿站的主要线段是，赛尔乌苏至库伦，库伦至恰克图，赛尔乌苏到乌里雅苏台，乌里雅苏台至科布多；漠西驿站的主要线段是，哈密经巴里坤到乌鲁木齐，乌鲁木齐到伊犁，库尔哈喇乌苏到塔尔巴哈台。蒙古地区台站的设置，不仅巩固了清政府在蒙古地区的统治，而且促进了中原和西北地区的经济往来。

康熙、乾隆朝在平定准噶尔部贵族的叛乱中，先后把新疆地区的台站建立起来。康熙二十六年（1687）设乌里雅苏台至乌鲁木齐台站。康熙五十五年（1716）因运输需要，自嘉峪关至哈密设12台，自哈密至岭南设3台，自岭北至巴里坤亦设3台。乾隆八年（1743）在新疆设立卡伦台站，自哈密西至辟展，北至巴里坤，又西至库车，北至乌鲁木齐，自库车西至乌什，又西至叶尔羌，又西至哈什噶尔。其南至和阗。[250]乾隆十九年（1754）自神木至巴里坤设站125处。乾隆三十年（1765）清政府还派员去新疆整顿台站。

东北辽宁是清统治者的发祥地，驿站建立较早。黑龙江驿站于清初建立。康熙二十七年（1688），自齐齐哈尔西南至混同江、东北至黑龙江城1350里中置19站，后又增设1站，共20站。雍正十年（1732），又于齐齐哈尔西北至呼伦布雨尔设10台。雍政十三年（1735），于乌兰诺尔站东至呼兰设6台，沟通与漠北的联系。吉林，清初有10台、26驿站，后来经过整顿建立驿站38处。

至于西南、西北其他少数民族地区，清政府实行"改土归流"政策后，驿站也有所发展。

总之，山西虽地处黄土高原，山脉纵横，但从全国交通条件来看，由南至北，从东往西，当地与外界的经济联系并未因此而阻断。不仅全省各州县之间商旅往来，互通余缺，就是与邻近省区亦是四通八达，纵横交错，构成以煤炭、盐、铁器、棉布、绸帕等为主要交流商品的经济区域，并由这些区域向全国各大地区辐射延伸。其间，清政府建立的大小驿站起了沟通、中转、集散、开拓的重要作用。这些以驿站连接起来的大小商路的畅通，刺激了商品生产的发展，为商品交换活动由城市向乡镇村寨渗透，由中部地区向包括东北、西北在内的北部地区的扩展，并建立永久性贸易网络，提供了必要的条件。如果没有这些主要交通干线的开拓，山西商人向内外蒙古、东北、新疆广大地区的进军将艰难得多。

三、清代前期，在明代商品经济发展的基础上，清政府采取的发展生产、鼓励商业活动的一系列政策措施，顺应商品货币经济发展的趋势，收到了一定的效果

康熙以后，社会经济发生了明显的变化。乾隆时，耕地面积增加9亿多亩，人口已逾3亿，是清代社会经济发展的极盛时期。社会分工随着社会生产力的发展而不断扩大，一些新的手工业部门从农业中分离出来。原有的手工业部门又分出许多专门行业。伴随着这种专业化分工的扩大，不仅越来越多的手工业部门出现，专业化的农业区域也相应形成。其结果不但扩大了手工业产品之间的交换，而且刺激了农副产品、土特产品的商品化进程。

出现于清前期的这种总的发展趋势，对于山西来说，一方面某些历史性的具有特殊意义的手工业生产部门如鱼得水，得到长足发展的机会，其产品由山西商人通过大小驿站交通网络，远销到北部、东北、西北广阔的市场，把山西商人的贩运贸易推向一个新阶段；另一方面清政府为巩固边防对边疆地区采取了大兴屯垦、发展农牧经济的政策，取得了显著成效。这些地区不仅需要生活、生产必需品，还可以为内地市场提供粮食、牲畜、皮毛、药材等大宗商品。上述诱人的商业前景都对山西商人往返边疆地区开展商业活动起到了积极的刺激作用。

清代前期，以山西来说，煤、铁、盐业等主要行业的手工业商品生产，较明代均有突出的进步。

煤炭业 据不完全统计，山西在道光以前开采的煤窑，除《大明一统志》所载阳曲、太原、榆次、临汾、阳城等20个州县"有煤洞凡百数十处"外，又据《清一统志》记载及民国初年的调查，还有岢岚、临县、神池、五台、代州、繁峙、河曲、辽州、平遥、大同、潞城、平定、孝义、壶关、襄垣、陵川、阳高、岳阳等州县开采煤炭。煤炭的开采，为钢铁生产的发展提供了充足的燃料。清初孙廷铨说："石炭其用以锻金、冶陶，或谓之炭，或谓之煤。……散而无力，炼而坚之，谓之焦。"[25]看来自明开始的"煎炉煮石"的炼焦生产，也随着钢铁生产需要的扩大而得到发展。从用作燃料的角度出发，时人按性能给煤炭做了较科学的划分：夯炭（有微烟）、肥炭（有烟，坚黑而光，极有火力，出平定者佳）、煨炭（无烟，精腻而细碎，埋炉中可日夜不尽）、兰炭（焦炭，炭含油，燃之则融结为一）。另有柴皮炭、黑泥煤供贫家及滨山村民掘取代煤。

清代自康熙以后,矿禁政策逐渐松弛,乾隆五年(1740)又允准直隶、山东、山西等省"招商采煤"。[252]使民营煤窑在山西地区有了较快的发展。一部分商人及地主或投资办窑,或租赁山场开窑,已具备了一定的雇工生产规模,既推动了山西煤炭的商品性生产,又促进了山西煤炭在陕西、河南、内蒙地区的贩运活动。当时的煤炭市场日渐扩大,其商业形式有二:一种是在城镇开办煤店,将从煤窑批发来的煤炭零售给用户;另一种是赶驮到煤窑,或运煤到城镇转售谋生,或贩至省外各地取利。乾隆《乡宁县志》卷12载:清代,县东南产煤及铁,贫无田者,以煅炉、挖煤、贩铁为业,近煤场者,则以人畜负贩,日有取资;大同县"其西乡一带农人,冬日多贩煤";[253]阳曲县"东西北傍山各村,地土瘠薄,居民农事之暇,多策蹇贩炭以生"。[254]五台山也是重点产煤炭区。道光年间官僚徐继畬所著《退密斋诗钞》有《驮炭道》诗一首,诗序写道:"炭,石炭也,似煤而有烟。太原以南,煤炭兼产,关北则有炭而无煤。五台南界产炭,山高路险,俗呼驮炭道。民间农隙,皆以驮炭为业。余所居之东冶镇,其聚处也。自幼目睹艰辛,杂方言作《驮炭道》诗一首。"[255]就晋煤的外销来看,光绪《平遥县志》载:康熙时"晋之炭铁枣酒及诸土产之物,车推舟载,日贩于秦";雍正《泽州府志》载:泽州"其输市中州者,惟铁与煤,日不绝于途";乾隆《孝义县志》载:"孝义产煤颇盛,城西六十里外,西北山中,多穿山为穴,深或数丈及数十丈。取者携灯鞠躬而入,背负以出,至大路始以畜驮,坦途始能车载。"其运销范围大部分在附近州县,"约东南可鬻至百余里内,西北可鬻至二百里内,故藉以为生者甚多"。此外资力较雄厚的商人则贩运至外省销售,当地人往往"或受值代人赶骡、马、骆驼,负载远省"。[256]《朱批奏折》乾隆六年七月二十六日山西巡抚喀尔吉善奏:"虽归化城现在议开煤窑,一时尚未流通,若先将内地煤炭禁止出口,则该卫所居民无以购买,不免悬斧以待,民情惶急。"从"车推舟载"、"日不绝于途"、"悬斧以待"来看,晋煤外销数量在当时已是很可观的。

值得一提的是用煤炭及焦炭冶铁炼钢,在当时,中国是走在世界前列的。资本主义发展较早的英国直到16世纪~17世纪才用煤炼铁,1735年以后始用焦炭炼钢,法国迟至1834年,美国是1880年,德国是1916年,日本更晚至1926年。[257]就国内各省比较,河南、河北、陕西、山东以及湖南、江西、安徽、浙江、云南等省的部分地区亦生产煤炭,但山西以其蕴藏丰富,开采量大,煤质优良而位居第一。用焦炭炼钢的技术也较他省领先。晋煤不仅用作冶炼,在铸钱、烧石灰、烧砖、陶瓷、酿酒、制药等手工业制造方面，都广泛地用作燃料，并从煤炭中提取矾及硫磺等副产品。据山东《博山县志》卷4载，山东地方在康熙以前还没有掌握用焦炭冶铁的技术，康熙二年（1663），"孙文宝公召山右人至此，乃得融铸之法"。可见当时山西"以炭代薪"后，不仅山西人"日用称便"，更重要的是促进并带动了其他手工业生产的发展，与各省相比，自然显示出一定的优势。

制铁业 入清以后，山西的冶铁生产仍为当时中国冶铁生产发达地区之一。虽然清统治者认为矿冶"人众聚多，为害甚巨"，禁止大规模地办矿业，对于民间小规模的手工制铁业也加以种种束缚，课以重税，征解"平铁"、"好铁"到北京，使明代就已居于世界领先地位的山西制铁业一度受到影响。但随着农村和城市社会经济的发展，民营手工制铁业仍得到缓慢发展。全省铁矿产地，除明代25个州县外又有增加，如闻喜、解县、隰县、大同、宁武、临县、中阳、赵城、安泽、辽县、和顺、昔阳、保德、灵石、陵川、虞乡等地，也成为铁矿产地。康熙时（1662~1722），"潞之西山之中苗氏者，富于铁冶，业之数世矣。多致四方之贾，椎凿鼓泻担挽，所藉而食之者，常百余人"。[258]雍正八年（1730），陵川县有铁钉铺2家。乾隆、嘉庆时，长治荫城镇已成为铁货集散中心，铁货行销全国，每年交易额多达1000万两。

就全国来看，明清铁矿产地以南方为多，约占70%以上。福建、广东、湖南、云南四省为最多。但从北方地区来看，铁冶中心则在山西。早在明代，山西铁矿产区有25个州县，占全国总数的10.1%，在北方各省中则占绝对优势（河北8处，吉林1处，辽宁6处，山东8处，陕西5处，甘肃4处，新疆4处）。入清后增加了16个州县，其冶铁和铁器铸造技术又有新的进步。产铁地区作为铁货集散中心"致四方之贾"，把产品运销全国，铁锅、铁钉、钢针走俏国内外市场。据光绪《山西通志》卷100载："潞铁作钉，为南省造船所必需，取其不易锈也。"可见山西铸铁产品在南方也有很大市场，无疑又给山西商人的营销活动增加了一条通途。

池盐业 闻名于世的河东盐，自清顺治六年（1649）起，一改明代强迫盐丁徭役劳动的官办生产办法，实行了畦归商种这一新的经营形式。所谓"畦归商种"，就是政府取消编籍盐丁，盐池畦地完全由商人雇用盐工经营种治，产品完全由商人作为商品按照一定的手续运销，政府则向商人征收盐税。虽然明代

已经出现招募商人自备工本到盐池浇洒或捞采食盐,但对产品要官商伙分,或十比一,或十比三,较好一点的是十比五。归商部分抵作工本,官给小票发卖。尽管商民获利较前增加,但还不是完全意义上的商办。而"畦归商种"的实行,则使盐池生产由官办的徭役性生产,改变为由商人经营;产品分配由原来的官府直接掌握,改变为由商人作为商品按照一定的手续出卖,这就出现了完全意义上的商办。河东盐池的生产因此而发生了生产关系的变化。这个变化体现在以下五个方面:

(1)商业资本开始向生产资本转化。招商生产后,运城、安邑及其他地方商人及富户大约四五百户投资,"或一家而有数十锭,或一家而只有数锭,且有一商名而数人朋充者"。锭,是以畦纳课的单位,每一号畦地六锭,每锭纳课银五十两。雍正和乾隆年间招商人数达420余人。

(2)实行雇佣劳动。畦归商种后,商人靠雇工生产。被雇者或为"附近贫民",或为"外来工作人夫",或作长工、短工,或作冬工、春工等临时季节工,工资由商人视其"浇晒之能否"给付。商家既有雇工自由,雇工亦有出卖劳动力及选择劳力价格高低的自由。

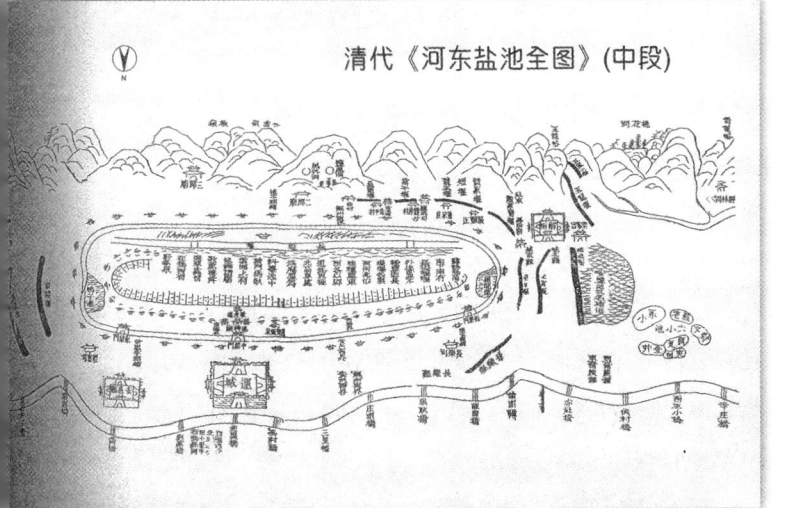

清代河东盐池全图

与此同时，清政府原编入灶籍的三万余盐丁，因畦归商种后"无所效用"，除酌留四千名备修墙堰外，余皆允许为一般民户。雍正六年（1728），修墙堰改为另拨岁修银，所留四千名盐丁也"永远尽裁"，[259]从法令上取消了编籍盐户，盐丁人身获得解放，转而成为有受雇自由的盐工，为盐商提供了雇佣劳动力的来源。

（3）坐运商的分立。初期，商人生产运销兼于一身，随着产运销的扩大，商人"乏致远力"，于康熙二十七年（1688），山西、陕西、河南"三省引地陆续招商包运"，商人逐渐分化为专事生产的坐商和专事运销的运商。雍正五六年间，土贩尽革，运商包销了全部引地之盐。坐商无转输之劳，直接投资并指挥所雇盐工从事生产，"各建作坊于池之北阜下，凡碓硙釜灶之类皆备焉。日具饮食，出重资雇作头，募民而治畦事"。这样既使池盐生产得到发展，又为商人资本提供了出路。坐商直接投资并雇工生产，有一定的生产和批发的自主权，是完全意义上的商办，有别于在官府垄断下"就场收盐"的场商，也不同于由官府垄断批发的"就场专卖"和入纲认引的商专卖制度。

（4）坐商对畦地占有的合法化。"商之有畦，犹家之有田。"畦归商种，就是商人对主要生产资料——畦地占有的开始，坐商不仅雇工生产，而且掌握批发大权，坐收销价银，是政府对坐商畦地占有权的进一步承认。雍正十二年（1734），盐运司为"杜诈伪而绝讼端"，干脆对"原部报锭商，每锭随作印票一张，令其永远执照"。商人对畦地的占有权已完全合法化。

（5）畦地出现商品化。坐运商分立后，清政府对一些资小力微无力浇晒的坐商，允许呈明缘由，批准后，将畦地租于运商或同畦伙商。这一变通做法，实是畦地典鬻的开端。

河东池盐生产中的上述五点变化，与全国其他盐产地相比是比较特殊的。这些变化扩大了河东盐的内销外运，沟通了与各地方之间的经济联系，促进了区域性商品市场的形成和发展。[260]

潞绸业 潞绸生产在明代万历年间（1575~1620）达到高峰，长治、高平、潞州共有织机13000余张，从业人口"奚啻数千家"。据王守义先生估算，年产潞绸当有10万匹以上。[261]明清之际社会大动荡，机户"零落殆尽"，到顺治初（1644~1661），只存织机300余张，长治、高平二县年织绸3000匹。嘉庆时，每年上解户部农桑绢300匹，生丝绢1200匹，大潞绸30匹，小潞绸50匹。特别

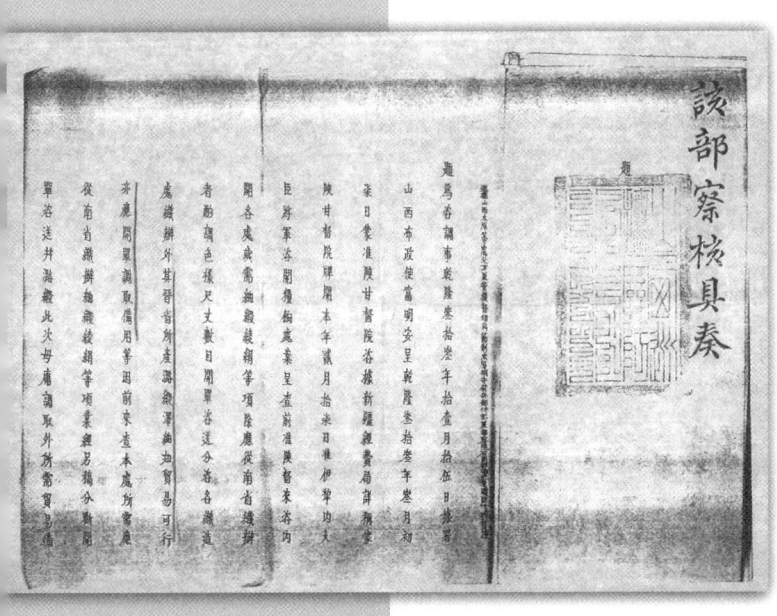

军机处录副潞绸档案

是双丝泽绸,以织工精细,质地优良,色泽鲜艳,而畅销西北。据第一历史档案馆档案记载,嘉庆时,山西每年销往新疆的泽绸仍在100匹~300匹之间。[262]

棉布业 榆次、太原早在明代即由府掌印官组织专人教民纺织而发展起织布业。入清后,山西棉纺业以榆次布最为著名,因其边幅较一般棉布宽且紧密,号"榆次大布"。主要销往西北各州县。雁北地区过去不懂织布,"尺寸布缕皆买之市肆……民间稼穑登场,半以易布,此衣食所由交困也"。后来"选择邑内木匠二三人给予资斧,趁此长夏,前往省南学制纺车、织机、梭扣等物,即于省南觅雇二三堪教纺之妇人前来",教习妇女纺织,并张贴"喻邑人习纺织告示",推广织布技术。[263]

从以上几项主要的手工业生产情况来看,山

西历史悠久的煤炭、冶铁、制盐等手工商品生产的发展,对山西境内及境外的商品流通活动起了极为重要的推动作用。以矿产区为中心,形成若干商品集散地,商人往来贩运,沟通有无,不仅在省内形成了按商品流向构成的大小市场,而且向四邻各省区延伸扩展,构成四通八达的商品运销网络,特别是在北方各省占据了相当的优势。尽管明代山西商人已崛起为独树一帜的地方商帮,然而入清以后,商品生产的总体水平超过了明代。商品经济的渗透,由城市而农村,产生了分化瓦解自然经济基础的作用,使山西人较早地重视经商,视经商活动为主要谋生之路、致富之道,并不以工商为末而羞惭。除去主要的手工业产品外,其他手工业产品和土特产品无不在买卖贩运之列。在山西人眼里,工商不仅不是末业,反而只有精明强悍的能人才能以之为业,才能有所成就。山西人这种习俗、意识上的变化,不能不说是商品经济发展刺激的结果。

第二节
晋商经营资本的新发展

清代的山西商人,基于上述历史条件,经过大力经营,积极开拓,商业经营资本获得了长足发展,主要表现在以下四点:

一、旅蒙商人中的主力军

旅蒙商是在蒙古地区进行贸易的商人,即行商,一般称"走草地买卖人",又称"出拔子"或"贩子",蒙古语称"丹门庆"(意为肩挑货郎)。旅蒙商始于清朝康熙年间,是通过随军贸易而带动和发展起来的。康熙朝,为了平定厄鲁特蒙古准噶尔部噶尔丹的叛乱,清军北进草原。行军作战,军需是一大问题。为此,清政府便放宽禁止汉民到蒙境的规定,组织一部分汉族商人,随军贸易。起初,随军贸易商人,除了贩运军粮、军马等军需品外,还在草原与蒙古人进行贸易,

随着时间的推移,贸易规模逐渐扩大,成为很有势力的商人。这些旅蒙商人中绝大部分是山西商人,其次是直隶等地汉族商人。在随军旅蒙商中最著名的是山西介休籍内务府皇商范氏。乾隆《介休县志》载,范氏为供应进入蒙古草地的清军的军粮,"力任挽输,辗转沙漠万里"。[264]但是清政府对于旅蒙商人始终有所限制,管理较严,只是在康熙中叶和乾嘉以来才有所松弛。

开始,清政府为了有效地控制蒙古,对蒙古各部与内地进行的经济贸易联系,实行严格控制。对内地商人与蒙古牧民交易,除课以苛刻的赋税外,还定有一系列严厉的法律,予以限制;对蒙汉互市则严

内蒙科尔沁草原

禁蒙古王公、台吉进入长城内进行贸易。其互市有指定地点,如陕西的红山寺口,山西偏关的水泉堡,宁夏的花马池横城堡、石咀子等地。当时互市的行政管理机构称"边行"。早晨,边行把商人放出去,到互市点与蒙人进行以物易物的交易。下午以敲锣为号,把商人召回来。商人经过卡子时,边行要仔细查点人数,要求出去和回来的总人数必须完全一致。[265]但是仰赖于中原地区供应粮食、布帛、器皿和各种工具的蒙民,强烈要求清政府允许内地商人到蒙古地区进行贸易。康熙三

十年(1691),清政府召集喀尔喀蒙古三部和内蒙古49旗王公在多伦会盟,同意放宽对旅蒙商的限制。不过自雍正以后,清政府对旅蒙商人又采取了较为严厉的限制政策。雍正五年(1727),清政府指定喜峰口、古北口、独石口、张家口、归化城、杀虎口和西宁等地为出入蒙地经商贸易孔道,并设卡对输入蒙地商品进行贸易检查。凡赴内外蒙古和漠西厄鲁特蒙古地区进行贸易的商贾,须经驻张家口的察哈尔都统、归化城将军、多伦诺尔同治衙门和西宁办事大臣等申报批准,并颁发准允入蒙地的"部票",又称"龙票",在指定的盟旗境内经商贸易。"部票"用汉、蒙、满三种文字书写,注明人数、姓名、货物品种数量、返程日期。他们到达蒙地后,须在当地盟、旗官吏监督管理下进行贸易。凡无票照者不得入蒙地进行贸易,已经非法进入者要驱逐离开和分别处以罚金并没收货物。凡部票时间过期者和实际人数超过票照登记人数者,以及未按票照指定路线和地区进行贸易者,均要予以处分。清朝《理藩院则例》还规定:旅蒙商人不得在蒙地建筑房屋留居,不得携带家眷,不得和蒙古妇女结婚等。贩运商品也有严格限制,除铸铁锅和日常生活金属器皿外,严禁将武器、铁等金属输入蒙地,并严禁向蒙人贷放白银。

尽管清政府对内地商人入蒙地经商加以严格限制和阻碍,但是"利厚的蒙古生意",仍然强烈吸引着那些甘冒风险的旅蒙商人。他们不顾清政府的禁律,利用驼队或牛车队载着货物深入到蒙古地区进行贸易。乾嘉以来,清政府对旅蒙贸易的限制有所放宽,旅蒙贸易得以较快发展,旅蒙商以长城沿边地区的集镇为据点,循着通往蒙古各地的驿道,由近及远,由漠南蒙古逐步深入到蒙古各部。如前所述,清代蒙古台站(驿道)分为漠南、漠北、漠西三部分。蒙古地区台站的设置,巩固了清政府在蒙古地区的统治,同时为中原和西、北地区经济的往来提供了条件。清代山西商人在蒙古地区的贸易就是在蒙古台站的基础上,开辟了三条商道,即经多伦诺尔,通往漠南锡林郭勒、察哈尔、昭乌达、呼伦贝尔、喀尔喀蒙古、车臣汗部、土谢图汗部;经张家口通往乌兰察布、锡林郭勒、察哈尔、昭乌达、库伦、恰克图、科布多、乌鲁木齐、伊犁、塔尔巴哈台;经归化城通往乌兰察布、伊克昭、阿拉善、额济纳、库伦、恰克图、乌里雅苏台、唐努乌梁海、科布多、伊犁、塔尔巴哈台。

请看下表：[266]

多伦诺尔 { 通往内蒙古——锡林郭勒、察哈尔、昭乌达、呼伦贝尔等地。
通往外蒙古——车臣汗部、土谢图汗部等地。

张家口 { 通往内蒙古——乌兰察布、锡林郭勒、察哈尔、昭乌达盟等地。
通往外蒙古——库伦、恰克图、科布多等地。
通往新疆——乌鲁木齐、伊犁、塔尔巴哈台等地。

归化城 { 通往内蒙古——乌兰察布、伊克昭盟、阿拉善、额济纳旗等地。
通往外蒙古——库伦、恰克图、乌里雅苏台、唐努乌梁海、科布多等地。
通往新疆——伊犁、塔尔巴哈台及漠西厄鲁特蒙古地区。

在东北方面，清康熙时设置了从喜峰口到齐齐哈尔的驿站，则成为山西商人北运茶、绸、布、瓷和南贩毛皮、山珍、麝香等的重要商路。

山西商人还通过蒙古草原，开辟了一条通往新疆的商路。据《新疆图志·实业二》载："惟古城馆毂其口，处四塞之地，其东自嘉峪关，趋哈密为一路，秦陇湘鄂豫蜀商人多出焉；其东北自归化趋蒙古为一路，燕晋商

张家口

人多出焉。自古城分道西北科布多，为通前后营路，外蒙古人每岁一至秋籴麦谷并输毛裘皮革易缯币以归，又循天山而行为北路，取道绥来以达伊犁、塔城，循天山南为南路，取道吐鲁番以达疏勒、和阗，故古城商务于新疆为中枢，南北商货悉自此转输，廛市之盛，为边塞第一。"山西商人开辟的这条商路，远比走甘肃为好。《新疆志稿》又称："关内绸缎茶纸瓷漆竹木之器，逾陇阪而至，车马烦顿，厘税重困，商贩恒以为累苦，不偿其劳费，是以燕晋商人多联结驼队，从归化城沿蒙古草地以趋古城，长途平坦，无盗贼之害，征榷之烦，其至常以夏五月、秋八月为期，岁运腹地诸省工产及东西洋之商品，其值逾二三百万，大率自秦陇输入者十之三四，自归绥输入者居十之六七，而私运漏货不在此数。"

旅蒙商与蒙古牧民的交易，主要是以物易物，基本上是以砖茶为一般等价物，如一块砖茶相当于一张羊皮。又布一匹（蒙古人以八寸为方，四方为托，七托为匹），约值银1两2钱，易犊1头，并不带走，仍留原主牧养，过三四年，牛已长大，然后驱入内地，可售价四五十两。[267]进入蒙古各地的山西商人，精于商业营销，尤注意蒙古牧民对商品的特殊需求。他们为了做好对蒙贸易，很注意学习蒙族语言，以克服语言障碍。旅蒙晋商曾自行编纂用汉语注音的《蒙古语言》工具书，要求赴蒙贸易者掌握蒙语。在经商活动中，还注意蒙族的风俗习惯，做到入乡随俗。他们还学习和掌握一些医疗针灸技术，在行商活动中对蒙民中一般病症予以医治，以获取蒙民好感，从而推

贩马图

清代摇拨浪鼓的商贩

货郎

销商品或购买其牛羊皮毛等。他们还极力讨好蒙古亲王、贝勒等上层社会人物,以便在营销活动中得到支持。经过长期的、多方面的努力,旅蒙晋商终于开拓并巩固了他们在蒙古草原的商业活动,并牢牢地掌握在自己手中,以致在一般牧民心目中,把山西商人看作和牧主台吉(蒙族低层统治者)一样重要,山西商人在广大蒙古地区的影响之大,可想而知。

旅蒙晋商在蒙古地区的贸易形式,一种是走屯串帐篷,游动经商。旅蒙山西商人根据牧民的日常生活所需,以车载杂货,周游蒙境,用较为廉价的绸布、茶叶、烟酒和金属器皿及工具等,换取各类牧畜、毛皮等畜产品和珍贵兽皮、药材等。清代中期,蒙古地区商品交换贸易大权完全控制在与清政府官吏有勾结的旅蒙晋商的手里,他们取得了官府支持,有恃无恐,在同牧民交易中,以极不等价的商品销售和"驴打滚"、"利滚利"等手段,实行超经济的高利盘剥。旅蒙山西商人,根据畜牧业经济的生产特点,在春夏之交,载货送到蒙古牧民的营地,先把商品赊销给蒙民,当面以货物折合牧畜、皮毛数量,先不收取,迨至秋冬之际,牧畜膘满肥壮时,商人骑着马,拿着账簿,到蒙民驻地,收取牧畜和畜产品,由收购商出据盖有商号印记的"钱帖"付牧民收藏。待次年春、夏季,该商号载货车到达时,牧民再凭此"钱帖"向商人选购其所需的各种货物。旅蒙晋商借此营销与收购办法,与牧民保持着"永恒"的主顾贸易关系。还有些旅蒙晋商"以牲畜质物,指定某畜由原主代为饲养,数年后取之如携,若有死伤,原主指他畜以为偿"。[268]或以少量低廉商品,交换蒙民幼仔畜或瘦弱牲畜,交蒙人代为饲养,待数年长成大畜或膘满肉肥时,再赶回内地高价销售。[269]旅蒙晋商以这种不正当的经营手段,获取了高额利润。清人松筠说:"沿边各旗札萨克游牧,往往有商民以值数钱银之砖茶,赊与蒙古,一年偿还,措不收取,必欲按年增利。年复一年,索其大马而收之。此弊不但有关蒙古生计,而贪饕如此,竟有被蒙古忿恨致毙者。"[270]

旅蒙晋商的另一种贸易形式,是进行城市集镇贸易。乾嘉以后,随着旅蒙贸易的兴旺发达,旅蒙晋商逐渐由一年一度往返,以驼队牛车载货游动经商,改为在蒙古各地开设固定性商业网点。他们"往来既久,渐与蒙人稔习,乃乞隙区支窝棚久而不去","迨至囊橐丰富,逐营田宅,畜牛马,易行商为坐贾",[271]成为永久性商号。诸如多伦诺尔、归化城(呼和浩特)、库伦(乌兰巴托)、乌里雅苏台、科布多等地,都是旅蒙晋商的集中活动城镇。下面是旅蒙晋商在蒙古一些集镇的部分坐贾统计：

集　镇	商号数	时　间	资料来源
归　化	面铺140座	乾隆四十一年（1776）	档案　军机处录副
绥　远	面铺80座	乾隆四十一年（1776）	档案　军机处录副
库　伦	晋商12家	康熙年间	《内蒙地志》
恰克图	商店60余家	嘉庆年间	档案　刑部
乌里雅苏台	铺房1000余间		《乌里雅苏台志》
多伦诺尔	坐贾1000余户		《蒙古志》卷3

旅蒙晋商根据牧区市场的特点，采取了许多灵活机动的经营手段，从而获得了成功。例如，创办于康熙年间的山西大盛魁商号，专门组织销售蒙人所需商品和采购蒙古畜牧产品。这个商号销售商品除在柜台上做生意，还采用人称"货房子"的骆驼队在草原上进行流动贸易。货房子分为批发和零售两种。批发"货房子"包括帐篷1顶，商人和驼工20余人，骆驼和马200多头，狗十几只，每顶货房为一个销货单位，到指定的盟旗将货物成批赊销。专做零售业务者，驼队大小视商品情况，有时只用一头或三五头骆驼，驮少量货物，走串到蒙古人住的毡房做买卖。对于蒙古王公贵族奢侈生活的特殊需要，大盛魁亦全部包下来，满足供应，从而又获得了蒙古贵族的欢心。大盛魁对牧民一般采取赊销办法，甚至到期亦不收取现金，而是以牧民的畜产品折价偿还。至于赊销债务是否能全部收回，大盛魁并非全凭个人信用，而是使用一种"印票"。凡赊购商品者，须持地方官负责担保并加盖地方政府章的印票。印票上写着："父债子还，夫债妻还，死亡绝后，由旗公还。"这样，大盛魁就不怕放债收不回来了。大盛魁在蒙古牧区市场的经营方式是很有典型意义的，它反映了旅蒙晋商的一个经营特点。

如上所述，旅蒙晋商到草原经商，主要靠驼马运输商品，故旅蒙晋商又有"驼帮商人"之称。在交易繁盛时期，有数万只（辆）的骆驼和牛马车投入运输。这些驼、车结队而行，每15驼编为一队，每队有2人赶驼，10队为一房，驼行常数房相随，累达百千，迤逦行进，首尾相望。牛、马、车辆也上百或数百结队，首尾相衔，长可数里。清人徐珂《清稗类钞》有详细记述："山西行商有车帮。晋

沙漠骆驼

中行商运货来往关外诸地,虑有盗,往往结为车帮。此即为泰西之商队也。每帮多者百余辆,其车略似大古鲁车,一车约可载重五百斤。一御者可御十余车。日入而驾,夜半而止,白昼牧牛,必求有水之地而露宿焉,以此无定程,日率以行三四十里为常。每帮车必挈犬数头,行则系之车中,止宿则列车为两行,成椭圆形,以为营卫。御者聚帐棚中,镖师数人,更番巡逻。人寝,则以犬代之,谓之卫犬。"

从张家口到海拉尔,行程较远,需两月。从归化城(呼和浩特)到库伦(乌兰巴托)行程4000里,需时3个月。旅蒙晋商在大漠运输和储运商品中曾创造和积累了不少经验。如大盛魁每年运往外蒙地区砖茶3万箱以上,生烟2000多囤(每囤180包,每包1斤),还有许多瓷器、木碗等易碎物品,但都运输完好。大盛魁从外蒙赶回的活羊一般都在100万只以上,活马在2万匹左右。在长途赶运中,由于采取"分群赶运"法,不仅不会掉膘、死亡,而且经常增长膘肉。所谓"分群赶运",就是千余只羊为一群,十群为一房,约活羊15000只,在赶运时拉开距离,各群相距两里左右,最后一群羊由技术高者充任赶运,在行程中,羊群上午比下午走得快,早晨比中午走得快,午后羊群疲乏了,走得慢,赶运速度以羊能吃上草为前提,不允许光赶路吃不上草。赶运活马时,每顶房子赶马约15000匹,由24人分两班日夜轮流行走,轮流休息。[272]由蒙古地区贩运马、羊、皮毛往内地的商路是:

(1)经杀虎口、平鲁、神池、五寨,到洪洞、赵城等地。

(2)经杀虎口、左云、吴家窑、朔州到静乐,再经太原、祁县、武乡,进入潞安府。

(3)经潞安府、彰德府,到开封。

(4)经得胜口、浑源、五台、曲阳,到定州。

所经或所到之地,力求逢当地的骡马大会召开之际,以便进行交易。

旅蒙晋商依靠灵活的营销、过硬的商品质量和周到的服务,从而长期保持了对蒙贸易的垄断地位。

二、垄断恰克图国际贸易

清人松筠《绥服纪略》载:"所有恰克图贸易商民皆晋省人。由张家口贩运烟、茶、缎、布、杂货,前往易换各色皮张毡片等物。"恰克图是清代中俄边境贸易城,位于库伦北,此地作为中俄商业贸易城,始于雍正五年(1727)。是年,中俄签订《恰克图条约》,确定祖鲁海尔、恰克图、尼布楚三地为两国边境贸易通商地点,允许两国商民在上述地方建造房屋、商店,免除关税,自由贸易。次年,俄国政府在色楞格斯克附近建立恰克图城,城内有俄国商人的32座小木房,还在恰克图中心建有一所16俄丈的客栈。恰克图城是中俄边境线上的俄国方面的贸易城。恰克图正式开市时,当时参加交易的只有10名俄商和4名中国商人。雍正八年(1730),清政府批准中国人在恰克图的中方边境建买卖城。建成的买卖城呈正方形,有三条由北向南的单行街道。这样,北部恰克图为俄商居住,南部买卖城为华商居住。北部又称后营子,南部又称前营子。清政府规定凡赴买卖城贸易者,必须持有张家口衙门报理藩院颁发的"信票",无票不准前去,否则视为走私者,除没收其货物外还处以苛刻责罚,规定一张信票只准10

人、20辆货车前去，且信票只准使用一次，用毕交回，以旧换新。后来，清政府允准增加归化（呼和浩特）、多伦衙门发放信票。清政府还规定买卖城不许妇女居留，故买卖城定居的都是些单身商人和由他们从内地带来的12岁~14岁的男孩。买卖城建立后，人口随着贸易的繁盛增加很快，到乾隆三十五年（1770）已有住户200家，常住人口400多人。赴恰克图贸易的山西商人，现在见到最早的资料是雍正十二年（1734）五月十七日尚书查克丹呈送军机处折："经查朱成龙所持票证，签有赴恰克图贸易商曹宽字样。……朱成龙系山西汾州府汾阳县民，于去年十月持部发票证，携带货物，由张家口出塞。……出塞

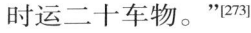

恰克图

时运二十车物。"[273]

由上文可知，山西商人是最早赴恰克图的贸易商。同治五年（1866）天津海关册也载："1861年以前，一向由山西商人在湖北、湖南贩卖并包装的砖茶，由陆路一直运往恰克图，销于恰克图市场。"[274]

清末，有目睹恰克图贸易的路履仁先生在《外蒙古纪闻》中说："恰克图，俗名买卖城……东西向有一条街，约有半里长，名横街，较大的商号

有福源德、天和兴两家。南北间有三条街,皆不到一里长,中间有一街,名中巷子,较大的商号有大升玉、恒隆光、锦泰亨、久成兴四家。东街名东巷子,较大的商号有独慎玉、永玉亨、天庆隆、祥发永四家。西街名西巷子,较大的商号有公和盛、璧光发、天和兴、永光发、大泉玉五家。……都是晋帮商号。经营的出口货以红茶、砖茶、白绸等为大宗。"

由上可见,有清一代山西商人始终垄断着恰克图的对俄贸易活动。

在恰克图对俄贸易的山西商号中,经营历史最久、规模最大的首推榆次车辋常家。常家从乾隆朝始,一直到清末,都在恰克图有商号,如大升玉、大泉玉、大美玉、独慎玉等。其次是太谷县北洸村曹家,在恰克图设有锦泰亨、锦泉涌商号,主要营销茶叶,也是恰克图的主要商号。汾阳牛允宽的璧光发商号也颇具规模。璧光发以经营皮毛为主,其经营货物均有铅字印牌,确保质量,故璧光发在国内外极负盛名。

由晋商垄断的恰克图对俄贸易,大致经历了四个时期:雍正五年(1727)至乾隆二十七年(1762)为开创时期;乾隆二十七年(1762)到嘉庆五年(1800)为动荡时期;嘉庆五年(1800)到同治元年(1862)为繁荣时期;同治元年(1862)到清末为衰落时期。第一个时期,由于俄国政府为保证国家商队赴北京贸易成功,宣布对毛皮实行国家垄断,禁止俄商贩运毛皮和限制牧

莫斯科克里姆林宫

畜出口,致使初期双方贸易额受到影响,在官方监督下的交易额,每年未逾一万卢布。[275]从乾隆十九年(1754)起,沙皇取消了国内关卡,只保留边境海关,允许俄商售出购入的货物后再纳关税,促进了贸易的发展,乾隆二十年(1755)恰克图贸易额达83万卢布,二十五年(1760)又增加到135万卢布。乾隆二十七年(1762),俄国宣布不再派商队赴北京贸易,并推行工商业自由政策,允许私商经营毛皮,中俄贸易集中到恰克图,恰克图贸易进入新的发展时期。乾隆二十八年(1763)恰克图贸易额为101万卢布,到嘉庆五年(1800)增长到838万卢布,增加7倍以上。但是由于俄方制造了一系列的边境事件,贸易4次中断,时间达15年之久,恰克图贸易呈现动荡状态。从嘉庆五年(1800)始,中俄两国政府都有扩大贸易的愿望,各订法规,加强管理,杜绝纷争,恰克图贸易进入繁荣时期。这个时期,恰克图有山西商人开办的商号60余家,中方销往俄国的商品主要是茶叶,其次是绸缎和棉布;俄方卖给中方的商品主要是毛皮,其次是俄国呢绒、丝绸、铁制品、皮革和牧畜。嘉庆五年(1800)中方在恰克图销往俄国的商品中,茶叶有280万磅,嘉庆二十五年(1820)上升到500万磅。当时恰克图茶叶价格,上品每磅2卢布,中品每磅1卢布,下品每磅47戈比。若按中品计,中方每年收入可达500万以上卢布。又据《中国对外贸易史资料》载,道光十七年到十九年(1837~1839),恰克图每年平均销往俄方茶叶8万箱,道光二十三年(1843)增到12万箱,约折1240万卢布。就中俄双方贸易值而言,嘉庆五年(1800)达1596万卢布,此后,到19世纪60年代一直保持在1300万~1500万卢布之间。[276]当时,恰克图对俄输出额占全国输出总额的16%~19%,俄方恰克图对华贸易占其对外贸易总额的60%。所以,恰克图已成为与中国南端广州遥相呼应的北部外贸码头,俄国已成为清政府仅次于英国的第二贸易大国。同治以后,由于沙俄逼迫清政府签订了不平等的《天津条约》、《北京条约》和《陆路通商章程》等,获得了一系列贸易特权,诸如俄商在中俄边境可免税自由贸易,可深入到中国内地直接采办茶叶和开办企业等,使中国商人利益被外商所夺,恰克图逐渐失去中俄通商口岸地位,造成了恰克图贸易的衰落。但是,山西商人毕竟是一支久经商场、富有经验、意志顽强、进取心强的商人集团,他们审时度势,决心"以其人之道,还治其人",要求清政府批准深入俄境,开展对俄贸易,以改变逆境,求得发展。并有山西商人程化鹏等上书理藩院,请准令商民贩运茶叶与俄商直接贸易。时俄政府因恰克图日趋衰落,提出了在张家口通商的要求。清政府鉴于张家口地近京畿，"非边界可比……且恐渐弛边防，其患非小"，欲阻沙俄企图，"惟有将恰克图商务设法经理"，"将来恰克图百货云集，日见兴盛，则张家口通商之议，或可不即来争，似亦釜底抽薪之一策"。同时准山西商人，"假道该处，赴西洋诸国通商"。[277]由是茶商踵起，"遂为晋商辟一利源，且茶销数额也岁增"，[278]晋商在恰克图势力大振。程化鹏被称为商界领袖。这样，晋商垄断恰克图贸易的局面，从雍正初年到清末，一直持续了180余年。

三、"足迹遍天下"，经营项目广泛

明代山西商帮的活动区域，基本上是"半天下"。清代则范围更加扩大，可以说是足迹"遍天下"。特别是在北部蒙古地区和西北地区尤为活跃。北京、天津、张家口、汉口、南京、苏州、广州等商埠则是活动比较集中的地方，同时还把足迹伸到了俄国、日本、中亚等地区。其营销商品也有了新的扩充，有绸布行、纸张行、裘皮行、油酒行、茶行、盐行、典当行、粮食行等。

京师地方　清人徐珂《清稗类钞》载："京师大贾多晋人。"北京是清王朝的都城所在地，工商业发达，山西又与北京地近，所以山西商人"服贾于都会者，实繁有人"。[279]山西商人在北京的工商业中，占有绝对优势，把持和垄断了许多行业。如颜料行多山西平遥县商人，所谓"售卖者惟吾乡人甚伙"。[280]他们营销染织和建筑用颜料，还有桐油。山西临汾、襄陵人控制着北京的油行，经营香油、花生油、豆油、胡麻油等。此外，还开办有酱菜、酒、绸缎、杂货、钱铺、纸坊等商店，其中六必居酱园最为著名。相传六必居酱园创自明朝中叶，迄今已有400多年的历史，在光绪十四年（1888）重修临襄会馆碑所列会首，第一名就是六必居。此店原是山西临汾西杜村赵存仁、赵存义、赵存礼弟兄三人开办。[281]山西翼城人是北京布行的主力，雍正十三年（1735）已在京师小蒋家胡同建布行会馆，据道光十七年（1837）《新建布行公所碑记》载，其商号有玉成施、大兴施、大顺施、广成号、晋成号、德丰号、涌顺号、天和号、务本号、恒顺信标、增盛号、如意号、义生号、富有号、兴成号、通顺李标等16家。山西潞安府商人在京师"多业铜、铁、锡、炭诸货"，自然和潞安府地方冶炼发达，盛产铁锅有很大关系。山西曲沃商人在京师经营烟业，于雍正五年（1727）创办了河东会馆。山西曲沃县从明代引进烟种，后来曲沃旱烟在烟业中享有盛誉，在京曲沃人多业烟

北京居庸关

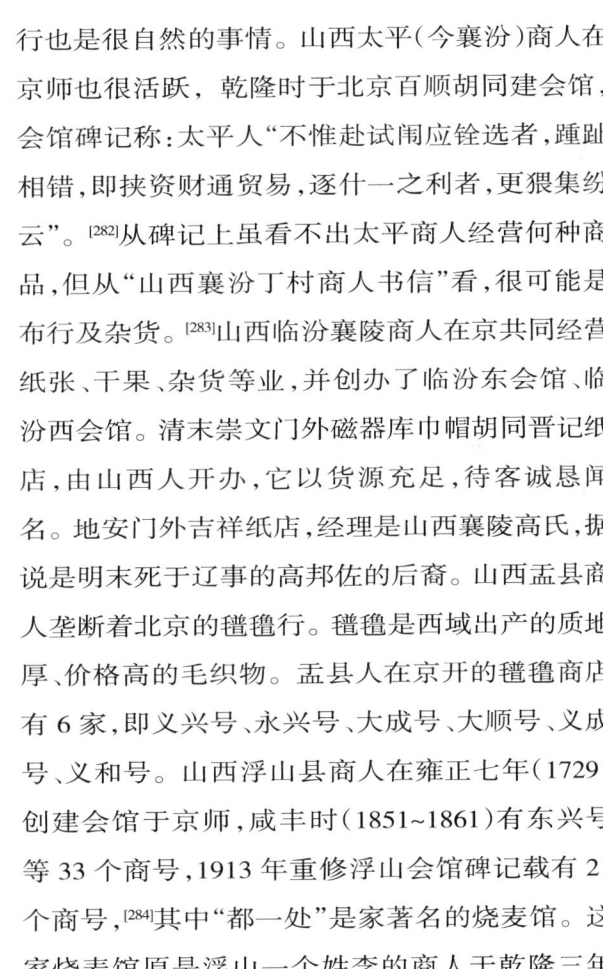

行也是很自然的事情。山西太平(今襄汾)商人在京师也很活跃,乾隆时于北京百顺胡同建会馆,会馆碑记称:太平人"不惟赴试闱应铨选者,踵趾相错,即挟资财通贸易,逐什一之利者,更猥集纷云"。[282]从碑记上虽看不出太平商人经营何种商品,但从"山西襄汾丁村商人书信"看,很可能是布行及杂货。[283]山西临汾襄陵商人在京共同经营纸张、干果、杂货等业,并创办了临汾东会馆、临汾西会馆。清末崇文门外磁器库巾帽胡同晋记纸店,由山西人开办,它以货源充足,待客诚恳闻名。地安门外吉祥纸店,经理是山西襄陵高氏,据说是明末死于辽事的高邦佐的后裔。山西盂县商人垄断着北京的氆氇行。氆氇是西域出产的质地厚、价格高的毛织物。盂县人在京开的氆氇商店有6家,即义兴号、永兴号、大成号、大顺号、义成号、义和号。山西浮山县商人在雍正七年(1729)创建会馆于京师,咸丰时(1851~1861)有东兴号等33个商号,1913年重修浮山会馆碑记载有21个商号,[284]其中"都一处"是家著名的烧麦馆。这家烧麦馆原是浮山一个姓李的商人于乾隆三年

都一处

（1738）创办，初为酒店。传说乾隆十七年（1752）除夕夜，酒店因店小力薄仍按老规矩照常营业，有一主二仆进店喝酒，其主人问店名，伙计答店小无名，其人说：这个时候还不关门的酒店，京都只有你们一处，就叫"都一处"吧。此后不久，有太监送来"都一处"的虎头牌匾，这时人们才知除夕喝酒之人是乾隆皇帝。从此"都一处"便兴旺起来，同治时跻身于京都名饭馆之列，李静山《增补都门杂咏》载："京都一处共传呼，休问名传实有无。细品瓮头春酒味，自堪压倒碎葫芦。"这时"都一处"的烧麦，以皮薄馅满味好，名震京华。[285]山西人在北京琉璃厂开办的书店，创立于清道光年间，盛时有书店字号10多家，颇具盛名的有德宝斋、英古斋、书业堂、永宝斋、奇观斋、荣录堂、晋秀斋、永誉斋、宝名斋等，[286]其中宝名斋为琉璃厂最大的书店，是文水县李钟铭开设的，有谚语赞称："琉璃厂，一条龙，九间门面是宝名。"后李钟铭被告发勾结内外官吏，包揽户部报销，打点吏部铨补，为京员钻营差使等，发配天津。在帽业中也不乏山西商人。明末清初鲜鱼口有杨小泉帽店，杨是山西人，所售帽以质量好而闻名。杨养有一黑猴,顾客对帽店不称其名,而以"养黑猴儿的"呼之。黑猴和杨小泉相继去世后,该店便在门口立一木制黑猴招揽生意,以此黑猴帽店名声传遍京华。此后,宣武门南横街又有山西吴姓人开办魁元恒帽店,初为官府加工大毡帽,晚清时以生产毡帽头著名。[287]账局、钱庄也多为山西人开设,清人宝钧说:"都中设立账局者,山西商人最伙。"[288]汾阳、临汾人早在乾隆时已"携资入都,开设账局"。[289]从道光始,山西商人在北京开办的票号如雨后春笋,发展很快。北京是一个消费城市,高利贷行业很发达,北京的当铺大多是山西人开设的。咸丰时京城当铺159家,山西商人开办的就有109家。嘉庆时,"放京债者,山西人居多,折扣最甚"。山西商人放债利息很高,"率皆八分加一,又恐犯法,惟立券时,逼借钱人于券上虚写若干,如借十串,写作百串"。[290]山西商人还开办专营宫廷老太监生意的商号,内西华门北长街南口茂盛永商号,就是山西人开办的。商号专为清宫搬运银两,这种银两定时由户部拨付,在午门外指定地点交清。午门以内宫银的搬运,由老太监会同茂盛永经理督促伙计执行其事,年轻伙计每次背一包,银元宝5个,计250两。老太监的私有银两元宝,也多存放在茂盛永。

天津河北地方 天津原为荒凉之地,入清后居民渐聚,远近来贸易者云集其间,清道光时已呈繁荣景象,而天津商业的发展与山西商人有着很大关系。据《津门杂记》载:天津的"山西会馆有二:在河东杂粮店街者,为西客烟行聚议之所;一在锅店街"。清代天津的盐业、当铺、颜料庄、栈房、烟草、杂货、票号、银行等行业,大多为山西商人所垄断。光绪时,山西商人在天津有十二商帮,即当行帮李天聚、时聚和,盐务帮滦城店,汇兑帮蔚长厚、日升昌,洋布帮锦泰公、永泰生,颜料帮东如升、如升大,染店帮维新成、晋裕成,杂货帮晋义堂,茶帮大德玉,铁锅帮丰泰裕,皮货帮四合源,锡器帮永昌号,账局帮积义公、四补成等。[291]山西商人开办的中和烟店有350年的历史,经营兰州青黄丝烟。盐商出身的山西王氏,是天津八大家之一,后经营钱庄,其后代王奎章是南开学校创始者之一。天津典当业中最著名的是山西商人,他们精通业务,对于古玩、金石、字画、皮货、首饰、珠宝等贵重物品,均有较高的鉴赏水平,对于投当物品的质量成色、新旧程度、牌号真伪等都能做出精确的估计。山西商人资本的大量积聚,使他们在高利贷业中异常活跃,据《津门杂记》载:"印子钱者,晋人放债之名目也。每日登门索逋还讫,盖以印子,以是得名。是虽盘剥小民,然剜肉医疮,亦权济目前之急。"天津是颜料销往东北、西北的集散地,山西商人是天津颜料商的霸主。嘉庆时山西平遥商人在津开设有西裕成颜料庄,直到民国初,山西颜料商在津的势力仍然很大,德昌公、公裕、福兴恒颜料庄,都是山西帮。货栈业是代理客商购销、运输、存货、报送,提供市场行情,甚至可以贷给客户一定数量的周转金。天津的货栈业也是以山西商人势力最大,直到民国时,著名的山西帮货栈有晋义、同义公、惠源长等10余家。[292]天津金融业中山西商人的势力也很大,有人认为天津是山西票号发祥地,平遥、祁县、太谷三帮均在天津开办有票号,祁县大德通票号从清代一直维持到1949年才歇业。长芦盐从明代起就被山西商人所控制,清代介休范氏是长芦盐商中的大商,行盐直隶和河南的20个州县。山西商人赴津业盐起家的不乏其人,浮山人张午阳"服贾天津,用盐筴起家",后"入资为县丞"。[293]河北张家口是通往蒙古的物资集散地,在康乾时代已成为著名的"塞外商埠"。清人秦武域《闻见瓣香录》甲卷载:"张家口为上谷要地,即古长城为关,关上旧有市台,为南北交易之所,凡内地之牛马驼羊多取给于此,贾多山右人,率出口以茶布兑换而归,而又有直往恰克图地方交易者,所货物为紫貂、猞猁、银针、海貂诸皮以及哈喇明镜、阿敦绸等物。"张家口至恰克图计程4300余里,由张家口至恰克图商路有三条:东路自乌兰察布入察哈尔正蓝旗界,经锡林郭勒盟,入外扎萨克车臣汗部,到库伦,再达恰克图;西路自土默特旗翁棍坝、河洛坝,经四子部沙拉木楞图什业图汗旗,至赛音诺颜分为两路,其一西达乌里雅苏台、科布多,其一东达库伦至恰克图;中路自大境门外西沟之僧济图坝,经大红沟、黑白城子镶黄旗各游牧,入右翼苏尼特王旗,经图什图汗车臣部落之贝勒阿海公等旗游牧,渡克鲁伦河达库伦,抵恰克图。三路中以中路路程最短,俗称买卖路,乃山西商人最活跃的商路。山西商人还在张家口经营药材,如光绪《山西通志》卷139载,阳曲人张廷彦,父贸易宣府,二十年不归,兄廷材亦继去,久无音讯。适彦长,往去寻父,始知父卖药张家口。直隶其他城镇也不乏晋商足迹,如泽州人王文宁"贸易保定之完县"。[294]直隶正定府无极县"商其大者曰盐、曰典,皆山西人挟资为之"。[295]获鹿县"栈房,大都皆晋人为之"。[296]宝坻"邑之列肆开典者,大率来自他省,惟山右为多"。[297]

东北地方 在黑龙江,"汉民到江省贸易,以山西为最早,市肆有逾百年者"。[298]《黑龙江外纪》卷6称:齐齐哈尔"商贩多晋人,铺户多杂货铺,客居应用无不备,然稍涉贵重,或贩自京师,若绸缎之类,恐入势要手致折阅,则深藏若虚,非素亲厚不能买,既卖犹数嘱毋令某某知也"。吉林盛产人参,"每年十月间","有苏州、山西参商来买者"。[299]帽业也多晋商,《黑龙江外纪》称:"商贩春秋毡帽、夏草帽,惟晋商帽皆有缨。"在沈阳,"山西帮……遂纷至沓来,反客为主矣"。[300]在方志中也有许多山西商人到东北经商的记载,如光绪《山西通志》卷139载:"薛贵,祁县人,生时父客游辽东,久不归……寻父,由燕山抵盛京,凡宁古塔、乌拉、墨尔根诸处,罔不亲历。"稷山人吴绍先,负贩至宁古塔。盂县人杨一魁"少商辽东"。忻州人侯进璋"父客辽左"。曲沃人郭桂思,"生三月,其父即贾于辽东,久无耗,桂思长,乃贷资贸布往寻"。交城人张有声"服贾沈阳,闻父病哑,即拜归奉养"。交城人徐学颜"父于乾隆初贸易沈阳,二十年无音讯,学颜成年后,乃去寻父"。太谷人王玉鼎"服贾于辽"。[301]定襄人智增全"遇父于辽东"。[302]交城人刘丑"其祖经商墨尔根(今嫩江)"。

西北地方 西北地域广大,交通不便,但山西商人的足迹到处可见。如光绪《山西通志》载:临汾田树楷,"生时,父经商在外,久无音讯",树楷长大后,外出寻父,"遍行秦陇,历三年不懈,竟于肃州(酒泉)逆旅遇之"。兰州茶商,同光之前分为东柜、西柜,东柜主要是山陕商人。典当商也多为山陕商人。西宁府为西藏入甘之门户,也是明清时代仅次于兰州的西部地方中心市场,在西宁设号经商者多晋商,如合盛裕、晋益老等皆为晋人开办的年代久远商号,在西宁有"先有晋益老,后有西宁城"之说。新疆从清统一天山南北后,与内地经济联系进一步密切起来。奔赴新疆经商的山西商人很多,如前述由归化城,经乌里雅苏台、科布多,至北疆重镇古城,是山西商人开辟的商路,时称大草地路,又称"骆路"、"大北路"。清人纪昀说:"大贾皆自归化城来,土人谓之北套客,其路乃客贿蒙古人所开,自归化至迪化仅两月程,但须携锅帐。"[303]新疆是玉石产地,玉石是玉杯、玉盘、玉簪等的原料。清政府规定,商人未经政府允准不得私自贩玉石,但商人为了盈利而私贩者不在少数。乾隆时,山西右玉人贾有库等开办的三义号在新疆阿克苏、乌鲁木齐设有分号,在伊犁设有发货寓所。该号将内地绸缎杂货运到新疆,再将新疆物资运到内地。乾隆三十八年(1773)到四十年(1775)该号曾三次私贩玉石,毛利率达60.87%。在叶尔羌,"山陕、江浙之人,不辞险远,货贩其地"。[304]巴里坤"商贾毕集,晋民尤多"。[305]咸丰时,《中俄伊犁塔尔巴哈台通商章程》签订,山西商人又赴伊、塔二地贸易,称"西商"。走西路之商所贩之茶多为安徽建德产之朱兰茶,又名千两茶。《筹办夷务

新疆喀什

始末》同治朝卷56载:"此项千两朱兰茶,专由茶商由建德贩至河南十字店,由十字店发往山西祁县、忻州,由忻州而至归化,专贩与向走西疆之商,运至乌鲁木齐、塔尔巴哈台等处售卖。"不过晋商在伊、塔地方对俄贸易历史较短暂,约10年时间。光绪《山西通志》还有许多有关山西人在新疆经商的记载,如忻州人杨生荣"父及叔随祖父并贾新疆,久不返……有中表商乌鲁木齐者,随之往,既与父遇,始知祖父殁于喀城,叔淹留叶尔羌";临晋人王永奇,"父贾西域,十余年无耗",永奇去寻父,"父子相遇于途"。忻州人卢英锐"贾于阿克苏"。陕西洵阳楮树极广,楮树为造纸原料,来"货粮者俱系三晋及西(安)同(州)人,列鏖而居"。[306]清末,有山西荣河人傅庆泰曾在西安开办炭场,据传庚子事变时,西太后逃到西安,使西安顿时增加了许多京城来人,炭场煤炭告罄。官府命傅庆泰设法解决，傅终于在兵荒马乱的情况下贩回煤炭，已经挨冻三天的西太后见煤炭运到，非常高兴，让人多给些炭钱，傅庆泰说："我是梦见老佛爷托梦让我送炭，怎能收钱！"西太后得悉后说："虽然八国联军进了北京，但老百姓还拥戴我，大清不会亡！"遂即手谕西安官府拨银30万两赏赐傅庆泰。从此，傅庆泰成了山西荣河的首富。傅庆泰是傅作义将军的父亲，据说这是傅作义青少年时代能够读书深造的经济来源。[307]清末，山西襄汾人刘氏家业颇富，财源极广，有"刘百万"之称，除土地外，商店、盐店等有300余处。除刘氏外，翼城铁货行蔚隆章，总号设翼城，陕甘宁均有分号，专门运销长治、晋城的铁货。长治地方还住有不少回民，他们善用土法泡制裘皮，伏天用黄豆成块浸泡生毛皮，发酵后成柔软裘皮筒，然后贩到宁夏，并换回摊羊皮筒。光绪《山西通志》载：宁武人冯连，其祖"贾西北不返"。稷山人马学良，"少孤贫，服贾于陕"。太原李善积，"尝服贾关西"。

西南地方　乾嘉以来，山西商人在四川商界较活跃。如山西商人在天津开的日升昌颜料庄，其经营之铜碌出自四川，遂往来于川、津间。光绪末，山西票号宝丰、四大亨在自流井等地开办庄号。川盐运销，据《四川盐法志》卷39称："所称盐商者，多山陕之民，"而且"本地之商殷实者少，大半皆西商"。[308]山西商人还从事川丝、夏布等商品的大宗长途贩运，如川东生丝交易中心綦江扶欢坝丝市，"每岁二三月，山陕之客云集，马驮舟载，本银约百万之多"。[309]川西生丝交易中心成都簇桥镇，丝店林立，每逢场期，大量生丝由山陕丝商

成都

运销陕西、山西、甘肃、北京。[310]四川荣昌、永川、江津等县盛产夏布,富商大贾购贩京货,遍于各省,这些商贾多是山陕商人。同治《荣昌县志》卷16载:"山陕、直隶各省客商,每岁必来荣采买。"四川隆昌县的麻布,"山西、陕西等省往往来隆兴贩获利"。[311]四川南江县的茶,"春分即有山陕客民来山置买,落经济人家,以便交易"。[312]四川綦江县的丝市"山陕之客云集而驻,舟载本银百有余万"。[313]打箭炉是藏汉民间进行贸易的一个地方,据《渔问通俗》载:打箭炉"近时人烟稠密、渐习繁华者,实因互市之故也。按茶务一宗,照引收税,每年约有十余万金之多。……城以内所驻商贾,惟秦晋两帮最伙"。[314]贵州僻处西南多山地区,交通闭塞,又是多民族聚居地区,入清以后,贵州与内地的经济联系进一步加强,山西商人在贵州也很活跃。如遵义产丝,货好价廉,每当春秋两季蚕茧成熟后,山西商人常来遵义收购茧丝。云南盛产铜,晋商是滇铜的主要经营者。

中州山东 河南地邻山西,乃河东盐行销区,河南(洛阳)、南阳二府,陕、汝二州,襄城县,皆山西盐商引窝。洛阳、开封、社旗、朱仙等城镇多晋商,山西商人均建有会馆。赴河南经商者多山西中南部人,如光绪《山西通志》载:临汾人齐奎炳,"随父贾豫";汾州人李焕"兄贸易中州";太原人武而谦"少时贸易中州,积四千余金";长治人宋良弼"贾于洛阳";壶关人杨洁"尝游南阳";阳城人李重勤"贾于豫之新安集";盂县人王树林"服贾于豫"。山东省的城乡多有晋商活动,如汾阳县商人吴文欢"尝贾于山东禹城"而致富,潞城人申传书"贾于山东泞阳县",沁水人张升书"父贾山左",潞州人李恒五"贾于山东",洪洞人乔澄溶"服贾东齐"。[315]汾州之李清宝,"贾于山东"。[316]

江南各地 清代江南一带商品经济有了较快发展,市场广阔,山西商人在江南极为活跃。《清高宗实录》卷139载:"吴越州郡,察其市肆贸迁者,多系晋省人。"《清宣宗实录》卷184载,山西"太谷、平遥、介休各县民人,多在广东及南省各处贸易"。清人徐继畬说山西富户"其买卖在三江两湖者十居八九"。[317]扬州是著名的两淮盐商集中地,山西商人在扬州建有会馆,在两淮有"南安北亢"之说。亢氏是山西临汾人,是扬州著名的大盐商。山西商人还在淮安府开办粮店,如嘉庆二十年(1815)档案载:"人犯王殿魁……即在淮安府山阴县属蔡桥地方开粮店,财东系山西介休任盛元。"[318]在南京,山西商人很多,他们建有山西会馆。在苏州,山西商人"来苏办货者,向从浦口行运,由来久矣"。[319]山西商人渠广耀在苏州经营参号20余年,销售参枝金额达3万两。[320]光绪《山西

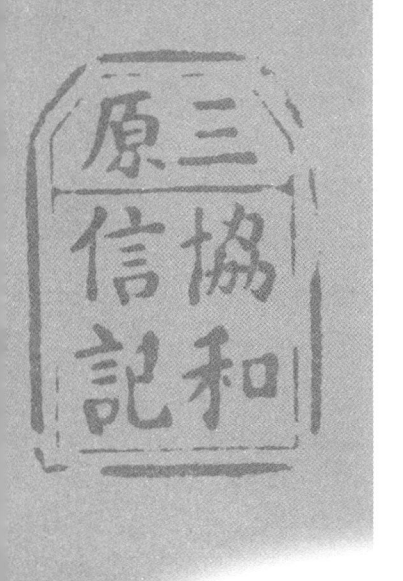

通志》载：忻州郭王庸"贾之子也，父客苏州"。常州市篦梳行皆为山西襄陵人，他们生产和销售的篦梳有120足，价廉、耐用、好使，颇受人们欢迎。在浙江，建德为产茶之区，"向由山西客贩至北地归化城一带出售"。[321]在湖南，山西商人是势力最大的商帮之一。早在康熙三年（1664），山西商人已在长沙城坡子街建立了商人会馆。湘潭县于康熙十二年（1673）由山西等五省商人修建码头，作为停靠客货船之处。[322]湖南衡阳"山西、陕西大商以烟草为货者九堂十三号"。[323]长沙城内"其贩卖皮货、金玉玩好，列肆盈廛，则皆……山陕之客商"。[324]善化县"各省商于邑者，北客西陕……几遍城乡"。[325]在湖北云梦县，"城内多山西商贾"。[326]山西沁水人刘体章，"五岁，父外出，久绝音耗，贷资走访，始知父客死公安"。[327]长治人李长庚"贸易樊口"。[328]汉口是晋商荟萃之地，有太原帮、汾州帮、闻喜帮等，他们经营着茶、烟、布、油、皮货等。在江西，据雍正《泽州府志》卷39载，山西沁水人张翙"贸易于外，殁于江右"。在安徽，阜阳县"商无居奇大贾，城乡闤中，惟多晋人"。[329]颍上县，业商者"多晋人"。[330]在福建，"官办各帮，本地商殷富者少，大半皆西

扬州瘦西湖

商"。[331]厦门的"汇兑票局向只协同庆、新泰厚、蔚长厚鼎足而三"。[332]在广东,山西商人先后在广州、佛山建立了会馆,山西介休人郭涵渭之父经商殁于粤。高平人李东"游广南二十年不返",至琼州,始知父亡该地。[333]在台湾,盂县人王泰商游"台湾不返"。[334]

国外贸易 清代,山西商人在称雄国内商界的同时,积极向国外拓展市场。据光绪《山西通志》卷139载,临汾景发才之父"娶未逾年,远贾安息(今伊朗)",一去无音讯,景发才长大后跋涉万里,去安息寻父,父已病殁。顺治二年(1645)曾有山西商人东渡日本贸易。江南巡抚土国宝奏称:"看得洋商乔复初等,其籍有山陕徽浙,于明季弘光元年(顺治二年,1645)三月初一日纳税给引,由定海出关。初十日,吴淞挂号泛海而达日本长崎。于今年正月初三日由日本开行。……所携货物,俱于长崎贸易而来。"[335]东渡日本贸易,还出现了"船帮"。"船帮"的出现始自康熙中期,由著名的皇商山西介休范氏家族开其端。康熙时,由于社会商品经济的发展,铜钱流通量猛增,中国主要产铜地云南之铜不敷所需,清政府遂允商人从日本贩铜,时称此种商人为"洋铜商"。介休范氏见采办洋铜利厚,遂以较民商价低的条件于康熙三十

日本京都哲学路樱花

俄罗斯圣彼得堡百货商店

八年（1699）向清政府请准采办洋铜，范氏因此获利颇厚。到康熙五十三年（1714），日本因铜源减少，限制中国入港船只和贸易额，致使购买困难。清政府只好于康熙五十五年（1716）取消了内务府商人采办铜斤办法，改由八省督抚办解，范氏暂时退出了对日贸易活动。但八省督抚办解洋铜，并未解决铜荒问题。乾隆三年（1738）又重新起用范氏办铜。范氏将中国丝绸、瓷器、药材、书籍等贩往日本，购回洋铜，盛时范氏有洋铜船七八只。乾隆十四年（1749）清政府定"采办洋铜，每年额定十五船，除官商范清注铜船系领帑办铜外，民商自办者共十二船"。[336]所谓办铜商人十三家之称，由此而起。后来，由于范氏所采办之铜，政府折给之铜价较民商低，且民商可半数交官收售，半数按市行高价出售，而范氏不得私售，加之日本铜产告缺，洋铜船又屡次遇暴风沉没，致使范氏亏帑一百五六十万银两。乾隆四十八年（1783），范氏终因"误运误课，拖欠官项累累"，被清政府查抄，范清济被囚，家产充公，从此范氏结束了前后长达70年的洋铜贸易。除范氏外，山西尚有多家采办洋铜商。如洪洞人刘光晟，乾隆初，投笔从商。民国《洪洞县志》卷12载："刘光晟，字寅宾，幼时读书才智绝伦……乾隆辛亥（应为癸亥），山西兴鼓铸役，而铜斤不给。光晟闻之，投笔起曰：此非某报效时耶，安能垂首铅椠作老书生哉！遂呈请抚军，愿备资采办。至江淮间，择友之干练者数人，由乍浦出洋，办得铜五十万斤，共需值十四万金有余，躬督运交，尽行报效。上闻，谕旨褒嘉以三品荫生。简发直隶，以同知补用。"乾隆十七年（1752），铸局又需补充铜料，又照刘光晟采办洋铜例"招商承办"洋铜。又如，乾隆三十三年（1768），有山西商人王慎权办运铜4343斤，田尚办运铜6589斤，郭连抬办运铜6683斤，杨士藩办运铜10777斤，张瑞宁办运铜13530斤，白采办运铜6987斤，张世武办运铜24695斤，经山东由陆路回晋。乾隆三十三年（1768）、乾隆三十四年（1769）还有山西商人郭振九、姚宸庸、尉溥、许怀诒、贾益、牛作楫、贾凝德、杜桂、陈克远、王万延、李琏、雷敏修、吉荣、王志宽等，都是铜商。[337]

但是，从乾隆四十年（1775）以后，由于受著名的皇商范氏办铜失利的影响，山西"船帮"由盛而衰，海外贸易渐次让位于沿海商民。[338] 清代，从同治年（1862~1874）始，山西商人还大规模深入俄境从事贸易活动。当时，俄商凭借《天津条约》《北京续约》等不平等的条约，深入我国内地攫取我土产品和推销其工业品，致使恰克图对俄边境贸易一落千丈。如前所述，山西商人为了扭转对俄贸易的不利局面，便呈请清政府批准"由恰克图出向俄边，即由俄卖与西洋诸商"。总理各国事务恭亲王等奏称："查恰克图系中外接壤之区。西商今欲假道该处，赴西洋诸国通商，即与北商各不相扰，亦与俄人无甚不便之处……拟即准令西商领票运茶前往，先行试办。"经清政府批准后，山西商人大举到俄境开展贸易，由于赴俄贸易须通过戈壁大沙漠，以骆驼及牛马车之类为运输工具，所以人们称他们为"驼帮"。山西商人在俄境的贸易活动，据路履仁《外蒙古见闻纪略》称："各商号在莫斯科、多木斯克、耶尔古特斯克、赤塔、克拉斯诺亚尔斯克、新西伯利亚、巴尔纳乌、巴尔古金、比西克、上乌金斯克、聂尔庆斯克等俄国较大城市……都设有分庄。"[339]聂昌麟《太谷曹家资本兴衰记》说：太谷曹家设在莫斯科的商号是锦泰亨，伊尔库茨克是锦泰亨，经营的主要商品是曲

绸,是由锦泰明号由鲁山(在河南省)采购运回太谷以后,转售于张家口锦泰亨另行打包,贴上曹家字号商标,然后用骡驮运往库伦、恰克图、伊尔库茨克等地经销,每年约可运销12000余匹,价值白银36万余两。当时做此项生意的商号有120家,而锦泰亨是其中资本最雄厚的一家。同时兼运销多种花素绸、缎、绫、罗、绢、纱以及千两茶等。回头货则运俄国的金沙、呢绒、哈喇、俄毯等货,行销内地。又陈箓《蒙事随笔》称:"外蒙商务基础成于西帮……就中如公和全、庆和达两家,总行在张家口,分行则在北京、上海、恰克图及俄国之莫斯科、乌丁斯克、赤塔、伊尔库茨克等处。"[340]旅蒙商山西"大盛魁商号",曾"独家以自己的骆驼队驮运茶货深入到俄国内地销售,结果取得厚利,别家则相形见绌。"[341]山西汾阳人牛允宽(1870~1936)是著名的旅俄商人,以经营大宗皮毛为业,他在莫斯科、恰克图、库伦开设的"璧光发"贸易中心,生意兴隆,盛极一时,对发展中俄、中蒙贸易有一定的贡献。他少年出国,艰苦创业,从小本经营始,终于成为经营大宗皮毛的富商。其璧光发在国内外极负盛名,远至欧美,与英、美、法、德都有贸易关系。[342]

四、商人集团性的进一步加强

山西商人作为地方性商帮,虽然早在明代就已经形成,但是它的长足发展却在清代。所谓商帮,就是以地域、血缘关系为纽带形成的松散的商人群体。

清代山西商人集团性的加强,其表现之一是山西商人会馆的发展。随着清代社会商品经济的发展,商业竞争越来越激烈。晋商为了巩固已获得的商业阵地和对某些行业的垄断,在明代山西会馆的基础上,先后在国内各重要城市建立了团结同乡商人的会馆。例如:北京是各商帮云集之地,建立工商会馆尤多。据不完全统计,山西商人在京建立的会馆至少有60多处。康熙年间,在九省通衢的汉口建立了山陕会馆。乾隆三十年(1765),在苏州建立了全晋会馆。乾隆四十五年(1780),在广东佛山建立了山陕会馆。同时,随着商业的发展,还出现了专业性会馆。如雍正五年(1727)在北京的山西烟商建立了河东烟行会馆。清季,在汉口的山陕会馆,包括了许多行业和山西省内的区域帮商人,如太原帮、汾州帮、红茶帮、合茶帮、卷茶帮、西烟帮、闻喜帮、雅帮、花布帮、西药帮、土果帮、西油帮、陆陈帮、匹头帮、皮货帮、众账帮、核桃帮、京卫帮、均烟帮、红花帮、当帮、皮纸帮、汇票帮等。下面是部分山西商人会馆名录:

顺序	地　点	会馆名称	创建及沿革	资料来源
1	北京前外芦草园	颜料会馆	明中叶山西平遥颜料商建	李华:《明清以来北京工商会馆碑刻选编》,文物出版社
2	北京前外打磨厂	临汾东馆	明代山西临汾商建乾隆年重修	同上
3	北京前外晓市大街	临襄会馆	明代山西临汾、襄陵商建。原名山右会馆,康熙五十三年改称	同上
4	北京前外廊坊三条	临汾西馆	明代临汾商建,清重修	同上
5	北京广内炉神庵	潞安会馆	明代潞安铜、锡、炭商建	同上
6	北京宣外南横街	太平会馆	清初太平县商建,乾隆四年重修	同上
7	北京广安门大街	河东会馆	清雍正五年河东烟商建	同上
8	北京小蒋家胡同	晋翼会馆	清雍正十一年翼城布商建	同上
9	北京前外鹞儿胡同	浮山会馆	清雍正七年浮山商建	同上
10	北京和外五道庙	襄陵南会馆	襄陵县商建	《京城坊巷志稿》
11	北京骡马市大街	三晋会馆	山西商建	同上
12	北京王广福斜街	汾阳会馆	汾阳县商建	同上
13	北京崇外北官园	介休会馆	介休县商建	同上
14	北京崇外新开路	曲沃会馆	曲沃县商建	同上
15	北京崇外贾家花园	三晋会馆	山西商建	同上
16	北京草厂头三条	太平会馆	襄汾县商建	同上
17	北京阎王庙前后街	三晋会馆	山西商建	同上
18	北京紫竹林	赵城会馆	赵城县商建	同上
19	北京估衣街	山西会馆	山西商建	同上
20	北京鞭子巷	山西会馆	山西商建	同上
21	北京宣外大街	翼城会馆	翼城县商建	同上
22	北京宣外大街	永济会馆	永济县商建	同上
23	北京上斜街	山西会馆	明代山西商建	同上
24	北京广安门内大街	洪洞会馆	清嘉庆年洪洞县商建	同上
25	北京广安门大街	河东会馆	河东商建	同上
26	北京李铁拐斜街	襄陵会馆	乾隆年襄陵县商建	同上
27	北京宣外百顺胡同	太平会馆	襄陵县商建	同上
28	北京百顺胡同	晋太会馆	山西商建	同上
29	北京珠市口中段	平定会馆	平定县商建	同上
30	北京粉房琉璃街	解梁会馆	山西解州商建	同上
31	北京虎坊桥	曲沃会馆	曲沃县商建	同上

续表

32	北京储库营	太原会馆	康熙年太原商建	同上
33	北京宣外椿树上二条	盂县会馆	盂县氆氇商嘉庆二年建	《明清以来北京工商会馆碑刻选编》
34	北京前外西柳树井	平定会馆	平定州商建	同上
35	北京前外余家胡同	襄陵北馆	襄陵县商建	同上
36	北京虎坊桥	襄陵南馆	清初襄陵商建	同上
37	北京右内白纸坊	手工业造纸同业公会	山西造纸商建	同上
38	北京粉房琉璃街	汾水会馆	山西商建	《京城坊巷志稿》
39	北京鹞儿胡同	平介会馆	乾隆年平遥、介休商建	仁井田升：《北京工商行会资料集》
40	北京通县教子胡同	通州晋翼会馆	清乾隆四年翼城商建	《明清以来北京工商会馆碑刻选编》
41	北京西河沿旗杆庙	代州会馆	代州商人建	《京城坊巷志稿》
42	北京小蒋家胡同	河东会馆	河东商建	同上
43	北京小蒋家胡同	平阳会馆	临汾商建	同上
44	北京三条胡同	临汾会馆	临汾商建	同上
45	北京门头沟三家店	山西会馆	清晋商建	山西政协：《晋商史料全览》会馆卷，山西人民出版社
46	北京虎坊桥路南	翼城会馆	清雍正十年翼城商建	王能长：《中国晋商会馆名录》（内部资料）
47	北京西珠市口街	翼城会馆	清翼城商建	同上
48	北京西珠市口街	潞安会馆	清潞安商建	同上
49	北京三官庙	襄陵公所	襄陵商建	同上
50	北京密云旧城	山西银粮行会馆	山西银粮商建	同上
51	北京贾家花园	曲沃会馆	曲沃商建	同上
52	北京骡马市	蒲州会馆	蒲州商建	同上
53	北京北官园	介休会馆	介休商建	同上
54	北京下斜街	三晋西馆	清光绪十八年晋商建	同上
55	北京明因寺街	山西会馆	康熙年晋商建	同上
56	北京三家店	山西会馆	晋商建	同上
57	北京北五老胡同	三晋东馆	晋商建	同上
58	北京南堂子胡同	太平会馆	襄汾商建	同上
59	北京晋太胡同	汾城会馆	汾城商建	同上
60	北京宣外大街	灵石会馆	灵石商建	胡焕椿等：《北京的会馆》，中国经济出版社
61	北京宣外赶驴市	闻喜会馆	闻喜商建	同上
62	北京崇文区花市	泽郡会馆	泽州商建	同上

续表

63	北京宣武区御河桥	忻定会馆	忻州、定襄商建	同上
64	天津粮店后街	山西会馆	乾隆二十六年山西烟商建	《津门杂记》
65	天津锅店街	山西会馆	嘉庆年山西商建	同上
66	天津估衣街	山西会馆	道光年山西盐商建	刘文峰《山陕商人与梆子戏》文化艺术出版社
67	天津杨柳青	山西会馆	道光年晋商建	《杨柳青镇图》
68	河北保定东大街	三晋会馆	清乾隆五十六年晋商建	《山陕商人与梆子戏》
69	河北蠡县大百尺镇	山西会馆	清中叶晋商建	同上
70	河北永清县南关	山西会馆	明末清初山西典商建	同上
71	河北大城县旧县衙前	山西会馆	清咸丰年山西典商建	同上
72	河北任丘县城西关	山西会馆	清初晋商建	同上
73	河北吴桥县城内	山西会馆	清康熙五十九年晋商建	同上
74	河北故城县郑家口	山西会馆	清乾隆二年晋商建	同上
75	河北迁西县三屯营	山西会馆	清晋商建	同上
76	河北张家口东街	太谷会馆	明太谷商建	同上
77	河北张家口大兴园	山西会馆	清乾隆年晋商建	《晋商史料全览》会馆卷
78	河北张家口堡子里	太谷会馆	清太谷商建	同上
79	河北张家口鼓楼街	祁县会馆	清祁县商建	程光《儒商常家》山西经济出版社
80	河北张家口	榆次会馆	清榆次商建	同上
81	河北张家口上堡	汾阳会馆	清汾阳商建	同上
82	河北张家口上堡	孝义会馆	清孝义商建	同上
83	内蒙多伦诺尔	山西会馆	清乾隆十年晋商建	《山陕商人与梆子戏》
84	陕西西安梁家牌楼	山西会馆	清晋商建	同上
85	陕西凤翔县东关	山陕会馆	清初晋陕商建	《中国晋商会馆名录》
86	陕西汉阴县城	山陕会馆	清晋陕商建	同上
87	陕西石泉县城北	山陕会馆	清道光二十四年晋陕商建	同上
88	陕西洛川县隆坊镇	山陕会馆	清道光二十四年晋陕商建	同上
89	陕西泾阳县城	山陕会馆	清晋陕商建	同上
90	陕西山阳县漫川关	山陕会馆	清晋陕商建	同上
91	陕西紫阳县城	山陕会馆	清晋陕商建	同上
92	陕西三原县城关	山西会馆	清晋商建	同上
93	陕西永寿县监军镇	山陕会馆	乾隆三十二年晋陕商建	嘉庆《永寿县志》卷2
94	宁夏银川新华东街	三晋会馆	光绪年晋商建	《山陕商人与梆子戏》
95	青海西宁后兴隆巷	山陕会馆	光绪十四年晋陕商建	同上

续表

96	甘肃天水市武山县滩歌镇	山陕会馆	清晋陕商建	《晋商史料全览》会馆卷
97	甘肃甘谷县城内	山陕会馆	清嘉庆十五年建	《山陕商人与梆子戏》
98	甘肃景泰县正路乡	陕山会馆	清咸丰五年晋陕商建	同上
99	甘肃临夏市内	山陕会馆	清晋陕商建	同上
100	甘肃酒泉市文庙街	山西会馆	清晋商建	同上
101	甘肃古浪县土门镇	山陕会馆	清晋陕商建	同上
102	甘肃古浪县大靖镇	山陕会馆	清晋陕商建	同上
103	甘肃张掖小南街	山西会馆	清雍正二年晋商建	《晋商史料全览》会馆卷
104	甘肃榆中县青城乡	山陕会馆	明天启年晋陕商建	同上
105	甘肃皋兰	山陕会馆	清康熙四十七年晋陕商建	同上
106	甘肃敦煌县城内	山西会馆	清嘉庆十年晋商建	《晋商史料全览》会馆卷
107	甘肃陇西县北关正街	山陕会馆	清乾隆二十九年晋陕商建	同上
108	甘肃永登县城	山陕会馆	晋陕商建	同上
109	甘肃武山县滩歌镇	山陕会馆	晋陕商建	同上
110	新疆乌鲁木齐市大西门	山西会馆	晋商建	《山陕商人与梆子戏》
111	新疆巴里坤汉城东街	山西会馆	清嘉庆六年建	同上
112	新疆奇台县城	山西会馆	清晋商建	《中国晋商会馆名录》
113	新疆焉耆县老城	山西会馆	清道光年晋商建	同上
114	新疆伊宁东门外	山西会馆	清晋商建	同上
115	新疆塔城内	山西会馆	清晋商建	同上
116	四川成都中市街	山西会馆	清晋商建	同上
117	四川温江县文明门外	秦晋会馆	晋陕商建	同上
118	四川万源县	山西会馆	晋商建	同上
119	四川三台县	山西会馆	晋商建	同上
120	四川芦山县	秦晋会馆	晋陕商建	同上
121	四川叙州府	文水会馆	文水商建	同上
122	四川灌县	秦晋会馆	清晋陕商建	同上
123	四川南充	山陕会馆	清晋陕商建	同上
124	四川绵阳	山陕会馆	清晋陕商建	同上
125	四川巴县	山西会馆	清晋商建	同上
126	四川广安县	山西会馆	清晋商建	同上
127	四川茂州	山西会馆	清晋商建	同上

续表

128	四川打箭炉	秦晋会馆	清晋陕商建	同上
129	四川会理	山陕会馆	清道光二十五年晋陕商建	同治《会理州志》卷11
130	四川绵竹	山陕会馆	秦晋商建	宋伦：《论明清山陕会馆的创立及其特点》
131	四川双流	山陕会馆	秦清晋商建	同上
132	重庆市	山西会馆	清晋商建	根岸佶：《中国的行会》
133	重庆市	八省会馆	清晋商等建	《晋商史料全览》会馆卷
134	重庆市走马镇	山西会馆	清晋商建	《中国晋商会馆名录》
135	云南昆明滇池南岸	山陕会馆	晋陕商建	《山陕商人与梆子戏》
136	云南赵州	秦晋会馆	清晋陕商建	《中国晋商会馆名录》
137	云南江川	秦晋会馆	清晋陕商建	同上
138	云南姚州	秦晋会馆	清晋陕商建	同上
139	云南思安	秦晋会馆	清晋陕商建	同上
140	云南元谋	秦晋会馆	清晋陕商建	同上
141	云南保山	秦晋会馆	清晋陕商建	同上
142	云南剑川	秦晋会馆	清晋陕商建	同上
143	云南中甸	秦晋会馆	清晋陕商建	同上
144	贵州正安县	秦晋会馆	清晋陕商建	同上
145	贵州仁怀县	秦晋会馆	清晋陕商建	同上
146	贵州毕节县	秦晋会馆	清晋陕商建	同上
147	贵州大定县	秦晋会馆	清晋陕商建	同上
148	贵州湄潭县	秦晋会馆	清晋陕商建	同上
149	贵州镇远府	秦晋会馆	清晋陕商建	同上
150	贵州息烽县	秦晋会馆	清晋陕商建	同上
151	贵州安平县	秦晋会馆	清晋陕商建	同上
152	辽宁沈阳	山西会馆	清晋商建	《中国的行会》
153	辽宁海城西门外	山西会馆	清康熙二十一年晋商建	《山陕商人与梆子戏》
154	辽宁朝阳东大街	山西会馆	清乾隆九年晋商建	同上
155	辽宁辽阳西门外	山西会馆	明成化九年晋商建	同上
156	辽宁铁岭城内	山西会馆	清康熙二年晋商建	同上
157	辽宁鞍山兴海区	山西会馆	清康熙二十一年晋商建	《晋商史料全览》会馆卷
158	辽宁新民县西大街	山西会馆	清嘉庆三年晋商建	《中国晋商会馆名录》
159	吉林省城东莱门外	山西会馆	清康熙五十年晋商建	《山陕商人与梆子戏》
160	黑龙江宁安城西大街	山西会馆	清乾隆五年晋商建	同上
161	黑龙江五常县拉林镇	山西会馆	清咸丰年晋商建	同上

续表

162	山东聊城东关	山陕会馆	乾隆八年山陕商建	徐鸿年:《山东聊城山陕会馆》,载《文物》,1959年12期
163	山东馆陶县城西南	山西会馆	山西商建	光绪《馆陶县乡土志》卷8
164	山东馆陶县南陶镇	山西会馆	清晋商建	同上
165	山东恩县城北	山西会馆	山西商建	光绪《恩乡县乡土志》
166	山东东阿县城内	山西会馆	山西商建	道光《东阿县志》卷2
167	山东济南省府前街	山西会馆	山西商建	李华:《试论清代前期的山西帮商人》,载《历史论丛》,第3辑
168	山东荷泽城内	山西会馆	清道光十一年晋商建	《山陕商人与梆子戏》
169	山东泗水城关大街	山西会馆	清晋商建	《晋商史料全览》会馆卷
170	山东曲阜城	山西会馆	清晋商建	同上
171	山东东平县城内	山西会馆	清晋商建	同上
172	山东东平县沙站镇	山西会馆	清晋商建	同上
173	山东新泰县楼德镇	山西会馆	清晋商建	同上
174	山东临清县城内	山西会馆	清晋商建	《中国晋商会馆名录》
175	山东聊城旧米市街	太汾公所	晋商建	同上
176	山东东阿县张秋镇	山西会馆	清晋商建	同上
177	山东武城县城	山西会馆	清晋商建	同上
178	山东德州城内	山西会馆	清晋商建	同上
179	山东冠县城	山西会馆	清晋商建	同上
180	山东阳谷县城	山西会馆	清晋商建	同上
181	山东长清县城	山西会馆	清晋商建	同上
182	山东济阳县城	山西会馆	清晋商建	同上
183	山东临朐县城	山西会馆	清晋商建	同上
184	山东诸城县城	山西会馆	清晋商建	同上
185	山东费城县城	山西会馆	清晋商建	同上
186	山东邹县	山西会馆	清晋商建	李刚、宋伦:《明清工商会馆"馆市合一"模式初论》,载《中国社会经济史研究》,2004年1期
187	安徽芜湖	山西会馆	光绪年晋商建	民国《芜湖县志》卷13
188	安徽亳县城内	山西会馆	清顺治年晋商建	《山陕商人与梆子戏》
189	安徽泗县	山西会馆	清晋商建	同上
190	安徽六安县城内	山陕会馆	清晋陕商建	《晋商史料全览》会馆卷
191	安徽涡阳	山西会馆	清晋商建	同上
192	安徽阜阳	山陕会馆	清晋陕商建	《颖州古今》第3辑
193	浙江杭州	钱江会馆	晋商布商等建	李刚、宋伦:《明清工商会馆"馆市合一"模式初论》,载《中国社会经济史研究》,2004年1期

续表

194	浙江杭州	山西会馆	清晋商建	李华:《试论清代前期的山西帮商人》,载《历史论丛》,第3辑
195	江苏南京	山西会馆	清晋商建	同上
196	江苏扬州	山西会馆	清晋商建	同上
197	江苏苏州张家巷	全晋会馆	清乾隆三十年晋商建	顾棣:《桐桥倚棹录》
198	江苏苏州小武当	翼城会馆	清翼城商建	同上
199	江苏盛泽大馆圩	山西会馆	清晋商建	罗仑等:《苏州地区社会经济史》
200	江苏盛泽西肠圩	山西会馆	清晋商建	同上
201	江苏镇江	山西会馆	清晋商建	《中国的行会》
202	江苏徐州	山西会馆	清晋商建	《晋商史料全览》会馆卷
203	上海	山西会馆	清晋商建	《试论清代前期的山西帮商人》
204	上海七浦路	山西汇业公所	光绪年清晋商建	《晋商史料全览》会馆卷
205	上海	晋业会馆	清晋商建	《中国晋商会馆名录》
206	福建福州	山陕会馆	清晋陕商建	王日根:《明清会馆与社会变迁》
207	河南开封老会馆街	山西会馆	清康熙年晋商建	王瑞安:《山陕甘会馆》,中州古籍出版社
208	河南开封徐府街	山陕甘会馆	清光绪年建	同上
209	河南洛阳新街	潞泽会馆	清乾隆九年潞泽商建	端木赐香:《洛水瀍河映王城》,郑州大学出版社
210	河南洛阳凤化街	山陕会馆	清康熙年晋陕商建	同上
211	河南周口富强街	山陕会馆	清康熙年晋陕商建	《中国晋商会馆名录》
212	河南周口沙河南岸	山陕会馆	清康熙年晋陕商建	同上
213	河南伊川白元镇	山陕会馆	明万历年晋陕商建	《山陕商人与梆子戏》
214	河南郏县城西	山陕会馆	清康熙三十三年晋陕商建	同上
215	河南禹县	山西会馆	清乾隆年晋商建	同上
216	河南社旗永庆街	山陕会馆	清乾隆二十一年晋陕商建	《社旗山陕会馆》,文物出版社
217	河南祥符县朱仙镇	山西会馆	清晋商建	张正明等:《中国的晋商》,人民出版社
218	河南淅川县紫荆关镇	山陕会馆	清晋陕商建	《晋商史料全览》会馆卷
219	河南辉县	山陕会馆	清晋陕商建	同上
220	河南辉县平甸乡	山西会馆	清晋商建	同上
221	河南洛宁县老城街	山陕会馆	清晋陕商建	同上
222	河南舞阳县北舞渡	山陕会馆	清晋陕商建	同上
223	河南南阳南关新街	山陕会馆	清晋陕商建	《中国晋商会馆名录》
224	河南南阳石桥镇	山陕会馆	清晋陕商建	同上

续表

225	河南南阳瓦店镇	山陕会馆	清晋陕商建	同上
226	河南南阳禹王店镇	山陕会馆	清晋陕商建	同上
227	河南唐河县西关	山陕会馆	清代晋陕商建	同上
228	河南唐河县源潭镇	山陕会馆	清代晋陕商建	同上
229	河南邓州城关	山西会馆	清代晋商建	同上
230	河南邓州急滩镇	山陕会馆	清雍正六年晋陕商建	同上
231	河南内乡县城关	山陕会馆	清乾隆晋陕商建	同上
232	河南桐柏县平氏镇	山陕会馆	清乾隆十八年晋陕商建	同上
233	河南镇平县城关	山陕会馆	清晋陕商建	同上
234	河南镇平县贾宋镇	山陕会馆	清晋陕商建	同上
235	河南镇平县石佛镇	山陕会馆	清晋陕商建	同上
236	河南镇平县黑龙集镇	山陕会馆	清晋陕商建	同上
237	河南镇平县侯集镇	山陕会馆	清晋陕商建	同上
238	河南新野县城关	山陕会馆	清康熙年晋陕商建	同上
239	河南南召县城关	山陕会馆	清晋陕商建	同上
240	河南南召县云阳镇	山陕会馆	清晋陕商建	同上
241	河南南召县南河店街	山陕会馆	清晋陕商建	同上
242	河南南召县乔端街	山陕会馆	清晋陕商建	同上
243	河南西峡县西峡口镇	山陕会馆	清道光年晋陕商建	同上
244	河南方城县拐河镇	山陕会馆	清咸丰十二年晋陕商建	同上
245	河南叶县城北关	山陕会馆	清晋陕商建	同上
246	河南叶县龙泉镇	山陕会馆	清乾隆年晋陕商建	同上
247	河南叶县旧县城	山陕会馆	清晋陕商建	同上
248	河南叶县廉村镇	山陕会馆	清晋陕商建	同上
249	河南鲁山县张良镇	山陕会馆	清晋陕商建	同上
250	河南鲁山县城	山陕会馆	清晋陕商建	同上
251	河南鲁山县二郎庙镇	山陕会馆	清晋陕商建	同上
252	河南襄城县霍堰镇	山西会馆	清康熙五十一年晋商建	同上
253	河南汝州城关	山陕会馆	清晋陕商建	同上
254	河南商城县三里桥	山陕会馆	清乾嘉时晋陕商建	同上
255	河南正阳县鲁店	山西会馆	清道光三十年晋商建	同上
256	河南上蔡县城西南	山陕会馆	明嘉靖晋陕商建	同上
257	河南商丘县刘口集	山陕会馆	清乾隆四十四年晋陕商建	同上
258	河南永城县城西	山西会馆	清乾隆年晋商建	同上

续表

259	河南渑池县千秋镇	山陕会馆	清晋陕商建	同上
260	河南永宁县长水镇	山陕会馆	清乾隆年晋陕商建	同上
261	河南灵宝县城关	山陕会馆	清晋陕商建	同上
262	河南陕州城关	山陕会馆	清晋陕商建	同上
263	河南林县城南关	山西会馆	清晋商建	同上
264	河南林县合涧镇	山西会馆	清晋商建	同上
265	河南林县姚村	山西会馆	清晋商建	同上
266	河南林县临淇镇	山西会馆	清晋商建	同上
267	河南河内县清华镇	四省会馆	清晋豫冀鲁商建	同上
268	河南新乡县城	山陕会馆	清晋陕商建	同上
269	河南济源县城	山陕会馆	清晋陕商建	同上
270	河南武陟县城	山陕会馆	清晋陕商建	同上
271	河南临颖县城	山陕会馆	清晋陕商建	同上
272	河南临颖县南街村	山陕会馆	清晋陕商建	同上
273	河南漯河	山西会馆	清晋商建	同上
274	河南宜阳县白杨镇	山西会馆	清晋商建	同上
275	河南朱仙镇	山陕会馆	清康熙年晋陕商建	同上
276	河南洛宁县城关	山西会馆	清雍正五年晋商建	同上
277	河南禹州神垕镇	山西会馆	清乾隆年晋商建	同上
278	河南安阳县水冶镇	山西会馆	清晋商建	同上
279	河南泌阳县八府寺	山陕会馆	清晋陕商建	民国《泌阳县志》卷4
280	河南许昌八里桥	山陕会馆	清晋陕商建	赵波:《关公文化大透视》,中国社会科学出版社,2001年
281	湖北汉口循礼坊	山陕会馆	清康熙二十二年晋陕商建	《汉口山陕会馆志》
282	湖北钟祥县南门外	山陕会馆	康熙年晋陕商建	同治《钟祥县志》卷5
283	湖北当阳县东门外	山陕会馆	乾隆年晋陕商建	同治《当阳县志》卷9
284	湖北郧西县南门外	山陕会馆	康熙四十八年晋陕商建	乾隆《郧西县志》卷16
285	湖北随州南关东街	山陕会馆	康熙年建关帝庙,道光时易名	同治《随州志》卷14
286	湖北江陵县	山陕会馆	清晋陕商建	光绪《荆州府志》卷4
287	湖北公安县	山陕会馆	清晋陕商建	同上
288	湖北沙市	山陕会馆	清晋陕商建	《中国的行会》
289	湖北房县西关	山陕会馆	清晋陕商建	《晋商史料全览》会馆卷
290	湖北石首县大南门外	山陕会馆	康熙年晋陕商建	同上
291	湖北安陆县府西门内	山陕会馆	清晋陕商建	同上

续表

292	湖北光化县新盛街	山陕会馆	清晋陕商建	同上
293	湖北郧阳县西关	山陕会馆	乾隆六年晋陕商建	《中国晋商会馆名录》
294	湖北当阳流清溪	山陕会馆	清晋陕商建	同上
295	湖北房县城内	山西会馆	清晋商建	同上
296	湖北保康县	山西会馆	清晋商建	同上
297	湖北云梦县	山西会馆	清晋商建	同上
298	湖北襄樊邵家巷	山陕会馆	康熙五十二年晋陕商建	同上
299	湖北孝感县	山陕会馆	清晋陕商建	同上
300	湖北潜江县	山陕会馆	清晋陕商建	同上
301	湖北宜城县	山陕会馆	清晋陕商建	同上
302	湖北南漳县	山陕会馆	清晋陕商建	同上
303	湖北谷城县	山陕会馆	清晋陕商建	同上
304	湖北均州县	山陕会馆	清晋陕商建	同上
305	湖北枝江县	山陕会馆	清晋陕商建	同上
306	湖北松滋县	山陕会馆	清晋陕商建	同上
307	湖北汉口山陕里	山西布帮公所	山西布商建	同上
308	湖北荆州沙阳镇	山陕会馆	清晋陕商建	同上
309	湖北随州历山镇	山陕会馆	清晋陕商建	《随州文史资料选辑》第4辑
310	湖南长沙	山陕会馆	光绪年晋陕商建	光绪《善化县志》卷16
311	湖南湘潭	山西会馆	乾隆年晋商建	乾隆《湘潭县志》卷9
312	湖南湘潭平政路	五省会馆	清晋陕豫鲁冀商建	《山陕商人与梆子戏》
313	湖南湘阴县	山陕会馆	清晋陕商建	《中国晋商会馆名录》
314	湖南衡阳县	山陕会馆	清晋陕商建	同上
315	湖南邵阳县	山陕会馆	清晋陕商建	同上
316	湖南泸陵县	山陕会馆	清晋陕商建	同上
317	湖南善化县	山陕会馆	清晋陕商建	同上
318	湖南怀化县洪江区	山西公馆	清晋商建	同上
319	广东佛山	山陕会馆	乾隆年晋陕商建	《明清佛山碑刻文献经济资料》
320	广东广州濠泮街	山陕会馆	清晋陕商建	同上
321	广西南宁沙街	秦晋会馆	清晋陕商建	李华：《清代广西的地方商人》，载《历史档案》，1992年1期
322	江西吴城	山西会馆	清晋商建	《晋商史料全览》会馆卷

由上可见，山西会馆遍布全国各工商业城镇，特别是北京，由于是封建帝王都城，贵族官僚地主商人也最集中，所以山西会馆最多。

会馆的建立虽始于明代，但其性质和作用有一个历史嬗变过程，即由最初为解决同乡士人进京应试者食宿而设立的会馆，逐渐发展为以商人活动为主的同乡会馆。这种变化，进入清代以后越来越明显。大致说来，这些山西商人会馆的职能及作用主要是：

1. 会馆是"联乡情"的地方性同乡组织

山西商人会馆的创建目的 "实以敦睦谊，联感情，本互相而谋福利"。[343]"四海之内，以义相投，皆为兄弟，然籍同里井者，其情较洽，籍同里井，而他乡遇之则尤洽。"[344] 所以，逢年过节或每月朔、望，同乡欢聚一堂"联乡情于异地"，"叙桑梓之乐"。当同乡人有困难时，会馆作为同乡人的组织有义务组织大家予以帮助。诸如举办周济货物、养生送死等福利事业，会馆每年都要拿出一些经费，作为无依无靠的贫苦同乡生病或死亡后丧葬补助之用，并且设有一处或数处义园，作为同乡死后停灵埋葬之用。

2. 会馆是维护同乡或同行商人利益的组织

如山西烟商在北京建有河东烟行会馆，乾隆

《陕会馆志》

北京下斜街山西会馆——三晋会馆

山东聊城山陕会馆

开封山陕甘会馆

时,由于"易州烟庄牙侩为奸,行中不通交易者几乎经年",[345]后来依靠会馆力量与牙行交涉,"卒获胜利"。山西在北京营销桐油的商人,则通过会馆借官府之力限制了牙行的勒索,于是在山西颜料会馆立碑为记。[346]洛阳的潞泽会馆《老税数目志碑》则记载了嘉庆十九年(1814)潞泽会馆以商团名义,向当地税收部门交涉减少梭布税收的事情,此案历时一年,潞泽商人胜诉。[347]

3. 会馆是祭祀关圣、财神及本行土神的场所

崇奉关公,让关公走上神坛,至迟在隋代已经出现。以后历代皇帝又屡屡加封关圣,到清代关羽已成为人们最为尊奉的"武圣"。关羽是山西解州人,由于关公被人们誉为具有"义薄云天"、"义利分明"、"义不苟取"、"信义昭著"、"言必忠信"、"信必笃敬"等传统美德,而山西商人经商需要一种精神支柱,即以关圣的"义"来团结同仁,摒弃"见利忘义"、"不仁不义"等不良观念与动机,以关圣的"信"来取信于民,取信于主顾,摒弃欺诈、伪劣等行为。所以山西商人最为仰慕敬重关圣。他们不仅在店铺和家中供

奉关圣，而且在各地的山西商人会馆中为他修殿供奉。所以在各地的山西商人会馆中规模最为宏伟的建筑就是关圣的神殿，甚至有的地方把山西会馆修建成"关帝庙"的形式。其目的就是请这位"神威广大"的神灵，日夜监督他们的全部精神世界和商业交往活动，同时从关圣身上汲取无穷的正气力量，以维护自身的心理健康和防卫能力，有效地规范商业行为，使商业活动永远立于不败之地。例如，河南南阳社旗山西会馆内有碑记称：原初社旗有买卖行户数家，雍正时开张者20余家，其间有改换戥秤，大小不一，独网其利现象，是以全行商贾齐集会馆关帝庙，公议秤足16两，戥依天平为则。公议之后，不得暗私秤戥之更换。犯此者，罚戏三台。如不遵者，举秤禀究官治。从这一因戥秤不准确，公议必须保证戥平秤足的事件中，反映出商人议事齐集关帝庙前，是以关圣的义信来衡量和规范商人的商业行为，足见关圣在商人精神世界里的作用。会馆供奉财神，自然是出于发财致富的愿望。供奉行业之神，则由于行业不同，所奉之神仙也不同。如颜料行供奉葛、梅二仙，传说二仙为染行之祖；铜、铁、锡、炭诸行则供奉老君，传说老君能炼丹，故老君被后人视为炉神。

4. 会馆是聚餐演戏及各种庆典活动的场所

山西会馆作为同乡人的组织，凡逢

山西夫子关羽

新加坡天福宫关公像

公议戥秤定规

年过节时，同乡人常常在会馆欢聚一堂，聚餐演戏。有时在商业活动取得重大胜利时，也举办酬神和演戏的活动。因此，山西会馆中大多建筑有颇具规模的戏楼，供同乡人欣赏戏剧。如河南南阳社旗店的山西商人会馆，其戏楼，又称悬鉴楼，高30米，东西宽17米，分上中下三层。楼南面与琉璃照壁相映，楼后面北是戏台，由四根大方柱把巨大的三层戏楼凌空擎起。戏台正中挂着"既和且平"金字匾，石柱上用行书镌刻两幅对联：

　　幻即是真，世态人情描写得淋漓尽致

　　今亦犹昔，新闻旧事扮演来毫发未差

　　还将旧事重新演

　　聊借俳优作古人

戏台对面是一座能容纳万人的中心大院，东西两侧厢房，分上下二层，是看戏的包厢。由此可见当年昌盛的戏曲文化生活。

清代山西商人集团性加强的另一表现，则为

苏州全晋会馆戏楼

联号制形式的出现。这种联号,有些类似西欧资本主义企业子母公司。大多是由一个财东出资(或一个为主)对所经营的在各地不同行业的商号以子母形式进行管理的一种体制。山西商人联号制的总号,均设在山西,分号遍布各大商埠和城镇。例如太谷县曹氏所经营的商号,便实行联号制形式,即通过励金德账房管理设在太原、潞安及江南各地的商号,通过用通玉账房管理设在东北的各商号,通过三晋川商号管理设在山东的各商号。如励金德管辖的彩霞蔚,是曹氏规模最大的绸缎庄,而彩霞蔚又管辖着张家口的锦泰亨、黎城的瑞霞当、榆次的广生店、太谷的锦生蔚等号。这些商号的经营和盈亏,财东曹氏不直接过问,而是由彩霞蔚负责,彩霞蔚则向励金德负责。如果彩霞蔚所属锦泰亨等商号经理想面见财东,须由彩霞蔚经理先引见励金德经理,再由励金德经理引见财东。曹氏办的各商号虽然都是独立核算,但是各商号在上一级商号的领导下,无论在信息交换、物资采办、市场销售上都相互支持,必要时在财政上也可挪款相助。这样,就形成了一个比较有力的商人集团。

　　清代山西商人集团性加强的再一种表现是股份制的实行。股份制又称股俸制,原是在明代贷金制、伙计制基础上发展起来的。股份有银股、身股两种:凡投资者为银股;凡凭资历、能力顶生意者为身股。不论银股、身股,均可按股分红(关于股份制将在第五章作进一步分析)。清末曾在俄国驻中国领事馆供职的俄国官员尼·维·鲍戈亚夫连斯基说:"汉族人则特别喜欢联合行事,特别喜欢各种形式的合股……有些商行掌握了整省的贸易,甚至是整个大区的贸易。其办法就是把某一地区的所有商人都招来入股。因此,在中国早已有了美国托拉斯式企业的成熟样板。当前在中国西部地区活动的主要是山西和天津的商行。"[348]山西商人通过银股形式吸收资本,扩大了商业资本;通过身股形式把商号的经营与商号职员的利益联系起来,调动了经理、职员、学徒的工作积极性,从而增强了晋商在同业中的竞争地位。

第四章
清季执金融界牛耳的晋商

道光以来,晋商进入第三次大发展时期。这个时期晋商的特点是:山西商人首创的山西票号,随着票号业的发展,山西商人逐渐执中国金融界之牛耳。同时,由于商业资本与金融资本的结合,山西商人成为当时国内商业和金融界一支举足轻重的力量。

第一节　山西票号产生的社会背景与历史条件

山西票号,又称汇兑庄或票庄,是一种金融信用机构。开始主要承揽汇兑业务,后来也进行存放款等业务。山西票号的产生有着深刻的社会背景和历史条件,具体来说主要是以下几方面。

一、社会商品经济的发展对货币金融提出了新要求

中国的封建社会经济,到了明代中叶以后,由于社会生产力的提高,国外白银流入的刺激,商品货币经济有了较为明显的发展。这种发展延续到清代前期,特别是康熙、乾隆时期,国内政治安定,农业生产稳步发展,商品货币经济较前更为活跃。国内市场扩展,不但有众多地方性市场兴起,而且全国性的大市场也逐步形成。清人刘献廷说:"天下有四聚,北则京师,南则佛山,东则苏州,西则汉口,然东海之滨,苏州而外,更有芜湖、扬州、江宁、杭州以分其势,西则惟汉口耳。"[349]商品经济的发展为商品的转轨开辟了广阔的前景,并对货币金融提出了新要求,促使封建金融机构开始突破单纯兑换范围,逐步过渡到信贷阶段。另方面,埠际贸易开展,使商品流通幅度扩大,出现了不同地区债务清算和现金平衡等新问题,于是需要汇兑专业化。[350]

二、社会商品货币经济已有所发展,对金融业的发展提供了一定条件

银币的广泛使用,大致是从明英宗正统时(1436~1449)田赋折收金花银开始,万历年间(1573~1620)实行一条鞭法,规定向政府交纳的田赋、徭役、土贡、杂役等按人丁土地的一定比例全部并入地亩,折银征收。这一税制的改革,是

中国历史上封建劳役经济转向货币经济的一大进步。但是后来由于社会危机的加深和货币使用普及受客观条件的约束，一条鞭法并未能全部贯彻执行。清初，对赋役规定银米兼收，后来除了部分漕粮外，几乎全部征收银两和钱。17世纪后，清朝的征收赋役和发放薪饷一律用银，而且货币地租也有新发展。下面是据《刑科题本·土地债务门档》统计的山西货币地租状况：[351]

年 代	地 区	田主姓名	佃户姓名	交租情况	资料出处
雍正年间（1723~1735）	山西平阳府洪洞县	李松龄	张君命父子	赁地二亩，年纳租息七钱二分	乾隆元年五月二十一日
乾隆年间（1736~1795）	山西隰州	宋之瑜	李智壮	租地十八亩，年租银九钱	乾隆四年三月二十七日
乾隆年间（1736~1795）	山西	王凤继	王利迎	苜宿地田一亩，年租钱三百文	乾隆十年六月十八日
乾隆七年（1742）	山西归化城	板达几什	赵命勤	地一顷五十亩，年租银一两二钱	乾隆十五年十二月初十日
乾隆十二年至十四年（1747~1749）	山西河曲县	阿立善	王国瑜郭满昌任大绶	四犋牛地，每犋年出租银三两	乾隆十六年正月初八日
乾隆十七年（1752）	山西太原府	金南	卢美名	年租银七钱五分	乾隆二十年十一月二十九日
乾隆二十三年（1758）	山西归化城	小独噶尔札布	米学孔	地三十五亩，以银二两五钱耕种三年	乾隆二十六年十二月初三日
乾隆六十年（1795）	山西隰州	张丕升	张光来	小块空地拖欠租钱	嘉庆元年九月初二日
嘉庆三年（1798）	山西榆次县	许元吉	许嘉令	园地一块欠租钱三千文	嘉庆三年十二月十二日
嘉庆九年（1804）	山西永宁州	张姓	云青	山地一块年租银二千五百文	嘉庆十年十二月初三日
嘉庆年间（1786~1802）	山西归化城	依什旺布	齐鲁盛	开种地，年纳租钱一万零二百文	嘉庆十四年七月初七日
嘉庆年间（1796~1820）	山西归化城	登必尔吉	董德全	开种地，年租钱四千文	嘉庆十四年十月十四日
嘉庆十三年（1808）	山西和顺县	李小四经营	杨常狗	山场一块，每月租钱四百文	嘉庆十四年七月初七日
嘉庆十五年（1810）	山西文水县	杜田	××	年交租钱三千五百文	嘉庆十五年七月初四日
嘉庆十六年（1810）	山西阳曲县	周起有	周良小子	田三亩，年纳租钱二千一百文	嘉庆十六年四月十四日
嘉庆十六年（1811）	山西永宁州	史传远	兰辉山	地一亩欠租钱八十八文未偿	嘉庆十八年四月十一日

续表

嘉庆二十二年（1817）	山西萨拉齐厅	赵共三	武得元	田五十亩，年租金四千文	道光三年七月初九日
嘉庆二十五年（1820）	山西平阳府	孟开来	张青云	田六亩年租钱十千	道光四年七月
道光年间（1821~1850）	山西太原	僧人真海	××	地十五亩年租金八千文	道光七年七月二十八日
道光二年（1822）	山西	僧人真海	演仲	园地十五亩，年租钱八千文	道光八年二月初二
道光年间（1821~1850）	萨拉齐厅	常吴乔作栋	赵泰	年纳租钱四百千	道光十四年四月二十四日
道光十七年（1837）	阳曲县	王珍	王成忠	佃地五亩，年纳租钱三千二百文	道光十九年三月二十二日
道光二十年（1840）	山西	××	刘保等	约七亩，年纳租钱三千五百文	道光二十一年十二月初四日
道光年间（1821~1850）	太原	朋素拉什	张水娃子	租地三顷，年交租钱十五千	道光二十二年十二月初四日

我们知道，从产品地租到货币地租的转化，要以商业、城市工业、一般商品生产和货币流通有了比较显著的发展为前提。这种转化还以产品有一个市场价格，并或多或少接近自己的价值出售为前提。而且，没有社会劳动生产力的一定程度的发展，这种转化也是不能实现的。以上货币地租的出现，充分反映了社会货币经济在过去的基础上已有所发展。此外，由于商品货币交换日趋频繁，民间为了交换方便，除了用银外，还在一些地方出现了用钱和纸币的现象。如广东，小民贸易"喜用钱"；[352]福建"多用纸票，自四百以至千万……听人自便"。[353]

三、早期金融组织账局、钱庄的出现，为山西票号的产生创造了条件

雍正时，我国北方已出现与商业发生借贷关系的金融组织，称账局，又称账庄。账局主要分布在北京、天津、张家口、太原等商埠，经营者多为山西人。雍正时，中俄恰克图贸易开始，乾隆时成为中俄"两国通商的咽喉"，而内地商民到恰克图贸易，强半皆山西人，由张家口贩运些绸缎布杂货等，易换各色皮张、毡毛等物。长途贩运，商品流转周期长，每周转一次，有时需一年，需社会信贷

的融通与支持，以完成长途贩运，故晋商最早设立账局于太原、汾州、张家口、库伦。乾隆元年（1736）张家口祥发永账局，由汾阳商人王庭荣经营，资本4万两。[354]乾隆六十年（1795），"汾、平两郡，多以贸易为生……富人携资入都，开设账局。"[355]嘉庆（1796~1820）时，北京永泰公、亨记和大州玉分号账局皆是晋商所设。由于贸易的扩大和交换的需要，乾隆时已出现经营兑换银钱业的钱庄，如北京从康熙时（1662~1722）到道光十年（1830）前，先后开设钱铺389家。据《皇朝文献通考》卷16《钱币四》载："京城……兑换之柄，操之于钱铺之手，而官不司其事，故奸商得任意高昂，以图厚利。"王鎏说："今京师民间市易，自五百以下，皆用钱票。"[356]上海从乾隆五十一年（1786）到嘉庆二年（1797）前陆续设钱庄124家，乾隆后钱庄业务发生变化，渐从银钱兑换向信贷转化。同时，由民间钱庄签发的钱票，已在一些地区使用和流通，山西巡抚申启贤说："晋省行用钱票

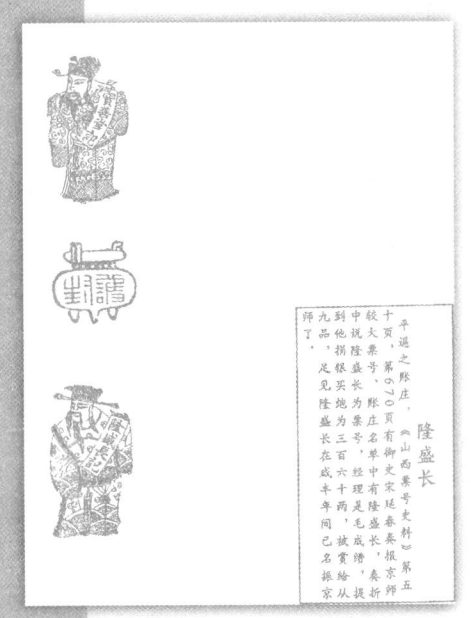

隆盛长

有凭帖、兑帖、上帖名目。凭帖系本铺所出之票，兑帖系此铺兑与彼铺，上帖有当铺上给钱铺者。此三项均系票到付钱，与现钱无异。"[357]当时，钱票已在北方山西、直隶、陕西、山东等省流行，因"西北诸省陆路多而水路少，商民交易势不能尽用银两，现钱至十千以上，即须马驮车载，自不若钱票有取携之便，无路远之烦……甚便于民"。在东南沿海，也未因使用洋钱而排斥钱票流通，如上海在乾隆四十一年（1776）已成立钱业公所，其中资力雄厚钱庄大多与南北洋的船业发生资金关系。

　　典当业是起源很早的行业。清嘉道以来，由于部分商业资本转化为高利贷资本，使高利贷资本异常活跃，其中最典型的是典当铺。典当铺又称当铺、质库。康熙三年（1664）全国有当铺2万多家，其中山西商人开办的就有4695家。[358]清人李燧说："典当铺江以南皆徽人开办，江以北皆晋人开办。"[359]印局，是一种高利贷形式。清人祁隽藻说："窃闻城内外，现有殷实山西等省民人开设铺面，名曰印局，所有大小铺以及军民人等俱向其借用钱文，或计日，或计月清算。"[360]张焘《津门杂记》称："印子钱者，晋人放债之名目也。每日登门索逋，还讫盖以印记，以是得名。是虽盘剥小民，然剜肉医疮，亦权济目前之急。"由上可见，在票号产生前已经出现了因商品货币经济发展而产生的各种类型金融机构，这就是说票号的产生是在上述货币经济发展、商业资本与

当铺

高利贷资本活跃,出现了一些金融机构的基础上产生的。

四、镖局运现已不能适应越来越扩大的货币交割需要

在商品交易过程中,由于商人异地采购业务的不断扩大,现银调动数额也越来越大,次数也越来越多,因此,既安全又快速运现就成为一个突出问题。镖局就是在这种情况下应运而生的专门运现机构。所谓镖局,以"雇佣武艺高超的人,名为镖师傅,腰系镖囊,内装飞镖,手执长枪(长矛),于车上或驮轿上插一小旗,旗上写明师傅的姓,沿途强盗,看见标帜上的人,知为某人保镖,某人武艺高强不敢侵犯。重在旗标,故名标局"。镖局起运的骡驮子,人称"标驮子"。每一驮可驮银3000两。山西祁县是著名的戴氏心意拳发祥地,有武功之人不少,而山西商帮遍布全国各大商埠,商品交易中常需运现,故开设镖局者山西人居多。卫聚贤《山西票号史》载:"考创设镖局之鼻祖,仍系……山西人神拳张黑五者,请于达摩王,转奏乾隆,领圣旨,开设兴隆镖局于北京顺天府前门外大街。"[361]卫聚贤还进一步推论,镖局是明末清初顾炎武、傅山、戴廷栻为保护商人运送现银而设。镖局不论何时开创,山西人业此行者不少。直至清末尚有不少山西人开办的镖局,如山西榆次人安晋元在张家口开办有"三合镖局",王福元在蒙古三岔河开办有"兴元镖局"。此外还有"志一堂"、"长胜"、"三义"、"无敌"等镖局,太谷车老二,祁县戴二闾等都是有名的镖师傅。[362]镖局运现一般是按季起运,以归化城镖局来说,凡运往直隶的白银,路线是经平型关、骆驼峪,达平山、唐县;运往山西的白银,由杀虎口,往雁门关,达祁县、太谷。但是镖局运现,随着社会的动荡,土匪四起,已不安全。近人铢庵说:"时各省贸易往来,皆系现银。运转之际,少数由商人自行携带,多数则由镖局保送。盖沿途不靖,各商转运现银,时被劫夺,而保镖者遇众寡不敌,亦束手无策,故为各商所深忧。"[363]下面我们举一个商人运现被盗匪骚扰的故事:山西祁县史家开办的大盛魁商号,祁县乔家开办的复盛公商号,其运货驼队曾多次在蒙古草原被土匪所抢劫,造成很大损失。据说领头的劫匪绰号"流矢儿",其人武艺高强,伸臂可举牛犊,起脚能踢伤烈马,摔跤赢遍草原,射箭百步穿杨。他把不少厅、旗衙役捕快收为徒弟,并充当官吏的保镖。他的公开身份是跤王拳师,暗中却与响马贼寇勾结,作恶草原。史、乔两家深受其敲诈、勒索之害,便雇来镖师惩治其人。岂料,那些被雇来的镖师,都被"流矢儿"打得落花流水,遁迹潜踪,再不敢在草

镖局

原上露面。史、乔两家便想请故里祁县武林高手戴奎。如前所述，祁县是戴氏心意拳故地，虽说此时始祖戴龙邦、名师戴二闾已过世，但戴氏传人戴奎仍是隐居乡间的武林高手，若是请他出山，制服"流矢儿"当不成问题。但戴奎为人性寡孤傲，商人们对能否请得动他却没把握。后来便派一位名叫二旦的商人手提重礼来到县城戴宅，见到戴奎后，便将祁县史、乔二商在外受害之事说出。待戴奎听得怒形于色时，二旦又把厚礼送上，请他出山相助。谁知戴奎一言不发，竟将二旦连人带礼推出家门。二旦无奈，只好垂头丧气重返包头。山西到包头，杀虎口是必经之路，此地匪患也最厉害。二旦刚到此，便被一群土匪围住，要他留下千两买路银，否则暴尸荒野。二旦正在危难之际，突地戴奎一人闯进圈里，三拳两脚撂到不少土匪。拉上二旦就跑。不想走出数里，又被一群土匪拦住，又要买路钱，领头的自称是"流矢儿"

武师戴奎像

大弟子飞骆驼。戴奎一听是"流矢儿"的人，怒起心头，一挟一跃先将二旦放在邻近屋顶，随后飘下来，对众匪大打出手，转眼就撂倒七八人，飞骆驼见状便亲自上阵，照戴奎致命处就是一拳，戴奎轻轻闪过，未等敌手回转，已插进敌裆，大喝一声，将飞骆驼打翻在地，爬不起来。众匪见状，纷纷逃窜。戴奎也不追赶，轻轻一跃，上房将二旦接下地面，对瘫在地上的飞骆驼说了句："我是祁县戴奎，不服气到包头找我。"便与二旦扬长而去。不出5天，"流矢儿"战书传到戴奎手中。戴奎如期从包头赶到归化时，"流矢儿"早已带来数百名弟子及各厅、旗官场要员助阵，誓与戴奎决一雌雄。"流矢儿"身高体壮，形如罗汉。他见戴奎骨瘦如柴，气焰更盛，遂顺手将场外一个300斤重的圆锥石磙举起，扔到戴奎脚下。戴奎嘿嘿一笑，右脚一踩，将石磙就地转了两圈，猛一抬脚，已将石磙送到半空，不等石磙落地，一个"蛰龙登天"，已将石磙送出一丈开外，物落原地。"流矢儿"所带之人见状大吃一惊，"流矢儿"也不敢怠慢，便先向戴奎动手。戴奎连破对方致命攻击，而"流矢儿"更加疯狂，于是戴奎拿出戴家绝招，趁"流矢儿"猛扑之际，顺势发出裹拳，又出其不意拍向"流矢儿"左臂，呼地一下点住了对方腋下"夹窝穴"。不可一世的"流矢儿"一下蹲在地上，起不来了，只见他脑袋耷拉，涎水流出，二目发怔，面无人色。"流矢儿"对众徒弟艰难地说了声："扶我回去。""流矢儿"回到家,没出7天,气血难通,一命归天。消息传到包头,众商家十分感谢戴奎,而轻财好义的戴奎却辞掉史、乔二家谢礼,返回了祁县。[364]上述戴奎替山西商人清除商路上的土匪、恶棍一事,虽然是清末民初之事,但也反映了山西商人经商之艰,运现之难。因此,山西商人随着商业贸易的扩大,靠镖局运现确已远远不能适应业务发展要求,更何况镖局运现时间长、费用高,安全系数低。在这种情况下,以经营汇兑为主的票号自然就应运而生了。

但是,何以票号由晋商首创呢?笔者认为:

其一,晋商资本积累比较雄厚。如前所述,早在乾隆时,山西商人就资本"百十万家资者,不一而足"。

其二,晋商经营活动的需要。山西商帮多数从事长途贩运,商品流转和资本周转慢,垫支资本大,在资本不足的情况下,就需要向社会借贷。例如山西商人贩运福建武夷茶,或安徽霍山茶,或湖广茶,经水陆之途运销至北京、归化城、张家口、蒙古草原、乌里雅苏台、科布多、恰克图和西北兰州、新疆伊犁、塔尔巴哈台等地,路程数千里,资本用量大,周转慢,需要大量货款,为了适应营销活动需要,山西商帮首先创办了账局,经营存放款业务。后来,在账局的基础上形成票号。

其三,晋商的商号之间资金调拨和结算的需要。晋商商号遍布全国各地,形成一定规模的商业网络。而各地商号的盈利,均须解回山西总号,统一结账分红,同时总号与分号之间,也要发生资金调拨。过去对此均采用由镖行保镖运现银形式。但是,由于乾嘉以来社会极不安宁,保镖运现极不安全。为了解决运现银问题,于是以汇兑形式出现的山西票号就应运而生了。

第二节　山西票号产生的年代

上面介绍了山西票号产生的社会背景和历史条件,但是山西票号具体产

生的时间,学术界看法很不一致,这些看法主要有:

其一,明末清初说。据陈其田《山西票庄考略》转引《中国经济全书》称:"据说开始是山西的康(亢)氏。清初,顺治年间李闯王造反,不利败走时,所有的金子携带不便,把军中所有的金银财宝放在康氏的院子里而去,康(亢)氏忽拾得八百万两,因此将从来谋一般人便利的山西汇兑副业改为本业,特创票号,至是该地的巨商都是康姓。"近人徐珂《清稗类钞》称:"相传明季李自成携巨资败走山西,及死,山西人得其资以设票号。"

其二,康熙朝说。李华教授认为:"山西票号在康熙年间早已产生,但在当时票号寥若晨星,可以肯定不会太多。"李华教授的根据有二:一是据何焯《何义门先生集》所载,康熙末年何焯在家时,因生活窘迫,曾将"一应冬衣,俱当在对门当内,因皮钱尤重",赎不回来,其家人就由原籍苏州向北京天会号汇银90两,使其"先赎皮袄"。又据康熙四十年(1701)年《康熙南巡秘记》载:"时济南票号适以银款纠葛事,须时敏亲自料理。"

其三,乾嘉时期说。1923年出版的《晋商盛衰记》称:票商经营,为山西极有名之商业,"创始于前清中叶,当乾隆、嘉庆间。"李宏龄《山西票商成败记》称:"溯我票商一业,创始于前清康熙、乾隆时代。"范椿年《山西票号之组织及沿革》称:"雷履泰、李正华于嘉庆二年创立日升昌票号"。

其四,道光初年说。陈其田《山西票庄考略》称:"大概是道光初年天津日升昌颜料铺的经理雷履泰,因为地方不靖,运现困难,乃用汇票清算远地的账目,起初似乎是在重庆、汉口、天津间,日升昌往来的商号试行成效甚著。第二步乃以天津日升昌颜料铺为后盾,兼营汇票,替人汇兑。第三步在道光十一年(1831)北京日升昌颜料铺改为日升昌票庄,专营汇兑。"

笔者以为,会票(汇票)在明末清初已经出现。顾炎武《日知录》称:"钞法之兴,因于前代,未以银为币,而患钱之重,乃立此法,唐宪宗之飞钱,即如今之会票也。"所谓"飞钱",乃是异地取银钱的一种汇兑方式,起源时间约在唐宪宗时。当时商业发达,钱币携带不便,加之钱币缺乏,各地方又禁钱出境,各地在京师的商人,便将售货所得之钱,交付各道驻京的进奏院及各军各使等机关,或交各地设有联号的富商,由机关、商号发给半联票券,另半联寄往各道有关机关、商号。商人回到本道后,合对票券取钱,此种票券即称"飞钱"。看来明末清初也有类似"飞钱"的会票,开始写作"会券",后来写成汇票,近人卫聚贤先生说:"汇票亦名会券。"[365]到乾隆时,还出现了期票形式,据《清高宗实录》卷1068载:乾隆四十二年(1777)十一月,山西商人张銮从新疆阿克苏贩运玉石到苏州发卖,于乾隆四十三年(1778)四月初到达苏州,共卖得银128000余两,因犯禁被官府查禁,在船上"搜获现银仅二万四千余两,其会票、期票所开,亦止四万六千余两"。[366]由此可知,当时的会票制度已有了会票和期票之别。会票如前所述,是见票兑付的即期会票,期票则是签发会票后约定若干时日后兑付的长期会票。会票种类的发展,说明汇兑业务在当时已有相当发展。但是从顾炎武《日知录》和这条史料所载,却未

平遥日升昌票号

说明已有专营汇兑业务的票号,在票号未出现前,由商号兼营汇兑业务是很正常的。那么,究竟何时出现专营汇兑和存放款业务的票号呢?前述明末清初说是以相传为据,难以为凭。李华先生的康熙朝说,值得重视。但是从康熙到道光朝山西日升昌票号成立的近百年时间内,又难得见到有关票号活动的史料,有的只是有关会票的情况,而且《康熙南巡秘记》所载票号的具体活动较

笼统。至于乾嘉说实为近人推测。道光初年说则史料比较丰富。在票号界对于日升昌票号为山西票号界鼻祖,一般没有多少异议。而且是从日升昌票号成立以后,众皆效尤,山西票号才如雨后春笋,迅猛发展起来,最后成为金融界的重要力量。笔者认为,李华先生所说的康熙朝说,暂且可以存疑。而道光初年说则是从产生到发展,具有连带性。所以,从山西票号作为专营汇兑业的形成和发展来看,山西票号在道光初年产生之说较为妥贴。上述日升昌票号,是由山西平遥达蒲村李氏开设。李氏原籍陕西汉中,元代仕官山西后,落户达蒲。据说,李氏经营颜料铺始于雍正年间。李氏在达蒲村没有制作颜料的作坊,而是在山西平遥城西大街和北京崇文门外设有颜料商号。日升昌票号前身是李氏开办的西裕成颜料庄,嘉庆后期总经理是雷履泰。当时,发生了白莲教大起义,又因自然灾荒不断,社会很不安定。商号之间调运现银靠镖行保护,不仅费资费时,而且极不安全,雷氏就在所属商号间以会票代替运现,后来就兼营起汇兑业务,并把西裕成颜料庄改组为专营汇兑的日升昌票号。取名为日升昌,是票号有如旭日东升、繁荣昌盛之意。今平遥县尚保存有日升昌当年的对联:

日丽中天万宝精华同耀彩

升临福地八方辐辏独居奇

关于日升昌的成立时间,可能在道光初年。嘉庆二十四年(1819)北京前门外平遥颜料会馆《重修仙翁庙碑记》捐银商号名单中,有西裕成颜料庄捐银120两,名列榜首。[367]但是到道光十八年(1838)北京前门外平遥颜料会馆所立《颜料行会会馆碑记》捐助银两商号名单中已无西裕成颜料庄,[368]说明西裕成颜料庄此时已不复存在。嘉庆只有25年,也就是说西裕成颜料庄改组为日升昌票号只能发生在嘉庆二十四年(1819)之后,道光十八年(1838)之前。又据道光八年(1828)江苏巡抚陶澍奏折称:苏州为百货聚集之区,山西、山东、河南、陕西等地商人到苏州贩货,银达数百万两,"俱系会票往来"。[369]说明当时苏州市场已有汇票流通,而且携带汇票者多为北方商人,可见北方已出现票号。再者,西裕成颜料庄总经理雷履泰生于乾隆三十五年(1770),在平遥县文庙尚存道光二十四年(1844)所立之碑,碑文刻捐助者有"日升昌捐银一百五十两,雷履泰捐银四十两"。[370]可见,雷氏此时尚健在,但已是74岁了。而道光八年(1828)前雷氏正是50多岁,年富力强,阅历深,此时由雷氏主持将西裕成颜料庄不失机宜改组为日升昌票号,是完全可能的。因此,山西票号至迟在道光初年已经诞生。

第三节 山西票号的发展

日升昌票号成立后,营业繁荣,业务发展迅速,到道光三十年(1850)已在北京、苏州、扬州、重庆、三原、开封、广州、汉口、常德、南昌、西安、长沙、成都、清江浦(在江苏)、济南、张家口、天津、河口(在江西)18个城镇建立了分号,到光绪十二年(1886)后又陆续在沙市、上海、杭州、湘潭、桂林五城镇增设5个分号。据日升昌在北京等14个分号统计,仅光绪三十二年(1906)这个账期即获利583762银两。在日升昌票号的带动下,山西商人纷纷效尤投资票号。如介休侯氏聘原任日升昌票号副经理的毛鸿翙为蔚泰厚绸布庄经理,毛氏到任

汇通天下

后,协助财东侯氏将其所开办的蔚泰厚绸布庄、蔚盛长绸缎庄、天成亨布庄、新泰厚绸布庄、蔚丰厚绸缎庄均改组为票号,并形成以蔚泰厚为首的"蔚"字五联号,不数年,大获其利。自是,凡长江各埠茶庄、典当、绸缎、丝布业,及京津一带皮毛杂货业之山西人,群起仿办,往往于本号附设票庄。票号的发展,大致在道光年间为兴起之时,时有票号仅10家,即日升昌、蔚泰厚、天成亨、蔚丰厚、蔚盛长、新泰厚、日新中、广泰兴、合盛元、志成信。咸丰时由于爆发了太平天国农民起义,受战争的影响,票号发展受挫。同治年间(1862~1874),票号又进入新的发展时期,光绪时达到鼎盛,请看下列山西票号家数统计:

咸丰十年(1860)	14家
咸丰十二年到同治十三年(1862～1874)	26家
光绪元年到光绪八年(1875～1882)	28家
光绪五年(1879)	29家
光绪九年(1883)	30家
光绪十九年(1893)	28家

山西票号在光绪二十六年(1900)庚子之乱时虽有损失,但尚未伤元气。韩业芳《山西票庄皮行商务记》载:"庚子之乱,虽在内地,而受伤者不过直鲁二省,肢体之伤,仍非心腹之害。"山西票号北京分庄经理李宏龄说:"庚子内乱,天子西巡,大局岌岌,各商停滞,而票商之持券兑现者,上海、汉口、山西各处云会雾急,幸赖各埠同心,至是之后,信用益彰,即洋行售货,首推票商银券最是取信,分布遍于通国,名誉著于全球。"[371]上海为商务总汇之地,一日出入值银钱千百万,票号之业务因是特盛。其重要票号皆是山西商人开办,如大德通、合盛元、中兴和、蔚泰厚、百川通、志成信、大德恒、日升昌、存义公、蔚长厚、新泰厚、三晋源、协成乾、蔚丰厚、协同庆、大德玉、蔚盛长等。与此同时,山西票号在国内设立的分号已由20多家增加到80多家。山西票号设立的城市计有:北京、张家口、天津、奉天、济南、扬州、江宁、苏州、芜湖、屯溪、河口(在江西)、广州、长沙、常德、湘潭、汉口、沙市、重庆、成都、西安、三原、开封、周家口、上海、杭州、福州、厦门、汕头、营口、南昌、九江、桂林、梧州、昆明、贵阳、镇江、巴塘、里塘、打箭炉、自流井、迪化、甘州、南宁、解县、新绛、介休、曲沃、烟台、包头、兰州、肃州、归化、周村、张兰、宁夏、潮州、文水、汾阳、万县、雅安、康定、正阳关、通州、赊旗、兴化镇、禹县、博爱、清化、怀庆、寿阳、交城、喇嘛庙、凉州、盂县、库

伦、吉林、长春、黑龙江、锦州、安东、安庆、运城、徐州、亳州、道口、济宁、获鹿、承德、多伦、赤峰、香港等。

山西商帮除在国内设立票号外,还在国外如朝鲜新义州、韩国仁川和日本大阪、神户、横滨、东京等地设立了票号。

随着山西票号业务的发展,在山西票号内部,还出现了山西平遥、祁县、太谷三大帮。这种帮是以总号的所在地来区别,即总号设在平遥县的为平帮,总号设在祁县的为祁帮,总号设在太谷县的为太帮或谷帮。平、祁、太三帮里面,以平遥帮最早,票庄的先锋日升昌、蔚泰厚总号都在平遥。兹将平、祁、太三帮票号情况统计如下:

票号	票帮	财东	经理	资本(两)	前身	创立年代
日升昌	平遥	李正华	雷履泰	32(50)万	颜料	道光初年
蔚泰厚	同上	侯癸	毛鸿翙	24(40)万		同上
蔚丰厚	同上	侯姓	范凝静	20(40)万		同上
天成亨	同上	侯姓	侯王宾	20(50)万	绸布	同上
蔚盛长	同上	侯姓	李梦庚	16(40)万	绸缎	同上
新泰厚	同上	侯姓	侯王敬	16(40)万	同上	同上
蔚长厚	同上		范光晋	15(40)万	茶叶	同上
协同庆	同上	米、王姓	刘清和	12(40)万		光绪初年
协和信	同上	王姓	李清芳	10万		同上
汇源永	同上	渠姓	殷启祥	14万		同上
百川通	同上	渠姓	庞凝山	16万		同上
宝丰隆	同上		乔世杰	20万		同上
大德通	祁县	乔姓		24万	茶叶	道光初年
大德恒	同上	乔姓		24万		同上
三晋源	同上	渠姓		30万		同上
存义公	同上	渠姓		20万	布庄	同上
合盛元	同上	郭姓		20万		同上
中兴和	同上	戴姓		16万		同上
大盛川	同上	张姓		20万		同上
长盛川	同上	渠		16万		光绪初年
元丰玖	同上	孙姓	王封晋	14万		同上
志成信	太谷	员、孔姓		26万		道光初年
协成乾	同上	员、张姓		24万		同上
大德玉	同上	常姓		20(30)万		同上
锦生润	同上	常姓		20万		光绪初年
世义信	同上	杨姓		30万		同上
大德川	同上	常姓		20万		同上

平遥、祁县、太谷三帮票号，营业活动区域大体上呈分合演进状况，所谓"平帮的营业在正西、西北和长江；祁帮在平津和东北；太帮在广东和长江"之说，反映了初期发展状况。后来随着业务发展，有利益的码头，各号竞设分号，上述活动范围也渐被打破。

在票号汇兑网点发展，汇兑通天下的情况下，票号汇兑明显增加，如光绪三十二年（1906）日升昌票号的 14 家分号收交汇兑银 32225204 两，平均每家达 2310800 两；光绪三十三年（1907）蔚长厚汉口分号收支汇兑银 3385260 两。随着业务的发展，山西票号盈利相当可观。如大德通票号在光绪十四年（1888）资本银为 1 万两，当年盈利 24700 两，每股分红 850 两，以 10 年为一账期，到光绪三十四年（1908）这一账期资本积累达 22 万两，获利银 743000 两，每股分红银 17000 两。又如锦生润票号，光绪二十九年（1903）创办，资本银 32000 两，当年盈利银 7380 两，到光绪三十二年（1906）资本银增为 64000 两，当年盈利银 51948 两。

在山西票号的影响下，从同治年起，江浙人也开始建立票号，如人称"红顶商人"的浙江钱塘人胡光墉在同治二年（1863）建立了阜康票号。云南人李氏（一说王氏）在光绪初建立了天顺祥票号。江苏洞庭商人严信厚在光绪九年（1883）建立了源丰润票号，时人把江南人开办的票号称为"南帮票号"。

第四节
山西票号的营业内容与范围

山西票号的营业内容和范围，主要是经营汇兑和存放款业务。关于汇兑有以下六种情况：①同业对交，各凭各信，不立字据，汇水随市面松紧，临时酌定。②迟票。除以兑期另加汇水外，所占之期，按月估算递加。③兑条。手续于定汇之后，立一对条，齐中剪为二纸，汇款者持上半页，承汇者将下半页寄往所汇之地验兑,交条付银,即不找保立收据也可。④信汇。各凭各信,字号对字号,下付人堂名,须得保付给,汇水随行市。⑤汇票。凭票给付,汇水随行市。⑥电汇。如用明电,见电后讨殷实承保用款,错则退款,如系各家之密电,用款手续亦与明电同,电费皆由汇款者出。

所谓票汇,关键在一纸"票"上。从目前留存的会(汇)票可知会票基本上是折纸型,大多为四个折面,规格呈长方形,高约23厘米,宽约10厘米。在第一个折面印有"券"字和其他内藏匠心的图样,各票号的会(汇)票都盖有各自的印章。而且随着当时造纸业与印刷术的进步,会(汇)票的纸质与印制质量越来越高。会(汇)票的夹纸里都印着各票号字号名。如日升昌的会(汇)票就夹印有"昌"字。协同庆票号会(汇)票外观是一折纸,无花纹格式,但在纸里暗印有"协同庆"三字。对会(汇)票的印制和各分号的使用,都有严格的数量控制。如平遥蔚泰厚的会(汇)票纸,为绿线红格,由总号统一印,各分号使用有误,须到总号备案。会票所写银两,可到异地本号之分号提取现银。票号的兑付实行"认票不认人"制度,票号对防伪很重视。首先,要专人书写会(汇)票,其笔迹通报各分号,使各分号均能熟辨。若更换书写人,须通报各分号。使用中国毛笔书法,使伪造比较困难。其次,创造了

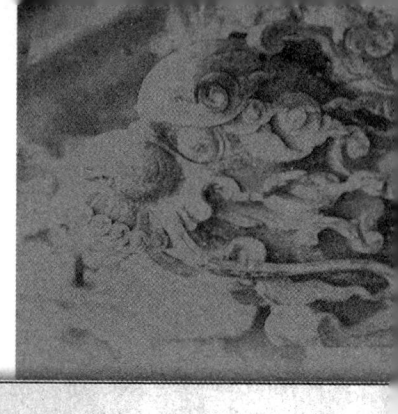

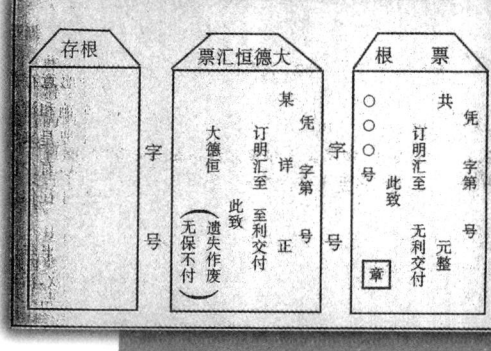

大德恒汇票样

晋远长汇票

汉字为数字的密码法。这种以汉字代替数字的办法,由各个票号各自编设,并经常变换,以防伪造。如有的票号全年 12 个月的代码为"谨防假票冒取,勿忘细视书章";每月 30 天的代码为"堪笑世情薄,天道最公平,昧心图自利,阴谋害他人,善恶终有报,到头必分明";代表银两的 10 个数目(0~10)为"赵氏连城璧,由来天下传",或"生客多察看,斟酌而后行";"万千百两"的数字单位则由"国宝流通"四个汉字分别代替。假设某票号在 6 月 20 日为某号汇银 4000 两,它的暗号代码是"取人诚宝通"。这种密码外人不得知道,而且还要不断变换。山西票号历史上基本未出现过被人冒领之事,这就保证了票号的社会信誉,又保护了顾客与票号的利益。由于票号会(汇)票管理制度十分严格,坚持"见票三五日兑付后"便将"汇票即焚",致使用过的会(汇)票难以保存下来。

关于存款,又分往来存款及定期存款二种,前者系商家浮存,随市面之疲快,临时定日利,但存款利率较市面利率略小;后者则有定期一年者,亦有定期一、二、三、四、五、六月者,存户如在存款未到期提取利息,须立一借据。

关于放款,又分信用放款及抵押放款二种。前者于放款时须立一字据,也有随市面习惯办理者。其日利随市面而定,活期者较小;后者抵押货物,须订立合同,执其凭单,押品如系不动产,则须执其红契,并立字据,由承保者垫还。下面是山西大德通票号的放款调查表:

```
              放 款 调 查 表

    商号名称:                  调查人:
    行   业:                  地   址:
    资   本:(动产:            不动产:        )
    有无其他商业:
    经营业务:                  营业盈亏:
    财东姓名:                  经   理:
```

票号经营汇兑和存放款业务,最初以商号和个人为对象,以内陆商埠为重心,咸丰以来,又为清政府大量汇兑公款。

山西票号的业务活动具体来说包括如下十一个方面:

1.对商号、钱庄存放款

票号通过存放款支持商号、钱庄的经营活动,以日昌票号清江浦分号咸丰二年(1852)为例,贷款给商号:

郁丰号	银500两	月息7厘
丰兴典	银4000两	年息7厘
裕泰典	银1000两	月息6厘
德馨堂	银2000两	月息8厘

山西票号与钱庄的关系是一种商业交往,钱庄是以兑换银钱为主。起初,钱庄的资本薄弱,须向票号借贷。而票号愿意支持钱庄,借以容纳各地的公款;钱庄则依赖票号作为后盾,可以取得民间信用,便于开展业务。票号与钱庄的性质、组织和营业范围不同,且可互补。钱庄的性质是兑换,票号是汇兑;钱庄的营业范围只限于本地,不在外埠设分店,票号则分庄遍布全国各大商埠;票号的存款以官款为大宗,放款只借给钱庄、官吏及殷实商号,钱庄的存放款,则以一般商人为对象;钱庄做贴现、兑换、买卖金银、交换票据等,票号均未兼及;票号交结官吏,发行纸币,钱庄注重社会信用,不发纸币。这是票号与钱庄互相分野、互相衔接的地方。票号集中精力经营各地的往来汇兑,把有关地方性质的营业,逐渐让与钱庄。在一些地方,票号总号与票号分庄,委托邻近殷实的钱庄为代理处。

2.对近代工交业发放贷款

到19世纪80年代后期,山西票号除对钱庄进行商业放款外,也开始了对近代工交业发放贷款。尽管其数量不大,但无疑是有积极意义的。光绪十三年(1887),以李鸿章为后台的中国铁路公司为修筑津沽铁路,曾求助于山西票号,争取票号的支持。20世纪初,在全国开展的收回路矿斗争中,山西票号曾作出了较大的贡献。如在山西成立保晋矿务公司向英国福公司赎回山西矿权的过程中,首期137万5千两赎矿银是由山西票号垫支,并且是保晋公司的主要集股者。纵贯山西全省的同蒲铁路在修建过程中,得自山西票号的贷款有57万两,是全部借款72万两的70%。川汉铁路股款储存有310万银两,其中106万两股款交由山西三晋源、协同庆、天成亨、蔚长厚、蔚丰厚、新泰厚等票号收存,表明山西票号与商办铁路之间存在着融通资金的关系。山西票号还为近代企业收存股款、代招股金。光绪三十年(1904)大德通票号曾在开封、上海、汉口、北京等地为河南均窑磁业公司代招股金。光绪三十二年(1906)日升昌等票号曾为河南广益纺纱公司代为收储股金。

3. 汇兑京饷

咸丰时,太平军和清军进入了决战阶段。咸丰八年(1858)太平军摧毁了江北大营,咸丰十年(1860)再破江南大营,乘胜占领苏州,两军在湖北、江西、安徽、浙江等地激战,长江以北,又有捻军活跃于江苏、安徽、湖北、湖南、山东、山西、河北等省。在这种情况下,各省、关已无法按旧例向北京解送京饷。如咸丰十一年(1861)各省应解京饷700万两,实际只解送到100万两。清政府不得已,于同治元年(1862)十二月准户部奏折,令各省督抚将京饷觅殷实票号设法汇兑。同治二年(1863),湖南将京饷银5万两交在省城由山西商人开办的蔚泰厚、新泰厚票号汇兑。是年,四川的4万两工程银,因"陕省贼匪猖獗",交山西商人开办的元丰玖票号汇兑。是年六月,湖北省将江汉关收洋税项下筹动银3万两,"因直隶道路梗阻,仍由汉镇蔚泰厚票号兑付。"是年八月,又将地丁、盐课、土税、关税等款计10余万银两,"在汉镇蔚泰厚、元丰玖等票号内分别汇兑"。同治四年(1865),将各路厘局提到盐厘银4万两、司库凑拨粤关解存盐税银1万两、二两平银1万两,共银6万两,作为同治二年凑拨之项,"由委员将前项银两如数兑交协同庆、蔚丰厚、元丰玖、天成亨、广聚、和泰各银号分领,于到京后由该委员向各号兑齐赴部交纳。"[372]同治五年(1866),浙江将浙海关银3万两,交山西票号元丰玖汇兑。光绪二十六年(1900)庚子事变,西太后挟光绪帝西逃途经山西,曾住宿祁县大德通票号,票号借给清廷银20万两。清廷因道路不靖,西商票号老庄多在山西省内,遂命各省将京饷改解山西省票号总号。如湖南巡抚俞廉三等款11万两,转交山西票号日升昌、天成亨、百川通、新泰厚、蔚丰厚、蔚盛长、协同庆、乾成亨等9家票号汇兑至山西平遥。光绪二十七年(1901),江西以33300银两作为江西筹借直隶银由山西票号蔚长厚、新泰厚汇赴江海关道衙门转汇直隶。下面是从同治元年(1862)到光绪十九年(1893)山西票号汇兑京饷银两统计:[373]

同治元年(1862)	10万两
同治二年(1863)	139万两
同治三年(1864)	56万两
同治四年(1865)	128万两

年份	金额
同治五年(1866)	235万两
同治六年(1867)	413万两
同治八年(1869)	277万两
同治九年(1870)	37万两
同治十年(1871)	15万两
同治十一年(1872)	283万两
同治十二年(1873)	155万两
同治十三年(1874)	10万两
光绪元年(1875)	453万两
光绪二年(1876)	384万两
光绪三年(1877)	233万两
光绪四年(1878)	2万两
光绪五年(1879)	179万两
光绪六年(1880)	296万两
光绪七年(1881)	240万两
光绪八年(1882)	143万两
光绪九年(1883)	221万两
光绪十年(1884)	24万两
光绪十一年(1885)	283万两
光绪十二年(1886)	280万两
光绪十三年(1887)	10万两
光绪十四年(1888)	1万两
光绪十五年(1889)	152万两
光绪十六年(1890)	329万两
光绪十七年(1891)	290万两
光绪十八年(1892)	313万两
光绪十九年(1893)	266万两

以上31年中,票号汇兑京饷5860万两,平均每年达189万两。

4.汇兑海防经费

同、光时,清政府洋务派发动的洋务运动,全面开展,并筹划海防,购买兵

舰。海防经费多赖各省协济,并经山西票号汇兑。江西在光绪元年(1875)将厘金项下提出5万两,作为奉拨海防经费交在南昌的谦吉升、三晋源票号汇兑天津。光绪三年(1877),又从厘金项下动银1万两交三晋源票号汇付北洋,1万两交新泰厚票号汇福建。光绪十四年(1888),福州将军将所征洋药厘金项下提拨银12万两,交山西票商新泰厚等承领,解赴海军衙门投纳。光绪十九年(1893),闽浙总督将征收土药税厘银6439两,交山西票商蔚长厚汇解海军衙门。光绪十二年(1886),四川将银10万两交百川通、日升昌等九家票号承领,汇解海军衙门交收。光绪十八年(1892),湖南收捐灾银19802两,交山西票号协同庆等号承领汇解海军衙门。光绪元年(1875),江西交谦吉升、三晋源票号各25000银两,汇付天津北洋海防直隶大臣李鸿章。光绪三年(1877),又将厘金项下1万两交三晋源汇付天津北洋直隶大臣李鸿章,又将银1万两交新泰厚汇付福建抚臣衙门。光绪十五年(1889),广东向山西票号百川通借垫银5万两电汇北洋大臣衙门。

5. 汇兑铁路经费

光绪时修筑铁路是洋务运动的重要内容。清廷对俄建远东铁路有所警惕,遂决定修建关东铁路,并规定修建铁路经费各省年拨银5万两,16省共80万两。光绪十六年(1890),两广总督李瀚章汇解铁路经费银5万两,发交山西票号百川通、日升昌、蔚泰厚、蔚盛长、新泰厚汇兑至京。光绪十六年(1890),四川将银5万两,交日升昌等9号汇兑。光绪十八年(1892),湖南交协同庆2万两、百川通15000两、蔚泰厚15000两汇解直隶总督衙门。是年,湖广应解关东铁路经费3万两,发交山西票号百川通汇与北洋大臣。又有安徽应解铁路经费交百川通汇解。大体在光绪十六到十九年间(1890~1893),山西票号汇兑铁路经费在20万两以上。

6. 汇解协饷

继京饷交由山西票号汇兑后,协饷也随之交由山西票号汇兑。如同治四年(1865),山西河东道应解甘肃兰州协饷三次银8万两,均由山西平遥票商汇兑。同年奉拨甘饷银2万两,交山西票号元丰玖等汇解陕西藩库。同治四年(1865),四川奉拨陕饷银2万两,交元丰玖汇兑。光绪十七年(1891),浙江交日升昌银5000两汇解广西藩库。光绪十六年(1890),湖广将协饷1万两交百川通汇兑广东。光绪四年(1878),江西交蔚长厚协拨伊犁军饷银1万两。光绪六年（1880），江西又交蔚长厚银1万两到包头局转解。光绪年间，粤海关交志成信、协成乾汇解乌鲁木齐协饷9615两，光绪五年（1879），广东交元丰玖1万两汇解山西归绥道转解乌里雅苏台。同年，广东交志成信票号12500两汇解察哈尔都统衙门转科布多。光绪十二年（1886），江西将协饷1万两，作为奉天丙戌年俸饷交蔚长厚汇解盛京户部衙门。光绪十九年（1893）江西将协饷15000两交蔚丰厚汇解盛京。据不完全统计，从光绪元年到十九年（1875~1893），19年间山西票号共汇兑协饷1023万两，每年平均达54万两。

7. 汇兑河工经费

清代河工经费数额很大，由山西票号负责汇兑，使山西票号又大获其利。如同治十二年（1873），广东的河工经费1万两交山西票号协成乾、蔚长厚、志成信汇兑。光绪十三年（1887），两广三次汇解银219000两，交山西票号志成信、协成乾汇兑，解赴天津支应局转解河南河工应用。

8. 赈款

光绪十八年（1892）山西大旱，由江苏筹银1万两交山西百川通、蔚盛长票号汇解山西巡抚衙门兑收赈济。光绪十二年（1886）直隶水涝成灾，由广东将22209两交山西票号百川通汇天津转解分拨灾区。光绪十一年（1885），山东遭灾，由上海交山西新泰厚票号5000两、元丰玖票号3000两解赴山东。

9. 借垫款给各省及税关

早在19世纪40年代，广东地方财政机构就曾与山西票号发生了借贷关系，"自道光二十年（1842）办理夷务以后，……藩库度支每绌……向西商贷用"，不过这种借贷是"旋借旋还，无案可稽"。[374]到了50年代，因太平天国农民军起义，广东省财政陷入了非常窘迫境地，从此拨解京饷，多向票号借垫。如同治三年（1864），粤海关因关税征收无几，不敷凑拨，向山西票号协成乾借银5万两汇兑，向志成信票号借银5万余两，由税收项下提拨归偿。光绪三十年（1904）两广总督岑春煊奏：先应解银228135两，已由山西票商照数借定，由志成信、协成乾汇兑至京。同治时，陕甘总督左宗棠西征筹解军饷，广东在厘金项下筹银6万两，向山西票商借6万两。光绪三年（1877），广东解京第四批京饷，向山西票商志成信、协成乾、谦吉升、元丰玖等借银166000两。光绪五年（1879），广东应解第三批京饷，向山西票商志成信、协成乾、元丰玖借银242000两。光绪二十九年（1903），广西师旅饥馑，急需军饷，而广西库空如洗，广东筹拨有限，又向山西票商挪借银12万两协济。光绪十八年(1892)，广东向日升昌、蔚泰厚、蔚长厚、新泰厚票号借银2万两，作为第二批起解太平关常税并由该票号汇京。光绪二十七年(1901)新定赔款，四川每年派银220万两，匀作12次每月摊派，至光绪二十九年(1903)前已向山西票商借银30万两，刻下解期又迫，复向山西票商借银186345两，发交山西票商协同庆汇兑，于年底汇江海关，作为川省光绪三十年(1904)正月还款。光绪十五年(1889)江苏淮安关曾向山西三晋源票号借银1万两，交付内运。同治十二年(1873)，晋省因库储久空，曾向平遥等县40余家票号借银21万两。光绪十三年(1887)湖南向山西票号天成亨、协同庆预借协饷银48000两。光绪十三年(1887)甘军由京返甘路经平遥借票号银1万两。光绪三十年(1904)，奉天官盐局向山西票商合盛元借银20万两周转。

10. 汇兑庚子赔款

光绪二十七年(1901)，李鸿章代表清政府与外国侵略者签订了《辛丑条约》，其中规定付各国战争赔款45000万两，年息4厘，分39年还清，本息共98223万两。清政府为支付赔款，除从国家财政收入中拿出一部分外，余皆摊派各省，要求各省按年分月汇解，而山西票号则承担了庞大赔款的汇解任务。

11. 承办"四国借款"

《马关条约》签订后，对日赔款2亿两，后又增赎辽费3000万两。时清政府年财政收入不足8900万两。为筹还赔款，被迫三次举借外债：第一次向俄法借款4亿法郎，折银9800余万两；第二次向英德借款1600万英镑，折银9700余万两；第三次向英德续借款1600万英镑，折银因汇价变动为11200余万两。四国借款每年付息1200万两，加上其他外国借款还本付息和开支，全国财政支出每年要增加2000万两。户部只得将每年所增支出按省分摊，由各省采用盐斤加价或地丁货厘附加办法筹款，汇往上海还债。于是山西票号生意又增，包揽了部分省的汇兑。这些票号在四川、广东的有协同庆，在广西的有百川通，在安徽的有合盛元，在江西的有蔚盛长，在湖南的有乾盛亨、协同庆、蔚泰厚、百川通，在陕西的有协同庆，在福建的有蔚泰厚，在河南的有蔚盛长、新泰厚、日升昌，在山西的有合盛元、蔚盛长、日升昌、协成乾等票号。

由上可见，山西票号最初由于商品交换和货币扩大流通的需要而产生，它是从商业中分离出来的金融机构。从19世纪50年代以后，其业务蜕变为以汇兑和垫借公款为主,对普通商人和百姓的汇兑已不屑一顾,甚至规定500两以下概不办理汇兑,他们通过汇兑公款手中经常川流大量资金,加之公款不计利息,从而获得了很大利益。光绪三十年(1904),清政府规定公款发商生息办法后,利率年息不过4~5厘,票号占用公款仍然利益很大。据统计,光绪三十二年(1906)七月,户部存放各银行票号款项共693万两,其中户部存放银行424万两,占总额的61%,存放票号206万两,占总额的30%,存放外国银行57万两,占总额的8%,存放其他行号6万两,占总额的1%。以上统计说明,票号掌握着户部1/3的存款,也就是说票号的利益与清政府的利益紧密联在一起,以至票号走上了畸形的繁荣之路。

第五章
明清晋商的成功之道

明清山西商人称雄国内商界五个多世纪,"生意兴隆通四海,财源茂盛达三江",是他们的自我写照。他们的成功,令人注目。他们是如何取得成功的,是一个很值得研究的问题。我们知道,每一种社会实践活动都有一种特殊的精神作为其灵魂,这种内在的灵魂是实践活动中最活跃的能动力量,而从事这一活动的人就是这一特殊精神的创造者和实践者。明清山西商人的成功,就在于他们是在一定的历史条件下自觉和不自觉地发扬了一种特殊精神,它包括进取精神、敬业精神、团队精神,我们可以把它归之为"晋商精神"。这种精神也贯穿到晋商的经营意识、组织管理和心智素养之中,可谓晋商之魂。

第一节 晋商精神

一、进取精神

孔子曰:"富而可求也,虽执鞭之士,吾亦为之。"[375]所谓"天下熙熙皆为利来,天下壤壤皆为利往,夫千乘之王、万家之侯、百室之君,尚犹患贫,而况匹夫编户之民乎。"[376]由利益而趋动的进取精神,是明清山西商人鏖战于商场的精神动力。山西平阳府席铭(1481–1542),"初时学举子业不成,又不喜农耕,曰:丈夫苟不能立功名世,仰岂为汗粒之偶,不能树基业于家哉!于是历吴越、游楚魏、泛江湖,懋迁居积,起家巨万金,而蒲大家必曰南席云。"[377]清人纪晓岚说:"山西人多商于外,十余岁辄从人学贸易,俟蓄积有资,始归纳妇。"[378]这就是说,事业不成,甚至连妻子也不娶。可见山西人是把经商作为大事业来看,他们通过经商来实现其创家立业、兴宗耀祖的抱负,而这种观念正是使其在商业上不断进取的极其巨大的精神力量。上述席铭经商成功后,"自是崇义让,惇宗族,睦邻里亲友,赈贫恤乏,解纷讼,成人之美……虽蒲之州大夫、所将军不以行伍众庶待之,而席氏之家声益振。"[379]席氏通过经商致富,提高了其家族的社会威望和地位,自然鼓舞着更多的人来走经商之道路。

山西商人的进取心还表现在强烈的开拓精神上,所谓"天行健,君子以自强不息"。[380]有许多山西商人就是靠这种自强不息的精神,白手起家而成大业。如著名的大盛魁商号,其创始人之一山西太谷人王相卿,幼年家贫,为生活所迫,曾为人佣工,在清军费扬古部充伙夫,服杂役,后来与山西祁县人张杰、史大学一起随营贸易,先是肩挑负贩,拉骆驼,后在乌里雅苏台、科布多开"吉盛堂"商号,其后改名为"大盛魁",几经折磨,终于白手起家,到雍正时大盛魁已经是一家具有相当规模的商号了。

山西商人的进取精神还表现在他们不畏艰辛,敢于冒风险方面。他们拉着骆驼,千里走沙漠,冒风雪,犯险阻,北走蒙新边疆;横波万里浪,东渡东瀛,南

达南洋。充分表现了他们不畏艰辛、坚韧不拔的精神风貌。如山西商人在清代开辟了一条以山西、河北为枢纽,北越长城,贯穿蒙古戈壁大沙漠,到库伦,再至恰克图,进而深入俄境西伯利亚,又达欧洲腹地圣彼得堡、莫斯科的国际商路,这是继我国古代丝绸之路衰落之后在清代兴起的又一条陆上国际商路。[381]西北新疆伊犁、塔尔巴哈台等地也是山西商人活跃之地,并进而"远贾安息"(今伊朗)。[382]山西商人从明代已在日本贸易,清代乾隆时山西商人范氏是赴日贸易的最大洋铜商,清末山西商人又在韩国、日本开办了银行。这些事业的成功,没有非常的气魄与胆略是不可能实现的。经商犹如打仗,险象环生是常事。他们不仅要经历天气环境之险,而且还常常遇到被盗贼抢掠乃至丧失生命之险。如榆次人秦必忠自幼经商,胆识异常,清嘉庆时茶行初兴,北人赴南省办茶,舟楫风波视为畏途,秦必忠坦然无疑,屡年往返,均获厚利。有一次南下,值水灾,淹没十余县,不得下船70余日。当时航路未通,乃绕道广东省而归,见者无不以重生为贺。[383]清嘉道以来,社会十分不安定,盗贼四出,商人外出经商很不安全。清人徐继畬说:"向来太汾之盗皆谓出于交城之葫芦峪,口北之盗皆谓出于近边之蒙古,今则此两项人绝不干涉,皆山东人为之……河南、直隶人也间入伙……口北之盗,皆山东骑马贼,散于各厅之村乡,店伙之黠恶者,暗与通线,客商往来银钱货物骡马,往往被劫。"[384]山西商人到包头经商,杀虎口是必经之路。有民谣称:"杀虎口,杀虎口,没有钱财难过口,不

杀虎口

是丢钱财,就是刀砍头,过了虎口还心抖。"但是旅蒙晋商并不因此退缩,而是人越去越多,势如潮涌。为了适应社会不安定的现状,还有一些山西商人,自己练就武功。如明代泽州人王珂,"服贾远出,一日抵大江,夜,邻被劫,珂奋身往救,盗惊散。"[385]清代忻州人卢英锐,贾于阿克苏,道光六年(1828)张格尔叛乱,喀城破,卢氏自绘地图,进谒军门,陈进取形势,旬月间清军依次攻克四城,卢以功赏蓝瓴五品衔,补固原提标后营外委将,当上了武官。[386]明代嘉靖时,为防日本海盗入侵,山陕盐商家属善射骁勇者500人曾组成商兵守城。苏州是晋商活跃之埠,"有山西客商善射者二三十人"。[387]由上可见,开拓进取,自强不息,不畏艰辛,敢于冒险是明清晋商经商事业成功的一个重要因素。

二、敬业精神

晋商的敬业精神,也是常为人所称道的。敬,原是儒家哲学的一个基本范畴,孔子就主张人在一生中始终要勤奋、刻苦,为事业尽心尽力。他说过"执事敬"、"事思敬"、"修己以敬"等语。[388]北宋程颐更进一步说:"所谓敬者,主之一谓敬;所谓一者,无适(心不外向)之谓一。"[389]可见,敬是指一种思想专一、不涣散的精神状态。敬业是中国人民的传统美德。

在封建社会中,传统的观念是重儒轻商,故四民中以士为一等,商为末等。但明清山西商人却不这样看,他们认为商和士农工是同等重要的事业,都是本业,同样要敬。如柳林县《杨氏家谱》称:"天地生人,有一人莫不有一人之业;人生在世,生一日当尽一日之勤。业不可废,道惟一勤。功不妄练,贵专本业。本业者,所身所托之业也。假如侧身士林,则学为本业;寄迹田畴,则农为本业;置身曲艺,则工为本业;他如市尘贸易,鱼盐负贩,与挑担生理些小买卖,皆为商贾,则商贾即其本业。此其为业,虽云不一。然无不可资以养生,资以送死,资以嫁女娶妻……无论士为、农为、工为、商为,努力自强,无少偷安,则人力定可胜矣!安在今日贫族,且不为将来富矣!"山西人摒弃旧俗,褒商扬贾,以经商为荣。榆次富商常氏,有清一代常氏家族不绝于科举,但绝不轻视商业,而且是把家族中最优秀的子弟投入商海。常氏家族弃儒经商、弃官经商的子弟很多。如十三世常维丰,幼年从师就读,词章粹美,识者器重。长大后先人商业在张垣,遂放弃科举,赴张家口经商。维丰极具才能,办事干练,尤精用人、通变之道,凡事一经裁酌,立即决断,为同仁所不及。十四世常旭春,是清末举人,曾任晚清

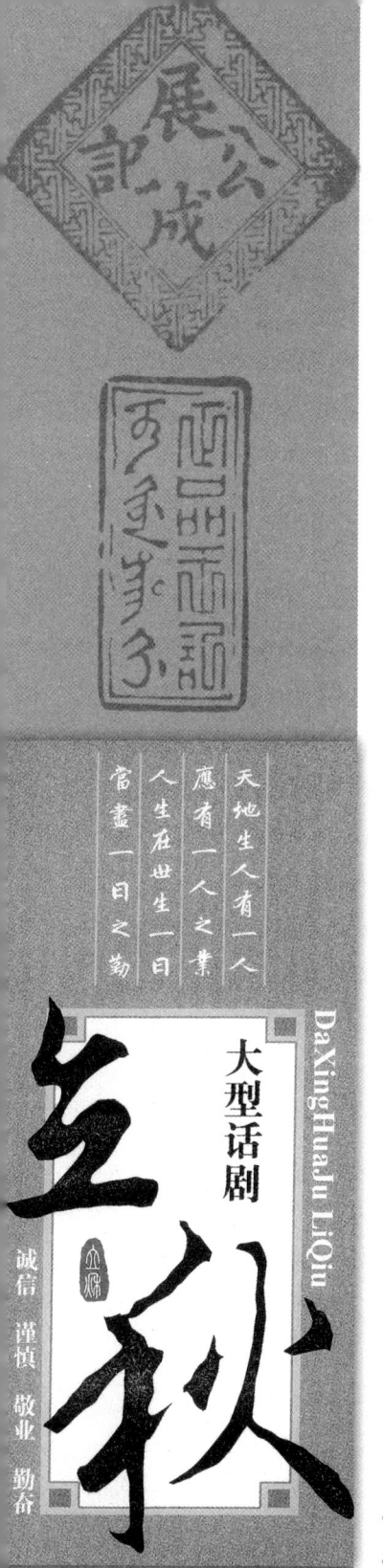

法部员外,书法艺术名冠三晋,诗词也做得很好,时人称他是"书宗李北海,诗步王渔洋"。但他最热衷的还是经营商业。常氏一改"学而优则仕"为"学而优则商",能数代集中优秀人才锐意经营商业,从而形成了一个具有相当文化的商人群体。由于他们把儒家教育的诚信、仁义、忠恕精神引入商界,从而有了常氏商业之繁盛。[390]可见,把商业作为一项终身的崇高的事业来对待,正是山西商人经商取得成功的重要因素。

敬业是事业成功的源泉,而勤奋、刻苦、谨慎的作风,又是敬业思想在实践中的具体体现:

勤奋 这是大多数山西商人具有的良好品德。如山西定襄邢九如"少贫乏,年十四失情……越二载,其大父即辞世,家道益困,公以母老弟幼苦无资,不得已弃学就商,甫弱冠远服贾于京东之赤峰县……勤劳四十余载,而家道卒致丰"。[391]榆次人李智春,"生贫家,幼父母卒,兄佣工,仲兄且殇,于是学商于直隶顺德府布店,数十年勤劳无间,为执事者所重,积有余资,乃旋里娶妇王氏……三子皆成立,长商于赤城,次二三子耕作,后家渐起"。[392]永济人赵俊,"为富家贾于江南,勤俭著闻"。[393]

刻苦 不怕苦,不怕累,也是大多数山西商人的良好品德。清人纳兰常安说:"塞上商贾,多宣化、大同、朔平三府人,甘劳瘁,耐风寒。"太谷县商人是山西票号三大帮之一,他们经商"跋涉数千里,率以为常"。乾隆《祁县志》卷9载,祁县阎成兰"行商朔平、归化,辛苦备尝"。

谨慎 山西商人经商以谨慎闻名。这并不是说他们不敢经营大的业务,恰恰相反,他们对大业务抓得很紧。但他们不轻易冒风险,不打无准备之仗,而是要在充分调查了解情况的基础上,才拍板成交,以避免不必要的损失。以放款来说,这是山西票号的一项重要业务,但又有风险,他们对放款对象一定要在详细调查对方资产、用款目的、还款能力、财东情况等的基础上,才决定放款与否。有的票号对用款户透支数额还做了明确规定:上上等户不得超过3万两,上等户不得超过5000至1万两,中等户不得超过3000两,下等户则不与之交往。这一规定,就是出于谨慎行事之目的。

三、团队精神

山西商人在经营活动中很重视发挥群体力量。他们用宗法社会的乡里之谊彼此团结在一起,用会馆的维系和精神上崇奉关圣的方式,增强相互间的了解,通过讲义气、讲相与、讲帮靠,协调商号间的关系,消除人际间的不和,形成大大小小的商帮群体。

山西商人这种商帮团队精神,首先来源于家族间的孝悌和睦。如明代曲沃人李明性,青年时常感慨:"夫为弟子壮不能勤力,将坐而食父兄乎?"于是"挟资贾秦陇间",由于他在商场上"精敏有心计"而致富,又"内行周慎,孝睦于父兄。仲兄卒,无子,以己次子后之。治家甚严,族子甲出钱收息过当,召而责之,手裂其券,自是举宗凛凛"。[394]明代襄陵人乔承统,"其父中盐卒于扬州,遂弃儒而贾。内监杨某督鹾两淮,承统弟承经以事得罪杨某而逃亡,杨捕之急,承统挺身出就狱,所受之刑,五毒备至,终不言弟所在,且为行贿千金,得释。弟归家,破析己财之半予之"。[395]介休冀氏马太夫人主持家政时,"族戚邻里之待以举火者,无虑数十百家,皆太夫人赞助成之","又待伙极厚,故人皆乐为尽力"。[396]祁县乔映霞主持家政时,把其兄弟集中在一起,让练有武艺的九弟先把一双筷子折断,接着又让其一次折九双筷子,结果折不断,映霞喻义让众兄弟团结互助。山西商人在发扬团队精神中,还注意量才使用,各尽所能。明代山西大同人薛伦,"其家世力田,兄耕弟贾,业盐于淮"。[397]明代蒲州人王冕,"早卒而遗孤二人,家无应门之仆,王冕妻张氏奉姑抚孤,誓志不二。二子长大后,命长子服贾。曰:孤而无助,将门户是赖;授次子以儒业,曰良人有志而未成,其负荷在是也。后长子克拓前产,次子以明经为诸生,卒立厥家"。[398]

其次,团队精神是经商活动中业务扩大与商业竞争的需要。随着山西商

人活动区域和业务范围的扩大,商业竞争也愈来愈激烈,于是山西商人从家族到乡人间,逐渐形成"同舟共济"的群体。如明代蒲州人王氏,"其间里子弟,受钱本持缣券,以货居于郡国者,肩相摩趾相接也"。[399]由此可知,从王氏那里得到资金的子弟很多。明代隆庆、万历年间,蒲州张四维家族、王崇古家族、马自强家族,均是大商人家庭,三家联姻为亲戚,张四维曾任礼部尚书兼东阁大学士参赞机务,王崇古官居宣大总督、兵部尚书,马自强曾任礼部尚书。三家的联姻,增强了其商业竞争实力。王崇古在河东业盐,张四维的父亲是长芦大盐商,累资数十百万,张、王二氏联手,结成了盐商团伙,控制了河东、长芦两处盐利,具有一定的垄断性。在亲缘集团的基础上,晋商又逐渐发展为地缘组织。清朝乾隆末年,在典当业中已出现了所谓"江以南皆徽人,曰徽商;江以北皆晋人,曰晋商"[400]的说法。"晋商"这一名称的出现,说明清代山西商人已逐步形成一个地域性的商帮。清后期,山西票号在国内80多个城市设立了分号,从而形成了一个汇通天下的汇兑网络,也是以乡人为主体形成的山西商人群体。

平遥城

山西商人的商帮团队精神在商业经营中的表现有三种形式：

其一是从朋合营利到合伙经营。这是最初的群体合作形式。如第二章所述，朋合营利就是一方出资，一方出力，有无相资，劳逸共济。而合伙经营是一个人出本，众伙而共商，也就是财东与伙计合作经营，它与朋合经营不同之处是，一个财东可有许多伙计，故"估人产者，但数其大小伙计若干，则数十百万产可屈指矣"。[401]显然，伙计制比朋合制规模大，伙计制是在朋合制基础上发展起来的。这一制度就其规模组织而言，在中国商业史上实无前例。不过，无论朋合或伙计制，都是比较松散的商人群体。

其二是按地区形成商帮。这一种形式是在朋合营利和伙计制基础上，以地域乡人为纽带组成的群体。前述之山西商人在各地设立的会馆，就是这一地方商帮形成的重要标志。这种地域帮以山西商人来说，统为晋帮。但在山西内部又按省内各地区形成不同的商帮，如泽潞帮、临襄帮、太原帮、汾州帮等。清季票号兴起，又形成平遥、祁县、太谷三大票商帮。

其三是以联号制和股份制形成业缘群体组织。如第三章所述，联号制是由一个大商号统管一些小商号，类似西方的子母公司，从而在商业经营活动中发挥了企业的群体作用。股份制是山西商人在经营活动中创立的很有特色的一种劳资组织形式。在这里，我们作一详细介绍：

股份（股俸）有正本、副本之分和银股、身股之别。所谓正本，即财东的合约投资，每股几千银两到数万银两不等，可按股分红，但无股息；副本又称护本，是财东除正本外又存放于商号或票号的资本；身股又称顶生意，即不出资本而以人力顶一定数量的股俸，按股额参加分红。清人徐珂说："出资者为银股，出力者为身股。"[402]银股所有者，在商号或票号享有永久利益，可以父死子继，夫死妻继，但对商号或票号的盈亏负无限责任。银股可以在一定的时间内抛出、补进或增添新的股东。身股只参加分红，不承担商号或票号的亏赔责任。身股数额，各商号、票号均有具体规定：一般来说经理可顶一分（每股各一俸，或称一分），但也有破例顶一分二三厘的；伙友顶身股最初不过二厘（即一股的十分之二），以后每遇到账期可增一二厘，增至一股为止，称"全份"。所谓账期，即分红期。光绪以前一般是5年为一个账期，以后是4年，也有3年为一个账期的。凡伙友顶身股者，一般须在号内工作达三个账期的时间，工作勤奋，无过失时，才由经理向股东推荐，经各股东认可，然后将姓名、所顶身股数额载入"万金

咸丰年晋商股本账

账",才算正式顶上身股。顶身股后,倘有越轨行为,除重大案情开除出号和赔偿损失外,如属小节情有可原者,则酌情处分,减少其身股数额。顶身股者,每年可按其所顶股份领取一定数量的"支使银",又称"应使银"。应支额每股多者四五百两,少则一二百两,分四季支用,到账期分红时,无论应支多少,概从各人应得红利内扣除,上至经理,下至伙友,一视同仁。倘若营业不好,无红利可分,则顶身股者除每年"应支银"由号内出账外,毫无所得。没有顶身股的伙友,则按年支给薪俸。大致最初年薪一二十银两,以后按成绩优劣逐年增加,有十余年历史者可达80～100银两,这时就有资格参加身股了。顶身股者死后,各商号、票号一般仍给一定优惠,即在一定时间内照旧参加分红,称"故身股"。大致是经理故后享受8年的红利,未任经理者享受7年的红利,顶身股八九厘不足一分的享受6年红利,顶身股六七厘者享受5年的红利,顶身股四五厘者享受4年的红利,顶身股三四厘者享受3年的红利,顶身股一二厘者享受2年的红利。对本号经营立有特大功绩者,还可再增一二个账期的分红。各商号、票号均由财东出面聘请经理,再由财东、经理共同邀请中人三五人,书写股本合约,其内容包括资本若干,以若干为一股,几年结大账一次,按银股身股分红等。下面是志成信绸缎庄股本合约:[403]

立合同贡仓同管事伙友孔宪仁、马应彪等,情因志成信生意开设,历年已久,号体屡露,参差不齐。今东伙公同议定明白，业已复行振作，从此原日旧东有减退增加，另有新添东家，有入本账，逐一可考，字号仍系志成信，设立太谷城内西街，以发卖苏广彩绸杂货为涯，共计正东名下本银三万四千两，按每二千两作为银股一俸，统共计银股十七俸。众伙身股，另列于后。自立之后，务要同心协力，以追管晏圣明之遗风，矢公矢正，而垂永远无弊之事业。日后蒙天赐福，按人银俸股均分，倘有不公不法，积私肥己者，逐出号外。照此一样，立写二十二张，众东各执一张，铺中公存一张，以为永远存证。恐口难凭，立合同为证。

兹将人银俸股开列于后（略）

同治十二年正月初一日

谷邑　志成信　公记

财东按照本合约将全部资本交付经理（管事）后，便不再问号事，静候经理年终报告。平素营业方针、一切措施，既不预定方针于事前，也不施其监督于事后，有的商号或票号还规定，财东平时不得使用商号或票号名义在社会上活动，也不能在号内食宿、借钱和指使号内人办事。但扩充业务，赏罚同人，处置红利，均由财东裁定。经理为建议首席，听其咨询。

经理既受财东依赖与委托，得以经理合号事务，领导全号同人崎岖前进。经理在号内有无上权力，各伙友均须听命于经理，但同人皆有建议权，不受任何拘束，小事亦可便宜行事，大事须决之经理。每年年终，经理将营业情况报告各股东。平时倘有重大事故，须临时报告各股东。

各商号、票号每逢账期，一经获利，皆按股分红。营业愈盛，盈利愈多，分红愈丰。但遇到不测年景，营业亏损，则一分红利也没有。分红一般是银六身四，即银股分红利的60%，身股分红利的40%。请看泰丰源商号光绪三十四年（1908）算账（分红）总清单：[404]

该号共获利银12090两，按银六身四分，银股分红利银7254两，身股分红利银4836两。身股中除去原伙友柴潮出号分去银1370两外，尚余银3466两。银股共12股半，每股（1000银两）分红银580.3两；身股共1分6厘，每厘分红银216.6两。分红结果是：

银股			身股		
堂名	资本银(两)	红利银(两)	堂(人)名	身股额	红利银(两)
永春堂	5500	3192	追本堂	3厘	650
星远堂	1500	870	丁耀	1分1厘5	2491
向离堂	5500	3192	张书田	1厘5	325
合计	12500	7254	合计	1分6厘	3466

股份制的实行,劳资双方均可获利,极大地调动了全体员工的积极性,在商业企业经营中充分发挥了团队作用。

第二节 经营意识

商人是通过商品交换来获取利润,因此必须有强烈的经营意识。山西商人的经营意识表现在如下两个方面:

一、经营谋略

讲求经营谋略,在经商活动中把握正确的经营术是商人取得成功的基本条件。明清晋商成就斐然,与其经营谋略应用得当有关。他们正确地吸收古人的经商经验,在经营活动中善于审时度势,灵活机动,薄利多销,慎待相与,重视信息。

1. 审时度势

战国时大商人白圭把经营术概括为"人弃我取,人取我与"。晋商颇精此道,他们有商谚称:"屯得应时货,自有赚钱时;""人叫人,观望不前,货叫人,点首即来。"明代蒲州商人王海峰,当蒲州人大多西到秦陇、东到淮浙、西南到四川经商时,他却深思熟虑看中了到人们不愿意去的长芦盐区去经商。当时长芦盐由于官僚显贵、势豪奸绅上下勾结,使这一盐区的运销不能正常进行,商人纷纷离去。但王海峰在了解该盐区运销、盐政情况的基础上,审时度势,断然决定在长芦盐区经商,并向政府提出了整顿盐制、杜绝走私的建议。后来,长芦盐区经过整顿,盐的运销又繁荣起来,盐商又蜂拥而至,长芦盐区的税收也随之比过去增加三倍多,王海峰也成为这一盐区的著名富商,动辄万金毫不在意。明代大学士张四维说:"海峰王公者,雄奇人也……胸中有成筹矣,人所弃我则取之,人所去我则就之。"[405]又有盂县商人张芝,尤善审时度势,"时邑帽贾素有毛毡冠于南者,值吴三桂反,道梗莫敢行,芝出廉价收其货毅然往,至半途适藩削平,国家偃武修文,货售如流水……家计因之而裕"。[406]洪洞人王谦光经营山东盐,"累致万金……时东运日弊",知已不可为,乃决计弃去。后山东盐务果益疲,商大困,人自危,时谦光谢业已久,不受其害,人皆服谦光远见。[407]阳城王重新"性沉厚,饶智略,少贾于外,不数载,资雄一方。"又有王海者"幼从父贾河南……才能颖敏,智谋勇略雄一方"。[408]这些例证都说明,善于审时度势,是经商成功的必要条件。

2.灵活机动

市场行情瞬息万变,消费者要求也不断变化,故商业活动必须灵活机动,善于组织顾客最需要的货源,才能达到购销两旺。如旅蒙商经历200余年长久不衰,其中有一条经验就是组织货源有针对性,营销方式灵活。蒙古牧民以肉食为主,喜饮砖茶,大盛魁便自设茶庄进行砖茶的加工,满足牧民需要。蒙古牧民喜欢穿结实耐用的斜纹布,大盛魁便大量组织货源,满足供应,并将布料按照蒙古牧民的习惯,拉成不同尺寸的蒙古袍料,由蒙古牧民任意选购。蒙靴、马毡、木桶、木碗和奶茶用壶等是蒙古牧民和喇嘛生活中的必需品,大盛魁便按照牧民和喇嘛的习惯要求,专门加工订做。因此,蒙古牧民只要见是大盛魁记商品,就争相购买。蒙古牧民过的是游牧生活,居住点不固定,居民皆分散而居。大盛魁便采用流动贸易形式,组成骆驼商队,深入到蒙古牧民居住的帐篷中做买卖,对蒙古牧民非常方便。蒙古牧区货币经济不发达,大盛魁便采取以物易物和赊销方式,甚至到期也不收取现金,而以牧民的羊、马、牛、驼和畜产品、皮张等折价偿还。由于大盛魁商号货源组织有针对性,营销方式灵活机动,从而在蒙古草原的经商活动中取得了巨大成功。

3. 薄利多销

如明代蒲州(永济)商人王文显，经商40余年，百货心历，足迹半天下，以商而富，其为商"善心计，识重轻，能时低昂，以故饶裕人交，信义秋霜，能析利于毫毛，故人乐取其资斧"。[409]又如祁县乔氏在包头开的"复"字商号，做生意不随波逐流，不图非法之利，坚持薄利多销。其所售米面，从不缺斤短两，不掺假图利；其

复盛公

所用斗称，比市面上商号所用斗称都要略让些给顾客。于是，包头市民都愿意购买"复"字商号的米面，生意越做越好，收到了薄利多销、加快资金周转的效果。山西商人在经营活动中，还总结了许多薄利多销的经验，并归纳为营销商谚，如："不怕不卖全，就怕货不全"；"买卖争毫厘"；"生意没有回头客，东伙都挨饿"；"能打会算，财源不断"；"买卖不算，等于白干"等。[410]

4. 慎待相与

晋商重视稳妥经商，慎待"相与"。所谓"相与"，就是有相互业务的商号。所谓慎待，就是不随便建立相与关系，但一旦建立起来，则要善始善终，同舟共济。如山西祁县乔氏开办的"复"字商号，尽管资本雄厚，财大气粗，但与其他商号交

往时却要经过详细了解,确认该商号信义可靠时,才与之建立业务交往关系。否则,均予以婉言谢绝。其目的是避免卷入不必要的麻烦漩涡之中。但是当看准对象,摸清市场的状况,认为可以"相与"时,又舍得下本钱,放大注。对于已经建立起"相与"关系的商号,均给予多方支持,业务方便,即使对方中途发生变故,也不轻易催逼欠债,不诉诸官司,而是竭力维持和从中汲取教训。"复"字号认为,即使本号吃了亏,别的商号沾了光,也不能因此把钱花在衙门里。广义绒毛店曾欠"复"字号5万银元,仅以价值数千元房产抵债了事。至于"复"字号下属商号,一旦停业时,则要把欠外的全部归还,外欠的能收多少算多少。"复"字号的上述做法,使它在同业中威望很高,影响甚大,故许多商号均以能与"复"字号建立"相与"的业务交往关系为荣。又如榆次常氏天亨玉商号,该号掌柜王盛林在财东将要破产时,曾向其"相与"的大盛魁商号借银三四万两,并且让财东把天亨玉的资本全部抽走,天亨玉在无资金的状况下全靠借贷维持,仅将字号改名为天亨永,照常营业,未发生倒账,全凭着王盛林掌柜的人格信用。1929年大盛魁商号发生危机时,王盛林认为该号受过大盛魁"相与"的帮助,不能过河拆桥,不顾一些人的反对,仍然设法从经济上、业务上支持大盛魁,帮它渡过难关。

5. 重视信息

孔子曰:"赐不受命,而货殖焉,亿则屡中。"[411]就是说,端木赐未接受官府的任命,而是以私人身份去经商,预测行情很准确。山西商人非常重视通过各种渠道了解市场信息、各地物资余缺及其他影响经营的因素。他们有商谚称:"买卖赔与赚,行情占一半。"民国《太谷县志》序称太谷商人"至持筹幄算,善亿屡中,讲信耐劳,尤为谷人特色,自有明迄于清之中叶,商贾之迹几遍行省"。能够"持筹幄算,善亿屡中",与他们掌握正确的信息有关。山西商人掌握市场信息的渠道有多种,当各地商号了解到市场信息后,便通过书函等形式,及时汇报总号,所以总号与分号之间一般是五日一函,三日一信,掌握地方的政治军事、工农业生产、市场以及政界人事变动等信息。如清咸丰年间山西襄汾县丁村丁氏商人从陕西泾阳商号寄给总号的信云:"敬启者……泾地于初一日午后,凡下面之信俱报。前月初十日打了一仗,杀土匪二千来人……信到囤户风息,这几天冬大布再无行情,各干布街上无货,零星之价照前。自初一日至此,泾兰帮就有人往东大路下去,俱带银不多,赶办贱货。"从山西襄汾县

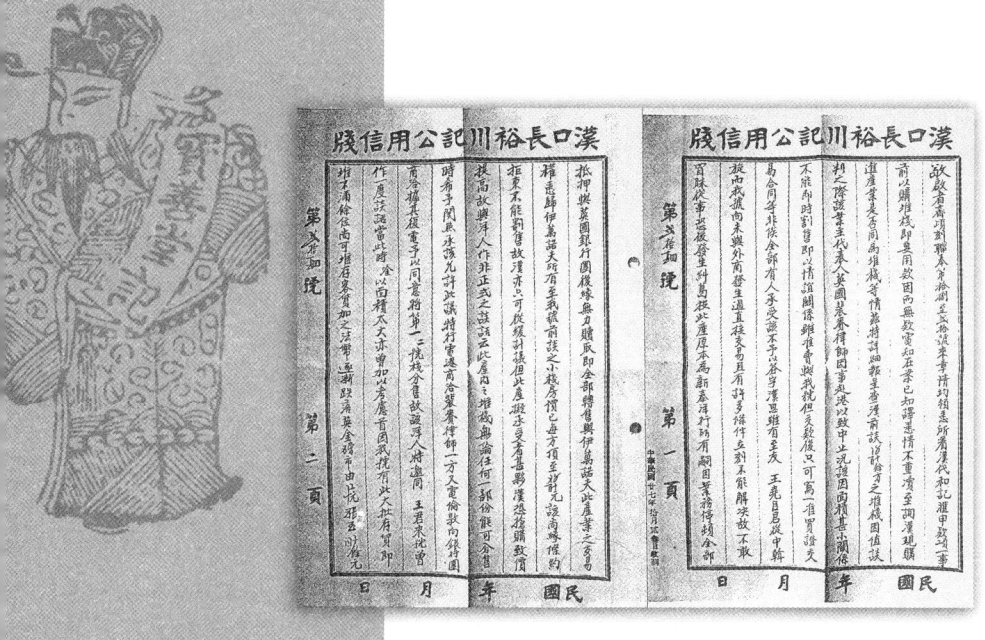

汉口长裕川信件

丁村丁氏发去的信则称："又办菜油二百篓,价八百三十八,俱发下水……耳闻曲沃一盘卖永顺止号,菜油三百篓,价五百五十,腊月交银。杜镇到油不多,零卖出价五百五十,就是绛州行情未打听着实。"[412]由于山西商人重视行情信息,因而在商业活动中能及时采取经营措施。太谷县曹氏在沈阳开办有富生竣商号,其经理在一次返晋途中,见沿途高粱表面上茎高穗大,但茎内多生有害虫,便中途打道返回沈阳,大量收购高粱。这一年,许多粮商见高粱生长良好,丰收在望,都极力脱手陈粮。结果,秋收后高粱因遭虫害,大幅度减产,物价腾涨,富生竣却大大赚了一笔钱。

二、经营作风

山西商人认为良好的经营作风是商业成功的一个关键,他们在经营活动中形成了一些宝贵的作风。

1.珍惜诚信

山西商人认为诚信不欺是经商长久取胜的基本因素,所以把商业信誉看得高于一切。他们认为经商虽以盈利为目的,但凡事又以道德信义为标准,经商活动属于"陶朱事业",须以"管鲍之风"为榜样。对待顾客、商家,无论大小,都以诚相待。销售商品,应不缺斤

民国年间山西省银行纸币

短两,货真价实,童叟无欺。如发现货质低劣,宁肯赔钱,也绝不抛售。他们深知,只有讲信用,重然诺,不欺不诈,人们才乐与他们交易。商业盈利靠商品的质量和服务态度来取得,永保信誉,才能成功。一旦信誉丧失,商业必然招致失败。山西商人在经商活动中总结出了许多有关经商诚信的商谚,如:"宁叫赔折腰,不让客吃亏";"买卖不成仁义在";"售货无诀窍,信誉第一条";"秤平、斗满、尺满足"。可见,诚信不欺,利以义制,是山西商人经营活动中严格遵循的一个信条。因此,在山西商人中讲信誉的商人和商号比比皆是,如盂县人张炽昌,"贸易关东,与人然诺,坚如金石,一时侪辈推为巨擘"。[413]祁县富商乔致庸把经商之道排列为一是守信,二是讲义,三才是取利。清末,乔家的复盛油坊曾从包头运大批胡麻油往山西销售,经手伙计为图暴利,竟在油中掺假,事被掌柜发觉后,立即饬令另行换售,代以纯净无瑕的好油。这样商号虽然蒙受一些损失,但信誉昭

著,近悦远来,商业更加繁盛。又如祁县大德通票号存款户以山西本省最多,放款却多在外省。1930年蒋阎冯中原大战后,晋钞大幅度贬值,约25元晋钞才能兑换1元新币。当时大德通如果对存款户以晋钞付出,票号可以趁晋钞贬值之机发一笔横财。可是大德通票号没有这样做,并且不惜动用历年公积金,不让存款户吃晋钞贬值之亏,使票号信誉益著。

  山西商人在为人之道上也表现出诚实忠厚的一面。他们认为"和气生财","和为贵",凡事不做过分,不做法外生意,讲求以诚待人。孟县商人张静轩说:"(经商)结交务存吃亏心,酬酢务存退让心,日用务存节俭心,操持务存含忍心。愿使人鄙我疾,勿使人防我诈也……前人之愚,断非后人之智所可及,忠厚留有余。"[414]洪洞人王谦光经营山东盐时,不少商人"率崇心计,尚诈伪,由是术辄倍息,独君异其趣……人咸谓君长者,多倚为重",后"累致万金"。[415]史籍中有关晋商忠厚待人的记载很多。如明代临县人王子深以开客店为生,有客商住宿后遗金一袋,王收金待客,后客商啼还,王验证给之,客以其半分,拒之,客商叩恩而去。[416]清代泽州人王文宇,"贸易保定府完县,与葛东岗友善,东岗有子弗立,惧其毁败,阴以白金八百两付文宇,不令子知,东岗死,文宇督其子,俾其成立,将东岗所遗金还之"。[417]清代汾阳人崔崇岍"以卖丝为业,往来张垣、云中,一岁折阅十余金,其主人偶有怨言,崔恚愤,以刃自剖其腹,肠出数寸,气垂绝,曰:吾拙于贸易致亏主人资,我实有愧,故不欲生。"[418]由于山西商人主张行商不欺诈,为人诚恳忠厚,故人皆愿与之共事。

  2.俭约自律

  克勤于邦,克俭于家,是中国人一贯提倡的节俭作风。山西人一直保持着俭约风尚,明人沈思孝《晋录》载:"晋中俗俭朴古,有唐虞夏之风,百金之家,夏无布帽;千金之家,冬无长衣;万金之家,食无兼味。"山西商人认为"勤俭为黄金本"。明人谢肇淛在其著《五杂俎》中称:富商"江南则推新安,江北则推山右……新安奢而山右俭也"。王士性《广志绎》载:"晋俗勤俭,善殖利于外。"清朝康熙帝南巡时说:"风闻东南巨商大贾,号称辐辏,今朕行历吴越州郡,察其市肆贸迁,多系晋省之人,而土著者盖寡,良由晋风多俭,积累易饶,南人习俗奢靡,家无储蓄。"[419]顾公燮说:"自古习俗移人,贤者不免。山陕之人,富而若贫,江粤之人,贫而若富。"[420]张四维《条麓堂集》卷28载:明代蒲州人王恩,"幼失怙,拮据立门户,游货南北,足迹半天下,初岁业尝中耗,厉志经营,因能复其殖,尤慎于出纳,终其身未常有锱铢滥费,盖天性也"。乾隆《祁县志》卷9《人物》载:清代祁县人郭干诚,"虑家贫,以生殖致饶裕,性俭约,不喜奢华"。定襄邢渐达,"十五岁而孤……而自事生业,艰苦备尝,不辞劳瘁,自奉俭约……盖自服贾以还,一切货物往来,俱存宽厚"。[421]这些例子都是晋商善于俭约自律的明证。

第三节 组织管理

一、经理负责制

"得人者兴,失人者衰;认真察看则得人,不认真察看则不得人。"[422]这是山西票号经理李宏龄的经验之谈。晋商于商号经理之聘用,用人唯贤,唯才是举。在这方面,总结出了一套经验,形成了经理负责制。具体做法是:经理聘用之前,先由财东对此人进行严格的考察,确认其人有所作为,能守能攻,多谋善变,德才兼备,可以担当经理之重任,便以重礼招聘,委以全权,并始终恪守用人不疑、疑人不用之道。一旦选中聘用,财东则将资本、人事全权委托经理负责,一切经营活动并不干预,日常盈亏平时也不过问,让其大胆放手经营,静候年终决算报告。经理颇似"将在外君命有所不受",一切由经理便宜处置。若遇年终结算时亏赔,只要不是人为失职或能力欠缺造成,财东不仅不责怪经理失职,反而多加慰勉,立即补足资金,令其重整旗鼓,以期来年扭亏转盈。正由于财东充分信任经理,故而经理经营业务也十分卖力。且经理有无上之权力,不论是用人还是业务管理,均由经理通盘定夺。但同人有建议权,大伙友对小事可便宜行事。逢到账期(3年、5年不等),经理向财东报告商号盈亏。经理在任期内,如能尽力尽职,业务大有起色,财东则给予加股(人身股)、加薪奖励。如不能称职,则减股减薪,甚至辞退不用。据说,每届年终各地经理齐集总号汇报

工作时,由财东设宴款待,盈利多者坐上席,东家敬酒上菜,热情招待;盈利少或发生亏损者居下席,自斟自饮,受到冷遇。如果二三年都屈居下席,用不着财东说话,经理也只有自请辞职了。

二、学徒制

商号经理的选用一丝不苟,店员、学徒的录用也是十分严格,慎之又慎。学徒必须年龄在15岁~20岁之间,身高5尺,五官端正,仪态大方,家世清白,懂礼貌,会珠算,精楷书,不怕远行,能吃苦。学徒入号,须有人担保。入号前,由主考人当面测试其智力,试其文字。通过者,择日进号。进号称请进,表示人才请入,前途不可量。入号后,总号派年资较深者任教师进行培养。培训内容包括两个方面:一是业务技术,包括珠算、习字、抄录信稿、记账、写信等,学习蒙、满、俄语,了解商品性能,熟记银两成色。二是职业道德训练,主要有重信义、除虚伪、节情欲、敦品行、贵忠诚、鄙利己、奉博爱、薄嫉恨、幸辛苦、戒奢华,并派往繁华商埠,以观其色。山西商人的习商谚语充分说明了其对学徒要求之严。谚称:"十年寒窗考状元,十年学商倍加难";"忙时心不乱,闲时心不散";"快在柜前,忙在柜台";"人有站相,货有摆样"。在山西商人中还流传着这样的学徒工作规矩:"黎明即起,侍奉掌柜;五壶四把(茶壶、酒壶、水烟壶、喷壶、夜壶和笤帚、掸子、毛巾、抹布),终日伴随,一丝不苟,谨小慎微;顾客上门,礼貌相待;不分童叟,不看衣服;察言观色,惟恐得罪;精于业务,体会精髓;算盘口诀,必须熟练;有客实践,无客默诵;学以致用,口无怨言;每岁终了,经

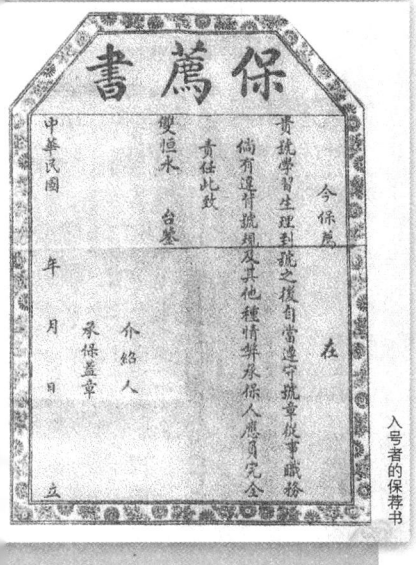

保荐书

得考验;最所担心,铺盖之卷;一旦学成,身股入柜;已有奔头,双亲得慰。"[423]由于学徒制执行很严格,从而培育了不少人才,成为晋商的骨干力量。

三、人身顶股制

晋商在人事劳资上首创的人身顶股制,是一项协调劳资关系,调动工作积极性的办法。凡山西商号中的掌柜、伙计,虽无资本顶银股,却可以自己的劳动力顶股份,而与财东的银股(即资本股)一起参与分红。但顶身股者不承担亏赔责任。总经理身股多少由财东确定,商号内各职能部门负责人、分号掌柜、伙计是否顶股,顶多少,由总经理确定。身股的多少按照每个人的工作能力和工作效率来确定。总经理一般可顶到一股(即10厘),协理、襄理(二掌柜、三掌柜)可顶七八厘不等,一般职员可顶一二厘、三四厘不等,也有一厘以下的。但不是人人都能顶身股,而是有一定资历者方可顶身股。例如,大盛魁商号顶一二厘生意者,可管点杂事、接待客商等;顶三四厘生意者,可在柜上应酬买卖,但大事尚不能做主;顶五厘生意者,已有一定的做买卖经验,货色一看就懂,行情一看就明,生意能否成交,也敢一语定夺。顶七八厘者,已是商号的里外一把手,或来往于总号、分庄之间,盘点货物、核算亏盈,或奔波于天南海北,拍板大宗交易;顶九厘生意者,日常营业不管,专决断重大疑难。大盛魁比较特殊,没有顶整股的,最高九厘。山西商人通过上述做法,把店员个人利益与商号利益、财东利益紧密联系在一起。下层伙计和学徒为了登高位,多顶股份,努力为商号工作,使劳资关系得以协调。当然,顶身股也有弊端,如论资排辈顶股,限制了及时发现人才。

四、订立号规

晋商号规极严,无论经理、伙计、学徒,均须遵守。晋商有谚称:"家有家法,铺有铺规。"其内容包括各分号与总号之间的关系、业务经营原则、对工作人员的要求等。例如休假制,一般规定号内职工从掌柜起,均为3年回家探亲一次(分号路远者,如东三省、蒙古、新疆等地为5年一次),称为班期。住家半年,往返旅杂费由号中供给。如遇婚丧等事,视情况予以补贴。号内包括掌柜在内,一律不准携带家眷。下面是光绪十年(1884)大德通票号号规部分内容:

(1)在各分号互相之间,规定虽以结账盈亏定功过,但也要具体分析,如果

本处获利,别的分号未受其害者,可以为功;如果只顾本处获利,不顾其他分号利益,甚至造成损害者,则另当别论。

(2)在业务经营上。规定买空卖空,大干号禁,倘有犯者,立刻出号。强调生意之中,以通有无、权贵贱为经营方针。

(3)对于工作人员,规定凡分号经理,务须尽心号事,不得懈怠偷安,恣意奢华;凡一般工作人员,强调和衷为贵,职务高者,对下要宽容爱护,慎勿偏袒;职务低者,也应体量自重,不得放肆。

(4)严禁陋习。规定不论何人,吃食鸦片,均干号禁。前已染此弊者,责令悔改,今后再有犯其病者,依号规分别处理。各分号难免有赌钱之风,今后不管平时过节,铺里铺外,老少人等,一概不准,犯者出号。游猎戏局者,虽是偶蹈覆辙,亦须及早结出,刻不容缓,严行禁之。

会议杂货行规碑记

五、账簿制度

财务账簿是商人经营管理中的一个重要环节。晋商对财务账簿管理非常重视,他们把账务管理者尊称为账房先生,其在商号中的地位仅次于经理。传说明末清初著名思想家山西阳曲人傅山先生,曾帮助晋商创立龙门账。龙门账的要点是:将商业的全部经济事项,按性质、渠道,科学地划分为进、缴、存、该四大类,分别设立账目核算。所谓进,是指全部收入;缴,是指全部支出(包括销售商品进价和各类费用支出等);存,是指资产并包括债权;该,又称欠,是指负债并包括业主投资。晋商一般是年终办理结算(即决算),核实和整理一年的经营成绩,并向财东交待。年结,就

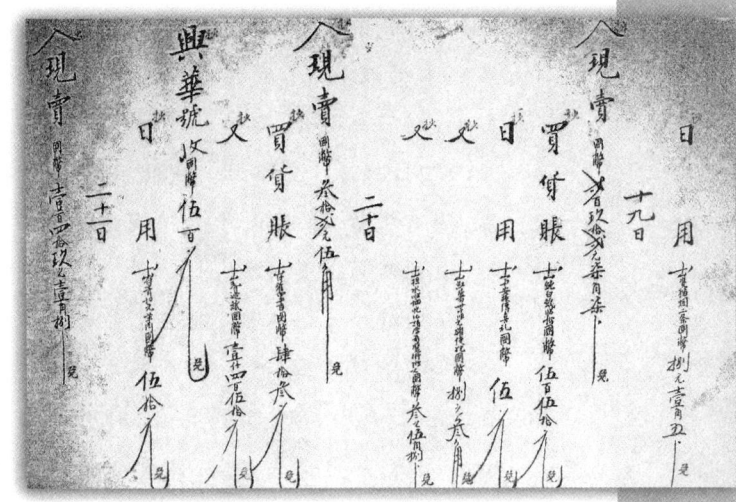

渠化"书业诚"账簿

是通过"进"与"缴"的差额，同时通过"存"与"该"的差额平行计算盈亏。如果进大于缴，就有盈利；反之，就有亏损。这四大类的相互关系可用公式表示：

进－缴＝存－该　　该＋进＝存＋缴

每当办理结算时，可用上述会计公式验算两方差额是否相等。这种双轨计算盈亏，并检查账目平衡关系的会计方法，形象地称为"合龙门"，龙门账由此而名。显然，此种结算法已有近代会计学之含意。

刘式如先生生前曾任大德通票（银）号会计多年，他为笔者提供了该号账簿目录，兹抄录如下：[424]

汇票号码账：各票号分号汇票一律由总号编制号码，三联单式，每到年终各分号将用过之汇票存根及正汇票、副汇票寄回总号。

承保账：记载承保亲友、商号名称。

进号账：记载工作人员进号日期等。

起程账：记载工作人员供职与休假时日等。

衣资账：记载工作人员应得衣资数。

衣物账：记载工作人员自己所携带之衣物。

路费账：记载工作人员起程携带路费数额。

带物账：记载工作人员委托亲友捎带之物。

回家账：记载工作人员住家时日。

汇款账：记载商品名称、汇款数额、汇出日期、汇费额。

流水账：各项收支均先记入此账分录。

万金账：记载财东姓名、资金数额、顶身股人员之身股数额。

浮记账：往来存款、应收未收和暂时性存入、支出等，先记入此账。

各庄往来账：记各地分号银钱等往来数。

未到期票账：汇款尚未取走时记入。

同业钱铺账：记载收付数。

内部浮记账：财东、顶身股人员收支往来。

职工支使账：薪资人员收支往来。

借贷账：记放款数。

收借账：记存款数。

缓期账：放款一时收不回的记入此账。

屡年账：记无希望收回之款。

加色账：记银色差次之数。

汇费账：记汇款所得之汇费。

收付利账：存付款得出利息账。

清抄账：年终决算称清抄。

应支账：顶身股人员应支(借支)款。

未支账：从万金账拨来未支红利数。

杂使账：杂费日用开支。

现金账：动用现金出入数。

现换账：此账分为三种，即钱银现换账、钱洋现换账、银洋现换账。此账所记为票号内部换算货币使用之款项。

第四节 心智素养

人们把有文化素养的商人称为儒商，明清山西商人中有不少受过严格的传统文化教育，具有相当的文化素养，从而对经商活动产生了很大影响，并形成了他们的新文化观。

一、儒贾相通观

对于儒和贾，明清社会上的一般看法是"儒为名高，贾为厚利"，认为儒、贾追求目标不一。但一些山西商人却提出了儒贾相通观，他们认为行贾也可习儒，儒可贾，贾可仕，仕可不失贾业。例如，明代蒲州商人王瑶，就是"行货而敦义，转输积而手不离简册"。[425]明代蒲州商人杨光溥，"生而秀慧，有立志，幼治《周易》，日夜考考，用心甚苦，以家累不获卒业，然志在是也，虽挟资远游，所至必以篇简自随，遇贤嘉言则手录之，久久成帙，题之曰《日用录》。"[426]蒲州商人韩玻"尤好观古今书籍，故虽牵车服贾，能以心计通货贿而擅其盈，然必以义施，以廉受"。蒲州人沈邦良"幼知学，进取甚锐，后以家务服贾……故南帆扬越，西历关陇，乘时废居用，能拓产殖家，而所至必携《小学通鉴》，时诵习之，遇事辄有援证。工楷书，喜为近体诗，盈于囊箧，其嗜好然也"。清代蒲州人薛英贤"鬻烟纸于市，夜辄苦读"。[427]还有一位明代代州商人杨近泉，"独喜与士人游，更相过从，上下议论，其所厚善，至为具笔札费，后多举科第、仕显宦者。于是江淮数千里间，皆籍籍重翁名。无敢以贾目翁矣。一日部使者视盐筴有所咨问，诸贾人咸蓄缩不能应，翁前画便宜占对如响，诸贾人自谓不及翁才，因共推翁为盐筴祭酒"。[428]蒲州盐商展玉泉，捐数百金，得授归德商丘驿丞，对经营之沧盐，命其子掌之。临行时，高兴地对其子说："我仕矣，得间或视汝。"展玉泉虽然花钱买了个小小驿丞，但受到了同业者的羡慕，他们"荣其贾而能仕，仕而不失其世业"。[429]河津商人史记言，"寻至运城，为诸生所辱，归始发愤读书"，后竟然科举中万历年戊戌进士,知河南济源县。[430]此外,山西商人还在河东盐池为其子弟设立了运学,在两淮盐区其子弟独有商籍,而徽商无。

二、义利相通观

义,是中国传统文化中所讲的一种道德规范,也是禁约人们行为的准则。孟子说:"义,人之正路也。"[431]荀子说:"夫义者,所以限禁人之为恶与奸者也。"[432]明清山西商人讲究见利思义,不发不义之财。"仁中取利真君子,义内求财大丈夫",义利相济相通。明代山西蒲州商人王文显说:"夫商与士,异术而同心。故善商者,处财货之场,而修高明之行,是故虽利而不污。善士者引先王之经,而绝货利之途,是故必名而有成。故利以义制,名以清修,各守其业,天之鉴也。"[433]在义利相通观的影响下,先义后利,以义制利,作为商人经营理念的哲学基础,成为商人精神价值观的核心。所以在山西商人会馆中突出地崇祀关羽,不仅是因为关羽是山西同乡,更重要的是因为关羽以义气为重。敬奉关羽,把关羽作为义利观的精神偶像。著名皇商介休人范毓馪颇重义气,康熙时官办铜铅,有王某者亏帑83万银两,既死,范氏则代王某"按期如额赔补"。[434]在义利相通观的影响下,诚信戒欺,重视商誉,则成为山西商人的商业道德观。义利思想最直接的表现就是"诚"与"不欺",尽管"不务仁义之行,而徒以机利相高"的商人大有人在,但奉行诚信不欺的商人仍为主流。如清代著名的山西介休商人范永斗,就是由于"与辽左通货财,久著信义"而受到清政府的垂青,后来当上皇商,并由此获得厚利。诚信不欺,以诚信重义作为商人处世立业之道。"诚召天下客,义纳八方财",可谓山西商人精神价值观的体现。

三、谋略竞争观

义利思想是明清山西商人的精神价值观,也是经营管理哲学。但商品市场存在着激烈的竞争,"与人相对而争利,天下之至难也"。[435]深谋略,通权变,作为商场上的竞争之道,体现出明清山西商人文化观的又一个特色。明人张四维说:"蒲俗,善贾者必相时度地居物而擅其盈,故其业有不终身(生)变者,有不终岁变者,其有一业不变而世守之者。"[436]如前述山西蒲州商人王海峰,"始亦以居货走四方,而中负隐隐与众不类。青沧者故太公管仲之盐筴之区,陶朱公据以累致千金者也。国家亦有榷务存焉,法弊利雍。诸贾过,不以正目视之。公独曰:此可居也。遂相地制宜,审时观变,究览蓰政……人所弃我则取之,人所去我则就之,而公之业益饶"。[437]

四、修身正己观

中国古代思想家认为培养人才之道是"修身、正己、齐家、治国、平天下",以自我修养为前提。"知所以修身,则知所以治人,知所以治人,则知所以治天下国家矣"。这就是说,修身正己,是使人具备担当治国、安天下重任的基本素质要求。关于这些基本素质的标准,孟子主张"仁义礼智信",兵家对为将者的要求是"智信仁勇严",《三略》概括为"道、德、义、仁、礼"。诸家对修身正己的标准虽然提法不一,但其核心内容是相同的,目标是一致的,构成了中国人文思想的重要内容。明清山西商人在人文思想的影响下,很重视修身正己,并结合自身经商的特点,提出了经商与人才的关系,主张用儒意通商,择人委任。因而晋商用人唯贤是举。凡被选中者须精明强干,精通本行业务,了解本行全部商业活动,具有运筹帷幄、决策千里之外的胆识与谋略。故所选拔之人多为佼佼者,颇具重望。与此同时,山西商人还很重视勤劳节俭。他们认为勤俭才能致富,致富必须勤俭,勤俭是经商之本。明人沈思孝说:"晋俗勤俭,善殖利于外。"[438]这就是晋商勤俭善商的很好概括。因此,勤俭经商也是晋商修身正己的一个重要内容。

此外,晋商很重视对修身正己的教育,并对其族人有所要求。如榆次富商常氏家族有《家训》,对族人的言行有着明确的规范与要求。其《家训》称:"能知勤俭享人生千万福,能节欲荣贤科名成大儒,能孝亲尔子穷懼照样行,能教子后代兴隆全在此,能足受合家欢乐无嗟怨,能谦和遍地人饱暖事多,能读书延年却病精神足,能安分得失承通都不问,能忍耐作个懦夫无祸害,能谨言是非争讼不牵连。"

五、科技应用观

数学、地理、交通与商人的经商活动有着密切关系,明清山西商人很注意对数学、地理、交通等科技知识的实际应用。明代蒲州大商张四教,16岁服贾远游,"所经纪废居,咸出人意"。其兄张四维说他"尤精《九章算术》,凡方田粟布勾股商分等法厘中白首不得肯綮者,弟皆按籍妙解,不由师授……弟治业滋

梁庭梓字子才號為梅生氏青

久,谙于东方矬科原委,分布、调度具有操纵,末年业用大裕,不啻十倍其初"。[439]明代山西商人王文素,早年随父到河北饶阳经商,自幼涉猎书史百家,尤长算法,所著《新集通证古今算学宝鉴》,是一部优秀的应用数学之作,内容之丰富,科学性之强,胜过明代钱塘吴敬《九章算比类大全》、安徽休宁程大位《直指算法统宗》。王文素所著《新集通证古今算学宝鉴》,具有以下五个特点:

一是包罗面广,实用价值高。该书不仅全面继承了前人的算学成就,并有所创新,如将"身前因"改进为"身前乘",发展了"归总还零"除法,创造了"众九相乘"、"实位相同"等新法,对传统的开方法有所改进,并在立体图形的插图画法上,率先采用了现代轴测图法中常用的正等测图法。此外书中还可看到当时的税收征管法等内容,介绍了简捷速成计算法。所以王氏此著是部比较全面

《交易须知》

的应用数学之作。二是深入浅出,通俗易学。王氏为使学算者容易掌握,全书中有释义、解题,并有绘图及算学口诀。三是校正了过去算学著作中的一些错误之处。四是珠算内容丰富,算法新颖,在明代诸多珠算书中可称为高水平之作。[440]此外,晋商还在清代江苏王氏所著《生意世事初阶》基础上,编著了《贸易须知》,总结了培养学徒和坐贾经商等经验,是一部内容十分丰富的经商著作。由以上之例不难看出,明清山西商人在经商活动中十分重视科技的应用,并通过科技的应用推动其商业活动。

总之,明清晋商精神表现了山西人经商的思想品质、经营谋略、经营作风、文化观念等,这是晋商取得商业成功的宝贵的精神财富。

第六章
著名商号与商人

明清时期山西商人开办的著名商号、票号很多,同时在商业、金融活动中涌现出许多精明能干的商人。

第一节 著名商号与票号

一、大盛魁商号

大盛魁商号是清代山西人开办的对蒙贸易的最大商号,极盛时有员工六七千人,商队骆驼近2万头,活动地区包括喀尔喀四大部、科布多、乌里雅苏台、库伦(今乌兰巴托)、恰克图、内蒙各盟旗、新疆乌鲁木齐、库车、伊犁和俄国西伯利亚、莫斯科等地,其资本十分雄厚,声称其资产可用50两重的银元宝,铺一条从库伦到北京的道路。

大盛魁的创办人并不是什么富户大商,而是3个小贩。原来康熙时,清政府在平定准噶尔部噶尔丹的叛乱中,由于军队深入漠北,"其地不毛,间或无水,至瀚海等砂碛地方,运粮尤苦",遂准商人随军贸易。在随军贸易的商人中,有3个肩挑小贩,即山西太谷县的王相卿和祁县的史大学、张杰。他们3人虽然资本少,业务不大,但买卖公道,服务周到,生意十分兴隆。清兵击溃噶尔丹军后,主力部队移驻大青山,部队供应由山西右玉杀虎口往过运送,他3人便在杀虎口开了个商号,称吉盛堂。康熙末年改名为大盛魁,这就是大盛魁商号的创始经过。

大盛魁的总号最初设在乌里雅苏台,后迁驻归化城(呼和浩特),其经营活动的基本地区是乌里雅苏台和科布多。乌、科两地柜上的店员,在柜上住过3年,学会蒙语以后,就组成若干小组到草原各帐篷售货。基本上是一个店员,再雇一个蒙民,两个人各骑一只骆驼,另用两只骆驼驮货,贩运的商品有砖茶、生烟、洋布、斜纹布及针线之类,走串蒙古包送货上门。夏天卖了货,换成羊马;冬天卖了货,换成皮张。同治时,大盛魁看到茶、烟销路好,为了适应蒙民的口味和运输上的便利,与茶商、烟商一起制出名牌"三九砖茶"和"祥生烟"。而且越做越精细,越做越定型,颇受蒙民欢迎。大盛魁从全国各地贩运商品到蒙古销售,其货物来源主要有三种方式:①随时在归化城市场上采办;②向外地来

蒙古包

归化城销货的客商订购,或向归化城到外地经商者订购;③派人到产地采购。

大盛魁对购货、订货有一套办法。凡买大宗货,合价300银两以下的,现银交易,不驳价,表示厚待"相与"。但如果价高货次,则永不再与共事。大盛魁的这种做法名声在外,也就无人敢来骗它。对于手工业品订货,凡选中的手工业户,世代相传,也不随便更换加工户。当手工业户资金短缺、周转困难时,便借垫银两,予以扶持。这样,大盛魁就取得对这些加工户的手工业产品的优先购买权。大盛魁对"相与"商号每逢账期都要宴请,表示厚待"相与"商号。但宴请时有厚有薄:凡共事年久或大量供货的商号,则请该号全体人员,并请经理到最好的馆子吃酒席;一般的"相与",只请一位客人在较次的馆子吃普通酒席。吃好酒席的,觉着与大盛魁交情厚,引以为荣。而大盛魁则通过这一做法,扩大自身的影响。大盛魁

购销的商品种类很多,自称是"集二十二省之奇货"。[441]例如:

砖茶。主要产地在湖南,大盛魁装砖茶的箱子大小是固定的,有一箱装 36 块的,名三六茶,专销张家口旅蒙商。有一箱装 24 块的,名二四茶,专销归化、包头等地,乌里雅苏台、科布多等地蒙民最喜欢喝。另一种是每箱装 39 块的三九砖茶,大盛魁每年运往蒙古乌、科等地的三九砖茶约 4000 余箱,每箱值银十二三两,总值达 5 万银两左右。

货郎

生烟。主要产地在山西曲沃县。生烟有一定的包装,每囤 180 包,每包 10 两重。大盛魁每年销往蒙古的生烟有 1000 余囤,每囤生烟价值二十三四银两,总值近二万三四千银两。

绸缎。大盛魁每年销往蒙古的绸缎有 4000 匹,洋布和斜纹布共 6000 匹。绸缎中以曲绸为大宗,曲绸以河南曲绸质最优,布匹中斜纹布约占 4/5,因斜纹布耐用,很受蒙民欢迎。

糖。大盛魁每年销往蒙古的糖有 1 万余斤,以冰糖为主。红糖产于广东,白糖、冰糖产于福建。

铁器。大盛魁每年销到蒙古的铁器很多,铁锅来自山西之晋东南和盂县,铁锹来自山西榆次,铁条来自山西长治。铁锅每口银 1 两 8 钱,铁锹每把银五六钱。

蒙古靴子。大盛魁每年运销蒙靴 1 万多双,都是香牛皮制作,品种有全云(花纹)靴,每双银12两;纳闷靴,每双银8两;四忘靴,每双银3两。

木碗。大盛魁每年运销价值银1万余两的木碗往蒙古,木碗产自山西五台山和岚县。蒙民喜欢木制餐具,因为便于携带,且喝热奶、喝热茶不烫嘴。

药材。大盛魁销售到蒙古的药材有两种:一种供喇嘛等治病用,按照72味、48味、24味药分别装成药包,用蒙、汉、藏三种文字注明药名和效用。另一种药是灌牲畜用的。

牲畜。大盛魁从蒙古贩运到内地的牲畜主要是羊和马,据说每年贩运羊最少有10万只,最多可达20万只,每年贩运马最少有5000匹,最多2万匹。像大盛魁这样长期长途贩运羊马的商号,在中国历史上是少有的。

冻羊肉。大盛魁因冬季沿路草少,赶运活羊往内地比较困难,便贩运冻羊肉到北京等地。其运销冻羊肉的办法是将羊宰杀后,剥皮,去头蹄五脏,仅剩两张肉板,剔去骨头,卷成肉卷,夜间把肉放在席子上,一夜冻好后,将肉放在"冰房"里。所谓"冰房"就是四周和顶子用木板搭起,房内的地上泼上冷水,放上冰块。运销时将肉从"冰房"取出包好,不让透风,以保持肉的鲜美。然后用车辆、骆驼等运往销售地。

皮毛。蒙古乌里雅苏台所属唐努乌梁海盛产兽皮,大盛魁用赊货、放贷等办法与猎户进行交换,兽皮一般以貂皮为单位进行折算,如一张猞猁皮、水獭皮或豹皮等于三张貂皮;一张狐皮或狼皮等于一张貂皮的1/2;一张灰鼠皮等于一张貂皮的1/40。大盛魁还结交清政府官吏,在官员每年挑选贡皮时,大盛魁也派人参与其事,并借此获得上等兽皮,因此大盛魁在经营兽皮方面颇有优势,利润也高。兽皮多运往大同加工,制成珍贵皮货运销内地。羊皮大部分走顺德府和交城县,羊毛多销往山西左云、右玉、浑源等地,牛皮多运销张家口。

大盛魁商号极盛时,几乎垄断了蒙古牧区市场,蒙古的王公贵族及牧民大多都是它的债务人。该商号3年分红一次,盛时每股分红可达1万余银两。大盛魁商号是股份制,但它的股本很特殊,除了银股、身股外,还专门另设财神股和狗股。

据说,财神股的来历是:该商号在初创时,营业很不顺利。在过大年的时候,王相卿、史大学、张杰三个人已经揭不开锅,只能喝些米汤过年。就在这个时候,来了一位身穿蒙古袍、背着一个包裹的壮汉,要吃饭充饥。他仨人见是过路人,便热情接待,把自己仅有的米汤让给壮汉喝。这个壮汉喝完米汤后说是出去办点事,便留下包裹走了。此后,这个壮汉再未返回。于是他仨人打开包裹一看,原来是一包白银。以后,多次查访壮汉,亦无下落。他仨人商量后,决定暂时挪用壮汉留下的银子作为商号资本,扩大经营。此后,商号生意十分顺利,赚了不少银两。他仨人觉得在他们最困难的时候,是财神变化成壮汉给他们送来了资本。便把原来那位壮汉包裹里的银数留过,作为财神股,把此股所分红利记入"万金账",作为护本。同时,为了纪念他们创业时过大年喝米汤的日子,规定每年正月初一商号要喝一顿米汤。关于狗股,也有一个故事:据说一次库伦发生灾情,粮价腾涨,库伦分号为了把这一情报报告总号,便让一只狗带信到归化(今呼和浩特),当总号收到狗带来的信后,立即大购粮食,囤积居奇,获得了巨额利润。为了纪念这次生意的成功,特别给狗也顶了股份。还有一说是:一次,大盛魁商号某经理在过草原的途中病倒,便让一只狗返回总号报信,结果救了这位经理的性命,所以给狗也顶了股分。

　　清末,由于沙俄在我国蒙古、新疆和东北地区的侵略活动不断扩大,使大盛魁的营业受到影响,日渐萧条。后来,俄国革命成功,外蒙古独立,大盛魁又丧失了在这两个地方的商业资本和商业市场。加之大盛魁商号后期用人不当,一些掌柜挥霍浪费惊人,侵吞号款事件屡有发生。1929 年,雄踞塞北 200 余年的大盛魁商号终于宣告倒闭,结束了它的历史。[442]

二、日升昌票号

　　票号是清代出现的一种金融机构,而开办最早的票号是日升昌票号,其财东是山西平遥县达蒲村李氏。

　　日升昌票号的前身是西裕成颜料庄,总庄设在平遥,并在北京崇文门外设有分庄。清嘉庆末年,由于社会商品货币经济的发展,埠际间货币流通量大增,而过去的起标运银由于很不安全,已不能适应新形势的需要,西裕成颜料庄首先在京、晋间试行汇兑办法,结果效果很好,便开始兼营汇兑业。道光初年,西裕成颜料庄正式更名为日升昌票号,专营汇兑。票号是很能赚银两的生意,估计从道光到同治年间 50 余年的时间内,财东李氏从日升昌票号分红达 200 万银两以上。

　　李氏经商,对商号的经理实行聘任制,所以李氏最重视对经理的挑选。经

日升昌经理雷履泰故居

理人选一经选定，便任其行事，平时概不过问。只是到结账时，方听取经理汇报，最后分红取利，确定经理是否继续聘任。在经理的使用上，曾经发生过这么一件事情：李氏聘任雷履泰出任票号经理后，对雷十分信任。但是雷氏为人心胸比较狭窄，对票号业务不论大小都亲自过问，不让二掌柜毛鸿翙插手，甚至在他生病时也不放手。毛氏对雷的这一做法很有意见。一次，毛氏趁财东李氏看望雷履泰病情的机会，向财东建议因雷氏病重，可让雷回家休息养病，财东觉得这是对雷氏病情的关怀，便采纳了这一建议。不想雷氏对此做法十分恨恼，暗中通知各地分号结账，准备向财东交待账目后提出辞职。财东李氏得知雷履泰要辞职，便着了慌，急忙到雷履泰家中问候。原来雷履泰认为毛鸿翙想趁他生病之机夺票号业务大权，而财东又采纳了毛氏让雷回家休息的意见，雷又不得不返家休息,故以辞职要挟财东。李氏考虑雷履泰业务能力强,如果他辞职不干,将给票号带来极大的损失。便婉言请雷履泰留任,但雷毫不松口。李氏情急,忙下跪求雷。雷履泰见财东给了自己面子,这才取消辞职打算。从此,财东李氏独信任雷氏,雷履泰也竭尽全力经营,终于使日升昌成为票号中实力最强的一个,为财东李氏赚了大量的银两。

1914年农历九月,在金融界活跃90余年的日升昌票号倒闭,该号之倒闭"于全国金融影响甚大"。《大公报》上曾有人撰专文分析其倒闭之原因,兹节录其文于下:"日升昌至道光年间改为汇兑业,其东家李姓,山西平遥人。同、光年间,其营业之发达,实为同行之冠,各省设立分号二十四处,其殷实可知。以如此殷实之票号,忽然一败涂地,其倒闭原因有以下数端:①日升昌营业之中心点,在南不在北,南省码头最多,两次革命均受很大影响,此其一也。②日升昌之款项,未革命之先均分配在南省。自革命后各省纸币充斥,现金缺乏,由南省调回现金,往返折扣,每百两亏至三十五两及五六十两。此种亏耗实足令人惊异,此又一也。③日升昌当革命时,欠外数目约五百万,欠内之数七八百万,出入相抵,有盈无绌。然欠内之数目,成本已付诸东流,遑论利息。欠外之款项,该号为支持门面,维持信用起见,三年之中均未停利,此项亏耗又其一也。以上

平遥日升昌

三项,均该号中亏折之远因。所以关闭如此之速者,尚有种种之近因。第一种之大原因为广西之官款。广西官府催迫甚急,动辄率兵威胁,计一年之中提取十余万两,犹日日前往催取。第二,该号之正经理为郭斗南,副经理为梁怀文,就资格论梁应居正。惟梁为人公正朴实,自革命后对于东家提用款项极力阻止,因此不能得东家之欢心,梁无可奈何遂于去岁出号。梁在号中素为大家所推崇,梁去人心为之瓦解。第三,京号经理因号事吃紧,托病回晋,一去不归。有此三种近因,日升昌遂乃一败涂地。"[443]

三、蔚泰厚票号

蔚泰厚原是介休侯氏开办的绸缎店。地址在平遥县西街,与著名的日升昌票号只隔一个小烧饼铺。侯氏眼见日升昌由颜料庄改为票号后生意兴隆,十分眼红,但苦于无人能够经营票号。恰巧这时日升昌副经理毛鸿翙与经理雷履泰闹意见,毛受到排挤,侯氏就趁机把毛鸿翙拉了过来。道光十四年(1834)蔚泰厚正式改组为票号,由毛鸿翙(平遥邢村人)任总经理。毛氏感谢侯财东对他的赏识,一心与日升昌决一雌雄,锐意经营,使票号业务蒸蒸日上。毛又用加官晋爵办法,将日升昌熟悉业务的伙友郝名扬、阎永安拉过来。仅仅一年功夫,蔚泰厚由于毛氏的精心经营,业务得以突飞猛进。蔚泰厚又请超山书院山长徐继畲帮助制订了严格的号规,对财东、经理、伙计职责、结账、伙友探亲、账簿、函信等管理均有明确规定。蔚泰厚有了比较完整的规章制度,基础愈加雄厚,声势愈加显赫。一纸汇票传千里,几十万两银子立可取,资金雄厚,业务繁荣,利润倍增。下面是蔚泰厚咸丰九年(1859)、光绪五年(1879)账期红利统计:

咸丰九年(1859),资本30000两,红利82499两,每股分利4660两。

光绪五年(1879),资本135140两,红利214438两,每股分利6066两。

蔚泰厚票号经理在毛鸿翙之后是范友兰(平遥人),范以后是赵星垣(介休张垣人),赵以后为毛鸿翰(平遥梁村人),毛以后为杨松林(平遥曹村人)。蔚泰厚约在1916~1917年间倒闭歇业。[444]

四、蔚丰厚票号

蔚丰厚票号是介休贾村侯氏开办的又一票号。道光十九年(1839)开设,总号在平遥县城内西大街,后设分号于京、津、汉口、沙市、上海、常德、长沙、扬州、江西、成都、重庆、三原、兰州、肃州、迪化（乌鲁木齐）、包头、哈尔滨等处。该号资本银17万两，每股以1万两作股，加上人力股俸，共入银股50余股。所聘经理先后是阎永安（平遥人）、宋宝藩（清源人）、范凝晋（平遥人）、侯绍德（介休贾村人）、范定翰（平遥人）。初创时每年可净获利3000~5000两，光绪年间达到年获利20万两左右。该号专营汇兑、放款、贴现以及信托等事，以"信义勤俭"为经营宗旨，职员不得兼顾他业。

庚子事变后，蔚丰厚在西北陕、甘、新一带的分号获利颇丰。光绪三十四年（1908），甘肃大荒，各省募捐达百十万之巨，该号悉数陆续承汇。是年官钱局发生风潮，纸币兑现无法维持，甘肃地方共有4家票号，均各观望。后官府邀请蔚丰厚经理张宗祺，请该号出面维持。张慨然应允，挺身担任，负责代兑，随即解决纸币涌兑之风，不数日恢复原状。

民国之初，虽遭损失，尚可照常营业。1915年，蔚丰厚北京分庄经理郝登五（平遥人）出面，联合同仁，随时局变迁，改组为蔚丰商业银行。1920年公推傅善公为经理，扩充营业，招添新股，经营七载，虽无红利，也无亏折。1921年受时局变化，宣告停业。

五、大德通票号

大德通票号是由祁县乔家堡乔氏在中堂创办，其前身是大德兴茶庄，约咸丰时已兼营汇兑，同治初年专营汇兑，光绪十年（1884）四月正式改名为大德通票号，总号设在祁县城内小东街，1937年"七七事变"后，总号迁北京。

总号设有总经理、协理。下有坐柜一人，会计、文牍、外勤各三四人，另有学徒二三十人。总经理高钰，祁县子洪人；协理高章甫，祁县西六支村人。最初资本6万两，中期增至12万两，最后增至35万两。在北京、天津、张家口、石家庄、沈阳、营口、呼和浩特、包头、济南、周村、周家口、正阳关、三原、上海、汉口、沙市、开封、常德、重庆、苏州等地设有分号。各分号工作人员不多，一般为六七人，到20世纪30年代改为银号后，分号人数才增至二三十人。

大德通票号营业范围有存款、放款、汇兑三项。存款又分往来存款与定期存款两种：前者是商家浮存，随市面之变化，临时定日利，但存款利率较市面利率为小；后者则有定期一年者，亦有定期一、二、三、四、五、六月者，存户如在存款到期之前提取利息，须立一借据。存款利息比较低，利率一般是二三厘，最多

大德通票号牌匾

四五厘。放款又分信用放款与抵押放款两种:前者于放款时须立一字据,亦有随市面习惯办理者,其日利随市面而定,定期者较高,活期者较低;后者抵押货物,须订立合同,执其凭单,验明货物,押品如系不动产,则须执其红契,并立字据,由承还保人垫还。大德通票号对放款对象调查的很仔细,诸如用款项目等都了解的很详细。放款期限很少有一年的,大多是几个月。汇兑有以下六种情况:①同业对交。各凭各信,不立字据,汇水随市面松紧,临时酌定。②迟票。除以兑期应加汇水外,所占之期,按月估算递加之。③兑条。手续于定汇之后,立一对条,齐中剪为二纸,汇款者持上半页,承汇者将下半页寄往所汇之地点验兑交付之,即不找保立收据亦可。④信汇。各凭各信,字号对字号,收款人凭汇款人信,持信向汇入地票号取款,票号如接到交款通知,即行付给,汇水(汇费)随行市。⑤汇票汇款。凭票给付,汇水随行市。⑥电汇。如用明电,见电后找殷实承保户担保后取款。如系各家之密电,取款手续亦与明电同,电费均由汇款者负担。汇费并没有固定数额,一般因人而异,由票号与顾客面商而定。大致在交通方便地方汇费为千分之二三,交通不便地方汇费可达千分之二三十,甚至千分之七八十。电汇费用又高于票汇、信汇。

大德通票号与官场交往甚密。经理高钰与户部尚书赵尔巽堪称密友,票号在财政上支持赵,赵也给票号许多方便之处。陕西巡抚端方,曾派兵为大德通护送镖车。高钰与雁平道恩大任、朔州知事徐葆生称兄道弟。庚子事变,慈禧太后逃往西安,途经祁县,行宫就设在大德通票号。

大德通票号号规十分严格。较好地保证了号内工作秩序。下面是大德通票号光绪十一年至十五年(1885~1889)分红统计:[445]

共获利24723两,共银身股29分7厘,每股以850两开:

乔在中堂银股12分,应分红利10200两

乔保和堂银股1分5厘,应分红利1275两

乔既翁堂银股2分5厘,应分红利2125两

乔保元堂银股1分5厘,分红利1275两

秦九德堂银股2分5厘,分红利2125两

马培德人股1分,分红利850两

李翰辉人股1分,分红利850两

申鸿图人股7厘,分红利629两1钱7分

郭聚瑞人股6厘,分红利510两

罗映耀人股6厘,分红利510两

郭师舆人股5厘,分红利425两

王振铎人股5厘(13年正月至年终),分红利172两2钱1分

张海瀛人股4厘,分红利340两

许廷全人股4厘(13年正月至年终),分红利137两7钱7分

郝荃人股3厘,分红利255两

史锦章人股3厘,分红利255两

高钰人股3厘,分红利255两

刘应升人股3厘,分红利255两

高焕楷人股3厘,分红利255两

吕永和人股2厘,分红利170两

王敦明人股2厘,分红利170两

冯嵩年人股2厘,分红利170两

范涛人股2厘,分红利170两

许廷柱人股2厘,分红利170两

赵调元人股2厘(13年正月至年终),分红利68两8钱8分

辛亥革命推翻了清朝统治,大德通票号已不能适应形势的变化,业务每况愈下,勉力维持。既而民国政府冻结白银,改革币制,汇兑业皆被官办银行夺走,商办票号已难吸收存款,遂于20世纪30年代改组为银号,又改为钱庄,一直惨淡经营到1949年。[446]

六、天成亨票号

天成亨票号原本为天成绸布货行。同治初年,总经理为平遥县北娃庄武子健,协理为县城人侯王宾。同治三年(1864)改组为票号,武氏结束货业,公举侯王宾为经理。原初财东为介休县张兰镇马辙林,后票号渐兴,另添介休北贾村侯家资本银5万两,共计银股20股,马氏3股,侯氏17股,每股银3000两,人力股共7股多,改牌匾曰天成亨票号,设分庄于北京、天津、两湖、陕甘、河南开封、新疆等地,用人百余位,议定每四年结账一次。侯经理业务精熟,持筹得宜,首次账期人银股每分为利银1000多两,余数作号中财神股俸,以后每账期获利三、四、五、六、十千两不等。

侯氏故后,举介休张兰镇张树屏(字建善)为经理。光绪二十四年(1898)开过余利7000余两,银股为6000两,人力共加至20多股。光绪二十八年(1902)人银股开12000多两。张氏下世,又举平遥东游驾村人周承业(字敬斋)为经理。不数年间,清廷灭亡,时局大变,土匪蜂起,各分号遭受损失,汉口、成都、西安三处被匪劫银百十万两,待大局抵定,统算损失二百数十万银两。欠外陆续归清,外欠难指半数。整理数年,难复信用。1918年周君下世,又举侯定元为经理,改组为银号,经营三载,勉力维持。不料1921年受本地钱铺买卖俄钞亏累,不久侯定元又去世,从此歇业。[447]

七、合盛元票号

原为茶庄,道光十七年(1837)改为票号,财东是祁县荣任堡郭源逢和祁县城关张廷将(大盛魁商号创办人张杰后裔)。合盛元最初股金白银为6万两,总

号设在祁县城内西大街西廉巷。首任经理梁寿昌，先后在北京、天津、太原、奉天（沈阳）、营口、安东（丹东）、西安、开封、上海、安庆、汉口等城市设庄。随着业务的发展，股金发展到10万银两。到19世纪80年代后又发展到50万两，公积金650万两，加上吸收的存款，周转资金可达1000万两。

合盛元票号的发展，该号后期的财东郭崶、经理贺洪如等立下了汗马功劳。甲午战争（1894）爆发，东北局势混乱，票号业务受损。郭崶、贺洪如慧眼识英才，委派年仅18岁的申树楷（字培植，1876年出生，祁县申村人）任东北营口分号经理。申氏力挽狂澜，使营口票号转危为安，重振业务，并进而以营口为基地，不仅在东北与日商、俄商竞争，而且还抓紧时机向国外发展。

光绪二十二年（1896）合盛元票号在安东（丹东）设立分庄后，又在被俄国势力控制的朝鲜新义州设立了代办所，开始了国际汇兑业务。光绪二十六年（1900）新义州代办所改称合盛元支庄。光绪三十年（1904）日俄爆发战争。次年，俄国战败被迫放弃在朝鲜的特权，并与日本在东北重新

合盛元印记

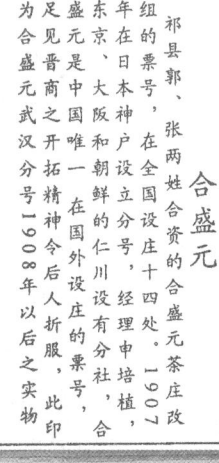

合盛元

祁县郭、张两姓合资的合盛元茶庄改组的票号，在全国设立分庄十四处。1907年在日本神户、大阪和朝鲜的仁川设有分社，东京、大阪和朝鲜的仁川设有分社，合盛元是中国唯一在国外设庄的票号，此印见晋商之开拓精神令后人折服，此印为合盛元武汉分号1908年以后之实物。

划分势力范围。合盛元票号在夹缝中求生存,求发展,先后在四平、哈尔滨、齐齐哈尔、黑河等地设立了分庄,并进而向日本本土发展。[448]

下面我们将合盛元在日本设立银行的经过作一介绍。据合盛元票号总经理贺洪如说,该号在日本设庄的缘由是:

窃惟银行为商业交通之机关,故东西各国咸重视之,保护维持著于法律……溯自中外互市以来,我国商业进而为世界之竞争,外人辇货东来、载资西去者日益加盛,而各国之在我国设立银行者遂相踵起。由所以推,则银行与商业之关系,良可烛见……查我国何祇有通商银行一区,近来户部、信成二银行均甫开办,然调盈济虚,商界获益,已非浅鲜。惜仅推行于内埠,未能增设于外洋。况我国之在东西洋以及南洋群岛从事工商业者实繁有徒,且近岁留学欧日之学生不下万人,固无本国银行,其存放汇兑无不仰外人鼻息,困难杂出,遗恤漏卮。[449]

合盛元票号要在日本设分庄,可谓有胆有识。他们向日本政府提出了在日本开办银行的申请。光绪三十二年(1906)合盛元向日本国正式递交了在日本神户开办银行的申请书,其书内容如下:

清国银行营业认可申请书

兵库县神户市内海岸通二丁目三十八番屋敷

商号合盛元银行

支配人申培植

——名称合盛元银行支配人

——本店所在地清国山西省太原府

——支店所在地神户市内海岸通二丁目三十八番屋敷

——出张所在地东京市神田区骏河台神保町四番屋敷

——支店资本金额金五十万元

(略)

明治三十九年　月　日

右

申培植

大藏大臣坂谷芳藏阁下[450]

但是,日本政府并不轻易允许外国人在其领土上设立银行,尤其对华商百般刁难。为此合盛元贺洪如、申树楷于光绪三十二年（1906）数次奔赴日本，多方奔走，在清政府驻日大使和旅日侨胞、留学生的帮助下，终于在光绪三十三年（1907）四月三十日在日本神户设立了合盛元神户支行。开业之际，合盛元在日本报纸登载了广告。下面是日本明治四十年（光绪三十三年，1907）六月十日神户《又新日报》登载的合盛元支店开业广告（译文）:[451]

今经大藏大臣批准新设神户支店从本月十日营业银行一般业务，本行在清、韩两国之枢要地已设有70余所支店，恭请光临，汇兑、存取等尤为便利，欢迎爱顾，称奉恳愿候敬白

　　　　清国山西省　合盛元银行
神户市海岸通三丁目三十一番邸（电话28号）
明治四十年六月

　　　　　　　神户支店
　　　　　　　　支配人　申培植
创立大清道光年距今71年前
资本金50万两
积立金650万两
支店所在地清国枢要地32个所

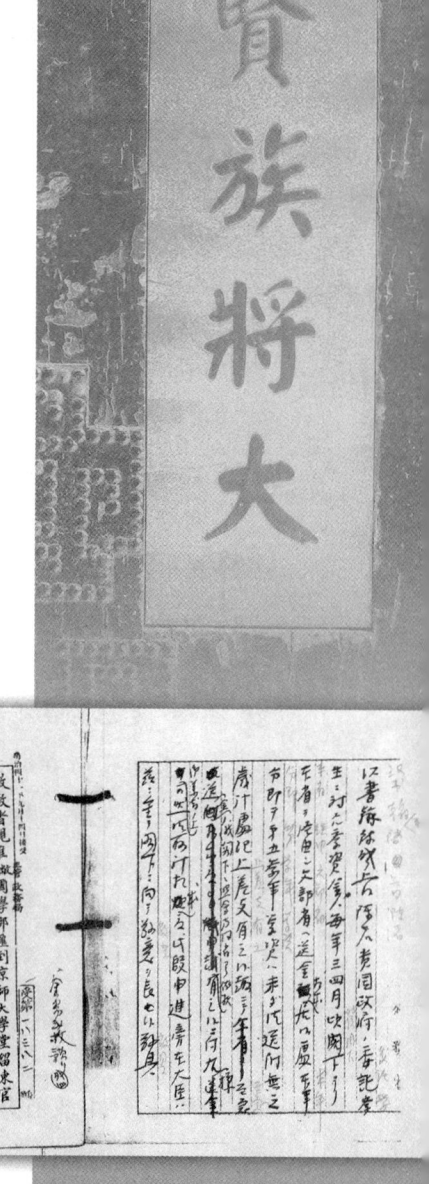

日本存合盛元档案资料

半年后，合盛元票号又先后在日本东京、横滨、大阪及韩国仁川设分庄。是年《大公报》登载《合盛元创设日本东京、横滨、神户、大阪各处支庄告白》称:[452]

启者，近来环球大通，商务争盛，而国家特设专部鼓励讲求，惟我商人亦须及时起发，以图扩充。乃观各国银行来吾邦开设者甚多，其晋之汇业一途亦与银行所司无异，然独不能出洋半步，良可慨也。(本号)有鉴于此，因特选派要人，提出重款，先渡东洋各处创设支庄。奈彼之政令不准外人在东京私立此业，必报政府许可方准开办。于是自去秋东渡，迄今半载，案牍冗繁，信札款寄，各署报告，其费固不待言，尚蒙我国领事及诸友谊从中维持，而日政府始允我号在东京、横滨、神户、大阪等处开设。凡我同胞此后东游日本及从彼回宗国者，如兑银洋各项兼托办事件，皆可竭力关照，额外克己。如蒙光临小号，在中华各口岸皆有分庄，随地皆可接待。特缘远渡重洋，初创此业，恐未周知，而登报声明。此咨。

山西太原府祁县合盛元寓天津市街嘉兴里内谨白

合盛元票号在日本从事国际汇兑，向外商提供金融信用，对侨胞特别是中国留学生给予特殊照顾和优待。清季中国留日学生在光绪二十二年(1896)有13人，以后逐年增加，光绪三十一年(1905)清朝废除科举制，中国留日学生达到8000余人，光绪三十三年(1907)后留日人数有所减少，到光绪三十五年(1909)中国留日学生约5000余人，合盛元票号从在日本开办支店以来，一直承担着留日学生学费的汇兑业务。日本外务省档

合盛元在日本的开业广告

案馆现仍保存着明治四十一年(1908)由合盛元票号汇兑中国留日学生学费的档案资料,下面是清朝驻日大使胡惟德给日本外务大臣的函:[453]

敬启者现准敝国学部汇到京师大学堂留东官费生等第五年学费金一万六千七百七十二元,兹特送上合盛元银行小切手二纸,计金额一万六千七百七十二元,即希贵大臣察收转交

文部省并即见复为荷专此敬颂

时祉

大日本外务大臣伯爵小村寿太郎阁下

　　　　　　　　大清钦差出使大臣胡惟德　章

下面是日本外务大臣小村的函件:

清国委託学生第五年分

学资金一万六千七百七十二元合盛元银行汇票二张,由清国公使159号文转送来,领受及请回送候条,该公使方可转送

明治四十一年九月二十四日

　　　　　　　　在本邦　　小村大臣

合盛元票号不仅为留学生汇兑学杂费,还对海外侨胞给予汇兑等照顾和优待。

这里应指出,合盛元票号不惧风险,远渡重洋,设立支庄,开创了我国金融机构向海外设庄的新纪元。

合盛元票号在贺洪如、申树楷等的积极带领下,经过全体同仁的努力,业务日益繁盛,仅光绪三十三、三十四年(1907、1908),全年汇兑总额就在2000万元以上。即使在甲午战争后到辛亥革命前的逆境中,仍然得以发展,每次账期分红利每股最多达14000银两,少者也有8000银两。清王朝垮台后,军阀混战,山西票号损失惨重,纷纷倒闭,合盛元也未能幸免,终于在1914年宣告歇业。[454]

八、协同庆票号

该号财东是榆次聂店王家和平遥县王智村米家,咸丰六年(1856)创立于平遥南大街。协同庆票号最初资本仅36000两,而先已开办之大票号资本少则十几万两,多则二十几万两。尽管如此,协同庆且"以区区万金,崛起于咸丰末

叶"。著名票号商李宏龄认为：这是因为"得人独胜者，厥惟协同庆一业"。[455]

原来协同庆之成立系两位青年干才推动之结果。先是刘庆和(字肃斋)，因家贫，15岁辍学就商，曾在蔚泰厚票号学汇兑，后因太平天国革命爆发，江南大乱，各票号纷纷撤庄和裁减人员，刘便与同号好友孟子元离开蔚泰厚票号，并决心不再甘居人下，而另立门户。他们先经人介绍找到榆次聂店村富商王家，王家主持家务的王栋正愁办票号无合适人选，一见他俩曾在著名的蔚泰厚票号做过事，熟悉票号业务，是个人才，立即聘用刘、孟二人，由王氏联合平遥县王智村米家，二家共同投资办起了协同庆票号。王、米二家见刘、孟年轻，怕难当重任，乃请年长的陈谦安出任经理，刘、孟相助，刘、孟只好以忍为上，以图来日。陈老成持重，但缺乏魄力，主持号事二年余，票号业务平平，盈余不大。不久，陈去世，刘、孟得受重任。时孟年近不惑，财东以孟

协同庆

年长，先请孟任经理。孟为人开明豁达，知人善任，重视选拔人才，除刘为契友外，如陈子弼、雷文山、梁廷绍、温仲献、张星斋、雷润堂等，皆为干才。特别是对赵厚田，孟一见倾折，拔之寒素，予以重任而不疑。后来，赵冒险姑苏，急难兰州，奔

波于成都、重庆二十余年,能使全局营业一直发达,皆赖赵氏之力。"得人者昌,政界固然,商界何独不然!"[456]协同庆在孟氏的苦心经营下,日益兴隆。大局甫定,惜孟氏积劳病故,不克坐观其成。继任者刘肃斋,其人工心计,善运筹,凡孟所布置一仍其旧。营业发达,与年俱进,独以四川为最。赵厚田往来于成渝,酌盈济虚,信用特著。蜀中富豪几以该号为储蓄府库。但刘之用人,以视孟之知人善任相去甚远,又以赵厚田能力过人,性情刚直,病其不附己,未免对赵稍有芥蒂,但还是以振兴协同庆在川票号的大局为重,起而用之,蜀地之业务,与赵推心置腹。由此看来,王、米二位财东对刘庆和的任用,也不失为知人善任。

光绪十六年(1890),刘去世。时协同庆票号资望相当者颇不乏人,但财东独致电赵厚田,授以全权,出任总经理。此时协同庆已开业30多年,在北京、天津、张家口、开封、西安、上海、汉口、长沙、福州、厦门等31处设有分号。分号林立,伙友众多,且遍布各商埠,难免积弊丛生。赵上任后,首先裁节浮靡,滥竽充数者悉罢免,是人才者举而用之。不徇情不蔽贤。赵平时好读史鉴,每论古今中外兴亡之得失,辄中窾要。时中日纠纷迭起,赵尝谓:"国家粉饰,承平海疆,不久恐有事,决意举闽、粤各庄先行撤回,连号之不能自立者,亦拟分期裁撤,以免唇亡齿寒。"光绪十九年(1893)冬月赵一病不起。不数月中日甲午战争爆发,赵之忧深虑远,绝非偶然。赵氏去世后,财东王氏见协同庆日趋败落,赶忙抽走资本,另谋生财之道去了。协同庆成米氏一家独股。协同庆执事继起者,大率按部就班,已非应变之才。故不到10年,一误于连号之牵掣,再误于大肆铺张,号规难振,人心溃散,轰轰烈烈之事业竟一落千丈。辛亥革命爆发,协同庆各地分号经理伙计见大势已去,一个个趁机席卷而逃。所剩无几的财产也遭到乱兵抢劫。接着,一批批债主从各地涌到平遥总号,坐索存款。时财东米氏当家的人称"米七少",被债主告到平遥县衙门。米先已得到风信,便携带其母潜逃到介休北辛武村冀家躲藏起来。冀家"笃信堂"当家的冀师曾与米七少系表兄弟,米氏寄人篱下,恶习不改,仍挥霍无度,吸食鸦片,只靠变卖财产维持,不久将祖上遗产变卖一空,就连豪华一时的楼阁院庭也拆卖成一片废墟。米七少与其母最后都在穷困中死去。股东王家,从票号抽出资本后,改为投资盐业、烟铺、杂货等,但无奈其后人不争气,无不染上吸毒嗜好,只有靠变卖家产为生,王氏最后一代当家人王奇,竟沦为乞丐,饿死街头[457]。李宏龄对协同庆之盛衰感慨地说:"统观始末,其成败得失,皆系乎人,人存则举,人亡则废,凡事皆然。"[458]

九、六必居酱园店

六必居酱园店设在北京,相传创自明朝中叶,挂在六必居店内的金字大匾,相传是明朝大学士严嵩题写。六必居原是山西临汾西杜村人赵存仁、赵存义、赵存礼兄弟开办的小店铺,专卖柴米油盐。俗话说:"开门七件事:柴、米、油、盐、酱、醋、茶。"这七件是人们日常生活必不可少的。赵氏兄弟的小店铺,因为不卖茶,就起名六必居。

六必居最出名的是它的酱菜,它也是北京酱园中历史最久、声誉最显著的一家。六必居有十二种传统产品,它们是:稀黄酱、铺淋酱油、甜酱萝卜、甜酱黄瓜、甜酱甘螺、甜酱黑菜、甜酱仓瓜、甜酱姜芽、甜酱八宝菜、甜酱什香菜、甜酱瓜、白糖蒜。这些产品色泽鲜亮,酱味浓郁,脆嫩清香,咸甜适度。六必居的酱菜所以出名,与它选料精细、制作严格分不开。六必居酱菜的原料,都有固

六必居

定的产地。六必居自制黄酱和甜白酱,其黄豆选自河北丰润县马驹桥和通州永乐店,这两个地方的黄豆饱满、色黄、油性大。白面选自京西涞水县,为一等小麦,这种小麦黏性大,六必居自行加工成细白面,这种白面适宜制甜面酱。六必居制作酱菜,有一套严格的操作规程,一切规程,由掌作一人总负责。比如酱的制作,先把豆子泡透蒸了,拌上白面,在碾子上压,再放到模子里,垫上布用脚踩 10~15 天,然后拉成三条,剁成块,放到架子上码好,用席子封严,让其发酵。在发酵后期,还要不断用刷子刷去酱料上的白毛。经过 21 天,酱料才能发好。正是这种严格的操作规程,保证了六必居酱菜的质量。

六必居在经营管理上也有一套办法。六必居几百年的经营经验,有一条是任何人不准超支或长支店内资金,对外经营也不欠债。如道光二十六年(1846)重订伙规条款明文规定:

东伙俱不须悬挂借贷银钱。倘有借贷,惟管事者是问。

银东支使钱文随时扣除,伙计支使银文,临回里之时须要还清。

银东按五厘定支,伙计按六厘定支,自定支之后,不得越支。

银东支使银两按两季开付,伙计支使银两按四季开付,不准早支。

六必居还规定,店内不用三爷(即少爷、姑爷和舅爷),前店柜台人多是山西临汾、襄汾县人。

由于六必居经营有方,酱菜制作保证质量,特别重视商品的社会信誉,因而尽管饱经沧桑,却历久不衰,在群众中享有很高的信誉[459]。

十、广升药店

山西省太谷县广升药店的前身是广盛药铺,约创办于明代嘉靖年间。广盛药铺原是到太谷县行医的某大夫开办,后被当地地主杜氏所侵吞。清朝嘉庆年间,药店改组,新增姚聚等人入股,药店遂更名为广升(聚记)药店。

广升药店出售的自制中成药龟龄集和定坤丹,在历史上很有名气,现在仍然驰名海内外。这两种药原来都是宫廷药品。据说龟龄集是明代方士向嘉靖皇帝朱厚熜进献的一种长生不老药。后由方士陶仲文的义子太谷县陶某将配方抄出,又经太谷药铺修改定名为"龟龄集",从此流传于世。当然,说此药能长生不老纯属方士骗人。但此药确有增进人体新陈代谢,调整各部机能,加强血液循环,滋阳补肾作用,尤对年老体虚者疗效良好。定坤丹是专治妇女经血不调

广升印记

的中成药。清朝宫女一般是15岁入宫,25岁才能出宫婚配。长期的宫禁生活,使大多数宫女精神忧郁,体力虚弱,身患经血不调之症。乾隆四年(1739),太医院集全国名医修《医宗金鉴》,同时拟出治疗宫女经血不调的药方,即定坤丹。但因此药方不能外传,故《医宗金鉴》未收入。后来,太谷籍监察御史孙某,因母病从太医院抄出此方。从此,定坤丹也流传于世。传说,咸丰二年(1853),太平天国派军北伐时,天王洪秀全曾命北伐军攻占山西后,要保护好生产龟龄集和定坤丹的太谷广升药店。后来,北伐军因孤军作战失败,天王关于保护好太谷广升药店的命令虽未能实行,但由此可见,广升药店出售的龟龄集和定坤丹影响之深远。

广升(聚记)药店从嘉庆年间改组后,到光绪初年是它的迅速发展时期。当时,汉口是川广药材的集散中心,怀庆(今河南沁阳)是生地、山药等药材的主要产区,广州是中西药品的进出口岸。广升(聚记)药店先后在汉口、怀庆、祁州(今河北安国)、禹州(今河南禹县)、广州等地设立了分店。同时,自制销售的丸散膏丹也发展到十多种,如治霍乱的"麝雄丸"、治时疫的"玉枢丹"等均负盛名,销售颇佳。至于龟龄集、定坤丹则更是该店生财的灵丹妙药,尽管这两种药当时产量较低,龟龄集年产仅500瓶,定坤丹年产仅300盒,但因价格奇昂,每瓶(盒)平均需银2两左右,使该店收益不小。

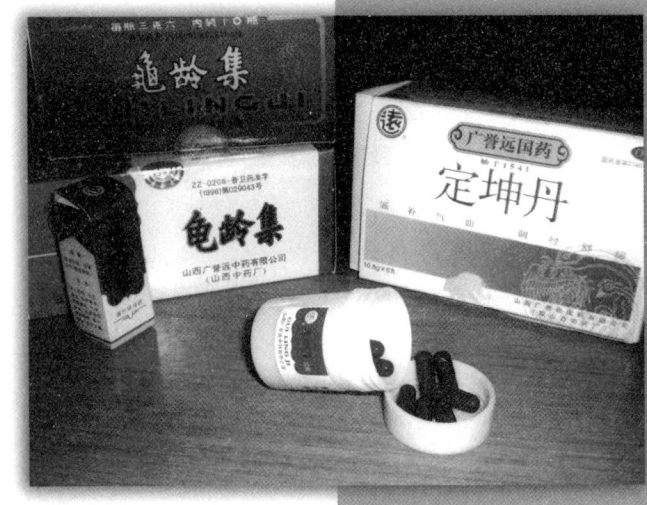

龟龄集、定坤丹

光绪四年(1878),广升(聚记)药店又进行了一次改组,药店更名为广升蔚,资方包括杜、段、申氏等,而药店实权被段氏所掌握。

光绪十一年(1885),广升蔚店的资方内部产生矛盾,又进行了第三次改组。申氏带领七家股东退出广升蔚,另组成广升(远记)药店,或称广升远药店。从此,两广升分道扬镳,各奔前程。

广升远首任经理申守常,精明强干,药店在他的主持下发展很快。雄厚的资本是经商的物质基础,申氏首先设法广为吸收游资,扩充药店资本。接着,积极向外扩展,开设分店,如在营口、济南、重庆、烟台等地也都设立了分店。此外,积极扩大龟龄集、定坤丹的销售市场,使这两种药的销售地区由原来的山西、河北、河南、广东等地,又扩大到东北、西南各省和南洋一带。有人估计,广升远从成立到1930年,盈利在70万银两以上。

但是,广升蔚却与广升远相反,由于经营不善,每况愈下。光绪三十三年(1907),吸收太谷巨绅孟广誉入股资金9000两,又将店名改为广升誉。但药店经营并未改善,仍然连年亏损。1918年广升誉再次改组,更名为广升誉(正记)药店。终因经营不力,与广升远相比,营业一直处于劣势[460]。

十一、义泉泳与杏花村汾酒

汾酒历史悠久。《北齐书》卷11载:"河南康舒王孝瑜,字正德,文襄长子也……初孝瑜养於神武宫中与武成同年相爱……及武成即位,礼遇特隆,帝在晋阳敕手之曰:'吾饮汾清二杯,劝汝於邺酌两杯。'汾清,即汾酒。宋代的汾州甘露堂酒、元代的汾州乾和酒、明代的羊羔酒,同为汾酒之别名。明人王世员称:"羊羔酒出汾州、孝义等县,白色,莹彻如冰,清美饶风味。"汾酒产汾阳县杏花村,以高粱为主要原料。清乾隆年间汾阳名士曹树谷曾作《汾酒曲》赞云:

味彻中边蜜样甜,瓮头青更色香兼;
长街恰付登瀛处,处处街头揭翠帘。
甘露堂皇酿法疏,空劳春鸟劝提壶;
酒人好办行春马,曾到杏花深处无。
神品真成九酝浆,居然迁地弗能良;
申明亭畔新淘井,水重依稀亚蟹黄。
沽道何妨托一厘,家家酿酒有新传;
当垆半属卢生裔,倾酒情深懒学仙。
玉瓶不让谷溪春,和入青韶味倍纯;
最是新年佳酿熟,逢逢铁鼓赛郎神。
琼酥玉液漫夸奇,似此无惭姑射肌;
太白何尝携客饮,醉中细校郭君碑。
火候深时融辣味,酒花园处寄遐情;
曲生元曼谁能作,千古随园有定评。
无限闲愁付酼醺,停杯坐对卜山青;
老王记得高王语,两字汾清补酒经。

由诗可知,汾酒色香蜜甜,申明亭畔新淘之井,水质好,近似秦州蟹黄水,以此水酿酒,斤两独重,酿酒者多卢姓,汾酒胜过琼酥、玉液,饮后可使人的肤色如同姑射山仙女肌肤一样美。

1915年汾酒获巴拿马赛会一等金质大奖,制作坊是汾阳杏花村义泉泳酒坊。义泉泳的前身是开办于光绪元年（1875）的杏花村宝泉益酒坊。宝泉益财东是汾阳城内绅士王协舒，聘任润玉为经理。光绪八年（1882），王协舒将酒坊转其弟王协卿经营。王协卿接管后，聘深悉造酒术的孝义县人杨德龄为经理。清末杏花村能与宝泉益相竞争的酒坊只有德厚成与崇盛永两户。王协卿为扩大业务，与德厚成、崇盛永采取了利益分成、风险共担的联合经营方式。三家合并后，酒坊改名为义泉泳。同时整顿店规，调整人事，由大掌柜杨德龄、二掌柜韩瑞符、三掌柜曹庭辅、四掌柜张爵轩、五掌柜张祥甫组成了干练的管理集团，形成了"人吃一口锅，酒酿一井水，铺挂一张牌"的新格局，推动了生产，提高了质量，终于在巴拿马赛会获大奖。从此汾酒名扬海内外。王协卿为此请汾阳籍举人申季北执笔撰写了《申明亭酒泉记》，并在申明亭旁勒石成碑。其碑文云：

汾酒之名甲天下，而以申明亭为最。北齐武成驻晋阳，手敕河南王孝瑜曰，吾饮汾酒二杯，劝汝邺酌两杯。唐宋延清诗云，借问酒家何处有，牧童遥指杏花村，皆谓此也。距郡城东北三十里近卜山之麓有井泉焉，其味如醴。河东桑落不足比其甘馨，禄俗梨春不足方其清冽。相传曾有仙人酣饮于此，送得酒泉之目。自晋唐以来，开设酒肆历有年所。大清光绪中，邑绅王姓因其故址轩敞其门楣轮囷，其亭馆之左右焕然一新。曾几何时井水犹是，而风帘屡更。岁乙卯，王东协卿慨然兴起，独力整顿，易其名曰义泉泳，延子久杨君、瑞符韩君、廷辅曹君、爵轩张君、祥甫张君等法酒正五齐之式，用酒官六物之监，黍稷必丰，其材曲蘖

义泉泳广告并汾酒图像

必洁,其母佳酿之誉,宇内交驰。凡王公士庶,逢月夜花辰,莫不以争先一酌为快。虽荥阳之土窟,富平之石梁,不足过也。越明年丙辰,巴拿马赛会,航海七万里,而遥陈列其间,冠绝岛国,得邀金牌之奖,于是汾酒之名,不惟渐彼于东西亚欧,并且既讫于南北美洲,遐尔朋好争艳美之,题匾相赠者不一而足。丁巳之春,耆老人士复相谋与,此乡邦之名胜,不可以不志,协卿余及门也,以其事来谂爰,叙其始末,刊诸贞珉,申明亭酒泉得与卓文君酒垆,李太白酒楼鼎立,而垂诸千古,岂不懿欤。

义泉泳所产汾酒获巴拿马国际奖后,名声大振,销路益畅,获利颇丰。1919年太原成立晋裕汾酒有限公司,义泉泳与晋裕公司建立了生产与销售的合作伙伴关系,义泉泳大掌柜杨德龄兼任晋裕公司经理。义泉泳生产的汾酒全部由晋裕公司包销。1926年,由于产销价格矛盾,义泉泳与晋德公司的合作破裂。此后,杨德龄脱离义泉泳专任晋裕公司经理,义泉泳另两位掌柜曹庭辅、韩瑞符等也脱离义泉泳,到晋裕公司任职。义泉泳酒坊从此元气大伤,经营日渐萧条。1932年义泉泳终于被晋裕公司挤垮,其房产、古井、招牌、生产工具全部被晋裕公司收购。1937年,日军入侵山西,晋裕公司生产之酒被抢掠一空,公司被迫歇业。抗战胜利后,由于当局对酒类实行管理,晋裕公司一直未能振作,只是苟延残喘。1947年终因原料奇缺,晋裕公司酿造厂被迫全部停产。

十二、益源庆与美和居醋坊

醋,是我国人民生活中经常食用的一种调味品,山西人对醋尤为偏爱。山西人喜醋,笔者以为与山西地理环境有关,山西土壤中含钙离子等碱性物质成份多。山西人多食醋有利酸碱中和,平和脾胃,对减少患结石等病症有一定作用。同时醋用于烹调,可增添酸味、香味、鲜味,去腥除异,增强食欲,帮助肠胃消化。近代科学证明,适量食醋,有着促进新陈代谢、降低血压、软化血管、防腐杀菌的作用。据醋坊负责人介绍,在醋坊的工作人员,很少感冒,也很少有患癌症者。我国人民用酸类食品作为调味品,大约尧舜时代已经出现,而今日之山西地方,正是那时人们的主要活动区域。东汉人应邵《风俗通义》称:"酢如萱荚……古太平,萱荚生阶,其味酸,王者取以调味,后以醯醢代之"。酢,是醋之古名。北魏贾思勰《齐民要术》释:"酢者,今醋也。"萱荚,又名历荚,是古代传说中一种瑞草。尧部落活动的中心地是在平阳(临汾)一带。民国《临汾县志》卷

4记载,临汾"西南十里伊村里"曾有一萱荄亭,"尧时萱荄生于庭"。当然,这个萱荄亭应是后人所建,但它因尧时生萱荄而建,似可说明古代山西临汾地区生长过一种味酸之萱荄草。由上可见,早在传说的尧时代,人们已经用味酸之萱荄草作调味品。后来,萱荄被醯代替,而醯就是酢,酢就是醋。显然,醋的历史在山西是很悠久了。近世山西则以益源庆和美和居醋最著名。

益源庆醋是在明代宁王府制醋作坊上发展起来的。明代朱元璋皇帝共有26个儿子,其中三子朱㭎被封在太原为晋王。朱㭎死后宣德三年(1428)三子朱济焕继承为宁化王。朱济焕王府在今太原市宁化府一带,宁化府作坊就是益源庆醋坊的前身。由于其醋是供王府食用,其用料、工艺都十分讲究,故成品色泽香艳,滋味香、甜、绵、酸,久存不变质。入清后,宁化府醋进入民间,到嘉庆二十二年(1817)已日产醋150余公斤,现仍保存着当年所用之大型铁甑。光绪十五年(1889)益源庆正式挂牌,光绪二十八年

益源庆

(1902)由股东榆次人朱某接手管理该店,其产量、信誉始终如一。日军侵华攻占太原后,醋坊一度歇业。抗战胜利后,股东更换重新复业。

美和居醋坊在清徐县,传清顺治年已开设。时有该醋坊介休籍人王来福师傅,在当时流行的薰醋生产工艺基础上,改进技术,用大曲糖化发酵,

延长生产周期,充实酯化过程,蒸淋醅结合,讲求贮陈老熟,醋食绵酸,色美味香,名为陈醋,使美和居醋坊成为显赫一时的大商号。清末,在外国帝本主义和国内封建势力的双重压迫下,美和居醋坊由盛转衰,民国初年,濒临倒闭的美和居由王亮才等人接管,改字号为"福源长"。

第二节 著名商人

一、由商而官的展玉泉

展玉泉是明代山西蒲州(今永济)人。

蒲州乡俗,经商者以善于审时度势、明辨物产而获利。因而,他们经营商业,有一生中数次改变行业的,甚至一年中数次改变行业的。但也有世世代代一种行业不变的,那就是盐商。明初蒲商业盐,以经营淮盐者居多,经营沧州(在今河北)盐的人少,即使有,经营的时间也比较短。但也有例外,那就是展玉泉。

展玉泉的父亲就是沧州盐商,展玉泉在孩童时就游玩于盐场。玉泉的父亲是经商能手,凡他做的生意都能盈利。明代,盐业实行引盐专卖制,即商人凭官府颁发的盐引到指定的盐场支盐,然后到指定的地区销盐,不得越境。沧盐的运销地区是北直隶和河南彰德、卫辉二府等地。明中叶,这种引盐专卖制发生危机。在沧州盐区出现了私盐大量入境,加之当地居民刮盐碱自制土盐,使沧盐销售大减,岁额不及过去的十分之三四。在这种情况下,经营沧盐的商人大多离去,而惟有展玉泉的父亲坚守其业。后来,展玉泉的父亲年迈,展玉泉继承父业。这时,盐制经过整顿和改革,出现了新局面。经营沧盐者又可谋取大利,众盐商又纷纷云集沧州,盐商人数比过去增加十倍多。其中,惟有展氏是世商。所以,蒲人称赞展玉泉的父亲经商很有远见。

展玉泉性聪敏而豪爽，又从小跟随其父，耳濡目染，对经商之道很在行。他办事讲求效率，精于算术，不切切计较刀锥之利。在做生意时，先在心中盘算好，然后决然发之。经常出现这样的情况：别的商人和他同时运输的货物，往往是他的先到目的地；别的商人和他同样销售的货物，往往是他的谋利最多。尽管如此，可他毫不吝啬，乐于帮助人，他的钱财也往往比其他商人先用完。

明朝政府为了补充财政收入，有鬻官制度，即按入资多少授予一定的官职。展玉泉经商致富后，便入资数百银两，得授河南商丘驿丞。官职虽微，他却十分得意。临行，嘱托其子道："我去上任，得闲时可来看你。展家商业全交付于你，望你好自为之，不要辜负父辈的期望。"展玉泉虽然入资做官走了，但蒲籍商人却很器重他的为人，并称赞他既能由商而官，又能官而不失经商世业。

展玉泉的经商能力在盐商中是比较出众的。当展氏由商而官时，他的同乡、大学士张四维也认为：以展氏之才，出任职位很低的驿丞是大才小用，这一职务让展氏干是游刃有余。然而展玉泉不惜花银两买这个官做，说明明代商人的社会地位低，即使腰缠万贯，但要光宗耀祖还得做官，所以展玉泉尽管是经商世家，最后仍弃商而官。

二、独辟蹊径的农商范世逵

明代山西蒲州（今永济）的范世逵一家，是世以农商为业的蒲州富户。

范世逵，字希哲，别号东山，生于明弘治十一年（1498），卒于嘉靖三十六年（1557）。其曾祖父范斌、祖父范清、父亲范鸾，都是以农商为业。世逵少年时即走四方经商，他为人精敏干练，倜傥有大志，经商不喜切切计刀锥之利，只愿做大买卖。

明代，盐的运销实行开中制。所谓开中，就是政府控制盐的生产和盐的专卖权，根据边防需要，定期或不定期出榜召商，应召商人必须把政府需要的实物输送到边防卫所，才能取得贩盐的专利执照（盐引），然后凭引到指定的盐场支盐，并在指定的行盐地区内销售。当时，销量最多的是两淮盐。凡两淮盐商，需输纳实物（粮食等）到甘肃、宁夏等边防卫所，然后领取盐引，凭引在两淮盐场支盐。大体一引可兑盐200斤。但是，由于官僚显贵、势豪奸绅上下勾结，势豪占中，一般盐商持引不能在盐场及时支到盐，有时要等数年或数十年。加之，输纳实物到边防卫所有时会遇到战事，还要向各级官僚馈赠并贿赂，使两淮盐

永济铁牛

商的利益大受影响,以致亏赔不支,被迫退出盐商界。但是,范世逵分析了整个盐业界的形势后,却认为输粮换引"奇货可居"。他亲赴关陇(函谷关以西、陇山以东一带),至皋兰(今兰州),往来张掖、酒泉、姑臧(今甘肃武威)等地,了解地理交通。此后,便在这一带专门经营粮、草,或囤积,或出手,或购进,或销售,生意做得很活,数年内大获其利。他做生意数额都很大,却一直奉公守法。所以,河西都御史和边防将校,都愿与他交往,对他甚为礼敬。

范世逵经商致富后,家业大兴,有良田数百亩,积蓄银两数以万计。但是世逵性雅素,穿的衣服、用的东西、乘的车马都不奢华。他为人好义,常救人之急。陕西三原人陈海犯法坐监,世逵怜他远离家乡,出资赎他出狱。后来,陈海又偷窃世逵的许多银两逃走了。人们都遣责陈海,说他是个小人。世逵说:"此人我待之有恩,偶而财迷心窍,待他醒悟后,还会回来'完璧归赵'的。"不久,果然如世逵所言,众人皆佩服世逵识人。

范世逵经商能人弃我取,独辟蹊径,与人相处,又能知人,可谓有胆有识,这大概就是他经商能够取得成功的原因。

三、盐商祭酒杨继美

祭酒在明代是国子监掌国学诸生训导政令之官,官阶从四品。用今天的话来说,就是中央直属的国立大学校长。但是,在明代盐商中也有人被众盐商推举为祭酒的。这样的祭酒,要求在盐场居住的时间具有相当的年代,品格、人才皆出众,经众盐商推举出任。盐商祭酒在同业中起斡旋、调解作用。官府对于推举祭酒采取赞许态度。祭酒处于官吏和盐商之间,既协助政府推行盐政,又协助管理盐商,使年税收得以落实,他们大多与政府官吏有密切关系。现介绍一位明代两淮盐商中的祭酒山西人杨继美。

杨继美,字汝孝,别号近泉,明代山西代州振武卫(在今山西代县)人。生于嘉请九年(1530),万历十九年(1591)卒。明初,先祖戍边以军功升旗牌官,遂隶籍振武卫。四传至杨彪,彪生继美。杨继美少年时极爱读书,经史子集无不涉猎。后中途辍学,对此,他一直以为憾事。杨继美成年后,以先辈所留数千银两为资本,经营盐业于两淮。淮盐是明代运销额最大的盐,盐行直隶之应天(今南京)、宁国(今安徽宣城)、太平(今安徽当涂)、扬州、凤阳、庐州(今安徽合肥)、安庆、池州(今安徽贵池)淮安九府及江西、湖广等地,开中输边甘肃、延绥(今陕西榆林)、宁夏、宣府(今河北宣化)、大同、辽东(今辽宁辽阳)、固原、山西神池等地。杨继美很会经商,不久,便成为两淮盐商中著名的富商。他虽在商界,却喜与读书人交往,与他们高谈阔论,研讨经史。还常常赠送这些人银两。后来,在这些人当中有不少人科举得中做了官,仍与杨继美保持书信往来,或一起叙旧。于是,江淮数千里都听说有一位杨继美,士人不敢以商贾轻视他。有一次,明政府派官员视察两淮,这位官员召见两淮盐商时,向他们提了许多问题,众盐商皆不能对答,惟有杨继美应答如流。众盐商很佩服继美之才,便推举他为盐商祭酒。

万历七年(1579),杨继美的儿子杨恂中举,杨继美在扬州听到这一捷报后,心情十分激动,对众盐商说:"这是我梦寐以求的事,今日终于由我的儿子实现了。"当即结束盐场事务,整理行装,返回原籍。回到代州后,终日与乡亲老

友结社咏诗,以娱晚年。

杨继美为人豪爽义气,乐善好施,好救人之急。有一个人过去借过杨继美许多银两,还债期限早已超过,仍不能归还,此人很是羞愧,有时在路途遇到杨继美,便急忙躲藏起来。后来,此人觉得这样躲躲藏藏并非办法,决心面见杨继美,向杨表示愿将自己的养家之业交给杨继美抵债。继美说道:"你以此业养家糊口,如果将此业给我抵了债,难道你们一家吸饮露水生活吗?"说完话,便将债券当面撕掉,旧债一笔勾销,其人感激不尽,叩谢而去。

四、务农、做官、经商的薛氏三兄弟

明代,山西大同府天城卫有薛氏三兄弟,他们分别务农、做官和经商,各尽其业,最后成为当地著名的大户。

薛氏始祖薛士秀,约明初从戎河曲,后定居大同府天城卫。薛士秀生薛镇,镇生薛庵。庵生四子,即薛春、薛云、薛雨、薛雷。薛春生二子,长子薛经,次子薛绮。绮生三子,即此处所说的长子薛某(佚名)、次子薛纶,三子薛缨。

薛纶从小聪颖,记忆力尤其过人。少年时同长兄一起在私塾读书,兄尚未读完一句,纶已目数行,兄再读时,纶已熟记,背诵如流。薛纶才思敏捷,数百言文章可立刻成就,且文藻秀美。长兄对薛纶的才华深为佩服,便放弃学业,继承父业屯田耕作,资助薛纶读书。薛纶在长兄自我牺牲精神的鼓舞下,越加奋发读书。终于在隆庆二年(1568)登进士第,进入仕途。万历十年(1582),任陕西按察司副使。不久,辞官回籍。有人很惋惜他的离职,薛纶说:"我有幸继承先辈之产业,兄耕弟贾,助我求学,才有今日之位,我愿已足矣!"

薛纶弟薛缨是两淮盐商。明中叶,由于社会商品货币经济的发展,商人在边疆屯田纳粮换取盐引的开中制度,渐被纳银的折色制度所代替,盐商也分化为边商和内商。边商专纳米、豆、草束,依靠贸易盐引谋利。内商则坐场掣盐,进行交易或转售他人。由于内商处在支配盐的运销地位,获利多,资本增值快。所以,山西、陕西、安徽等地的大盐商,纷纷寓籍淮安、扬州,薛缨也就是在这个时期定居扬州的。

薛氏家产五世没有分开过,是由兄弟共同经管。自从薛缨经商两淮在扬州置产后,薛家在大同和扬州两地都有家产、人口。为了照管两地的子弟、田宅、奴婢等事,薛纶辞官后,经常往返于大同和扬州之间。可见,薛氏当时在大同和

扬州的产业已相当可观。

薛氏一家,长兄务农,三弟经商,以资助老二读书。老二登进士第,得授高官。这种耕读商融于一体的家庭,反映了明代山西商人家庭结构的一个特点。

五、雄才大略的长芦盐商王海峰

山西蒲州(今永济)位于南北纵贯晋陕峡谷的黄河折转东流之处,这里土陋人稠,历来挟资本走四方者十之九。由于经商之利倍于农,故外出经商之人多能致富归里。这些商人虽然走南闯北,到过五方都会,但是其富多由切切计刀锥之利而成,并没有什么稀奇之处。明代山西蒲州人王海峰虽然也和其他商人一样外出经商,但他的经营方式却与众不同。

明代,蒲人外出经商大多是西到秦陇,东到淮浙,西南到蜀。王海峰一开始也是去了上述地方,但经过一段时间,他认为这些地方经商盈利不太多,便东走青沧。青是指青州,在今山东益都;沧是指沧州,即今河北沧州。这两个地方是明代的长芦盐区,盐行北直隶和河南之彰德、卫辉二府。由于官僚显贵、势豪奸绅上下勾结,这一盐区的运销不能正常进行,商人纷纷离去。但是王海峰认为,这里是春秋时齐国管仲收鱼盐之利的地方,陶朱公也是据此富致千金。经商就要人弃我取,人去我就。因此,这里正是可以大干一场的地方。他到沧州后,先熟悉该盐区盐政,了解该盐区的运销历史,从中找出经验教训,然后向政府提出了整顿盐制、严禁走私的建议。后来,长芦盐区经过整顿,盐的运销又繁荣起来,盐商又蜂拥而至,长芦盐区的盐税收入比过去增加三倍多,王海峰也成为这一盐区著名的富商。明代大学士张四维说他动辄万金毫不在意,其资产之雄厚就可想而知了。

嘉靖四十二年(1563),王海峰70岁时才离开盐商界回到故里。张四维对他评价说:"蒲州虽然多豪商巨贾,但少见像王海峰这样有雄才大略的商人。"

尽管史料上关于王海峰的经商活动记载十分简略,但他的人弃我取、人去我就的做法,对于我们今天的商业工作者来说,仍是值得借鉴的经商经验。

六、崇尚仁德的富商李明性

李明性,字复本,别号沃阳,山西曲沃县人,生于明正德元年(1506),卒于万历十年(1582),是明代山西曲沃的富商。

李明性的祖先李源，曾经是金代进士。五传至李善，善生李庭芳，庭芳生李玫，玫生李让。李让生三子，长子李明善是河南宜阳县丞，次子早逝，李明性是第三子。明性少年倜傥有志，由于长兄李明善不善治理生计，父亲又乐善好施，家境日渐拮据，明性不得已半途辍学。明性叹道："身为七尺男儿，虽然力不能耕，但也不能总是依靠父、兄生活。"于是，携带资本外出经商。

李明性经商，一直在陕西、甘肃一带活动。他去的这些地方，交通很不便利，往往要徒步行走，夏天头顶烈日，冬天迎着寒风，一走就是数十里，非常辛苦。但他不怕艰辛，甚至连一个随身僮仆都不带。他为人精敏，很善于经商，能根据市场变化，价格高低，取舍购销货物。不几年，他就大获成功，成为西北有名的富商。

李明性为人笃厚，对父母十分孝敬，与兄长相处很是和睦，与友人乡邻相处诚恳仗义。有亲友在经济上发生困难时，他常常主动给予帮助，惟恐失于照应。向他借债的人很多，当借债人因贫困不能归还时，他经常把债券交还对方，债务一笔勾销。有的人卖给他田宅有时故意抬价，当别人把这一情况告诉他后，他也不去与卖者计较。他听说族中某人放高利贷，他就召来当面责备，并撕毁其券。所以，族中子弟都有几分怕他。一次，本乡一少年偷了他的放钱小箱子，他隐而未言。不久，这个少年知事已败露，十分害怕，便连夜到他家认错求饶。明性只教育他一通，劝他改过自新了事。其他行为不好的少年听说此事后，对自己的不良行为都有所收敛。李明性常常惋惜自己半途废学，故对子弟读书要求很严。后来，他的儿子和孙子都考中了举人。明性为人豁达，认为事在人为，从不迷信阴阳家之说。其亡妻梁氏坟墓筑在给他留的墓穴之右，阴阳家看后说这对他家的后代不利。明性笑道："子孙好坏是看他们的德行厚薄，与墓穴筑在哪里有什么干系？"他不听阴阳家之说，仍按原挖墓穴安葬了梁氏，人们都佩服他见识过人。

从上可见，李明性经商取得成功，和他为人精敏、主张事在人为和重视德行有很大关系。

七、开明富商渠本翘

在清代的山西商人中，对投资近代企业很有贡献的人是渠本翘，故有人称他为"开明富商"。

本翘父渠源浈,字筱洲,人称"旺财主",是长盛川、三晋源、百川通票号的财东,此外渠氏还开办有茶叶、盐店、钱庄、当铺、绸缎、药材等许多商号。渠源浈虽然经商致富,但他思想保守,其所获利润不但未转化为近代产业资本,而且在商业投资上也有收缩之举,他对所获商业利润基本上是进行了封建性的货币窖藏。他生前在三晋源票号建有银窖一处。渠源浈死后,传说其后人在银窖中就挖出白银300万两。

渠本翘,字楚南,山西祁县人,清同治元年(1862)生,1919年卒。初读私塾,光绪十四年(1888)中举,光绪十八年(1892)成进士。曾任过内阁中书,又东渡日本以清外交部司员任驻横滨领事。宣统二年(1910)任典礼院直学士。

渠本翘青年时期喜欢舞文弄墨,思想也十分活跃。渠本翘自己曾写道:

刘子振翼,余同学友也,共笔砚者五六寒暑,每当雨晨月夕,相与赏奇析疑,妙绪泉涌,有所会则鼓掌大笑,或更拈韵斗捷,往往至半夜不知够[461]。

据常赞春记载说,乔尚谦曾同渠本翘"同肄业于邑之昭馀书院"[462]。乔尚谦、刘奋熙与渠本翘同出身于富商家庭,又有亲戚关系、同学关系,在一生中交往甚密,他们在一起结过文社,思想十分契合。

本翘当家主持渠氏商号后,所作所为与其父大相径庭。他不仅投资开办近代企业,而且亲自出任经理。可以说,他是山西最早的民族资本家之一。光绪十八年(1892),山西当局创办了一座火柴局,生产近代火柴。由于火柴局封建衙门气很浓,产品质量又次,所以销路欠佳。光绪二十五年(1899),火柴局由山西商务局接办,更名为"晋升火柴公司",营业仍然欠佳。光绪二十九年(1903),渠本翘以5000银两把这座火柴公司接办过来。他又拉同乡乔雨亭入伙,更名为双福火柴公司。官办工业从此转变为民族工业。双福火柴公司在渠、乔二人的苦心经营下,很快扭亏为盈,到民国初年,公司资产总值积累达20万银元。渠、乔二人分红利近40万银元。后来,双福火柴公司由于外国资本侵入的压迫,又受国内战事和晋钞贬值的影响,生产和销售陷入困境,最后又被阎锡山的官僚资本所侵吞。但渠氏对开创山西民族资本工业功不可没。

光绪三十年(1904),山西爆发了轰轰烈烈的争回矿权运动。这一运动是山西人民反对清政府出卖山西平定等地煤铁矿权,要求自己办矿的群众运动。而渠本翘是这一运动的积极参加者。在群众运动的推动下,山西当局与英福公司进行了谈判,议定山西交赎矿银275万两收回平定等地煤铁矿权。渠氏为了尽

渠本翘

快收回这一矿权,亲自出面向山西各票号筹借了第一期的赎矿银137.5万两,迫使英福公司如期交出了在山西平定等地的煤铁采矿权。同时,渠氏还与各界人士积极筹办山西保晋矿务有限公司,自己开采煤铁矿藏。光绪三十三年(1907),保晋矿务有限公司正式成立,渠氏被推举为公司首任总经理。从此,山西有了私人资本机器采煤业。可惜的是,后来由于山西当局截留了渠本翘当年向各票号预借的赎矿银的抵押——地亩捐,迫使渠本翘把保晋矿务有限公司吸收到的一些资本挪借归还了原借票号,这样就造成了保晋矿务有限公司资金短缺的局面,使渠本翘经营山西煤炭业的宏伟计划无法实现。最后,只好辞去公司总经理之职。

渠本翘在票号改革方面,也是很有见识和眼光的。光绪三十四年(1908),光绪帝、慈禧太后先后去世,银市动摇。山西蔚丰厚票庄北京分号经理李宏龄与渠本翘颇善,二人在票号改革上意见相投,共同议定了改革山西票号、筹办山西汇业银行的方案。渠本翘还亲赴平遥总号,陈述改组山西票号的意见。但由于总号主持人目光短浅,反诬李宏龄等借机排挤总号主持人,另有个人企图,以致李宏龄和渠本翘的票号改革计划成为泡影。

渠本翘虽是富商,但为人很重气节。武昌起义后,山西政局动荡,清政府想借他的声望挽救在山西的统治,特授他为山西宣慰使,但他拒不受命。辛亥革命后,袁世凯篡夺了革命果实,渠本翘便蛰居天津,再未出仕,直到病故。

八、颇有远见的票号经理李宏龄

李宏龄(1847-1918),字子寿,山西平遥县源祠村人。平遥县是山西票号三大帮之一的根据地,其地"当四达辐辏之冲,晋商汇号聚施于斯"[463]。李宏龄先世以业商致富,后遭战乱败落。同治初,李宏龄学贾于本县某钱庄,学成而钱庄败。同治七年(1868),经同乡曹惠林推荐,入蔚丰厚票号。该票号的财东是山西介休北贾村侯氏,资产很雄厚,据《清稗类钞》记载,侯氏资产达七八百万银两。侯氏所开办的票号、商号"几遍行省",除蔚丰厚票号外,还有蔚泰厚、蔚盛长、天成亨、新泰厚票号,蔚新长、义盛长、同裕成、同裕达等钱庄及票号。这些票号、商号在当时都很有气派,在用人上要求很严格,不仅须有可靠的保荐人,而且要进行严格的业务考核。合格者方可录用。李宏龄经邑人曹惠林介绍而入号,以他的才干,渐为主事者所器重,先后担任过蔚丰厚票号北京、上海、汉口等分庄经理。李宏龄经营票号凡40余年,对票号的保全及繁殖其功甚大。李宏龄为人极重义气,事业发达后,不忘当年的保荐入号人,当曹惠林病故后,曹家极为贫寒,李宏龄便主动负责赡养其妻儿子女十余年,直至其子女长大成人,能自谋生计。李宏龄又善于观察形势,当清末社会经济发生激烈变化,以汇兑为主要业务的票号发生危机时,李宏龄针对票号业的弊病,率先倡言票号改革。后来,他的票号改革思想和计划,因被守旧者极力阻挠而未果,愤而著述《同舟忠告》、《山西票商成败记》等,详细记述了票号改革的思想、计划和经过。晚年,闲居故里,卒于家。

李宏龄在担任蔚丰厚票号分庄经理期间,值时局激烈动荡,先后发生了甲午之战、庚子事变、两宫去世等事件。在时局变故面前,一些商人常因经营失措,而导致失败。但李宏龄却能独具远见,应付自如,其主管之票号,不仅能免遭损失,而且能够增值,用他自己的话来讲,尚可"聊以自慰"[464]。为什么别的商人失败而李宏龄能成功呢?经商似同作战,每次战役的成败往往决定于作战思想和策略的正确与否。李宏龄的经商思想,总结起来主要有以下几个方面:

第一,有整体、全局观。李宏龄经商不仅考虑本号之利益,而且顾及与本号发生业务关系单位的利益。这样做,可以避免因连锁反应而带来"一损全损"局面的出现。所以,当与本号发生业务联系的单位发生危机时,李宏龄不仅不"釜底抽薪",而是设法联合同业,从各方面给予支持,帮助其渡过难关。光绪二十九年(1903),李宏龄主持蔚丰厚票号北京分庄时,市面因讹言蜂起,人们纷纷

向炉房提兑现银,炉房旦夕即败,政府忧之无计。所谓炉房,即冶铸金银业者,票号及商号都有银存放在炉房。面对京师炉房所处的困境,李宏龄认为如不帮助炉房渡过难关,必将产生连锁反应,影响整个市面。便带头出面联合同业,以巨款接济炉房,市面乃定。光绪三十四年(1908)冬,光绪帝和西太后两宫先后去世,银市动摇,炉房再次发生危机。李宏龄又一次联合同业给予支持,稳定了银市。于是,京师士农工商各界"莫不交口颂君才贤",李宏龄"独以任侠、识大体名震京师"[465]。

第二,对待主顾的信义观。李宏龄认为主顾对商号,好比观众对演员。没有观众,演员无从谈起;没有主顾,也就谈不到商号。因此,主顾和商号,主顾是第一位的。商号要争取和吸引主顾,就必须对主顾讲信义。在这个基础上,主顾就会增多,生意也愈兴隆,达到"人己两益"。庚子事变,京师陷落后,京官走上海者纷纷持京师票券要求在沪兑换银两,而上海诸商皆不予兑换。时李宏龄正主持蔚丰厚上海票庄,他以事出非常,应当照顾主顾利益,便独排众议,酌量予以兑换。由是蔚丰厚票号名益显,生意愈盛。

第三,掌握行情,灵活行事。李宏龄认为,经商只要看准行情,该做的绝不放过。而且市场变化多端,不一定都要按总号布置去做,"将在外君命有所不受",必要时可以灵活行事。光绪十九年(1893),李宏龄由京赴沪,途经扬州时,恰逢总号有电致扬州分号,令不得收上海之银,否则以违犯号规论处。扬州分庄的款项大半来自上海,扬州分庄经理白子直接此来电后大为作难,便求教于李宏龄。李宏龄分析形势后,认为扬州照收上海之款有利可图,做生意不能不考虑赔赚,因此主张扬州照收上海之银。不想扬州白子直怕总号责怪,畏缩不敢作主。李宏龄慨然说:这个机会不容放过,如果总号以违令见责,全由我承担,与扬州分号无关。白子直遂按李宏龄主张,照收上海之银。结果,年终结账获利3万多银两。总号接到账单,得知扬州获利,大加赞赏,殊不知原是李宏龄的主张。李宏龄抵达上海后,适值银市疲惫,生意清淡。经向伙友调查了解,原来伙友对官款汇兑库费、平码等规定不很熟悉,因而不敢贪做。李宏龄认为,官款汇兑利益肥厚,不可不贪,而零星汇兑,则可权宜收之。同时,将库费及平码一一开列,让伙友熟记。不久,上海分号在李宏龄的主持下,生意越做越活,日益兴隆。总号经理侯星垣赞扬说:"狼行千里吃肉,宏龄在上海大为出力,可嘉!"[466]光绪二十六年(1900),李宏龄由上海取道汉口返晋。途经汉口时,汉口分号经理侯克明对李宏龄说:"江西奏定每月接济甘饷三万银两,由南昌分号领汇,可是总号信电俱至,让递禀退办。南昌各钱铺闻讯,纷纷来汉口探听汇费,企图领汇。果若如此,则我南昌分号在江西将无立足之地。"李宏龄说:"既然总号措置有误,何不向总号写信说明情由。"侯克明说"此事我不便插手。"李宏龄说:"总号不知外情,我等岂能坐视成败?我虽是过路人,且不能不管。愿与侯兄联名致信总号,说明情由。"同时,由李宏龄返籍面陈总号。后来,李宏龄返籍向总号陈述后,总号也未提出异议。而南昌方面由于接受了李宏龄的建议,不失时机地抓住甘饷的汇兑业务,大获其利,并且受到了总号的表彰。

第四,改换码头要先收后放观。所谓码头,就是指票商所活动的商埠。李宏龄认为,票号分庄经理,每到一个新的商埠主持工作,应先收款后放款,不急于求成。光绪二十四年(1898)五月,李宏龄奉令调汉口主持工作,下车伊始,便命伙友将所有外放款项收回,放款容缓一步后再徐徐去做。是年8月,汉口遭战乱,死伤人数千,烧毁房舍货物无数,是百年未有之大灾。结果,不少商号因放款收不回而倒账,以至歇业。惟蔚丰厚票号汉口分庄在李宏龄的主持下,未受损失,营业照旧。据李宏龄称,他有此举,原是受前辈张徽五的指教。当年,张徽五曾对李宏龄说:"凡改住码头,前任所放款均宜收清,以后再徐徐去做。"李宏龄正是遵此老成之言,而受益不浅。

第五,不断扩展业务观。在山西商人中,由于受封建观念的影响,往往对经商所获利润,不用在扩展业务上,而是把银两窖藏起来。李宏龄很反对这种做法,他主张把所获利润用在扩展业务上。光绪二十九年(1903),李宏龄回到北京,一友人对他说:当年八国联军进北京,贵票号怕战乱受损失,曾预先将数万银两起运回原籍,不想标银刚出彰义门,就被歹徒抢掠而去。想当年若是老弟在京主持,断不会将这么多的现银运回山西,而是在京接济众商,这样时至今日生意变化将无穷矣!友人的肺腑之言,使李宏龄颇为感动,叹道:"生我者父母,知我者鲍叔也。"[467]

清末,正当票号业务繁盛之际,却遇到了新的困难。首先是来自现代银行的挑战。从光绪二十三年(1897),中国通商银行成立之后,到1911年,国内一共设立了官办和商办银行17家。他们所拥有的资本虽各不相同,但都以开展汇兑为主要业务之一,这便使一向以汇兑业务为主的票号受到影响。掌握中国通商银行全权的盛宣怀就说过:"惟承汇官商款项,必须格外迁就招徕,""通商银行不赚亦要收,况西号(按:指票号)亦未必有此章程。"[468]显然,通商银行是针对票号而争夺汇兑业务。此后,盛宣怀又恳求清政府"敕下户部通行各省关,嗣后凡存解官款,但系有通商银行之处,务须统交银行收有汇解"[469]。经过盛宣怀的多方拉拢,使通商银行在官款的收存和汇解上也获得了一定的数额。之后,户部银行和交通银行分别在光绪三十一年(1905)和光绪三十三年(1907)成立。他们利用清政府的特权,对票号的业务造成了更大的威胁。户部银行总号在北京、上海、天津、汉口、库伦、恰克图、张家口、烟台、青岛、营口、奉天等地都设有分号。光绪三十二年(1906),清政府批准,凡设有户部银行分支行处的地方"应行汇解存储款项,均可随时与该行商办"[470]。接着,在《议改各省解款章程》中规定:"凡各省如有应行汇解部之款,一律由户部银行总交京师,其未设银行之处,暂仍其旧,待银行成立之后,再改新章。"这些规定,严重地影响了票号的汇兑业务。通商、户部、交通银行利用各自所握的权力,在汇兑业务上因利乘便,有力地削弱了票号一向占有的优越地位。据统计,光绪三十二年(1906)票号汇兑公款额达2250余万银两,其后逐渐下降,到1911年只剩下530万银两,几乎减少3/4以上。

其次,外国在华银行也极力与中国票号争夺汇兑业务。从20世纪初始,外国银行在华势力日益扩张,对票号的业务造成了很大的威胁。如天津对上海的棉纱款项年汇兑额约1000万两,其中由外国银行经办的竟占一半,中国钱庄银号经办的约占30%,而票号经办的只占20%。江西巡抚李勉林曾说:"近年通商口岸洋商亦多设银行,西商(按:指山西票号)之利,稍为所夺。"[471]

国内银行和国外银行势力扩展对票号造成的威胁,京都祁县、太谷、平遥票帮分庄致山西总号的公函中曾有详尽叙述,该函称:甲午、庚子之后,票号经营渐见困难。其原因"固由于市面空虚,亦实以户部及各省银行次第成立,夺我利权;而各国银行复接踵而至,出全力与我竞争。默计同行二十余家,其生意之减少已十之四五,存款之提取,更十之六七也。即如户部银行所到之处,官款即归其汇兑,我行之做交库生意者,至此已成束手之势。我行存款,至多不过四厘行息,而银行则可行五六厘。放款者以彼利多,遂提我之款,移于彼处。且彼挟国库、藩库之力,有余利则缩减利息,散布市面,我欲不解不得也。不足则一口吸尽。利息顿长,我欲不增又不得也。彼实操纵大权,我时时从人之后,其吃亏容有数乎?至于外国银行,渐将及于内地,所有商家贸易、官绅存款,必将尽乎所夺"[472]。久住沪、汉,见多识广的李宏龄,对于山西票号面临的形势,也有一个比较深刻的分析。他说:"同治以后,东西洋各银行,已渐次侵入,夺我利权。迨经庚子之变,中国当道注意财权,大清银行之议,遂遍于各省。夫论信用力之强弱,我票商经营二百年,根深蒂固,何事不堪与人争衡,而银行一设,未免相形见绌者,其间亦自有故。以存款而言,彼则五六厘,而我四厘也。以运款而言,彼则钞票,而我汇兑也。而且金库全归该行,贷借必有抵押,已难相提并论。而尤足寒心者,一遇倒账,外洋银行则凭借外力,大清银行则倚仗官权,同属财产关系,而彼各挟势力以凭陵。"[473]

其实,早在光绪三十年(1904),清政府组织户部银行时,曾请山西票号入股,并请票号中人组织银行。无奈山西票号总号主持人,大多墨守成规,不惟不愿入股,即人员亦不准分庄派员参加。以致坐失良机,户部银行改由江浙绸缎商筹办,这便是后来江浙财团兴起的最初经过。

光绪三十四年(1908),李宏龄鉴于票号大势已去,认定只有改组为银行才有出路,乃与游历过日本的祁县票商渠楚南(本翘)一起,联合京都祁、太、平三帮票庄,致函山西总号,要求改组为银行。同时,致函各地票庄,征求意见。各地票庄纷纷来函,表示响应京都票庄的建议,要求改组票号。李宏龄在《山西票商成败记》中记述这件事情的经过时说:"宏龄自幼肄业票庄,目睹时局至此,非改组银行,无以收权利平等之效。适戊申(1908)春驻京师,与渠学士楚南商定改组章程,先函达总号,商酌四次,当面陈述者两次。是岁冬渠学士返里,复亲莅各总号,开陈利害。"京都各票庄在李宏龄的带头下,也联名致函总号,陈述改组银行的必要。函中称"……晚等焦灼万分,彷徨无措,连日会商,自非结成团体,自办银行,不足以资抵制,不足以保利权。盖开办银行如押款、担保等事,票号所不便为者,银行皆照例为之,倒账可无虑也。况既为银行,如保护等事,票号所不能享之权利,银行独能享之,生意可发达也。兼之资本雄厚,人位众多,自可多设分庄,即外洋各埠皆可逐渐分设,挽回利权,难以数计。以我晋商之信用,票号之殷实,不难为中国第一商业。且权在票号,操纵仍可自如;人皆晋人,生计可保不绝。又何乐而不为哉?或虑出资后将有亏折,将何以处?不知银行可定为有限公司,即使折亏殆尽,不过其已出之资,不能再认赔累也。平时多积公积,即防亏折。又虑无人可用,不知银行为票号公开,每家不过酌拨数人,已足敷用,无庸再事搜罗也。又虑界限不清,生意难做,不知公开银行,正如我晋之开小号字号,作东另立账簿,另占地方,获利之后,按股均分,绝不虑其混淆也。或问开银行后,即可保票号不废乎?不知正以票号不能久存,故立银行以补救之,纵使票号尽废,有银行尚可延一线生机,否则同归于尽而已。"[474]同时,李宏龄还与同仁制定了票号改组为银行的具体计划,该计划称:

(1)每家各出资本银三五万两,作为有限公司。

(2)集股本500万两,每股100两,每月4厘行息。

(3)银行应名为晋省汇丰银行,悉遵票号做法,略改其不便之处,以合银行规则。

(4)公举熟习商情、声望素孚之人充银行经理。已商请渠氏出任经理,渠氏甚为欣允。

(5)银行成立后,除内地繁盛各处均占分庄外,可渐推及各国商埠,以保本国利权。

但是,由李宏龄发动的这一票号改革计划,遭到了总号守旧者的极力反对。李宏龄在《山西票商成败记》中记述说:"其时,各号之执牛耳者,首推总号某公,闻之大不为然,于是一般庸庸碌碌无敢异议号事之隆替、股东之生死关系也。而各号执事决如此之大计,竟不商之股东。为之东者,亦甘被欺蒙,视吾言为无足轻重。诗云:诲尔谆谆,听我藐藐。人心如此,尚可为哉?宏志在必成,戊申冬,复通函各埠,征求意见,公信所至,居然异口同声,函劝总号,谓不及早变计,后将追悔无及,方期众志可以成城。不料某公阅之,乃愤然曰:银行之议,系李某自谋发财耳。如各埠再来函劝,毋庸审议,径束高阁可也。宏龄至是如冷水浇背,不得不闭口结舌,而筹办银行之议,烟消云散矣。"李宏龄在这里所说的总号某公,即指蔚泰厚票号总号经理毛鸿翰。当时,山西祁县、太谷、平遥三帮票号虽有20余家,但以平遥侯氏的"五连号"(即蔚泰厚、蔚丰厚、新泰厚、蔚盛长、天成亨)势力为大,在"五连号"中又以蔚泰厚票号势力最大,故蔚泰厚票号总号经理毛鸿翰在各票号中影响最大。但毛鸿翰从光绪二十四年(1898)出任蔚泰厚总号经理以来,长期住在平遥县城,对于外界一切大事,漠然不知,加之已经60余岁,精力衰落,思想保守,意在维持。这样,李宏龄等发动的票号改革计划,就在毛鸿翰为代表的一些守旧势力的破坏下,成为泡影。

李宏龄虽是个商人,但他不是一般的商人,而是一位具有政治头脑,观察事物敏锐,对时事有一定了解,具有进取精神的商人。李宏龄对于封建主义、帝国主义对民族商业的压迫,具有一定的认识。李宏龄在《山西票商成败记》中说:"遇倒账,外洋银行则凭借外力,大清银行则依仗官权,同属财产关系,而彼各挟势力以凭陵,如丁未营口东盛和之事,银行收十成而有余,票行收五成而不足,尚何公理之可言哉?"一个封建社会的商人,能对封建政权和外国资本主义对民族商业的压迫,作出如此深刻的分析,的确是很不简单的。当然,他的这一思想认识,与他平时好学,了解世界形势分不开。陈立三在《平遥李君墓表》中称赞说:"君虽治商,而好读儒生性理诸书,有所得报,膺而躬行之,所与游多一时知名士。"又如,李宏龄思想比较开放,具有开拓精神,在人与物的矛盾中,很重视人的主观努力。前述扬州票号和江西票号业务,在与总号要求相背时,李宏龄就不拘泥于总号的要求,主张灵活行事。关于票号的前途,李宏龄也认为只要改革就会有前途,而这要靠人的努力。当票号改革计划遭到守旧者的破坏时,他质问道:"果天数乎,抑人事乎?愿以质诸世之有识者。"[475]

山西票商在清季一度执金融界之牛耳,但当户部筹办大清银行时,山西票号却坐失良机,拒绝了参加筹办大清银行的计划,致大清银行改由江浙绸缎商筹办,这就是后来中国金融业渐被江浙商人控制的缘起。面对金融界这一大变革,李宏龄率先发动票号改革,可谓有远见之举。尽管"诸大号主者皆不用",结果,"不数年国变作,全国俶扰,汇商业遂不支,一一如君言"[476]。但李宏龄的票号改革思想,确实代表了当时商人中的进步思潮。

第七章
山西商人家族

明清山西商人家族,由于历史和社会的种种原因,各个家族呈现出不同的风姿,并非是一种固定的模式。晋商与徽商是明清时期两大商帮,晋商故乡在北方,徽商故乡在南方,这两商帮的家族又是各有不同的特点。

第一节 十二户山西商人家族的兴衰

一、蒲州张氏

这是一个以商起家后成为官商结合的显赫一时的家族。张氏之先世原居解州盐池之南,元朝时张思诚因避乱徙蒲州(永济),其子张友直遂占籍通化坊。友直传仲亨,仲亨传克亮,克亮传琇,琇传宁,宁传谊,谊传允龄、遐龄。允龄祖父早逝,祖母雷氏矢志守孤。允龄生未几,复丧父。允龄母解氏奉姑抚孤,以持门户。允龄年方幼即掌理家政。年长,遂发愤服贾远游,西度皋兰(兰州)、浩亹(今甘肃碾伯县东),贩货张掖、酒泉,数年又南至淮、泗,渡江入吴,后益困,遂溯江汉西上夔峡,往来于楚、蜀间。又北到沧博。服贾20年,足迹半天下。虽然身在商界,但视财利甚轻,笃信重义。南北所至,为众商所敬服。遇到事情时,往往判断正确无误,人以为异,甚至怀疑他有异术。允龄教育子弟极严,其长子四维登科任京官后,允龄居京邸。常言:"吾祖母、吾母两世艰贞,幽明感应乃于儿辈。"自认为勤劳半世,虽增加了家资,但觉得还不够多。年五十余,明眸乌发,好像三四十岁的人。晚年思乡,归治别墅于蒲州(永济)城东十里之孟盟桥,凿地疏圃,结宇其中,杂植花卉,四季都有新意。允龄弟遐龄,婚后始游商吴越间,当时年轻气锐,尚未能获利。于是,南历五岭,抵广州,往来南昌、南京诸大都会。六七年来,资本耗尽,穷困而归,则母已去世。母终前嘱允龄说:"吾死不恨,就是顾虑你弟不能自立。"允龄念母言,待遐龄极友爱,遐龄亦事兄最谨。遐龄性坦率,虽从事贸易,但视财利甚轻,不屑斤斤计较。允龄长子四维(1526–1585),嘉靖三十二年(1553)进士,历任编修、翰林学士、吏部侍郎。蒙古俺答与明议和开市议起,四维与王崇古交关大学士高拱、张居正,促成了和议和开市。张四维家以经商致富,张居正当国时,与之相交,逢年过节,送礼不绝。万历三年(1575)得到张居正引荐,以礼部尚书兼东阁大学士入赞机务。万历十年(1582),张居正卒,四维出任内阁首辅。次年,以父丧归。御史郜永春视盐河

张四维像

东,"言盐法之坏由势要横行,大商专利",指四维、(王)崇古为势要。[477]四维弟张四教,16岁便服贾远游,历汴泗,到江淮,南至姑苏、吴兴之境,所经营贸易,常出人意外。在随其父经营长芦盐业时,识量宏达,综计精确,不屑斤斤计较。四维登第出任京官时,迎其父居京师,悉以生计付四教。四教治业年久,熟悉盐务分布、调度,具有操纵能力,末年经商大为成功,资产不止十倍其初。四教襟度旷达,乐施好义,当其意气所激,挥斥千金不顾,捐资授龙虎卫指挥佥事。张氏之姻亲也多是商人或官宦之家。张允龄妻王氏是兵部尚书、宣大总督王崇古之姐,王氏也是商人家族(下面另介绍王氏)。张四维祖姑父沈廷珍,也是服贾远游,"南帆扬越,西历关陇"。四维二弟四端妻李氏,其祖父李季曾"在兖豫之间从商"。四维五弟四象妻王氏,其曾祖父王宾也是商人,王氏早逝,四象续娶范氏,范氏之祖父范世逵是著名盐商。据《条麓堂集》卷28载:范世逵"家世以农商为业,公初服贾四方,绰有心计,倜傥负大志,视行辈逐逐然,竞锥刀之末者不屑也,令甲榷淮浙占鹾利,以佐国计,凡商人占淮浙盐者,悉令输粟甘肃、宁夏等边……然自开中以来支给旷日持久,且出入戎马间,有烽堠之惊,而盐利又时有朒朒,是以商人不乐与官为市,公独曰此可居也,遂历关陇,度皋兰,往来张掖、酒泉、姑臧之境,察道里险易,计储待蓄,散盈缩,以时废居而低昂,其趋舍每发必奇中,往往牟大利"。张四维有子甲征、定征。定征娶曾任兵部尚书的杨溥之孙女。张四维之女嫁内阁大臣马自强之子马惇。马自强之弟马自修"弃儒业,在延、商、洛之间贩粟"。是陕西的大商人。

下面是张氏之世系：[478]

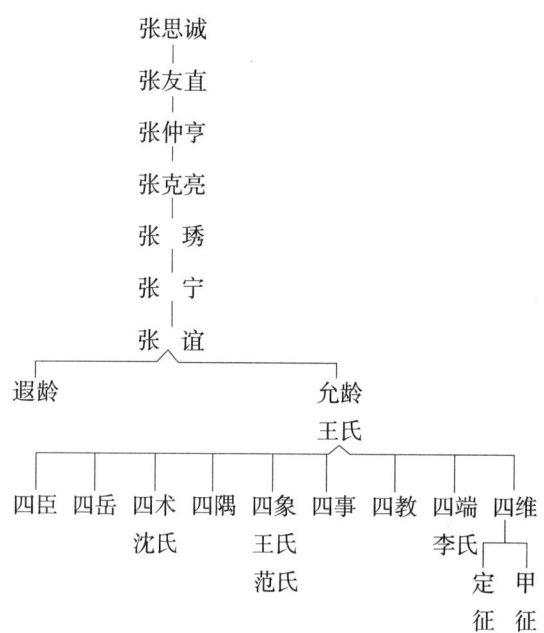

二、蒲州王氏

王氏是和张四维家族联姻的蒲州官商大户。王氏明初从汾阳迁居蒲州,祖先自王冲文、王彦纯、王秉信、王景严、王荣,传至王馨。馨官居邓州学正,其子王瑶是商人。韩邦奇《苑落集》卷5载：王瑶"公蒲善士,为养(生计)而商也,生财而有道,行货而敦义,转输积而手不离简册"。明弘治年间(1488~1505),其父任邓州学正时,瑶便"贸易邓、裕、襄、陕间,而资益丰"。正德年间(1506~1521),又"行货张掖、酒泉间","复货盐淮、浙、苏、湖间,往返数年,资乃复丰"。

王瑶之兄王现(字文显)也是大商人。据明人李梦阳《空同集》卷44载：现初"为士不成,乃出为商,尝西至洮陇,逾张掖、敦煌,穷玉塞,历金城,已转而入巴蜀,沿长江下吴越,已又涉汾晋,践泾原,迈九河,翱翔长芦之域,竟客死郑家口"。王现"商四十余年,百货心历,足迹且半天下"。为商"善心计,识重轻,能时低昂,以故饶裕。与人交信义秋霜,能析利于毫毛,故人乐取其资斧,又善审势伸缩"。王现"以商起家,乃大室庐,备宾祭,毕婚嫁,四弟各成立"。王现、王瑶之末弟王珂在兄长们财力的资助下,中进士,任中书舍人,但早逝。

王瑶生三男五女,长子王崇义为盐商,次子王崇祖早逝,三子即王崇古。王崇古(1515-1588),字学甫,嘉靖二十年(1541)进士,历任刑部主事、陕西按察、河南布政使、右副都御史、兵部右侍郎、总督宣大山西军务。隆庆四年(1570)俺答孙把那汉吉请降,崇古力主以此为契机,与俺答议和互市。自是边境休宁,数千里军民乐业,不用兵革。

王崇古的姐妹中,长姐嫁侨居蒲州的沈氏,沈氏是盐商家庭。《条麓堂集》卷28载:王崇古舅沈廷珍"以家务服贾……故南帆扬越,西历关陇",由于善于经商而致富。沈廷珍长子沈江即王崇古长姐之夫,也是商人。王崇古二姐嫁张允龄,即张四维之母。王崇古三姐嫁阎一鹗,四姐嫁监生宁夏,五姐嫁庠生刘一直,他们的情况不详。但我们可以清楚地看到,王崇古一家是商与官密切结合的家庭。

下面是王氏世系:[479]

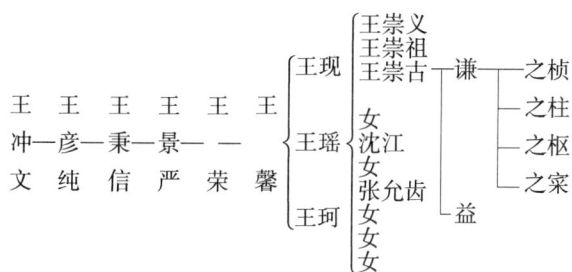

三、平阳府亢氏

清初,山西平阳府(今临汾)的亢氏,人称"亢百万"。其资产据《清稗类钞》载,有数千万银两,堪称山西首富。在亢氏之后,才是资产在七八百万银两到百万银两的侯、曹、乔、渠、常、刘诸姓人家。

亢氏家族自清初发迹,终清季,是商业、土地兼营并著的家族。清末宣统二年(1910)《中国经济全书》称:"康氏(即亢氏)自清迄今,凡二百余年,其家运之隆盛,可谓极矣。"

关于亢氏发家之缘起,有这样的传说:明末李自成农民军在山海关与清军作战失败,退出北京经山西撤往西安途中,曾将携带的金银财宝寄存于亢家。

后来，李自成牺牲，清朝在全国建立了统治权，农民军寄存的金银财宝遂为亢氏所有。不过，这个传说并不可信。试想：清兵入关后，财政十分困难，清朝大臣祖可法等有过占据山西、解决财政困难的建议。俗话说：世上没有不透风的墙。清军占领山西后，岂能不听说亢家寄存有李自成农民军的大量金银财宝而不向亢氏索要？另外，李自成虽然牺牲了，但李自成的余部仍在战斗，并一直坚持到康熙初年，他们也缺乏活动经费，岂能不设法向亢氏索还寄存的金银财宝？看来，上述之传说，恐怕是人们对亢氏成为巨富原因的一种猜测而已。那么，亢氏何以成为巨富的呢？回答是：亢氏以经商致富。

亢氏家谱

《亢氏家谱》

首先，亢氏是个大盐商。清代盐实行专卖制，即由政府特许的盐商凭引到指定地区运销。这种贩运特权，使盐商获利颇丰。康熙时期人纽琇说："江南泰兴季氏与山西平阳亢氏，俱以富闻于天下。"[480]近人邓之诚《骨董琐记全编》卷三"富室"称："康熙时，平阳亢氏，泰兴季氏，皆富可敌国，享用奢靡，埒于王侯。"江南泰兴季氏季沧苇，扬州的两淮盐商，以"业鹾"起家。亢氏同季氏一样是在扬州以"业鹾"起家。亢氏在扬州有大片房产，著名的"亢园"，"构园城阴，长里许。自头敌台起，至四敌台止，临河造屋一百间，土人呼为百间房"。[481]另有"亢家花园"一处。在两淮盐商中还有"南安北亢"之说，南安是指当时的盐务总商安氏，是两淮盐商中的头面人物，亢氏与安氏齐名，亢氏在两淮盐商中的资本和权势可想而知。亢氏原籍平阳府（今临汾），与河东盐池（今运城盐池）同在晋南地方，亢氏同时是河东盐商也是可能

的。

其次，亢氏是个大典当商。典当是封建社会以衣物等动产作质押，进行放款的高利贷机构。清代前期，山西典当商颇多，而亢氏则是一个资本雄厚的大典当商。据说，亢氏在原籍平阳府开设有一大当铺，后来有人在亢氏当铺附近也开设了一家当铺。亢氏眼见自己开办的当铺营利被别人抢夺，很不甘心，决心挤垮这家当铺。于是，每天派人到这家当铺典当一个金罗汉，典价银1000两，连续典当了3个月，把这家当铺的资本几乎用光了，这家当铺的主人着了慌，忙问典当人何以有这么多的金罗汉要典当？来人答道："我家有金罗汉500尊，现只典当了90尊，尚有410尊金罗汉要拿来典当哩！"这家当铺主人听了大吃一惊，急忙向来人施礼，询问来人的主家，才知原来是平阳府巨富亢氏。当铺主人自知不是亢氏的对手，只好托人与亢氏协商，请将金罗汉赎回，自己关闭当铺远离他乡去了。此传说真假姑且不论，但说明亢氏是经营着典当业的大富商。

再次，亢氏是个大粮商。清代随着城市的发展和商品经济的活跃，粮食贸易规模很大，亢氏就是当时一个大粮商，致力于长途贩运和粮店经营。当时的北京，由于是京畿之地，四方辐辏，买米糊口之人倍繁于他省。而北京资本最多、规模最大的粮店，就是亢氏在正阳门外所开设的粮店。据说，一次曾有"牛车数乘"往亢氏粮店运粮，有一无赖竟在半途阻拦要勒索米粮，后被一位"王爷"获知，赶跑无赖，才解了围。正因亢氏作为粮商名声在外，才招来了劫粮者，又有"王爷"相助。亢氏原籍山西平阳府（临汾），位于汾河流域，是个产粮

临汾亢氏石像

区,亢氏在临汾有"仓廪多至数千",藏有米粮"万石"。山西地近畿辅,上述亢氏的"牛车数乘"有可能是从原籍往京城运送,亢氏又在京城开设有粮店,所以亢氏既是粮食批发商,又是粮食零售商。

此外,亢氏还是个封建大地主。亢氏拥有大量田宅,在其原籍平阳府"宅第连云,宛如世家"。亢氏扬言:"上有老苍天,下有亢百万,三年不下雨,陈粮有万石。"说明亢氏不仅拥有大量土地,而且储藏有大量的粮食。

亢氏家族中第一个发迹者是亢嗣鼎。乾隆《临汾县志》载:"亢嗣鼎,事母孝,养抚侄如子。笃志力学,至老不倦。居乡尤多义举。"不过,据李华先生考证,亢嗣鼎"是一个恃富骄横,悭吝贪婪,为富不仁的大商人、大地主。尽管在灾荒之年,他也不得不捐献出一点钱粮,来赈灾施舍,装潢门面。他大约生于明末,一直到康熙末年仍然键在"。[482]亢氏清初发迹时有"约计千万"的资产,到清末光绪时"号称数千万",经过200多年,亢氏资产增加了好几倍,这是亢氏善于经商的结果。

四、介休范氏

范氏以范毓馪时代最盛。范毓馪曾祖父范明(字琼标),明初自介休城迁居张原村。范毓馪祖父范永斗,明末时贸易张家口,进出辽东,是当时八家大商人之一。

清入关后,顺治帝"知永斗名,即召见,将授以官,以未谙民□,力辞,诏赐张家口房地,隶内务府籍,仍互市塞上"。[483]范氏每年要交纳内务府皮张若干,从此走上了皇商之路。随着清王朝在全国统治权的确立,范永斗在其子三拔协助下,挟内务府的权威,借清王朝给予的特权和方便,经营范围有了较大的扩充。一方面继续经营边疆贸易,另一方面深入国内市场进行绸布茶粮贸易。到范三拔年老患病归乡后,范氏商业就由其子经营。范三拔生五子,长子毓馨、次子毓馥、三子毓馪、四子毓馪、五子毓馪。从康熙到乾隆初年,是范氏家族在经济上和政治上发展最兴盛的时期。范毓馪兄弟不仅经商有方,而且与清廷关系非同一般。他们曾在清王朝平定准噶尔叛乱中运送军粮,立下了功绩。据《清史稿》卷317载:

范毓馪,山西介休人,范氏故巨富,康熙中,师征准噶尔,输米馈军,率以百二十金致一石。六十年再出师,毓馪兄毓馨请以家财转饷,受运值视官运三之

一。雍正间,师出西北二路,怡亲王允祥荐毓馪主饷,计谷多寡,程道路远近,以次受值,凡石米自十一两五钱至二十五两有差,累年运米百余万石。世宗特赐太仆寺卿衔,章服同二品。寇犯北路,失米十三万余石,毓馪斥私财补运,凡白金百四十四万。

范氏在康雍乾三朝,曾为清王朝大量输送军粮计百万余石,并出私财支援军饷,为清政府节省费用600余万两。[484]

范氏还是大铜商和大盐商。康熙时,国内铜斤严重短缺,允准商人赴日本购买铜斤。当时称办理这种业务的人为"洋铜商"。范氏经内务府奏请,承担了一部分贩运洋铜的业务,而且在这一业务中占有相当比重,经常拥有洋铜船六七只,成为洋铜商中的大户,从中获取了巨大利益。范氏在长芦、河东盐区资本相当可观。范氏持长芦盐引10718道,按每引200斤计,即2143600斤,其资本据乾隆二十年(1755)内务府统计,"所有盐业查明后估银百余万两"。[485]范氏还经营木材、马、人参,乾隆二十一年(1756)曾在宁波与英商签订过玻璃贸易合同。以上充分说明范氏经营范围很广。

范氏财产无具体统计,仅从乾隆四十六年(1781)破产前的财产清单看,范氏当时在直隶、河南二十州县遍设盐店,在天津沧州有囤积盐的仓库,在苏州有管理赴日船艘的船局,在北京有商店3座,在张家口有商店6座,在归化城有商店4座,在河南彰德府水冶镇有当铺1座,在张家口置地106顷,分布各地的房产近1000间。以上尚不包括介休原籍财产。

范氏为清王朝效力,也得到了清王朝的褒赏。据《范氏家谱》统计,从六世到十四世,范氏共有官衔者149人(含追赠、捐纳、科举、候选),其中太仆寺卿赐二品服1人(范毓馪)、布政司参政1人(毓𬭁)、总兵官1人(毓馪)、太仆寺少卿1人、员外郎2人、郎中1人、编修1人、道员1人、知府2人、同知5人、知州4人、州同23人、知县10人、县丞7人、盐大使5人、内务府有官衔商人5人。科举功名123人,其中进士4人、举人4人、武举1人,余为贡生、庠生、监生。女眷有夫人13人、淑人2人、宜人12人、恭人14人、安人13人、孺人10人。可见,范氏不仅是皇商,而且有不少人获得功名,任中央或地方官吏。范氏是上通朝廷、下连市廛、半商半官的豪门富商之家。

从清初到乾隆初的百年间,是范氏的昌盛时期。乾隆十年(1745)范氏家门传到清字辈,开始下滑。乾隆十七年(1752)范氏困窘已显露。范氏因官商而兴,又因官商而衰。范氏之衰主要是欠官帑过多。乾隆时经办洋铜已无利可图,范氏所营盐业等因资金短绌等原因很不景气。到乾隆四十八年(1783),清廷因范氏"亏折日深,以至上年误运误课,拖欠官项累累","亏损至一百五六十万两之多",便革除了范氏在内务府、户部等衙门的官职,着令严加审讯范清济兄弟,并查封家产。至此,皇商范氏终于结束了其显赫一时的官商历史。

由于范氏是被抄家,又是乾隆时衰落,时间久远,故原籍遗迹已不复存在。据介休县志办调查,范氏原籍张原村当年有范家街,长近百米,其西段有一院落,有"小金銮殿"之说,可想当时建筑之气派,惜现已荡然无存。范氏宗祠,在张原村东南角,其建筑已毁,只有一些瓦砾残垣。范氏坟茔现只保存有总兵(范毓䥽)坟,存石雕、双华表二,径约尺五,高达二丈。[486]

下面是范氏世系:[487]

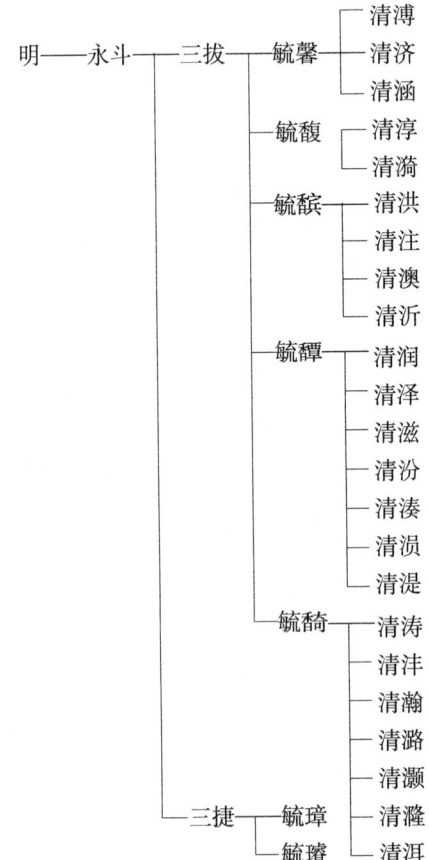

五、祁县乔氏

乔家始祖乔贵发，祖居祁县乔家堡，因其父母双亡，早年常为人帮佣，是一个衣不遮体无依无靠的光棍汉。乾隆初年与秦姓结为异姓兄弟，一同出走口外，开始在萨拉齐厅合成当铺做伙计，稍有积蓄，便转到西脑包开草料铺，兼销豆腐、豆芽、切面及零星杂货。二人苦心经营，生意日见起色。但后来又一度亏赔，几乎歇业。乔只好回原籍种地，留秦姓守摊。乔回原籍后娶积氏为妻，后续李氏。乾隆二十年（1755）口外粮食丰收，秦氏趁粮价低时购存一批黄豆，不料次年黄豆歉收，秦把黄豆出售，获利颇丰，便把乔从原籍叫来共同经营。乔、秦二人把店移到东前街，开设客货栈广盛公，乔、秦二人当上了财东。到嘉庆时，广盛公生意十分兴隆，但一次倒卖"买树梢"蚀本。所谓"买树梢"就是当农民急于用钱时，将其青苗作抵押，商号借钱给农民。广盛公这次"买树梢"蚀本，几乎倒闭，幸当地往来业户支持，议定将广盛公欠款缓期三年归还，使广盛公得以苟延残喘。到三年结账时，广盛公不但还清了债款，而且大有余利。秦、乔认为此乃复兴基业起点，便把广盛公改名复盛公。乔氏以在中堂、大吉堂、进修堂、德兴堂名义，秦氏以三余堂名义，在复盛公共投资白银3万两，业务仍以经营油粮米面为主，后又兼营酒、衣服、钱铺，买卖日益兴隆。

乔家子弟恪守祖训，定有家规，不准嫖赌，不准纳妾，不准酗酒。因此乔姓家业兴旺。而秦姓子弟吃喝嫖赌，挥霍浪费，渐从号内将股抽出，全部花光。秦氏抽出之股均由乔家补进，最后复盛公14个财股中秦姓只留1分2厘5，余皆为乔姓之股。

复盛公成为乔姓之商号后，买卖兴隆，又在包头增设复盛全、复盛西商号和复盛菜园。后来又在包头城内共开设了复盛公、复盛西、复盛全等19个门面，四五百职工，是包头城开办最早、实力最为雄厚的商号，故包头城有"先有复盛公，后有包头城"之说。

乔氏依托复字号，又向国内各大中商埠发展，先后在京、津、东北、长江流域各城镇设立商号。光绪十年（1884）又设大德通、大德恒票号。大德通票号最初资本6万两，中期增银12万两，最后增至35万两，大德恒票号资本10万两。二票号在全国各地有20多个码头（分号）。西至兰州、西安，南至南京、上海、杭州，北至张家口、归化、包头，东北至沈阳等地，均设有乔氏商号。徐珂《清稗类钞》载，乔氏共有资产四五百万两。实际不止此数，清末乔氏在全国各地有票号、钱庄、当铺、粮店等200多处，有流动资金700万~1000万两以上，加上土地房产等不动产，有资产数千万两。

乔氏在商业经营中很注意网罗人才，这也是乔氏商业长久兴旺的重要原因。如祁县人阎维藩（1859-1949），原在平遥蔚长厚票号福州分庄任职时，曾为福州都司恩寿垫支白银贿官，总号认为阎违背号规，要处置维藩，不久恩寿升迁汉口将军，自是对维藩主持之票号多有关照。但维藩因处分之事不快，已决意辞职。乔致庸得知消息，认为阎善于交结官府，又是个经营人才，派其子学仪专程途中截迎，礼聘阎氏为大德通票号总经理，许全权处理号事。阎为报答乔氏知遇之恩，殚精竭虑，苦心经营，使乔氏商业获益匪浅。乔氏为其商业之繁盛，一直注意交结官府。乔映霞就认为花钱捐官买来的只不过是死后铭碑上的殊荣，并无可骄傲之处，而花钱结识权贵则可作为经商靠山。如果某官在官场失意，又可另外交结新官吏。也就是说前一个靠山倒了，还可另找新靠山，使商业经营不受影响。乔氏交结权官，上至皇室亲贵，下至州府县吏，四方笼络，八方疏通。光绪以来，陕甘封疆大吏、山西巡抚道员，几乎都与乔氏的商业在经济上有交往。庚子事变，慈禧西逃，途经山西时，乔氏大展交结官吏之能事，使慈禧行营设在其所办票号祁县大德通总号，又出借给清廷银两，传为20万两以解清廷西逃财政拮据之急。清廷当然也是"投之以桃，报之

阎维藩像

以李",此后对乔氏商业多加关照,又让山西巡抚丁宝铨将"福种琅环"匾赐乔氏,乔氏商业也得以借此大壮声威,扩大了影响。

乔贵发共有三子,长子全德,堂名德星堂,但后继乏人,人丁缺少,故长门所营商业较逊色。

次门全义,生子致远,堂名宁守堂。致远生二子,长嵘,堂名保和堂,次超五,堂名保元堂。乔超五是咸丰九年(1850)举人,光绪初补新城知县,在他的影响下,其子弟秉承遗训,追求功名,故乔姓这一支,父子、叔侄、爷孙、兄弟、舅甥多有科名。

三门全美,堂名在中堂。全美生二子,长子致广,英年早逝;次子致庸(1818–1907),是乔家一位出类拔萃的人物,他历经嘉庆、道光、咸丰、同治四个朝代,为乔氏家族的繁荣立下了大功。致庸先是想以"儒术荣门阀",后又感到此乃舍本求末。于是决心继承祖业,在商界大展宏图。致庸治商有方,并主张经商首重信,次重义,第三才是利。他认为:经商必须戒懒、戒骄、戒贪。在致庸的精心经营下,乔氏"在中堂"的商业得到很大发展,人称致庸为"亮财主"。致庸生有六子,他对其六个儿子都有不同看法:长子景岱,致庸认为骄横跋扈,不可委以重任;次子景仪,致庸认为个性暴烈,勇而好斗;三子景俨,致庸认为谨小慎微,非经济之材;四子景侃,致庸认为拘谨、内向;五子景偁,致庸认为是读书之才,惜早逝;六子景僖,生而体弱,致庸独钟爱,但也早逝。景仪所生子映霞,过继景岱,人皆称大少,乔氏在中堂后来由他主持。

映霞深受乃祖熏陶,主持乔家以来,事业心

乔致庸书法

强,治家颇严。映霞不愿意乔家偌大家业在他手中败落,力图振兴,维护这个家族的繁盛和完整。据说一次家中弟兄一起吃饭,映霞对其九弟映庚说:"听说你武功可以,你能用四个指头把这双筷子折断吗?"九少映庚说:"这有何难?"果然毫不费力将一双筷子折为两截,映霞连声称赞,然后又把众兄弟吃饭的筷子集中起来,让映庚再用手折,结果折不断了。大家都明白了映霞的意思,这是让兄弟们抱成一团,拧成一股劲。于是都低头默然,映霞见状说道:"大家都明白了这个道理,我很高兴,希望以后大家同心同德,互相勉励,永记此事。"

乔家宅院

映霞还针对众兄弟与子弟的性格特点,分别立书斋名,如"不泥古斋"、"知不足斋"、"日新斋"、"自强不息斋"、"一日三省斋"等,以资互勉,并订立家规:一不准吸鸦片,二不准纳妾,三不准赌博,四不准冶游,五不准酗酒等。

乔家对子弟读书也十分重视,而且要求甚严。他们聘私塾教师一定要聘学问大的,在接待上也尤为礼遇。如对所聘本县名儒刘奋熙,尊敬异常,以致不敢对刘提束修报酬,只是暗中对刘家给予多方资助。乔家对教师逢节日有例敬,专配有两名书童陪侍,吃饭时由家长作陪,遇有家宴或送请宾朋,必为教师设首席相待,教师回家时,必备轿车接送,家长率子弟恭立甬道送迎。乔氏如此尊重教师,其目的是在子弟中树立教师威望,生崇敬之心,有利于教师秉权执教,约束骄横的小少爷。同时使教师有所感戴,可不遗余力地施教,最后受益者仍为乔家。乔氏重教之风,为乔家培育了许多人才,其后代子弟有不少人进入高等学府,成为科学家、教授和爱国军人等。

尽管乔映霞很能干,但他的婚姻生活并不完美,而且还引起过报界注意。映霞思想比较开明,早期崇拜康梁,后倾向孙中山推翻帝制,曾率先剪辫子,动员家族妇女解除缠足之陋习,又任过区长、禁烟委主任。一次在与邻村人械斗中,误用枪打死一人,花了很多金银才了结此事。1914年金永任山西巡按时,意欲勒索乔家,又旧事重提,传拘映霞,不得已逃天津租界。在此期间,信奉了基督教。映霞原配程氏,难产身亡。继娶杨氏,生子健,但杨氏不久也去世。一次,映霞在津偶然与刘菊秀邂逅相遇。刘氏天津人,协和医专肄业,护士。映霞在津因微疾入院,刘正在病房实习,二人相识,后成婚,生一子,生活了5年。后二人因个性不合,时有口角,裂痕越来越大,最后离异。映霞痛不欲生,曾跳楼自杀,致使踝骨断裂,终生成跛腿。《在中堂——乔家大院》一书载:"对刘菊秀外界诋毁颇多,说她原本有情夫,和映霞结婚不过贪乔家之财而已。婚后仍和原来情人鸿雁往来,暗度陈仓,还说得有鼻子有眼的,什么通信用英文书写,欺映霞不识英文,映霞截获原信着人翻译,始知为情书等等。"[488]1994年笔者在日访学期间,蒙日本学者小野信尔、小野和子教授帮助获得民国10年2月28日出版的《解放画报》第17、18期,载有《一封内容复杂的信》,披露了映霞与刘的婚姻内情:即乔刘是1917年夏经人介绍结识,是年11月20日(农历)结婚,1918年10月30日生一子,刘之情人是美国麻省工大硕士林某,该报还登载了刘林英文通信。但乔刘离婚后,刘嫁北京某医生。文章指出:"刘女士本不爱乔,是父母拿乔财产染她之心,才为势所屈。所以教会的牧师为了财产离经叛道了,堂堂的硕士为了财产变成拆白党了!信教的妇女为了财产坠入地狱了!忠厚的男子为了财产受着痛苦了!财产究竟是好东西呢?还是坏东西呢?还是不会用财产呢?"该文作者结论道:"父母遗产不是享福之具,实是取祸之道。有志的男女,不应收受父母之遗产,明白的父母,不应将遗产传之子女。"从乔映霞的婚姻故事中,可知民国初年乔氏资产尚多,不过并不等于乔映霞就能有了幸福美满的婚姻。

乔氏家族的衰败，是从清末清政府设户部银行始。时乔氏票号业务多被官办银行夺走，公私存款大幅度减少，乔氏不得不把票号改组为钱庄。辛亥革命时期，随着清王朝的灭亡，原依附清王朝的乔氏商业，大受损失。乔氏在包头的复字号商业，1926年冯玉祥军向北撤退，饷粮皆由包头商号垫支，摊派极重，乔氏复字号因此损失粮食5万石，现洋150万元，元气大伤。1937年日军侵占包头，乔氏复字号当铺、钱铺均被日伪组织接收。抗战胜利后，乔氏商号复业，仅苟延残喘，到新中国成立前已是奄奄一息。[489]

下面是乔氏世系：

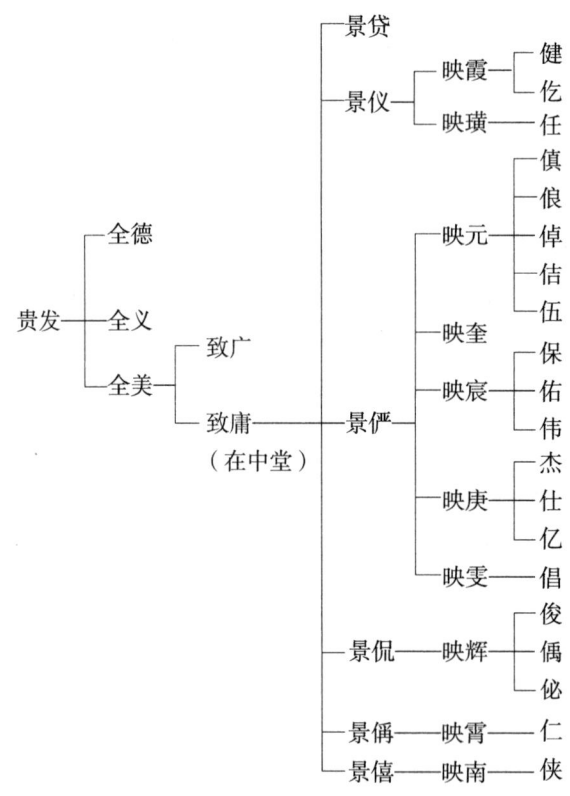

六、介休侯氏

徐珂《清稗类钞》称，山西侯氏有资产七八百万两，是仅次于亢氏的大户。侯氏住介休县北贾村，原是南宋孝宗隆兴元年（1163）由陕西迁入。康熙时，家境尚一般，有十七世侯万瞻外出经商苏杭一带，专贩绸缎。万瞻生二子，长生祥,次生瑞。二子长大后,与父一起贩运绸缎。他们南贩北运,经过几十年的辛苦,获利颇丰,家业渐兴。到万瞻之孙侯兴域时,侯家已是外有商号数十处、内有大量房产土地的赫赫有名的财主了,介休人称"侯百万"。

侯兴域,字蔚观,生于清乾隆年间,卒于嘉庆年间。他在继承祖业的基础上,又苦心经营,使侯氏财产达数百万两以上。侯兴域发展起来的商号,著名的有在平遥设的协泰蔚、厚长来、新泰永、新泰义、蔚盛长;在介休张兰镇设的义顺恒、中义永;在晋南运城设的六来信等。这些商号大多是杂货绸布茶庄和钱铺。兴域有子六,即泰来、恩来、庆来、迪来、章来、荣来。清嘉庆十三年(1808),侯兴域已年过花甲,便将其家产,除留一部分自己养老外,余皆分作六股,分给了六个儿子。不久,兴域故去。之后长子泰来、次子恩来相继去世,三子庆来成了家长,侯氏六门的生意皆委庆来掌管。

侯庆来,又名培余,字笃斋,清嘉庆二十三年(1818)考中副榜,为人精明练达,颇有才干。他主持家政后,首先把在平遥开设的蔚盛长、协泰蔚、厚长来、新泰永商号都改为带有"蔚"字的蔚泰厚、蔚丰厚、蔚盛长商号。据说所以如此改名称,是因其父字蔚观,改为蔚字号是永志其父创业维艰、教育后辈永世不忘之意。道光初年,侯培余又适应市场变化,把蔚字号均改为票号,又经过其子侯荫昌的大力经营,业务飞速发展,使蔚字号成为国内著名的票号。

侯培余在北贾村大兴土木,建筑宅院,新建房屋、过厅、书房,极尽富丽堂皇。在侯氏新建大厅上曾有名书法家徐润写的一副对联:

读书好经商亦好学好便好
创业难守成亦难知难不难

侯培余只活了36岁,死后由其子侯荫昌总管侯家生意。因为侯培余是三门中人,人们习惯上称为"三宅",堂名是"九如堂"。

侯氏的商号以蔚泰厚实力最为雄厚,是侯氏各商号之首。蔚泰厚原是绸缎店,开设在平遥西街,和著名的日升昌票号邻近。侯氏见日升昌由颜料行改票号后生意兴隆,十分眼红,但经营票号苦于无熟练人手。恰巧日升昌票号副经理毛鸿翙与经理雷履泰不和,毛受排挤,侯氏便趁机把毛氏拉了过来,于道光十四年(1834)将蔚泰厚绸布庄改组为票号,聘毛鸿翙出任总经理。毛氏感激侯财东知遇之恩,誓与日升昌票号决一雌雄,锐意经营,使蔚泰厚票号业务蒸蒸日上。是年,侯财东便将蔚字号的蔚丰厚、新泰厚、蔚盛长均改为票号,并委毛鸿翙统为指导,除在蔚泰厚给毛鸿翙顶人力股一俸外,又在新泰厚给毛鸿翙顶人力股一俸。毛鸿翙对此感激涕零,大有"鞠躬尽瘁"之意。毛氏又以"加官晋爵"之法从日升昌拉出两个熟悉业务的伙友,委以重任。后来侯氏又将天成亨布店改组为票号,形成侯氏的蔚字票号"五联号"。在毛氏的主持下,五联号业务突飞猛进,大获其利。据冀孔瑞《介休侯百万和蔚字号》[490]一文称,在侯荫昌掌握蔚字号时期,各号资本如下:

蔚泰厚:24万两

蔚丰厚:10万两

蔚盛长:12万两(后增至16万两,内含平遥王培兰资金)

天成亨:16万两(后增至20万两)

新泰厚:16万两

蔚长厚:15万两

"蔚"字号在毛鸿翙的大力经营下,六号拧成一股绳,到处揽生意,设置分庄,与日升昌相对抗。经过道光、咸丰、同治30多年的发展,声势日增,大有后来者居上之势。当时蔚字号在上海、苏州、杭州、宁波、厦门、福州、南昌、长沙、常德、汉口、沙市、济南、北京、天津、沈阳、哈尔滨、成都、重庆、兰州、肃州、西安、三原、迪化、广州、桂林、梧州、凉州、开封、周家口、道口、昆明、太原、运城、曲沃等地均设有分庄。

侯荫昌之子从杰(1848-1908),也是位经商能手。据《侯从杰墓志》[491]称:"君姓侯氏,讳从杰,字卓峰……诰授通议大夫,赏戴花翎,郎中衔,光禄寺署正加四级附贡生……世以权奇子母为业,委任志成,推心置腹,以信为主,虽支部几遍全省,千里一呼无不相应。庚子以后,海内商业大局岌岌,君独筹划周密,他商亦均取其法,偶有岔事,得君一言而解。"

侯氏蔚字号的发展,除其经营有方外,遇到商业急难事时,还采取过些伎俩与手段。太平天国革命期间,蔚字号在东南各省的分庄因战争影响损失严重,致使平遥的票号发生挤兑现象,票号信用摇摇欲坠。在这关键时刻,侯氏用骡马车成队结伙,从介休北贾村向平遥的票号运送银两,应付挤兑局面。谁知浩浩荡荡的运银车辆中,有一部分银箱内装的不是银两,而是石头。侯氏用"瞒天过海"手段,渡过了挤兑风潮。

侯氏自兴域后,泰来六兄弟虽是分立门户,但商业经营仍在一起。具体办

法是各门在各号均有股份。如蔚泰厚光绪五年（1879）重立的合约中，共有股份十四点二个，除外姓六家的八点一个外，侯氏共有十六点一的股份，其中合有的九点一个，长门零点七个，二门一个，三门一点五个，四门零点六个，五门二个，六门一点二个。这样，对各商号须有一人主持管理。侯氏各门的主持又向来由三门主持，即先后由培余、荫昌、从杰掌管。侯氏众兄弟因三门给各门管理商号，特别在各商号给三门另立空股，后来这份空股作为"侯氏宗祠"开支，并拿出过一些收入作为地方公益开支。

侯氏家大，商号又为其家族共有，家中设有总管，经理银钱，并规定各门花费限额。

侯从杰去世后，由其妻王氏代管蔚字号商事，人称"侯四太太"。这时蔚字号已呈现江河日下之势。但侯家豪华奢侈之风依旧。侯从杰的葬期用了6个月，开吊3天，统共花费银1万余两。侯荫昌的侄孙侯奎，是介休县赫赫有名的挥金如土的阔少爷。当时介休流传着这样的话："介休有个三不管，侯奎灵哥二大王。"三不管中第一位说的是侯奎，灵哥是介休大财东冀国定的长孙，二大王是郭寿先，是介休大财东郭可观的弟弟。这三人在平遥、介休一带仗着有钱有势，横行霸道，无人敢惹。他们平日声色犬马，竞奢斗富。一次侯奎在太谷某绸缎店里吃了一顿饭，饭后经理请他选购绸缎，侯奎一时兴起，当下便把该店绸缎全部买下。灵哥听说此事，也不示弱，恰巧有一钟表店主请他吃饭，饭后灵哥便把该店的钟表全部买下。每年9月20日至30日介休张兰镇举办10天庙会，侯奎、灵哥都要带仆从车马来赶会。他们在会上以赛车赌输赢，一家是景泰蓝十三太保车，一家是关东灰鼠里围出风车，驾车的骡马都是不惜重资购买的上等好骡马，以燃两柱香的时间为准，由张兰镇西门跑到东门，再返回。看热闹的人拥挤不堪，快马如飞，常有踩伤人的事故。二位阔少毫不理会，只顾自己取乐。他们还用钱票点火吃水烟斗富，看谁吃得快，烧得多。一张钱票是1000文，当时20文买1斤面粉，一张钱票被烧掉就相当于没有了50斤白面。这种斗富方法，可谓极尽挥霍之能事了。侯奎只活了43岁。辛亥革命以后，侯氏各地商号接连被抢、被烧，纷纷倒闭。但侯家的太太少爷仍然过着养尊处优、腐化奢侈的生活。他们吸食鸦片，每餐必酒肉海味。经济来源断绝了，就坐吃山空，靠出卖财产过活。到抗战前夕，显赫一时的介休侯家末代子孙侯崇基已日不果腹。不久日军侵入山西，侯崇基终因烟瘾发作和冻饿而死。[492]

下面是介休侯氏世系：

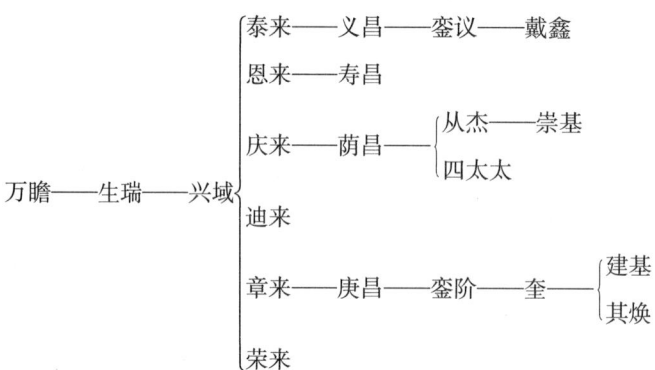

七、祁县渠氏

祁帮商人是我国清代商界一支劲旅，而渠氏是祁帮商人中资财最大的一户，他们的茶庄"长裕川"声名卓著，票号"三晋源"汇通天下。据《清稗类钞》载，渠氏资产为三四百万银两。

渠氏先祖渠济，上党长子县人。元末明初其子敬信、守信、忠信做贩运小本生意，是走村串户的"货郎挑"，经常从上党贩运潞麻和梨到祁县，再把粗布和枣贩回上党，年长日久，有了些积蓄。明洪武二年（1369），便把其父接到祁县定居。后来其子孙经商于包头一带，到渠源浈曾祖父渠同海时，在包头经营的商业已初具规模，购地十余顷，经营着菜园、油粮、茶叶，并兼作钱业生意。到清朝乾嘉年间，渠源浈的祖父映璜又增设长源川、长顺川两大茶庄，从两湖采办红茶，贩销于西北各地及蒙古、俄国。至此渠家已经积累了万贯家财，成为巨商大贾之家。据渠家传说，渠映璜逝世前有银120万两，其子长瀛、长发两门各分银60万两，因长瀛早逝，由其两个儿子源潮、源浈继承，各分得银30万两，而长发的60万两银由其子源淦继承。渠家从渠氏第十七代源字辈进入黄金时代，当时为晋中八大富户之一。

源浈，字筱洲，小名旺儿，被乡人称为"旺财主"。渠源浈是著名的三晋源票号财东，该号创设于同治初年，资金30万两，在北京、天津、上海等地设分号11处，最盛时营业额达六七百万两，每股红利6000余两。渠源潮是长盛川票号的财东。源浈还与源潮、源淦、源洛合组百川通票号，投资存义公票号，同

三晋源

祁县渠源祯号称"万财主"，于1862年创三晋源票号，同时还设长盛川、百川通票号均为渠源的专东，另外还组创和投资存义公票号、三晋源经管财的方法和三晋源票号、大德恒票号，以稳妥为宗旨。渠源祯在其宅院和三晋源老号各建银窖一所，住宅和原钱铺的天合和三晋源当时祁县城的元宝，他的儿子渠本翘不肯冒险，源祯死后，渠源祯其主要业务都是渠源号在武汉一家就挖出白银三百万两。辛亥革命只剩下了三晋源号，大德通，无人不晓。提起三晋源的稳健经营作风

三晋源票号印记

渠家宅院

时还在各省设有茶盐店、钱铺、当行、绸缎庄、药材庄等庄号。人称"旺财主"的渠源祯是渠氏家族中最善于经商理财者。如同治年间，渠源祯投资银30万两入股在平遥县南大街开办的"百川通"票号。后来柜上存入了满清旗人一笔3000万两的巨款，只保存银，不要利息。"百川通"大走财运，三年结账，每股分红1万余两，渠源祯每次分红10万两，连续分红三次，挣回原来本钱后，源祯便断然将本金全部抽回。商界人士十分惊讶，有人问源祯，他笑而不答。后来源祯才说出其中缘故，原来他认为：凡事乐极生悲，否极泰来，盛者必有衰，买卖有挣就有赔。百川通存银是旗人的，旗人有权有势，时间一长难免要耍无赖。何况发财也要有

够,差不多时就要罢手,这样股息皆得。若到亏损衰败下来就悔之已晚!果然,时过不久,百川通的生意江河日下,一年不如一年。源浈之识见,一时在山西商界被人广传[493]。

渠家很重视对子弟的教育。他们认为经济上具有一定实力后,还须通过培养子弟,使其通过科举之途进入官场,既可改变商人家庭在社会上的地位,同时又可用以巩固其商业上取得的成就。另外,随着清末西方科技文化的传入,渠家深感数学、化学、物理等学科具有重要的实用价值。于是,便延请有这方面知识的教师为其子弟授课,期望他们在未来得到更好的发展。渠源浈之子渠本翘,就是渠家最杰出的传人。本翘情况前已介绍,此处不再赘述。

下面是渠氏家族世系:

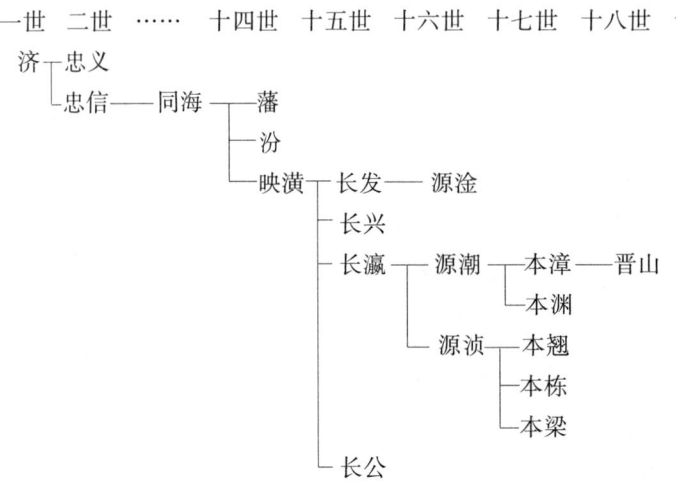

八、榆次常氏

榆次常氏是晋中富商。徐珂《清稗类钞》称常氏有资产百数十万两。该族原系山西太谷县人,明朝弘治十三年(1500)常仲林迁居榆次县车辋村刘家寨,由仲林一世起到八世常威时,家"始裕","至于起家,即率经商"。其经商则在多伦诺尔、张家口、兴化镇及本省大同、繁峙等处。

常氏发迹之后,氏族分居,添房盖院,分为"南常"、"北常"。"南常"以万玘为代表,为"世荣堂";"北常"以万达为代表,为"世和堂"。

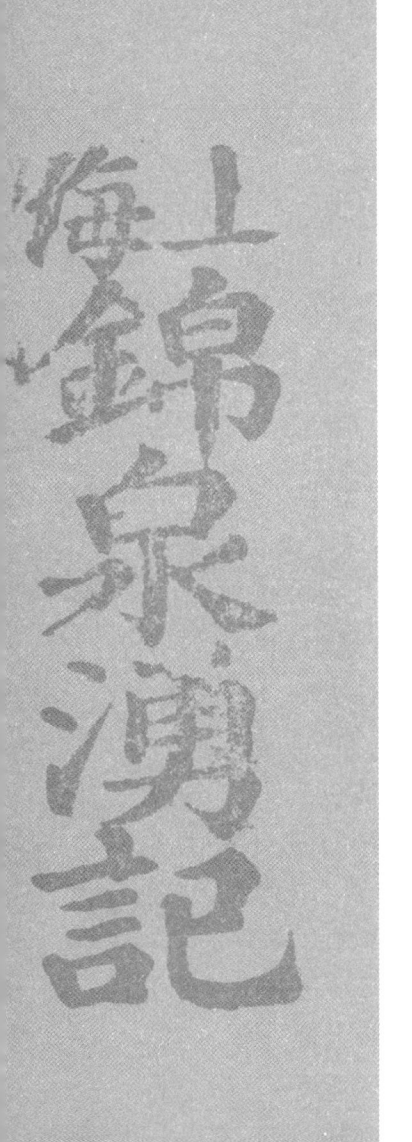

上海锦泉涌记

北常从乾隆年间始，就以大德玉商号名义在恰克图经营对俄贸易。随着业务的发展和资本积累的增加，常氏于道光六年（1826）新设大升玉商号，道光二十年（1840）又增设大泉玉商号，同治五年（1866）增设大美玉商号，光绪五年（1879）增设独慎玉商号，形成了常氏的"玉"字连号。此外，独慎玉商号还在莫斯科设立了分店。汾阳路履仁先生目睹晚清恰克图商业状况，撰文说："买卖城内有一东西向横街和三条南北巷子组成，西巷有常家的大泉玉，中巷有常家的大升玉，东巷有常家的独慎玉。"正如《山西外贸志》所说："在恰克图从事对俄贸易的众多山西商号中，经营历史最长、规模最大者，首推榆次车辋常家，常氏一门，从乾隆时从事此项贸易开始，历经乾隆、嘉庆、道光、咸丰、同治、光绪、宣统七朝，沿袭一百五十多年，尤其在晚清，在恰克图十数个较大商号中，常氏一门独占其四，堪称为清代本省的外贸世家。""北常"有十家带"玉"字的商号最著名，号称"十大玉"。据《汉口山陕会馆志》称，光绪八年（1882）汉口"北常"的商号有如下十二家：大昌玉、大德玉、大泉玉、三德玉、保和玉、慎德玉、大升玉、三和源、大通玉、大顺玉、泰和玉、独慎玉。

"南常"的商号名称均带有"德"字，如大德川、大德美、大德昌等，号称"十大德"。其商号遍布苏州、上海、汉口等地。

大德玉匾

在常氏家谱的"寿序"、"墓表"、"墓志铭"中,多有常氏经商的记载。如常氏九世万达八十"寿序"中称:"翁为榆邑望族,自少英敏,具干济才,方弱冠,遂弃制举,业抷计,然术事无巨细,便能擘弃区划,悉合机宜,为老成辈所器重。中年懋迁有无阅历而谙练益精,一切运筹帷幄,克壮其猷,家业日隆。"再如九世常万育八十"寿序"中也赞其经商才能说:"翁未弱冠,读书家塾,用力甚勤,人皆许其能。既乃失怙而家计甚切,母独命学陶朱术,翁因顺志北上,据先人遗资,经营二十载,家遂丰盈。"另如常万达之子、常氏十世常怀愉八十"寿序"中称:"今初而课读,颖异非常,长而经商,辛苦备至。至于寄迹廛市,更有可法者,栉风沐雨,以炼精神,握算持筹,以广智略。其深藏若虚也,有良贾风;其亿及屡中也,有端木风。持义如崇山,杖信如介石,虽古之陶朱不让焉。"又如常万达曾孙、常氏十二世常怿"墓志铭"中,也有"随父服贾张垣,凡筹划经营实左右之"。常氏十三世常维丰"墓志铭"也写道:"君性明敏,事宜张弛,一经裁决,立即决焉,每任一人,皆精明强干,以故生理日盛,富甲一乡。"

常氏作为封建性商人,曾积极参予清朝的政治和文化活动。例如捐助地方书院。道光十七年(1837)因捐助榆次书院,知县赠匾一块,上面写着"崇文尚义";光绪五年(1879)八月因捐助山西官书局刻书,巡抚曾国荃赠匾一块,文曰:"义关风雅"。光绪三十三年(1907),因常氏十四世常赞春以藏书捐赠榆次学堂,山西巡抚恩寿赠匾一块,文曰:"士诵清风"。常氏还赈济灾荒与善后捐输。光绪三年(1877)山西灾荒,捐输3万余金,巡抚曾国荃赠匾一块,文曰:"好行其德";庚子后,因助清政府善后经费,山西巡抚赵尔巽奏请于光绪二十九年(1903)奉皇上旨赐匾一块,文曰:"乐善好施"。在义和团运动中,常氏十三世立教,由村众举充乡团团长,"与村人赵君成业,刘君秉仁协议安置拳众毋扰,并练团丁,以防他匪侵入"。

常氏发迹后曾积极投资土地,在清代后期还创办了近代工业。榆次车辋土质不好,当地有传说称:"走东阳过西阳,德音庞至烂车辋。"即使如此,常氏也未放弃对家乡土地的投资,南北两常在车辋村占有的土地,为全村土地的1/3强,约20公顷左右。庚子事变,常氏商业受到损失。常氏转而热衷创办近代家庭工业,据载:"望春兄鉴于吾家人众,而资有限,恐一旦竭蹶,无以为生,因议立敦义和蚕桑局和敦睦织布工厂,由京津聘教授,购机器归,率族中子弟不习儒贾者以入,有缺额招生,""招徒工数十人,结丝物织络带,以作试验。翌

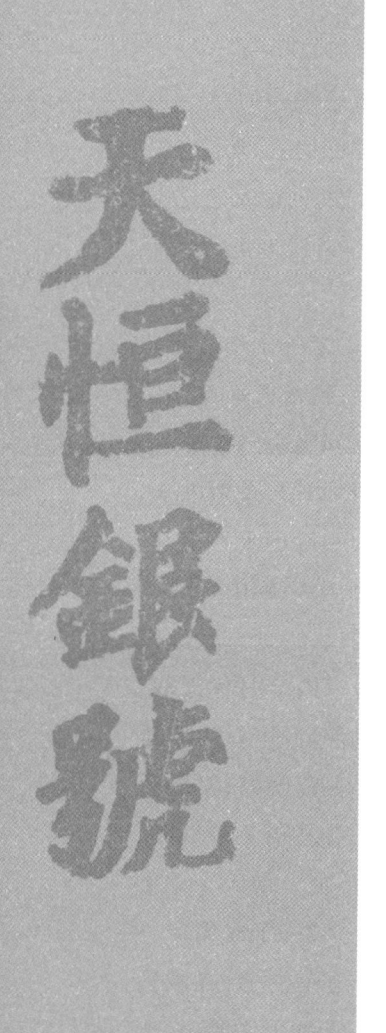

天恒银号

年,即栽桑数百株,养蚕数十万","至局内设置,如养蚕架、寒暑表及一切器具无不全备,一时敦义和之丝品织物,销售平、汾、文、交、祁、太、徐、榆等处,获利颇厚,而平汾等处人言及榆次敦义和丝物,尤为赞许","及民国肇兴,吾家各埠商肆顿遭损失,工厂货款无出,将至停办"。至十年,以所植成桑,归村公有经理。

常氏除创办家庭工业外,还向山西近代工业火柴局、保晋矿务公司、晋华纺织公司有过投资。保晋公司第四任总经理就是由常氏十四世常旭春担任。他在职 15 年(1923~1937),是各任总经理中任职年限最长者。

常氏商业于清末民初衰落,常氏十三世常立训在光绪中叶曾作为常家的股东代表达 20 余年。其《墓志铭》记述了他看到常氏商业"日薄西山"的状况后感慨万分:"公盖不以一时之致富为可矜,而以后日之食贫为可虑,于其酌盈剂虚之际,已足见其持满戒溢的苦衷。"这就是说:光绪中叶,常氏丁口既繁,需用日浩,已是开支拮据。庚子事变,归

常家宅院

化城受兵燹之苦,张垣又受到德兵骚扰,常氏商务"遂难复如旧时"。常氏十三世常立教"墓志铭"称:"壬子吾家骤落,京肆事尤棘手,族众推公往,癸丑公遂驻京,至甲寅秋,自以维持无术,谢归。"这就是说:民国初年常氏商业已彻底衰败,而且回天无术了。

　　常氏由商起家,传至十世时,已有"世兼儒贾为业"之称。常氏自经商家境富裕之后,便注意让子弟读书学儒。常氏八世常吉为县贡生,是常氏家族入贡第一人。此后就延绵不断,到清末,常氏从八世到十五世入邑庠生达78人。特别是清光绪年间,常氏十三、十四两世,有4人拔贡,5人中举,1人成为进士,集常氏一时科举之盛。清末废科举立学校,到1921年,从十四世到十六世间,有4人赴日留学学成回国,有10人从省内外大学毕业,在榆次家族中首屈一指。由于常氏重视教育,家族中培育出了许多研究经史和书法绘画有较深造诣者。据《常氏家乘》载:常氏十二世常炳仿柳少师书,常偌双钩字时称无双,常怿工画山水及虎、马、蝴蝶等小品;常憬尤工欧阳体,常惺善诗;十三世常维梁楷工柳少师书;常立德既富藏书,且研究考订之学,晚学颜鲁公书;常立爱藏书甚多,研读史学、理学,而且懂数学;常立屏邃于史学,书法则工颜真卿、董华亭诸家;常立方既嗜史籍,为清副榜举人;常维丰工书善画。常氏子弟中有几位在省内外政界、文化界均颇有影响,例如:十三世常立教,于光绪十一年(1885)考中第53名举人,赴京会试,曾参与康梁变法的公车上书,在故宫陈列的黄榜上有名,是常氏家族中第一位科举成名的人物。十四世常麟书,光绪十七年(1891)辛卯考中第51名举人,由翁同龢推荐,入国子监南学深造7年,光绪二十九年(1903)癸卯会试,中第219名贡生,殿试取三甲第87名进士,派往户部任度支部主事,因丁忧未就。曾任常氏笃初学校教务、榆次凤鸣学堂堂长,创办榆次速成师范学校,自任校长兼总教务。民国初年移居省城太原,历任山西大学、商专、一中等校语文教师。毕生从事教育工作,有《诗经述义》、《礼记易简录》等十多种著作。十四世常赞春,光绪二十八年(1902)考中第3名举人,后就读于京师大学堂,获文学学士学位,受聘为清史馆征访员、山西文献征存局编辑,曾任国会第二届众议员。毕生从事文化教育工作,学识渊博,尤通文史,长期在山西大学文、法、教育学院执教,深为学生敬重,总纂《榆次县志》,多有创见,著作甚丰,遗著目录达50卷左右,尤擅长书画篆刻。十四世常旭春,自幼聪慧才高,童试第一,光绪二十八年(1902)中第24名举人,1912年选任山西国民公会副会长,1922年到1927年出任保晋公司总经理。书法先学魏碑,后宗李北海,所书笔力气势磅礴,苍劲有力,为名书法家。常氏十六世常乃德,北京高等师范史地科毕业,后赴日,归国后历任燕京大学、山西大学、四川大学、华西大学教授,学识渊博,著作甚丰,主要有《中国民族小史》、《中国史鸟瞰》、《中国财政制度史》、《社会科学通论》等。[494]

下面是常氏家族世系部分人名:

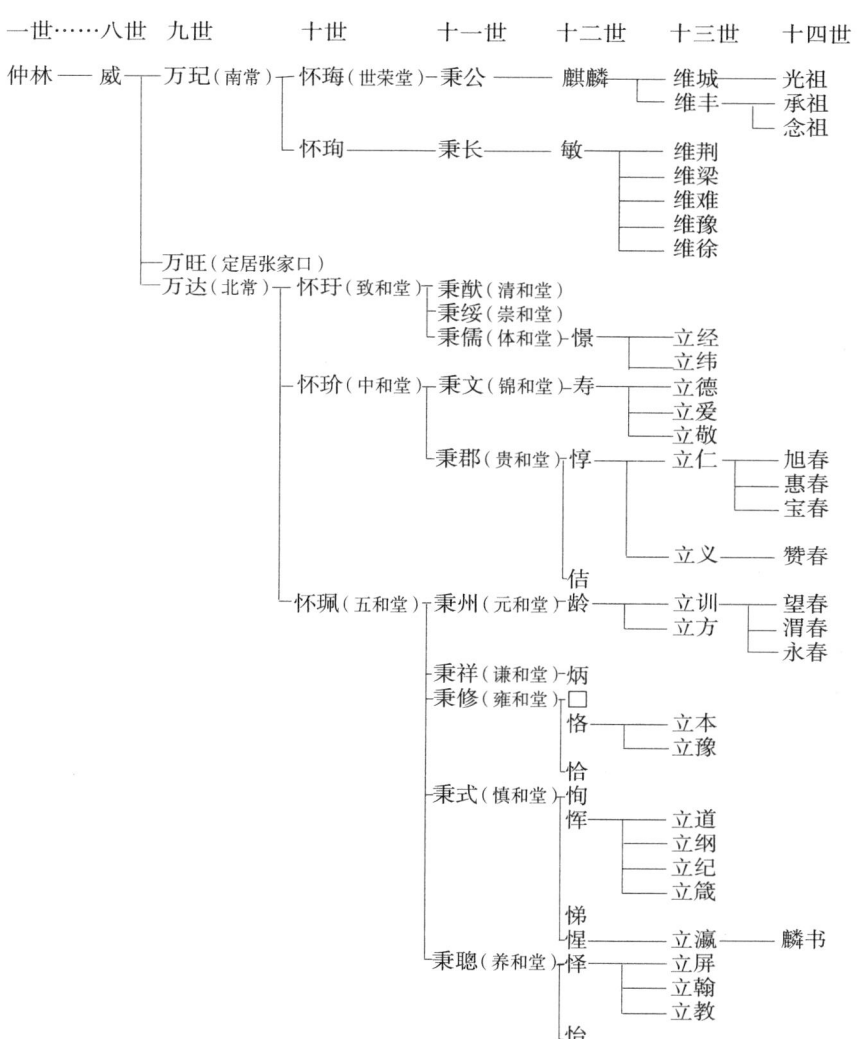

九、太谷曹氏

曹氏原住晋源县花塔村(今属太原市晋源区),明洪武年间迁至太谷县北洸村。《清稗类钞》称曹氏有资产银六七百万两。曹氏发迹,始于明末清初人曹三喜。当时三喜为谋生,随人至东北三座塔(在今辽宁朝阳县),租地种菜、豆类。后与一当地人合伙,用所种之豆,磨成豆腐出卖,用豆腐渣养猪。辛苦经营多年,日渐发达。这时,原合伙人提出分开各自经营。三喜独立经营后,由磨豆腐、养猪,又发展到用高粱酿酒,进而开杂货铺,后又兼并了原合伙人的生意。随着三座塔地方的繁荣,人口的增多,清廷设立了朝阳县。而曹氏在该地早已开办有商铺,所以当地有"先有曹家号,后有朝阳县"之说。此后,曹三喜又将商号开办到赤峰、凌源及建昌等地,经营范围也扩展为杂货业、典当业、酿酒业。后来又在沈阳、四平、锦州等地设立商号。这样,曹氏已成为关外大商。

清兵入关,曹三喜向关内发展。他首先在原籍太谷设号,继设号于华北、西北各商埠。曹三喜致富后,把资产给七个儿子分为七份,不过在商业上仍合资经营,七家各出资本 10 万两,组成总管理处,称"曹七合"。后因一个儿子出门承嗣去了,又把"曹七合"改为"六德公"。六门各有堂名,分别是:怀义堂、馨宜堂、留青堂、三多堂、五桂堂,还有一堂佚名。他们合资办的商业,到清道光、咸丰时达到鼎盛。当时曹氏商号遍布全国各地,如济南、徐州、兰州、太原、天津、北京、沈阳、锦州、四平、张家口、黎城、屯留、太谷、长子、榆次等,在新疆、库伦及莫斯科、伊尔库茨克等地,也设有曹氏商号。其经营范围很广,如:绸缎、布匹、呢绒、颜料、药材、皮毛、杂货、洋货、茶叶、账庄、典当、钱庄、票号等。曹氏在商业经营上合资共管,在家庭的经济上则各门自立。在各门中以三多堂最盛,在曹培义时代,家资有 300 万两,年开支 3000 余两;到曹中美时代,家资 600 万两,年开支万两。

曹氏商号用人,初以曹氏本族为多,后来商业发展,用人范围有所扩大,但也只在晋省籍人之内选用。用人途径大致有二:一是各大号掌柜荐举;二是从伙友中提升。被荐举者均须具备相当业务经验;被提升者均须有一定劳绩。曹氏商号还聘用过一些能文善写的秀才,如高介臣、杨济溥等人。曹氏商号在用人上规矩很多,例如:新用掌柜或刚入号伙友,三年内不给工资,只管伙食,也就是试用期。三年后,如在试用期表现不好者、违犯号规者、掌柜认为"不堪造就"者,一般在农历正月十五日前通知辞退。如继续任用,按其地位高低、责任大小发给劳金。掌柜劳金一般一年为 100～120 两,十年后按其劳绩给以顶生意,即以人力顶身股参与股份利润分红。各商号除大掌柜、二掌柜、三掌柜

外，还有管账、坐柜、栏柜头、跑外人等。

曹氏商号订有严格号规，员工均须遵守。如规定商号员工不得抽大烟、打牌、嫖妓。宴请来客时，有指定的专管应酬的掌柜（一般是二掌柜或三掌柜）负责，宴请中一般不谈交易，俟饭后才看货、议价、交易。掌柜及伙友，平日在号内必须穿大褂，外出或与来客洽谈生意必须加穿马褂，以示恭敬。伙友有坐柜、站柜之分。站柜者为初进号之学徒，往往需站柜七八年后才能升为坐柜；就是已成为坐柜者见到掌柜时也必须站起。住号伙友平日所穿衣服，都不准有口袋。清代使用铜钱，每位伙友有一小钱串袋按名次挂在柜房内，可作剃头、洗澡等零用开支。如遇例假批准回家时，必须把携带的包袱收拾好，放在柜台上，表示请大家检查，内中绝无夹带柜内财物。平日号内吃饭，各伙友均按劳金多少依次而坐，不得乱位。

曹氏商业系封建的资本经营方式，随着社会的发展和国内外政局的变化，曹氏商业在清末衰落。辛亥革命后，白银改银元，银元改钞票，几次变更，曹氏商号由此带来资本折换，债务折换，亏损银数十万两。1919年，曹氏在莫斯科、恰克图、伊尔库茨克和蒙古库伦（乌兰巴托）的商号，负外债银80余万两。原持帝俄时代的钞票每张抵银一两，苏联革命成功后每张仅

曹宅

值白银五分，此一项曹氏亏银37万两。曹氏商业以东北各大城市为多，北洋军阀混战时期，张作霖的奉系军阀大量发行"奉票"。1922年第一次直奉战争，奉系军阀失败，"奉票"大跌，曹氏商号又损失一百数十万元。1931年"九一八"事变，日军侵占东三省，后来又成立伪满洲国。按日军的殖民地经济统制法，曹氏在辽宁的五个银号合并为玉城银号，归伪满洲国的政府所有，曹氏在东北的商号全部化为乌有。东北原是曹氏发祥地，其东北商号的垮台，又影响到关内的商号。在各商号倒闭前，各号掌柜趁机各饱私囊，曹氏后代子孙又多吸食鸦片，庸碌无能，曹氏的商业终于全部倒闭歇业。

曹氏自曹三喜始，到曹克让及其子时代衰落，共历24世。曹三喜原为文盲，目不识丁。曹氏家业兴起后，很重视对子弟的读书教育。曹家设有家塾"书房院"，延聘名师任教，对教师待遇颇厚，每年束脩金在百两以上。曹氏除捐官外，其子弟在清末也有中举考取功名者。例如：

曹培德，字润堂，为人精明干练，曾为直隶候补知府，精六法，嗜填词，尤工作诗，著有《木石庵诗合刻》、《木石庵文录》、《木石庵随笔》、《傅文贞先生年谱》。富有经济才能，他弃儒经商，所有曹氏"锦"字商号，如锦丰泰、锦生润、锦丰焕、锦丰典、锦泉汇、锦泉兴、锦泉和、锦泉涌、锦元懋、锦隆德、锦泰亨等，皆为曹培德一手创立。在曹培德《墓志铭》中记述称："太谷之曹，以资雄于并晋间，而柘庵曹君特以名德显。君讳培德，字润堂，以字行，别字柘庵……光绪乙酉，以选拔贡于京，朝考报罢，援例捐内阁中书……君先以中书

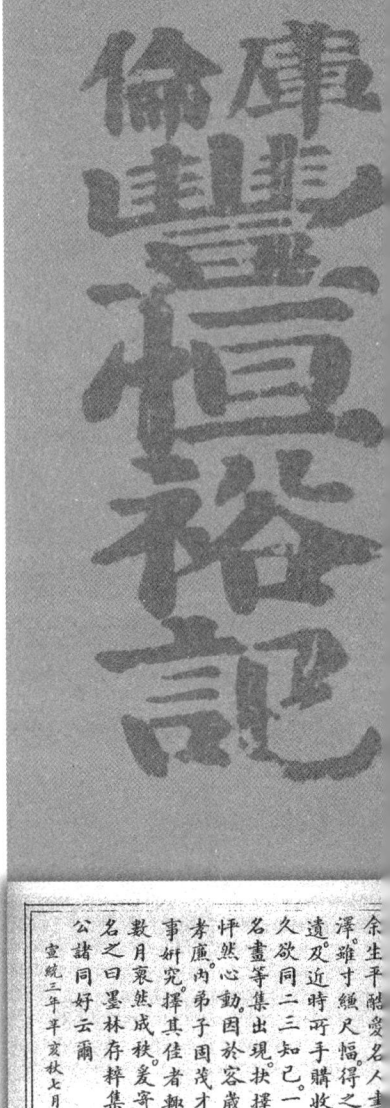

曹克让自叙

加捐至知府,指分直隶试用……壬寅秋,垦务大臣贻将军谷奏调君襄垦事……君冲寒塞外者累月,创设西蒙公司,复返里集款至十余万金,事乃举……自正太铁路开,谷商已大减,同蒲线如复不经谷境,为谷计者,尤宜速修榆太支路以通商情,独惜时人之不能用也。"

曹中裕,相传与山西巡抚胡聘之"同年",光绪时曾出任保晋公司经理,胡去任后,中裕也随之去职。

曹克让,举人出身,嗜好书画,多藏名人诗画,价值一百数十万元。1937年日军入侵山西后,一些名画被日军抢掠。又被曹氏子弟中吸食毒品者偷窃变卖,致克让所收名贵书画全部散失。[495]

下面是曹氏家族世系:

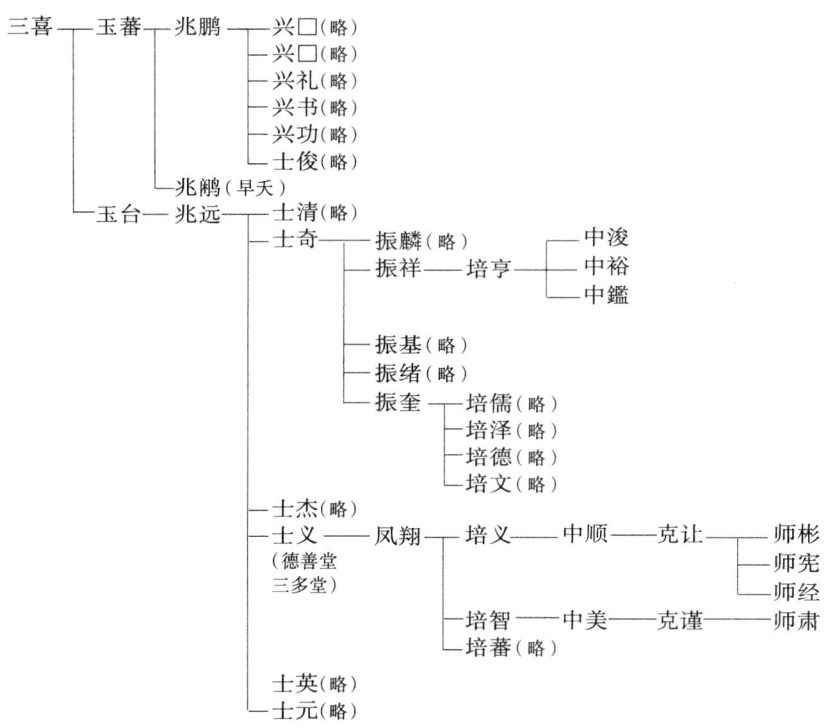

十、介休冀氏

冀氏是宋代从山西临晋县迁入介休县邬城,后又迁入介休北辛武村。冀氏

冀氏所在地——介休北辛武村

是大户,其"支派分出,丁口益众,梓里相逢,每难识别,兼以宦游远省者有人,服贾他乡者有人,又迁广平、迁湖北、迁陕西、迁北口"。冀氏约在乾隆时开始发迹,到冀氏十七世冀国定时期,冀氏商业已相当可观。《清稗类钞》称介休冀氏有资产银300万两。

道光初,冀氏在湖北樊城、襄阳等地的商铺有70多家,经营以当铺为主,次为油房、杂货铺,其中资本在10万两以上的商号有钟盛、增盛、世盛、恒盛、永盛当铺和平遥谦盛亨布庄。这时,冀氏有资产达300万银两。但冀氏富后不愿露富,冀国定为掩饰其富,有对联云:处世无才惟守拙,容身有地不求宽。

冀国定是冀氏单传,到国定年逾40岁时,又膝下无子,遂继娶四房马太夫人,后生以公等五子。国定去世后,因"诸子未更事",内外诸事皆由马太夫人经理。她"不出户庭,而大辔在手,综理精密",丝毫不比国定逊色,据说平遥县开标利,如马太夫人不到,就开不了,因为不知她是放还是收。其经营才干由此可见。据清人徐继畬《冀母马太夫人七十寿》[496]载:

太夫人为诰赠资政大夫一斋冀公之继室,母家簪缨世胄,凤娴诗礼,赠公自祖父以上单传者七世,家称富有,而苦于襄助无人,自太夫人来归,乃准母家仪式相之,以立家规,赠公资业半在荆楚,又有在京师畿辅山左者,往来照料,井井有条,而家政则一委之太夫人。赠公自奉俭约,两餐恒杂粗粝。太夫人曰:此惜福之道也。然自奉宜薄,待人不厌其厚。既擅素封之名义,所当为不宜居人后。赠公深以为然,故指囷赠舟之事,不一而足。会垣修贡院,首捐万金,族戚邻里之待以举火者,无虑数十百家,皆太夫人赠助成之。赠公既逝,太夫人以诸子未更事,内外诸事悉自经理。南北贸易经商字号凡数十处,伙归呈单簿稍有罅漏,即为指出,无不咋舌骇服。不出户庭,而大辔在手。综理精密,不减赠公在时。又待伙极厚,故人皆乐为尽力……太夫人男子五,有己出,有庶出,抚之如一,教之如一。诸子虽得高爵,而躬躬修敕不敢以裘马耀乡间,供客极丰腆,而家中两餐仍俭素。曰:惜福则福自长也。故诸子生富家而能饱粗粝。

大约在咸丰六七年间,马太夫人曾为五个儿子分家各立门户,从此冀家有"五信堂"之称。冀氏所经营的商业,除平遥谦盛亨布庄(后改为票号)归五堂共有外,其余均分给各门,加上他们在分家后又新设的商号,各门的情况是:

以公(悦信堂):析产分到增盛、广盛当铺,之后在直隶大名府又设当铺、颜料庄数家,在介休张兰镇设悦盛昌、悦来号钱庄,又在湖北通过当铺放账兼并了部分土地。

以廉(笃信堂):析产分到钟盛、益盛当铺,后在介休张兰镇又设谦盛晋钱庄、平遥县宝兴成绸缎庄。

以中(立信堂):析产分到恒盛、文盛当铺,后在介休张兰镇又设恒盛茂商号。

以和(敦信堂):析产分到永盛、星盛当铺,后在湖北樊城又设鼎顺、永顺二当铺,在北京设仁盛当铺,在库伦(乌兰巴托)、喇嘛庙和张家口等地设恒顺发等皮毛商号,又在介休万户堡购买土地2公顷多,在洪山购买水地1公顷多。

以正(有容堂):因同马太夫人在一起,析产只分到世盛当铺,另有现银10万两,后在祁县设天聚和茶庄。以正是秀才,据说为考举方便,在平遥设其德昌票号(兼营布匹),在太原设其昌永绸缎庄,在晋祠设其世昌、其昌泰杂货庄,号称"四杆旗(其)",并在晋祠购稻田4公顷。

"五信堂"除在外地购买土地外,在原籍本村共有土地30多顷,占全村土地的1/3。光绪初年,以廉、以中各以银30万两建大宅院,以正用银10余万两购北辛武村破产财主"阎百万"房舍，以和用银10多万两新建房舍和花园，只有以正留住原宅。冀氏房室装潢富丽堂皇，十分讲究，又在北辛武村开设杂货、肉、药、当铺，以方便其生活需要。

冀氏十九世灵哥是冀氏家族中的纨绔子弟。前述介休民间流传的说法："介休有个三不管，侯奎灵哥二大王。"灵哥是冀以公的长子，名惟聪，灵哥是乳名。他自幼娇生惯养，长大后奢侈浪费，挥金如土。介休县张兰镇逢农历九月二十日有庙会，灵哥与介休二大王（郭可观）各养一戏班，比赛哪个戏班的戏演得好。灵哥又与北贾村侯奎比赛跑马车，压死人后，行贿地方官吏，竟逍遥法外。

冀氏商业从咸丰时起已因战争遭受损失。太平天国战争爆发，冀氏"商号之遭兵燹十余家，资已去大半"。马太夫人从湘南两湖调回山西现银五六十万，资本向北方转移，并在天津设立当铺。这时"晋省捐输之议亦起"，冀氏"接连六七次，计前后捐输凡数十万金"。第二次鸦片战争期间，冀氏在北京的"海淀字号被焚掠者四，山左直隶诸字号资本亦大半被焚掠，较之以前家资不及十之二三"。光绪二十六年（1900）庚子事变，冀氏在天津、北京的当铺被抢掠烧毁，平遥县、介休县张兰镇的谦盛亨票号、谦盛钱庄发生倒账，损失银150万两，冀氏商业从此衰败。冀氏到光绪时，人丁稀缺，庚子事变前"五信堂"只有冀以和一人在世。庚子事变后，男子只有惟清，女性只有惟聪小女儿马奶子在世。冀氏商业衰落后，由他俩代表各处清理债务。他俩又邀请张兰镇贾退安协助。并公告大家称："庚子年后，民家生意，四处损失，无法清理。协同债权，邀请张兰贾退安先生。破产还债，以清各处财源。止利归本，分期归还。"[497]

下面是冀氏家族世系：

一世……	九世	十世	十一世	十二世	十三世	十四世	十五世	十六世	十七世	十八世	十九世
宗	佑	忠恺	文林	良亨	光厚	州升	之瑜	汉	国定马太夫人	以公	灵哥
										以廉	
										弗保（早亡）	
										以中	
										以和	
										以正	
										以诚（早亡）	
										以敬（早亡）	

十一、平遥李氏

李氏原籍陕西汉中,元朝有李实任官山西,遂落户平遥县达蒲村。李氏经商据说始于清雍正年间。第一家商号是在达蒲村开设的"西裕成"颜料庄,经过乾隆、嘉庆两朝,商业利润大增。嘉道年间,在经理雷履泰的策划下,西裕成颜料庄适应埠际商业清偿需要,开始进行汇兑业务,日趋繁荣。道光初年遂将西裕成颜料庄改为专业汇兑业务的日升昌票号,成为我国历史上第一家票号。自从创立票号后,利润甚丰,财富骤增。李氏于道光三十年(1821)在达蒲村新盖高楼院三处,咸同时又投资新设商号十多处。李氏以日升昌和谦吉升票号为中心,在平遥县城设有日升裕、日升厚、日升通钱庄及日升布庄和日升店(货栈);在天津设有东如升等店。李氏所设日升裕、日升厚钱庄在平遥县钱业中,曾操纵行市,称霸一时。

日升昌票号创始时,当家财东是李大全,大全故后由其子箴视主事,箴视弟箴言有疯癫之病,人称"李二魔子"。箴视死后,由箴听之子五典管理家业。李氏从事商业,所获利润除一部分继续扩大商业投资外,又购买土地,李氏"宣统末年家有土地两顷",余皆消耗于奢侈生活。李氏为满足其生活需要,又在达蒲村开设杂货、绸缎、药、干果、肉、水果、成衣、理发等店,村中人说:"领的李家本,吃的李家饭,赚的李家钱。"

李氏发财后,其资本的去向主要有以下几方面:

一是盖房置地。李氏在平遥达蒲村筑有四座辉煌巍峨的大院,每座都是三串院,分东西厢房,前庭后院,楼阁相辉,亭榭互映,四座大院又连接在一起,村民称之为"李家堡"。土地也很多,据记载,到宣统末年时有土地2公顷多。

二是投资商号钱庄。李氏以日升昌票号为中心,扩大投资,新增商号多处。如在平遥县城有日升裕、日升厚、日升达、日升通钱庄和日升布庄、日升货栈;在天津有东如升、如升大颜料庄等。

三是捐纳官衔。李氏为了荣宗耀祖和提高家族的门庭地位,花了许多银两竭力攀官结贵,提高门庭。通过捐输,获取虚衔。如李大全在世时,捐衔"千总",去世后其子箴视为其父大全捐衔"知府加四级诰封通奉大夫",箴视为其祖父文斌、曾祖父占殿也捐了虚衔。李氏男性多捐有文武官衔,女性也封为"宜人"、"夫人"。嫁女娶媳也必门当户对。

四是挥霍浪费。李氏家中雇有许多佣人,仅老妈子、丫环、保镖、护院就有数十人。李氏一家人,生活也是阴阳颠倒。白天睡觉,黑夜打麻将、吸鸦片。吃饭也是想起就吃,随要随到。有时厨师因厨灶火力不旺,就把馒头沾上油扔到灶火里,以应付李氏一家人的"快餐"。

从光绪末年起,李氏的各商号、票号、钱庄已经出现亏赔。辛亥革命后,亏赔愈益严重,债主已逼上李财东的家门。当时,主持李家商号和家业的是李五峰。他怕债主逼债,便把家里藏的许多财物寄放到内兄赵鸿猷家中,自己也躲藏起来不见人。后来,逼债的风势减弱,李五峰便向赵氏索取寄存财物,不想赵氏抵赖不承认有寄存一事。李五峰气急败坏,要到衙门告状,又怕招来债主逼债。不得已只好忍气吞声,吃了暗亏。最后,煊赫一时的日升昌票号财东李氏,只落了个穷困潦倒的下场。

下面是李氏家族世系:[498]

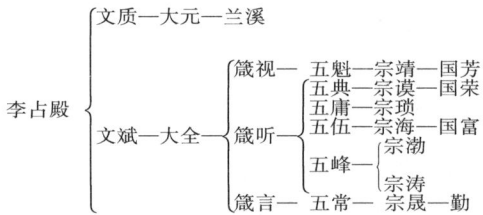

十二、太谷孔氏

此太谷孔氏是指近代官僚资本家孔祥熙家。孔祥熙(1880-1967),字庸之,号子渊,太谷程家村人。《民国人物列传》称:孔氏"清乾嘉间已成太谷名门望族,孔裔七十二代宪仁,创志成信,长侄庆麟,另设义盛源票号,经营金银买卖、汇兑,兼办苏广杂货,在北京创办志一堂镖局……并设会通盛专办存放款业务,后设会通远从事汇兑,设广茂兴于广州。此外原有北京义合昌、奉天源泉博及自他人手中购买的太谷三晋源,在各地有分支,远如库伦、迪化,乃至安南西贡。义合昌在日本有支店,独家经营中日汇兑。庆麟五子三女。其中三个儿子承父业,老三繁慈主持太谷义盛源和三晋源,生独子祥熙"。[499]孔祥熙也常常炫耀自己家是票号财东。

1958年,他在美国对记者朱莉·连英(译音)说:"我们家在票号生意上很活跃,我家同好几家票号有联系,而且是志成信票号的主要股东。"[500]他还说:其祖父创办了义盛源公司、广茂兴药材庄、开封染坊;其二伯父是志成信票号

在甘肃、陕西分号的经理；其父是北京志成信票号的文案。究竟孔祥熙家是不是票号世家，是否既是股东，又是经理？换言之，孔祥熙家究竟是什么出身？在这里，我们需要考察一下。按：孔祥熙的祖父是孔庆麟，父亲是孔繁慈，二伯父是孔繁恩。孔祥熙家虽与山西票号有些瓜葛，但关系并不很密切。

我们先看太谷志成信票号是否是孔宪仁创办。原来太谷志成信票号是南沟子村财主贠成望所创办，后来虽然增加了一些股东成员，但主要股东仍是贠氏。该号管事伙友是有孔宪仁。为了弄清志成信票号有无孔祥熙家，我们再看一下该号"合约"（同治十二年）所列银、身股人名单：[501]

慈将人银俸股开列于后，计开：

贠汝楫宅入本银一千两作为银股五厘

要汝霖宅入本银四千两作为银股二俸

曹福善堂入本银二千两作为银股一俸

贠荣善堂入本银一千两作为银股五厘

贠纯复堂入本银一千两作为银股五厘

贠保和堂入本银一千两作为银股五厘

贠聚义堂入本银一千两作为银股五厘

曹敦古堂入本银一千两作为银股一俸

孔义生集入本银二千两作为银股一俸

吕福庆堂入本银三千两作为银股一俸五厘

孔宅

吕荣寿堂入本银二千两作为银股一俸

张善一堂入本银二千两作为银股一俸

武树德堂入本银二千两作为银股一俸

高同善堂入本银二千两作为银股一俸

马锡福堂入本银二千两作为银股一俸

孔行素堂入本银一千两作为银股五厘

孔经手维吴堂入本银二千两作为银股一俸

王忠恕堂入本银一千两作为银股五厘

苏积善堂入本银一千两作为银股五厘

张时中堂入本银一千两作为银股五厘

苗春田堂入本银一千两作为银股五厘

吴尚德公顶身股一俸

贠仑顶身股五厘

孔宪仁顶身股一俸

马应彪顶身股一俸

……

同治十二年正月初一日谷邑志成信公记

仔细查看,上述志成信票号股本中并无孔祥熙家人,只有其曾叔祖父孔宪仁担任过该号经理,顶身股一俸,这就是说,志成信票号并非孔宪仁创办,他也不是该号银俸股东,只是顶身股经理。而孔宪仁这一支与孔祥熙这一支,其实早已分离。据太谷孔氏支谱称,其名字排列是"兴毓继广昭宪庆繁祥"。

请看孔祥熙家昭字后系:[502]

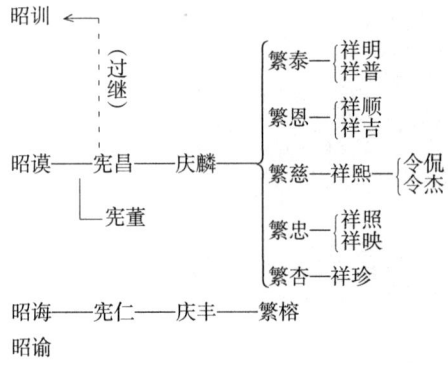

由上述家谱可知,孔宪仁和孔祥熙的曾祖父孔宪昌,是堂兄弟关系,并在上两辈已分立门户。当时,孔宪仁家居太谷城内衙门街,而孔宪昌家居程家村。看来,孔祥熙曾祖父辈虽然能与票号拉扯上关系,但后来与孔祥熙这一支实际上关系不太大。孔宪昌是23岁时科考失败,27岁咯血(肺病)而亡。孔宪昌临终遗言说:"要学习先哲的教诲,但绝不要为求仁而参加科举考试。我的后代中谁违背了我的遗嘱,我就不承认谁是我的后代。"[503]

《列传》所称源泉博票号,其实是太谷县北洸村曹氏在东北所设的票号,并非孔氏开办。清代太谷票号共有9家,即志成信、协志乾、会通远、世义信、锦生润、恒隆光、徐成德、大德玉、大德川,从无义盛源和义合昌票号,这两个所谓票号恐怕是以讹传讹了。孔祥熙说其祖父孔庆麟开办的广茂兴药材店,其实是孔宪仁之子孔庆丰的企业,后孔庆丰传给其子孔繁榕经营。抗日战争爆发后,孔繁榕因无力经营才卖给孔祥熙的。实际上孔祥熙的父亲孔繁慈,曾在太谷城乡不少地方当过家庭塾师,后来加入基督教,又到教会小学任国文教师。孔繁慈年轻时抽过大烟,把祖产家业踢光了,这也是幼年孔祥熙家穷困潦倒、生计困难的原因。不过,孔祥熙的五叔孔繁杏是拔贡出身,宣统二年(1910)任过保定府属新城知县。孔祥熙10岁时患病,后经在太谷的美国医生治疗痊愈,从此孔繁慈、孔祥熙父子俩与美国教会建立了关系,加入了基督教。孔祥熙又在教会的帮助下赴美留学,之后与宋氏蔼龄结婚,又以此得官,因官发财,成为近中国的大富豪。

第二节

山西商人家族与徽州商人家族的比较

山西商人与徽州商人是明清时期最著名的两大商人集团,一个故乡在北方,一个故乡在南方,他们的家族经济文化有何不同,很值得探讨。下面仅就山西商人与徽州商人家族所在区域和时代,信仰和崇奉神灵,宗族与商业的关系等方面略作比较。

徽州商人是指明清时期徽州府所属歙县、休宁、婺源、祁门、黟县、绩溪6个县的商人。首先,徽州大商家族都集中

安徽宏村

在这一个州府,其兴盛大致从明中叶起到清道光年止。但山西商人家族却不同,商人家族分布全省五府十六州百余县,而明代大商人家族又多集中在山西南部地区,如前述蒲州张氏、王氏,都是官商结合的大商人家族。从清代始,山西南部的大商人家族衰败,代之而起的是山西中部的大商人家族,大多在山西中部的祁县、太谷、平遥、介休、榆次等县。山西商人中一个家族兴盛时间很少有超过200年者,其盛衰在地区上呈现着此起彼伏状态,一直到清末民初,山西各大商人家族才衰败。

其次,徽州商人家族尊崇理学。宋代大理学家朱熹的籍贯是徽州府婺源县(今属江西),朱熹主张"道者,古今共由之理,如父之慈、子之孝,君仁臣忠",[504] "去人欲,存天理"等等,与徽州商人

的宗法思想一脉相通。理学出于徽州婺源县人朱熹也绝非偶然,理学还反过来加固了徽州商人家族的宗法势力。朱熹所制订的"家典"、"族规",是徽州商人家族必须遵循的"家典"。他们不仅在家乡修建祠堂,"祭用朱文公家礼",[505]就是到了外地经商也要在所建会馆内崇祀朱熹。如苏州的徽宁会馆,"殿东启别院,奉紫阳朱文公",[506]汉口的新安(即徽州古名)会馆"崇祀朱子",[507]景德镇的新安会馆"奉朱子入祠",[508]吴江盛泽镇徽宁会馆在"殿之东建造行馆,供奉紫阳徽国朱文公"。[509]显然,徽州商人家族把朱熹的理学作为他们家族内行事和经商活动的准则,故而把朱熹奉为神明。但是在山西商人家族中,朱熹的地位与关公地位相比就相对低得多了。山西商人家族普遍供奉关公,在其经商地所设置的会馆中最显赫的地方供奉的是关公,甚至有些会馆是先有关帝庙,后有会馆。山西商人家族把山西籍人关公作为他们最尊奉的神明,以关公的"诚信仁义"来规范族人的行为和经商活动,山西商人家族把关公文化作为他们的伦理取向,在其精神、道德、行为方面发挥了不可估量的作用。徽州商人家族最崇奉乡人朱熹,山西商人家族最崇奉乡人关公,可以说明清两个商人家族及其商人集团尽管其尊奉的神灵有所不同,但他们都找到了自己的精神支柱。[510]

再次,徽州商人讲聚族经商。如汪道昆的曾祖父汪玄仪治盐筴,"诸昆弟子姓十余曹,皆爱贾,凡出入必公决然后行"。[511]休宁商汪福克"贾盐于江淮间,艘至千只,率子弟往来,如履平地"。[512]明代徽商许孟洁在重镇正阳经商 20 余年,其族人纷纷前来投靠,孟洁"尤睦于亲旧,亲旧每因之起家"。后来孟洁客死正阳,"挽者近三千人"。[513]由于聚族经商人数众多,为了解决好众多族人中间难免发生的种种问题,徽商便大修宗祠,通过宗族的尊卑长幼加强对族众的控制,甚至对佃仆委以商而犯有过错者,也在宗祠予以处置。这也就是说,徽人通过上述手段使族人都在宗族的指挥下去行商。但是,山西商人主要不是靠聚族经商。明代的山西商人多行伙计制,伙计与出资者并不一定是同一家族之人。入清后,山西商人家族凡是财东者,多是聘用非本族的山西籍人担任经理、伙计。他们采取的是任人唯贤的办法,而且财东家族人往往不能干预号事,故山西商人并不强调聚族经商,而是建立在乡人基础上形成的商人集团,这一点与徽州商人家族有所不同。

复次,徽州商人举族移徙到同一客地,从事同一业务,乃是普遍现象。徽州绩溪人胡适说:面馆业"通州自是仁里程家所创,他乡无之"。[514]日本学者臼井佐知之女士就徽州汪氏的移动和商业活动作过详尽探讨,她指出:黟县弘村汪氏,明万历年间,82世业盐的汪元台举族迁到了浙江杭州,其长孙84世肇衍考中进士,次门84世汝珍生子时英,继续业盐。歙县黄岗汪氏,明永乐时举家迁湖北汉口,后又分流到襄阳、太原、重庆。咸丰年间该族人常到河南经商。[515]这种举族迁徙的现象,在山西商人家族中不能说没有,但不甚普遍,比较集中的迁徙是在明中叶开中纳粟改为纳银后,有一批山西商人家族迁到了两淮盐的集中地扬州,如清初大学者阎若璩之祖先辈,就是这时举家从山西迁到扬州的。但是入清后,举族迁移现象就更不普遍了。这时的山西商人在外经商者不携带家眷,家眷多留在原籍。正如清人纪昀所说:"山西人多商于外,十余岁辄从人学贸易。俟蓄积有资,始归纳妇。纳妇后仍出营利,率二三年一归省,其常例也。"[516]

第八章
明清晋商的衰落及其性质

天下没有不散的宴席。明清晋商尽管称雄商界500余年，但最终未能逃脱衰落的命运。明清晋商处于封建社会后期，其性质含有封建性与进步性两个方面的特征。

第一节
明清晋商的衰落

明清晋商于清末民初衰败。那么,他们是如何衰败的呢?我们先从以下三个方面看其衰落过程。

一、国势衰微,对俄茶叶大战晋商受挫

清朝雍正五年(1727),清政府和俄国政府商定把库伦(乌兰巴托)附近之恰克图作为双方商人的贸易点。自此,恰克图贸易日益繁盛。嘉庆、道光(1796~1850)以来,中国从恰克图输往俄国的商品是以茶叶为大宗,其业务皆为晋帮商人所垄断。据统计,道光十七年至十九年(1837~1839)中国从恰克图每年输往俄国的茶叶达8071880俄磅,价值800万卢布。第二次鸦片战争以后,俄国以"调停有功",胁迫清政府签订不平等的《中俄天津条约》、《中俄北京条约》,俄国政府不费一兵一

武夷山茶艺

卒,打开了侵略中国蒙古地区的通道,取得了沿海七口(上海、宁波、福州、厦门、广州、台湾、琼州)的通商权。同治元年(1862),俄国政府又据《中俄陆路通商章程》取得了通商天津税率比各国低 1/3 等特权。自此,俄商得以享受特权,深入到中国内地攫取物产和推销其产品。同治五年(1866),俄国政府又强迫清政府取消天津海关的复进口税,即免征茶叶的半税,使俄商的贩运成本大幅度下降。据天津海关记载:咸丰十一年(1861)以前,一直是晋商垄断着湖北、湖南的茶叶贩运,他们将两湖茶叶经陆路运往恰克图销往俄国。但是从同治元年(1862)始,俄国商人已在上述地区建立茶栈,收购和贩运茶叶。由于俄商享有免除茶叶半税的特权,又是水陆并运(俄商的贩运路线是:将茶叶用船从汉口沿江而下运至上海,再沿海运至天津,然后走陆路经恰克图贩运到欧洲),大大节省了费用,所以俄商贩茶业务扶摇直上,从同治四年(1865)的 1647888 磅,猛增到同治六年(1867)的 8659501 磅。而晋商贩茶却由于清政府的限制,不能享受水路运输之便,并且要付数倍于俄商的厘金税收。例如,从湖北汉口贩茶至张家口需经 63 个厘金分卡,所付税金要比俄商多 10 倍,所以恰克图晋商的对俄贸易也就日益衰落。到同治七年(1868),恰克图的晋帮商号已由原来的 120 家下降到 4 家。但是,晋商毕竟是一支经验丰富、久经商战、意志顽强的商界劲旅。他们决定"以其人之道,还治其人之身",提出了"由恰克图假道俄国行商"的方略,即"俄国到中国来夺我商利,我华商去俄国也另觅新途。"[517]恰值其时,沙皇俄国照会清政府,声称恰克图贸易日衰,要求开辟张家口为商埠和在该地设领事馆。张家口地邻京都,清政府担心被俄国辟为商埠和设领事后,危及京都安全和对蒙古地区的统治,便同意了让晋商北上到俄国经商,以阴拦俄人南下辟张家口为商埠和设领事的要求。清政府还对北上晋商酌减厘金,取消浮税,以示体恤。晋商得此便利,如虎添翼,便大力向俄国内地发展。他们先后在俄国莫斯科、多木斯克、赤塔、克拉斯诺亚尔斯克、新西伯利亚等城市设立商号,与俄商展开了激烈的竞争。在晋商向俄国内地进军的第一年(同治八年,1869),即向俄输出茶叶 11 万担,俄商直接贩茶也是 11 万担,交手的第一回合晋商便与俄商扳成平局。到第三年(同治十年,1871),晋商每年输俄茶叶已达 20 万担,较俄商直接贩茶多一倍。晋商对俄贸易是走陆路,以运费较高的骆驼、牛马车等为交通工具,而俄商是凭借特权以运费较低的水陆并运来贩运茶,晋商俄商之间的竞争条件优劣十分明显,但晋商仍能在对俄贸易中占上风,说明晋商确是一支能征善战的商界劲旅。如果不是清政府的腐败,晋商在对俄贸易中是不一定会失败的。同治十二年(1873),晋商为了节省运费,准备像俄国一样把湖北茶经水路运至天津,再走陆路贩到俄国,但清政府对晋商的这一计划却横加干涉,并要对贩茶走水路的晋商,仍按走陆路一样收取厘金税。世上哪有本国商人在本国贩运本国货物不能享受与外商同等待遇,反而要另加税金的道理?但是,在清政府统治下的中国却这样做了。清朝统治者倒行逆施,抑制华商的行径,使晋商在与俄商的茶叶商战中一开始就处于非常不利的地位。加之俄商先后在汉口、九江、福州等地建立制砖茶厂,使用蒸气机代替手压机,所制砖茶成本低、质量高、产量大,而晋商制造砖茶仍是依靠手工作坊,其产品显然不能与机器产品相比,晋商在砖茶制作上又受到了俄商的排挤。接着,中日朝鲜交涉事起,清政府推行"引俄制日"政策,使俄商在华势力越发猖獗,先后控制了一些中国的产茶区。在这种情况下,俄商直接贩运的中国茶数量猛增,达到年贩茶六七十万担,而晋商下降到年输俄国茶叶仅数万担。光绪三十一年(1905),俄国西伯利亚铁路全线通车,俄商经海参崴转铁路运输不仅费用低,而且极为便捷,晋商对俄的茶叶贸易已经难以大规模进行。晋商为了打开销路,又采取了赊销茶叶给俄中小商人的办法,待他们将茶叶售出后,再返还茶款。不料却因此招祸:有些俄商是故意拖欠不还欠款,有些中小俄商因受国内大茶商的排挤或自身经营不善,还款无望。晋商因此赔累甚巨,损失银达62万余两。晋商为了挽回损失,呈请清政府与俄国当局交涉,要求追回俄商所欠银两。但是,恐外媚外的清政府,对晋商的呈请根本不予受理。宣统元年(1909),俄国政府又突然违背两国条约规定,对在俄华商征以重税,以排挤在俄经商的中国商人。晋商遭此种种打击,在对俄的茶叶商战中终于失败。

二、政府腐败,晋商投资矿业又遭重挫

19世纪末,外国资本主义开始了掠夺山西煤炭资源的活动。光绪二十三年(1897),英国福公司通过中国买办刘鹗、方孝杰设立晋丰公司,准备开采山西盂县、平定、泽州、潞安等地煤矿,后因遭到晋籍在京官员的反对,清政府黜退刘鹗等人,改由山西商务局与英商谈判。不久,山西商务局与福公司签订合同,福公司获得了在山西平定等地开采煤铁矿藏的权利。光绪三十一年(1905),正太铁路通到阳泉,福公司派人到平定占山开矿,查禁民窑,霸占矿

地,激起了山西人民和海外留学生的极大愤慨,爆发了轰轰烈烈的争回矿权运动。在这场斗争中,晋商积极参与,并举行了罢市活动。光绪三十二年(1906),日本东京发生了山西阳高县留日学生李培仁蹈海事件。李的蹈海和其数万字的慷慨激昂的《绝命书》,进一步激发了山西人民争矿斗争的勇气,把争回矿权运动推向了一个新的高潮。面对山西人民轰轰烈烈的争回矿权运动,英福公司感到在山西强行开采煤矿已不可行,便另作打算,改为金钱讹诈。开始,以索取赎矿银1100万两作为交出矿权的条件,但遭到山西代表的严词拒绝。最后以讹诈赎矿银275万两为条件,同意交出矿权,退出山西。双方议定,赎矿银分四次交纳,第一次先交赎矿银的一半,由于赎矿银数巨期短,而财政库款无余,为了不失信于外人,保晋省名誉,山西当局便以地亩捐作抵押,由山西祁县票号商渠本翘出面向山西各票号筹借此款。英福公司闻讯山西票号准备垫支赎矿银,便暗托与其有往来的银行,收集在外之款,以困山西票号。但山西票号不动声色,旬日筹集银137.5万两,克获全功。对此,外商固惊讶不已,而晋商在金融界之活动能力也由此可见。正如近人严慎修所说:"使当日票商不为助力,吾恐今之矿区犹在福公司之手,而英商势力早已横行于我山西之境内矣。"[518]晋商渠本翘为了确保利权,又于光绪三十三年(1907)与刘懋赏、冯济川等绅、学界人士组建保晋矿务有限总公司,并由渠氏出任总经理,开采全

李培仁像

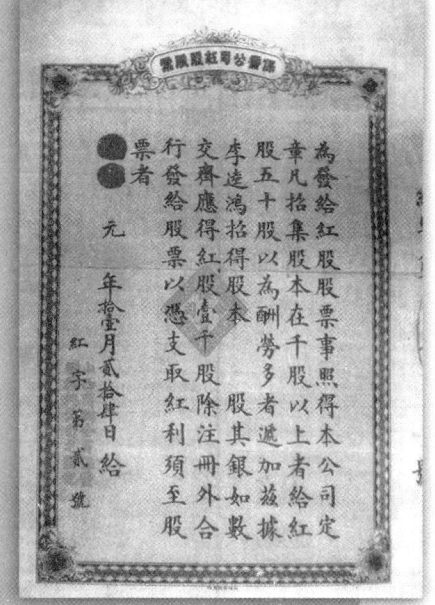

保晋公司红股

第八章 明清晋商的衰落及其性质

245

省煤铁矿藏。保晋公司议定集股银800万两,实际集股193万两。如前所述,原来由渠氏出面向山西各票号筹借之赎矿银,是以山西地亩捐作抵押,但是山西当局却在1911年截留了全省地亩捐。渠氏为了归还向各票号筹借的赎矿银,只好将保晋公司吸收到的股份资本银,挪还票号。这样,保晋公司从开办之日起就因资金严重短缺,无法维持正常生产,致渠本翘被迫辞去总经理之职。而山西当局所欠保晋公司之款,直到1916年几经交涉,才要回现金60万元,对其余欠款,山西当局以发给保晋公司一张"见义勇为"奖状,一笔勾销。晋商积极参与山西人民的争回矿权运动,千方百计出资赎回矿权,投资开办山西近代最早、规模最大的矿业公司,但由于当时山西当局的压迫,在资金上釜底抽薪,致终不能有所作为。

三、墨守成规,晋商四失机遇,终归无法振作

清末,晋商经营的山西票号已呈衰落状态。但在山西人中也不乏有识之士,他们认清了新的形势,主张改革图存。可惜由于一些财东及总号经理的顽固和墨守旧法,以致四次失去发展的机遇。例如,光绪二十九年(1903),北洋大臣袁世凯曾邀请山西票号加入天津官银号,但山西票号拒不奉命。光绪三十年(1904),鹿钟霖为户部尚书,奉谕组建大清户部银行。鹿也邀请山西票号加入股份,并请出人组织银行。山西票号北京分庄的经理多数赞成鹿氏之提议,均跃跃欲试。但山西票号为独裁制,重大事体必须请示总号定夺。此时之票号总经理多墨守成规,只知享现成福,毫无远见,竟复函票号北京分庄经理,既不准入股,也不准派人参加组建,致坐失机缘。后来,户部银行改由江浙绸缎商筹办,致江浙财团后来居上。不久,户部银行改组为大清银行,再请山西票号参加协办,无奈山西票号又不应召。结果,山西票号始终未能参与国家银行,第一次失去了改组银行的机会。

光绪三十四年(1908),山西蔚丰厚票号北京分庄经理李宏龄认识到山西票号若不顺应潮流,及早改革图存,将在商界、金融界销声匿迹,因此改组票号为银行是大势所趋。为此,他与渠本翘筹划了票号改组的计划,同时联合在京的山西祁县、太谷、平遥三帮票号致函总号,又请渠本翘到总号当面陈述票号改组银行计划。其时,蔚丰厚、蔚泰厚、天成亨、新泰厚、蔚盛长票号为五联号,财东同为介休侯姓,在五联号中以蔚泰厚总经理毛鸿翰最有权威。毛氏墨守成

规,不肯稍事变通,不但反对票号改组银行,反而诬指李宏龄所议另有个人企图,致李等再不能有任何行动。宣统元年(1909),在京的山西各票庄通过各埠山西票庄再次提出改组银行之议,汉口、兰州、济南等地山西票庄纷纷致函总号,要求改组票号为银行。无奈总号经理仍不为所动,对各地之请束之高阁,票号改组银行的计划又告失败。这样,晋商就第二次失去了改组银行的机会。

辛亥革命发生,山西各票号均毫无准备,放出之款无法收回,而存款却纷纷来取,山西票号蒙受严重损失,于是改组银行之议重提,此时从前反对改组银行最力的蔚泰厚票号总经理毛鸿翰业已醒悟,转而支持票号改革。1914年,山西祁、太、平三帮票号联合向北京当局提出申办银行之请,时国务总理熊希龄深知山西票号与一般商业有重大关系,对晋商之请给予支持,同意由政府出面担保,按照"商借商还"的办法,山西票号向奥商华利银行借款200万磅,期限50年,利息6厘,作为开办银行之资。不巧,熊内阁不日倒台,又逢欧战爆发,贷款之事成为泡影,山西票号又第三次失去了改组银行的机会。

对外借款失败,祁、太、平三帮票号联合改组银行计划无法实施,于是平遥帮决定单独进行,蔚泰厚总经理毛鸿翰、蔚长盛总经理阎子樵、蔚丰厚总经理张子康、新泰厚总经理侯某、蔚盛长总经理霍益亭、天成亨总经理范子生等拟从各自的票号中抽出若干资金作为基金,组织一大银行。然而此计划始终未能实现,山西票号改组银行的计划终于第四次落空。

山西票号从光绪三十年(1904)以后,十多年的挣扎,四次错过改组机会,已成强弩之末,终于无法振作。

由上所述,我们已知明清晋商衰落之大体情况。如果我们把其衰落原因,按照客观和自身、外在和内在因素作一探讨,笔者以为其客观和外在因素可以归纳为以下三点:

其一,外国资本主义侵略的影响。鸦片战争后,西方列强打开了中国的大门,外国资本主义势力利用其在中国攫取的经济特权,挤压中国工商业者,使中国的手工业、商业蒙受了重大损失。如前述晋商垄断长达200年之久的恰克图对俄贸易,就由于沙皇俄国资本主义侵略的影响,使山西商人蒙受损失,致恰克图贸易一落千丈。沙俄胁迫清政府先后签订了不平等的《天津条约》《北京条约》,使沙俄获得了自由贸易特权和免税特权,俄商得以深入到库伦、张家口一线,进行疯狂的经济掠夺,他们先后在库伦等城市开办洋行,到光绪十六年(1890),俄商对蒙古地区的贸易额已达300万卢布,比签订《北京条约》前夕的21万卢布增加近15倍。同治元年(1862),沙俄胁迫清政府签订的《中俄陆路通商章程》,又使沙俄把我国蒙古、新疆的万里边境变为俄商独占的无税贸易区,而山西商人等华商恰恰相反,要逢关纳税,遇卡抽厘,自然难以与俄商抗争。同治八年(1869),沙俄又胁迫清政府签订了《改订陆路通商章程》,俄商又得以深入内地。茶叶是陆路贸易的主要商品,俄商在汉口设有6家砖茶制造厂,并在九江、福州设有分厂,每年运往俄国和蒙古地区的茶叶近900万磅。俄人波兹德涅耶夫说:"1886年后,因俄国人的竞争,中国茶商年年赔本。西伯利亚最大茶商莫勒恰诺夫在中国经营,使归化城好几十家华人茶商破了产。"[519]光绪三十年(1904),日俄战争在中国的土地上爆发,使中国人民遭受了严重损失,据统计,光绪三十三年(1907),仅营口的山西商人,一年就亏折银200余万两。[520]由于外国资本主义的侵略,山西票号之利也多被外商银行所夺。江西巡抚李勉林说:"中国西商多于各省设立汇兑庄,无虑千百万巨款,层纸书函,数言电报,即可立为兑付,每一字号岁盈不下数十万,而未尝费一金之本……近年通商口岸,洋商亦多设银行,西商之利,稍为所夺,中国资财又多一外溢之所,尤不可不有以抵制之"。[521]又如山东"以前本省使用的土铁,大部来自山西泽州府,现在几乎已经完全被洋铁所代替了,洋铁成本比土铁低一

吸毒

半。"[522]宣统时,外国烟草公司处处排挤华商。如英美烟草公司以包捐为名,在山西榆次、太谷等地"概不许售中国之烟"[523]。甚至连山西会馆也遭到列强霸占。如天津估衣街的山西会馆,本为山西省官商侨居公议之地,光绪三十二年(1906)竟被张幼仙勾结日本人霸占。更可恶的是外国资本主义国家向中国倾销鸦片,毒害中国人民,使中国财政流失。如号称"金太谷"的山西太谷县,是山西票号商的窠穴之一,"咸同以还国运日蹙,谷人之牵牛服贾于俄蒙地者,损失大半"[524]。加之,资本主义国家向中国倾销鸦片,一些商人吸食鸦片,致"因富而败,精神萎靡……商务凋敝,烟丹流行。全县为烟丹每年开支四百多万银元"[525]。

其二,封建政府的腐败与内乱外患的影响。明清政府由于其封建性,而具有保守、顽固、封闭、落后、腐朽的一面,特别是在两次鸦片战争中,清王朝的腐朽无能表现得淋漓尽致。《中英南京条约》是清政府签订的中国近代史上第一个丧权辱国的不平等条约,使中国割地赔款;《天津条约》、《北京条约》是清政府与英法俄美签订的出卖主权的条约;甲午战争后《马关条约》的签订使日本得以伸进了侵略中国的魔爪;《中德胶澳租界条约》是德国势力在中国的扩张。帝国主义通过上述不平等条约,瓜分中国。光绪二十七年(1901),清政府与帝国主义各国签订的《辛丑条约》,使中国在半殖民地国家的泥坑中越陷越深。清政府的腐败和帝国主义的侵略,激起了中国人民反对清朝封建统治、反对帝国主义的斗争。咸丰元年(1851),太平军在广西金田起义。咸丰三年(1853),太平军攻占南京后,建立太平天国,都天京(南京)。咸丰三年(1853),上海小刀会起义。咸丰十年(1860),英法联军攻占北京,焚毁圆明园。光绪二十四年(1898),农民反封建的秘密结社组织义和团,在山东举起了反帝斗争的大旗。光绪二十六年(1900),义和团的一部分从山东转战直隶,与当地义和团群众会合,形成一股农民革命的洪流。帝国主义对农民的反帝斗争非常恐慌,组成八国联军对中国发动了疯狂的侵略战争,他们在京、津烧杀抢掠,无所不为。辛亥革命虽然推翻了清王朝的腐朽统治,但革命果实却落入了袁世凯手中。当时军阀混战,土匪蜂起,社会不靖。在上述政府腐败、战事频繁的情况下,山西商人接连遭受损失,清人徐继畬说:山西人"买卖在三江两湖者十居八九,自粤匪窜扰以来,南省半为贼扰,山西买卖十无一存,祁太汾平各县向称为富有者,一旦化为乌有,住宅衣物之外,别无长物。"[526]民国《太谷县志》卷4载:"商务自清季已形凋敝,改革以来,凡外设有分庄者因直接、间接之损失或则缩小范围,或竟停止营业,较之昔日一落千丈矣……近数年来各省兵祸相寻无已,在外经商因失业而赋闲者所在皆是,来源顿竭,生计困难。"光绪三十四年(1908),山西巡抚宝棻说:由于甲午之战、庚子之乱、日俄战争,晋商损失,"多至数千万,元气至今未复。去年营口西商亏倒银二百余万"[527]。天成亨票号仅汉口、西安、成都三处被抢劫银两达100多万两。民国《临晋县志》卷4载:"民国纪元前,临民经商陕者常万余……陕省金融事业,归临人掌握者居其泰半……民国肇建,陕省乱机四伏,盗匪充斥,行路者皆有戒心,商贾因之裹足,临民之操奇计赢者生理日形颓败,率多归里。"1914年第一次世界大战爆发,俄国发生内战,在俄国的山西商人落荒逃归,因此而损失银达数百万两。仅大德玉、大升玉、大泉玉、大美玉、独慎玉商号在莫斯科的损失就达140万两。1917年俄国十月社会主义革命胜利后,在俄的山西商人资本被没收。加之旧俄钞的贬值和废弃,又遭损失。如锦泰亨号就因此损失银24万两。1911年外蒙古宣布独立,蒙俄签订库伦通商协定,俄商取得无税自由贸易特权,山西商人在蒙经商遭到严重打击。1924年蒙古成立共和国,实行共有制,山西商人在蒙古的资产全部丧失。有资料记述山西商人之衰落说:"乃一蹶于庚子之乱,再毁于辛亥,商人失业,而致岁入归于乌有,向之富者已贫,向之贫者益困,以故正货短少,金融闭塞。"[528]

其三,封建政府肆意压榨的影响。明清山西商人从清季开始走向衰落,而清政府对商人的肆意压榨,则是山西商人走向衰落的一个重要因素。封建政府对商人压榨的名目繁多,主要有:

(1)课税繁重。一是税目繁多,除商税、关税外,清季到处设卡收取厘税,使商人倍受其苦。山西从光绪元年(1875)到十九年(1893),大量增设厘卡,每年厘金收入由9万两上升到22万两,药商、票捐、盐价加斤等各类捐输每年增加银20万两,到清末全省已有厘卡35处,凡药、盐、皮、毛、烟、酒、煤、粮皆是厘金项目,到光绪三十四年(1908)厘金收入又达31万两。另一种是滥征、重征商税。如乾隆二十九(1764)、三十年(1765),多伦诺尔地方"违便滥征",以致"商贩稀少"。[529]乾隆三十三年(1768),归化城监督福礼重征商税,曾引起山西商人李令俊、徐育成、郭茂等上京控告。福礼自乾隆三十二年(1767)到任,将原由杀虎口征税货物,又在归化城重征,仅七月十五日到次年正月初六日就多征税银3200余两。[530]光绪元年(1875),山西普源公商号,由广东采办药材、药酒,运销直隶,途经天津,被钞关重征,以致商人赔累,被迫改道青岛,由山东运销直隶。

山西襄陵帮捐银碑

（2）捐输频仍。所谓捐输，表面上是商人自愿捐输，实际上是政府摊派。如乾隆二十四年（1759），伊犁屯田，河东盐商和长芦盐商捐输银20万两，以备屯饷；乾隆二十五年（1760），乾隆皇帝要驾临五台山，河东商众敬输银30万两；乾隆三十八年（1773）金川用兵，太原等府州捐输运本银110万两；乾隆五十一年（1786）乾隆皇帝巡幸五台，河东商人情殷报效银20万两；乾隆五十三年（1788）镇压台湾林爽文起义，河东盐商和长芦盐商捐输银50万两；乾隆五十七年（1792）后藏用兵，河东盐商和长芦盐商捐输银50万两；嘉庆年间川楚用兵，河东盐商和长芦盐商捐输银100万两。嘉庆五年（1800）山西捐输有一县派至10万两，勒限催交，其未能措交者，即行掌责，甚至锁闭班房，名曰"黑窑"。山西巡抚伯麟说山西现已捐输一百四十万，约可得银200万两。但伯麟的这种"勒限催交"，就连嘉庆帝也担心"因此激成事端"。《清仁宗实录》卷11载：嘉庆时"晋省摊捐款项繁多……统计每年摊捐银八万二千多两"。[531] 咸丰初，管理户部事务祁寯藻上奏称："自咸丰二年二月起，截止三年正月止……绅商士民捐输银数，则山西、陕西、四川三省为最多。山西共计捐银一百五十九万九千三百余两。"[532] 山西商民捐银占全国捐银的37%，为全国各省捐输之首。同治三年（1864），又因新疆用兵，筹饷艰，解运难，山陕商人之资聚迪化州城，资财已经一空，但清政府仍不放过,以山陕商人在伊犁、喀什噶尔、古城等处皆设铺户为由,又令山陕商贾将上述地方商资兑充军饷。清人徐继畬说:"晋省前后捐输已至五六次,数愈千万。"[533]不难看出,捐输之频,数额之大,已为山西商民之沉重负担。下面是部分山西商民捐输情况统计:

捐输者	年代	捐银(两)	资料来源
介休张氏	乾隆二十五年(1760)	1000	《定阳张氏族谱》
介休张氏	乾隆三十年(1765)	1000	《定阳张氏族谱》
介休张氏	乾隆三十八年(1773)	12000	《定阳张氏族谱》
河东商人	乾隆二十五年(1760)	30000	《清高宗实录》卷627
晋省绅商	乾隆三十九年(1774)	1100000	《清高宗实录》卷956
平遥李箴视	咸丰三年(1853)	4000	《山西票号史料》
河东商人	乾隆五十一年(1786)	20000	《清高宗实录》卷1249
晋省绅商	嘉庆五年(1800)	140万~150万	《清高宗实录》卷71
介休冀氏	咸丰初	数十万	《山西票号史料》
平遥李箴视	咸丰三年(1853)	4000	《山西票号史料》
平遥李兰泽	咸丰三年(1853)	1800	《山西票号史料》
介休冀以和	咸丰三年(1853)	6500	《山西票号史料》
祁县乔致广	咸丰三年(1853)	4200	《山西票号史料》
榆次王作丰	咸丰三年(1853)	4000	《山西票号史料》
平遥李箴言	咸丰三年(1853)	2800	《山西票号史料》
榆次王镜	咸丰三年(1853)	2500	《山西票号史料》
平遥尹承伟	咸丰三年(1853)	2500	《山西票号史料》
太谷曹培蕃	咸丰三年(1853)	1800	《山西票号史料》
太谷负亿	咸丰三年(1853)	1467	《山西票号史料》
太谷王谦德	咸丰三年(1853)	1800	《山西票号史料》
平遥李兰溪	咸丰三年(1853)	1400	《山西票号史料》
介休侯祉昌	咸丰三年(1853)	1200	《山西票号史料》
介休侯礼昌	咸丰三年(1853)	1200	《山西票号史料》
介休侯銮	咸丰三年(1853)	1000	《山西票号史料》
太谷曹培享	咸丰三年(1853)	1000	《山西票号史料》
祁县孙郅	咸丰四年(1854)	17200	《山西票号史料》
太汾商民	咸丰六年(1856)	558500	《山西票号史料》
太谷曹培伦	咸丰六年(1856)	8500	《山西票号史料》
祁县孙叔伦	同治七年(1856)	20000	《山西票号史料》
平遥李箴视	光绪三年(1877)	17000	《山西票号史料》

(3) 其他勒索。封建官吏视商人为"可唉之物",千方百计搜刮商人。如乾隆初河东盐政白起图,在任期间"或贿买引窝,或吓诈银两,或滥差扰累,或纵役需索,以致强荐长随,收受礼物",对商人进行种种盘剥勒索。白自从到任后,不仅"商人所送礼物,无不全收",且每遇商人登门,家人竟强索"门包银","家人门包,非八两、十两、十二两,捐不传奏"。[534]乾隆三十二年(1767)达色任河东盐政后,即与河东运使吴运从、运城知县吴兆观"彼此串通",在盐池搜刮盐商的银两。因河东池盐累累欠产,盐商纷纷告退,清政府又举报富户充商,富户皆视为畏途,达色乘机勒索。商人郭恩顺、郭丰泰、祁斯清求告免充盐商,达色令出银4000两。后来郭等三家出银1040两,又买"玉达摩、玉鳌"二件贿达色,才得以免充。[535]清末祁县渠兴周、平遥县尹二少,都是当地著名富商,金永任山西巡按使时,图谋其资产,金永爪牙于景福便诬指渠、尹有不法阴谋,将二户财产全部没收,金、于二人中饱私囊。以致"三晋富民吝于财而怕官",成"牢不可破之风气"。[536]

临县碛口

其四,近代交通发展后贸易路线改变的影响。道光二十五年(1845)以后,资本主义国家的一些轮船公司在中国先后开辟了若干航线，沙俄对华贸易也由陆路改为走天津、大连、海参崴的海上运输，这就改变了中国旧有的物资运输路线。山西作为对俄、欧贸易要冲的商路逐步改变，山西商人所占有的地理优势也逐渐失去。中东铁路、京绥铁路等线路的开通，对山西商人旧有的经营商路又是一次打击。早在清光绪十六年(1890)沙俄就准备着手建西伯利亚铁路，以适应向中国扩张的需要。甲午中日战争期间，俄国的西伯利亚铁路已修到贝加尔。光绪二十二年(1896)，李鸿章在彼得堡与俄政府达成秘密协议，允许俄国建西伯利亚到海参崴的铁路，即中东铁路。光绪二十九年(1903)七月，该线通车。俄商利用海上运输和中东铁路运贩商品，使山西商人利用驼、马、车走蒙古大漠的商路大受影响。京绥铁路未通前，从北京到塞外的商品贩运，皆为晋商控制，但京绥铁路通车后，这一局面已大为改观。过去长芦盐运销河南等地，河南等地粮食运销天津，皆靠河运。但京汉铁路通车后，原来的河运、陆运商道又走向了衰落。山西临县碛口镇，西临黄河，隔河是陕西，这里河面宽，水流缓，便于停船，从乾隆时始，山陕两地客商便在碛口经商，贸易十分繁盛，清末碛口有商号300多家，有"拉不完的碛口"之说。但是后来由于近代公路交通的发展，这里的水路作用渐趋衰落，碛口的繁荣已成过去。由上可见，近代交通业的发展，改变了货物运输路线，以致山西商人失去了旧有商路上的营业市场。

明清晋商衰落自身、内在的原因，主要有以下四方面：

首先，明清晋商是封建统治阶级的附庸。如前所述，明初晋商藉明朝统治者为北方边镇筹集军饷而崛起，入清后又充当皇商而获得商业特权，清季又因为清政府代垫和汇兑军协饷等而执金融界之牛耳。一言以蔽之，明清山西商人始终靠结托封建政府，为封建政府服务而兴盛。但当封建政府走向衰亡时，山西商人也必然祸及自身。如志成信票号，庚子事变后，曾将资本运往南省放贷，但辛亥革命中运往南省资金大多散失。而清廷提银刻不容缓，结果账面上有应收银400万两，有应付银200万两，但实际上已无法周转，被迫倒闭。民国初年，债权人大多在山西太谷、平遥、祁县坐索欠款，财东因票号损失惨重，已无力偿还，只能卖房卖地，甚至逃匿他乡，有的还沦为乞丐。

其次，"以末致富，以本守之"的传统观念，束缚了晋商的发展。晋商资本流向土地，在明代已屡见不鲜。入清后，晋商购置土地者很是普遍。有民谣称："山西人大褥套，发财还家盖房置地养老少。"此谓"大褥套"是指形同褥子的布套，

也可搭在牲口背上供人骑坐。这句民谣反映了晋商外出经商致富后还家盖房置地养老少的传统观念,在这一传统观念支配下,其商业资本是不利于向近代资本转化的。

再次,墨守成规,思想保守。如前所述,随着外国资本主义的侵入,旧有的商业模式已被打破,如旧式财东无限责任制、无抵押贷款等,已不能适应时代要求,如何加快改革,适应潮流,是求得自身发展的途径。但是由于晋商中一些有势力的财东和总经理思想顽固,墨守陈规,以致四次失去票号改革机会,晋商终于失去昔日光辉。

复次,近代企业的投资见效周期过长。20世纪初,晋商中一些有识之士以高度热情投资民族资本近代工业,但由于当时保矿运动的影响,其资本主要投入了投资额大、见效周期长、管理要求高、并受运输条件制约的煤矿业,而不是投资少、周转快、利润高的棉纺、面粉、卷烟等轻纺工业,致使资金大量积压,陷入困境。

第二节
明清晋商的性质

综观明清时代的晋商,具有封建性与进步性两个明显的特征。其封建性表现在:一是封建政府把他们作为政府推行财政政策和提供军协饷供应的工具;二是商人与封建政府之间有着不一般的相互结托关系;三是利润的封建化。

所谓山西商人作为政府推行财政政策和军协饷供应的工具,主要是指其中的大商人,即皇商、官商、大盐商、洋铜商、票商等。如开中法的实行,就是明政府为北方边镇军队筹集军饷,实行由商人提供边镇军队粮、布饷需,换取盐引,到指定盐场支盐和贩运盐斤。明政府通过这一办法的实施,既解决了北方边镇军饷,又收到了盐税,而山西商人也因此而兴起。入清后,清政府则把山西视作"商贾之途",是"财赋有出"之地,另眼看待。清王朝在为巩固其政权所进行的平定三藩之乱、平定准噶尔部噶尔丹叛乱、平定大小金川叛乱,在镇压川楚陕白莲教大起义、太平天国、捻军起义等的军事行动中,都得到了山西商人在财政上的支持。在清代的皇商中,最著名、资本最雄厚的是山西介休范氏。范氏除了为内务府采办宫廷用品外,从康熙到乾隆年间又为清政府运送军粮,建立了功勋。当清廷制钱用铜奇缺时,范氏又作为最大的洋铜商,往返于本土与东瀛间。山西票号创立后,山西商人又为清廷代垫代办汇兑军协饷、筹借汇兑款抵还外债、代理部分省关的财政金库等。光绪二十六年(1900)庚子事变发生,西太后、光绪帝西逃,途经山西时,又由山西商人借银20万两,以解皇室经济开支燃眉之急。事后,清廷令各省解京饷款,改汇山西票号老庄——平遥、祁县、太谷,顿时山西平、祁、太票号总号成了清廷总出纳。次年,西太后、光绪帝由陕返京,仍由山西票号继办"回銮差款"汇兑。所以有人说:"山西票号是清廷的财政部",此话是有一定道理的。

  山西商人与封建政府之间的结托关系,表现形式很多,如明代扬州盐商,商籍有山西而无安徽,正是山西商人与政府有着特殊关系,政府优待山西商人而歧视徽商之明证。入清后,山西商人在政治方面的优势依然没有动摇,徽商为了争取上风,不得不采取交际方式笼络政府官员。[537]在这方面,山西商人不仅毫不逊色,而且自有独到之处,以致与政府达到如胶似漆的地步。以山西票号来说,他们先从经济上帮助穷儒寒士入都应试和走马上任。儒士一旦考中,票号便利用其关系代为运动,放任外官。这些靠票号从经济上帮助走上官场的儒士,以后便成为与票号有着特殊关系的官员。山西票号还为一些人代办代垫捐纳官职。咸丰时,清政府为筹集军饷,大开捐纳鬻官之门,规定文官可至道台,武官可至游击、京堂二品、各部郎中,鬻实官和虚衔。山西票号乘机居间揽办,对捐官者票号予以保守秘密,而票号也得到了官僚的庇护。对于在任的王公大臣,山西票号更是施尽手段交结。陈其田《山西票庄考略》称:"票庄与官僚的私下交结,更多趣闻……在京的几个大的票庄,拉拢王公大臣,在外省的码头,不啻为督抚的司库。"最著名者,如蔚盛长交好庆亲王,百川通交好张之洞,协同庆交好董福祥,志成信交好粤海关监督某氏,大德通交结赵尔巽和庆亲王,三晋源交结岑春煊,日升昌交结历任粤海关监督、庆亲王、伦贝子、振贝子和赵舒翘等。据说张之洞因母守制三年后,从原籍赴京想谋取更高官位。为了打通关节，张曾拜访日升昌票号，想借银10万两，日升昌因数目大未能爽快答复。张又改去协同庆票号，该号经理早已派人打听到张去日升昌之用意，对张的要求满口允承，并声称：10万银不算什么，但不可能一下用完，不如立个折子，用多少，取多少，不必限定数字。张闻言大喜。而经理的打算是，既拉拢住张，又看张究竟能出任什么官，借银也可随机应变。后来张放任两广总督，张便把两广财粮国税均交协同庆解交，协同庆因此三四年就盈利百万银两。山西票号还为封建官吏窝藏赃款。如安徽芜湖道童瑶圃，在卸任还乡时，将搜刮来的10万两赃银，交蔚丰厚票号汇回重庆，每年支取1万两，10年支完，而不计利息。童瑶圃放弃利息，表面看来有些损失，实际上他是因为从数千里外运回重庆银10万两，不仅运费浩大，而且有风险，赃银一旦被人发觉或被御史弹劾，不但银子保不住，本人也会身陷囹圄，甚至遭杀身之祸，但与票号勾结起来，采取汇兑办法，则可保无虞。山西票号利用其与封建官吏的交结，对扩大业务和谋取利润带来了好处。如各省解部款项，原来是由各省直接向中央户部解款。但是手续繁杂，户部财库人员常常挑剔、刁难。山西票号却不同，他们上结尚书、郎中，下交门房、库兵，手续娴熟，关系甚广，交款毫无阻挡。所以各省皆把通过山西票号解款，视为捷径。山西票号解款，自库兵以至郎中，皆有分

慈禧太后

例,每逢年节也必赠款,年关时节,自旧历 12 月 20 日起至 30 日止,每日二三辆轿车,专门送礼,自管事至老妈子,都有名单,按名奉送。票号交结王公大人也有讲究,多请王公大人到名为"相公"的地方会面,这里酒席讲究,招待殷勤,屋内布置精致、雅静。他们绝对不到妓馆等下流交际场,因为这些地方高位者不敢涉足。由上可见,山西商人极尽其交结封建官吏之能事,与封建官吏建立了互相勾结、互相利用的关系。

关于明清山西商人利润的封建化,我们知道,山西商人虽然富有,但其资本投向产业却是个别现象,而且多在清末民初,并未出现商业资本向产业资本转化的大趋势,商业资本仍然停留在流通领域。其原因,主要是当时产业利润低、商业利润高之故。明清山西商人利润的去向,因资料短缺,无具体数字统计。不过,明人宋应星《野议·盐政议》略有记载,《野议·盐政议》称:商之有本者,大抵属秦、晋与徽郡三方之人。万历盛时,资本在广陵者不啻三千万两。每年子息可生九百万两,只以百万输帑,而以三百万充无妄费,公私俱足,波及僧、道、丐、佣、桥梁、楼宇,当余五百万,各商肥家润身,使之不尽,而用之不竭。至今可想见其盛也。

宋应星讲得是明朝万历时,秦、晋及徽盐商在广陵(扬州)获利的情况,即盐商资本 3000 万两,每年可获利 900 万两,这些利润用在输帑(纳国家税银)100 万两,无妄费(僧、道、丐、佣、桥梁、楼宇等)300 万两,各商肥家润身 500 万两。这就是说,明代山西、陕西和安徽盐商,其利润有 40% 以上用于课税、建祠堂等方面,也就是用在了加

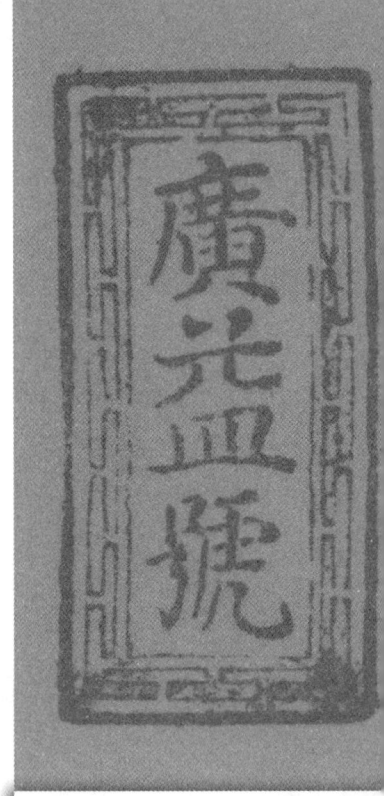

清代年终赠送花果

年终送礼图

强封建势力的各项事业中。入清以后,这种状况又远远超过明代。具体来说,明清山西商人利润的封建化,主要表现在以下六个方面:

一是捐输助饷。前已述及,这里不再赘述。这些捐输银两,主要为清政府的军饷军需所用,起到了支持政府财政,维护封建政权的作用。

二是购置土地。封建社会后期商业资本发展的道路,在西欧一般都转化为产业资本,但明清时期山西商人的资本仍然遵循"以末起家,以本守之"的传统观念,购置土地。如明代蒲州商人范世逵经商西北,"义而资益巨,占良田数百亩"[538]。入清后,山西商人购置土地更是普遍。乾隆时,浑源、榆次二州县富商大贾"且多置买田地"[539]。乾隆五十一年(1786),河南连年荒歉,有恒产之家将地亩贱价售卖,"山西富户闻风赴豫,乘机放价,准折地亩取利"[540]。道光时,长治宋良弼经商洛阳,值岁饥,当地人多鬻田他徙,宋良弼"以贱值得膏腴田数百亩"[541]。曲沃县商人彭太,在河南南阳经商获利几十万银两,购田置地,数年内土地猛增到 600 多公顷。[542]

三是转化为高利贷资本。这是一种古老的生息资本,是为榨取高额利息而放贷给他人使用的资本,其形式繁多,有印子钱、驴打滚、典当、放青苗等。乾隆五十一年(1786),河南连年歉收,"山西等处富户,闻风赴豫,举利放债。"[543]近人卫聚贤说:"明末清初,凡中国的典当业,大半系山西人经理。"[544]康熙时,全国有当铺 22357 家,山西一省就有当铺 4695 家,占全国当铺家数的 21%。高利贷资本对小生产者敲骨吸髓的剥削,使众多的手工业者资金积累不足,无法扩大再生产。所以说,商业资本转化为高利贷资本,是走上了畸形发展道路。

四是窖藏。山西地处黄土高原,其地燥,故不腐,其土坚,故不崩。山西富商多利用地窖藏其物资或银两。明人谢肇淛说:"三晋富家,藏粟数百万石,皆窖而封之。"[545]入清后,山西"民家多有储蓄"。山西平阳府亢氏,"家巨富,仓廪多至数千"。清后期,山西富商窖藏多为银两。如山西祁县富商渠源浈,人称"旺财主",资产三四百万两,他认为获取高额利润后,再投资不如窖藏保险,竟从其办的票号中抽出大量股金窖藏起来,估计藏银达百万两以上。辛亥革命后,阎锡山一次就向渠氏"借银"30 万两。

五是作为宗族活动和封建慈善事业开支。如定襄县邢大绪,服贾漠北,致富后即志在行善,"族中旧无祠堂,公偕众建立;村西旧无文昌阁、财神阁,公偕众修之"。[546]盂县张芝,购帽致富,尝出金建"崔府君祠……县治西关帝庙"。盂县张炽昌,贸易关东,"一时侪辈推为巨擘","平生性气慷慨,迎辉门外关帝庙张氏所创也"。[547]祁县人阎成兰,行商朔平、归化,乾隆十二年(1747),于井陉县捐资,命子督工4年,修大石桥14孔,车马通行,临终又命其孙补修,并建河神庙等等。[548]

六是奢侈消费。明清以来,山西商人的经济实力雄厚,其生活奢侈不亚于大官僚、地主。据载:他们"自数百万数十万之家相望,饰亭台,聚古玩,买姣童于吴间,购美玉于燕赵,比比也,纵簙博,蓄优伶,宾从杂沓,一言之悦,乾没万金不问"。[549]大盐商亢氏在其家乡平阳府(今临汾)建亢园,"园大十里,树石池台,幽深如通,间有婢媵出窥,皆吴中妆束也。……康熙中,长生殿传奇出,命家伶演之,一切器用费镪四十余万"。[550]亢氏在扬州的小秦淮也建造了亢园,其"长里许……临河造屋一百间,土人呼为百间房"。[551]汾阳何以恭,父以商起家,"父殁,事继母孝,两弟皆继母出,性豪侈,母复纵之,恣其挥霍,后家日落"。[552]太谷曹氏家族,传至曹克让时,生活糜烂,全家大小每日山珍海味,每逢婚丧嫁娶喜庆之日,大摆宴席。男女老少又皆食鸦片,家中平日存储鸦片达万两以上。家中佣人有300多人,每年家用开支在10万元以上。曹氏入不敷出,最后终因挥霍浪费而破产。

关于明清晋商的进步性,将在下一章"明清晋商的历史作用与地位"中探讨。

有人提出这样的问题:晋商既然很善于经营,又曾如此辉煌,何以未能大批转化为近代资产阶级,反而在近代衰败了呢?笔者以为,其主要原因并不在晋商本身,而是因当时的社会条件不具备所致。我们试以当时日本与中国的情况做一比较:日本于19世纪中叶实施明治维新,推行资产阶级改革,逐渐改变了日本的社会性质,使日本走上了发展资本主义的道路。而光绪二十四年(1898)中国推行的"戊戌变法",尽管具有反封建性质,是一次资产阶级的维新运动,但是以慈禧太后为首的后党按照"宁可亡国,不可变法"的方针,采取各种手段加以破坏,使维新运动仅进行了103天就失败了。日本维新成功,中国变法失败,其原因学界各有所见。笔者倾向于这一观点:中日两国近代化进程不同步,日本与中国近代化路径不同,中国缺乏上下呼应的改革力量。在后发近代化国家中,对于西方文明产生的科学感性认识越早,便会在近代化进程中捷足先登,步入先进位置。日本早在1774年就兴起了兰学运动,拉开了学习西方文明，追求近代化的序幕。而中国从19世纪四五十年代才开始了对"世界史地研究"的热潮，开始摆脱华夷观念和"中国中心论"的束缚，承认西方的先进科技。这就是说，中国近代化观念的启动，比日本晚了80年。日本19世纪下半叶开始的社会近代化变革，大体是以观念革新为前提，制度变革为基础，辅以器物文明的移植输入，全面有序地向前推进。而中国由于明清封建统治者长期奉行闭关政策，漠视西方科技的发展，导致文化观念变革幅度不大，使得中国近代化过程带有层次低、推进缓慢的弱点。19世纪60年代，洋务派仅是从技术上模仿西方，直到甲午战争失败，维新派和革命派才逐渐认识到制度变革的必要性，才有了戊戌变法与辛亥革命，以谋求制度变革。在政治革命屡遭失败之后，才爆发了"五四"运动，掀起思想革命狂飙，企图从思想文化角度入手，推进近代化。从中日近代化推进历程可以看出，在近代化发轫之初，两国便存在着明显的层次上的差异。日本在近代化过程中呈现出了自上而下的两种推动力量，这种承载力包括教育事业的普及，有一大批高素质的国民，及由旧武士、农民、市民等阶层转化而来的实业家。而在中国，由于传统士大夫醉心于八股，鄙视西学，学风腐朽。尽管洋务派办了几个学堂，但响应者寥寥，社会影响甚微，直到20世纪初才确立新学制，比日本已晚了30年，致使中国在近代化过程中缺乏一种承载力量。由此可见，近代化进展在中国是比较迟缓的。在社会不具备近代化的条件下，晋商是难以超越社会现实的，尽管晋商在某些方面含有向近代化转化的因素，其进展也是十分缓慢的。因此，一度辉煌的晋商随着清王朝的灭亡而衰败，也是自然的。

第九章
明清晋商的历史作用与地位

尽管处于封建社会后期的明清晋商是封建性商人，但是它对于社会的进步仍然发挥过不可低估的促进作用，在世界商业史上占有一定的历史地位。

第一节
明清晋商的历史作用

我们知道,商品流通是资本的起点,商品生产的发展和发达的商品流通,也就是说发达的贸易,是资本产生的历史前提。山西商人驰骋明清商界数百年间,通过其商业和金融经营活动,对于明清社会经济、文化的发展起到了一定的促进作用。

一、促进了各地区间的经济联系,扩大了国内外贸易市场

晋商在贩运贸易中有个特点,就是突破区域界限,进行长距离贩运。例如,清以前的蒙古地区,原是一个单一的畜牧业经济区。入清后,由于以山西商人为主的旅蒙商人深入蒙古大草原,把内地商品贩运而来,又把蒙古地方的商品贩运到全国各地,密切了蒙古地区与内地的经济联系。

旅蒙晋商由内地运到蒙古地区的商品主要

归化(呼和浩特)晋商街——通顺街

是民生用品,包括茶、布、绸缎、药材、蔗糖、烟叶、麦粉、陶器、铁锅、农具等。这些商品的产地,分布在全国各地。如茶叶多产于福建、安徽、湖北;蔗糖多产于江浙、两广;布匹、烟叶、陶器多产于河南、江西、山西;麦粉、金属日用品多产于河北、山西、陕西等地。这些商品的贩运,可谓长途跋涉,水陆兼程。以福建武夷茶来说:它由福建崇安县过分水关,入江西铅山县,在此装船顺信江下鄱阳湖,穿湖而过出九江口入长江,溯江抵武昌,转汉水到樊城(襄樊)起岸,经河南入泽州(山西晋城),往潞安(长治),抵平遥、祁县、太谷、忻县、大同、天镇达张家口,再入塞抵蒙古各旗。其商品数量相当可观,如乌兰察布岁入砖茶20余万方,糙米2000余石、莜麦800余石。旅蒙商在输入蒙古草原商品的过程中,自觉不自觉地把内地的先进技术和文化传入了蒙古草原。如一些兼营手工业的旅蒙商把熟皮子、擀毡子等技术带到牧区,促进了畜产品加工业的发展。同时,旅蒙晋商把汉族的生活、生产和文化带到蒙古,使蒙民有所了解,草原文化与汉族文化的进一步接触,对蒙民产生了一定影响。

蒙古地方的商品以牧畜(马、牛、羊、骆驼)和皮张为大宗。这些商品由旅蒙晋商在牧区市场收购后贩运内地。如蒙古羊有数种,每年成交后运内地数百万头,马的成交额也挺大。乾隆时察哈尔马岁销江省各营1000余匹,[553]乌兰察布盟销往内地的成交商品有驼马牛10万余头,羊皮40余万张,此外还有皮毛、蘑菇、药材等。随着漠南蒙古农业的发展,粮食和粮食制品在牧区市场成交后也源源不断运往内地。康熙时,"大都京城之米,从口外来者甚多",[554]而且价格便宜。乾隆时,热河一带盛产米谷,"内地商贩前赴采买者甚多"。[555]归化城附近盛产粮食,归化城则成为粮食交易和转运地,漠南粮食多经黄河运至潼关、韩城,供秦、晋两省需用。山西太原、寿阳,陕西同州,都从归化贩运粮食。粮食制品也运往内地,如山西寿阳需用之酱,上者出省城太原,次者出归化城。[556]旅蒙晋商还通过蒙古地方转运内地商品,乾隆时,每年经乌里雅苏台运往古城的内地茶叶1000余箱,这种转售一直延续了60年以上。

旅蒙晋商把草原上数以万计的牲畜、皮毛和畜产品运送到内地,满足了内地群众对牲畜、畜产品的需求。长期以来,草原游牧经济与内地农业经济形成了互相依存、互为补充的关系,矫健的蒙古马不仅为作战所必需,而且运销江南,补充了内地农民耕畜和运输用马的不足;骆驼成了广大北方地区,尤其是山西、陕西、河北等地普遍使用的运输工具;牲畜及畜产品大量输入内地,改善并丰富了内地人民的生活,牛羊肉已成为北方地区人民必需的食品。[557]互通有无的经济关系,也促进了内地经济的发展。蒙古草原成了内地手工业、农产品销售的广阔市场,又刺激了内地加工业的发展与繁荣。

晋商还通过其经营活动,推动了大河上下、长江南北以及东北、西北、西南边陲与内地的经济联系。正如明人李长鼎所说:"燕、赵、秦、晋、齐、梁、江、淮之货,日夜商贩而南;蛮海、闽广、豫章、楚、瓯越、新安之货,日夜商贩而北。"[558]山西之炭、铁、枣、酒及诸土产之物,"车推舟载,日贩于秦",[559]"其输市中州者,日不绝于途"。[560]山西平阳府、汾州府、蒲州、解州等地,粮食不能自给,"仰给于河南、陕西二省"。[561]汾阳"一切家常所需之物,皆从远省商贩而至"。[562]长治不产桑茧、丝线,"取给山东、河南、北直等处"。[563]寿阳所需棉花,购自河北滦城、赵州等处。[564]"平定州等处……小民向赖陶冶器具输运直省易米以共朝夕"。[565]陕西周至"行盐、贩木及开张绸缎、皮革皆属晋人"。[566]川中"所称为盐商者,多山陕之民"。[567]

由于各地区间经济联系的扩大,又带动了各地区加工制造业的发展。如旅蒙晋商为了销售和运输方便,创造了砖茶技术。砖茶始称帽合茶,是由人工脚踩制成椭圆形茶块,因形状与旧时帽合一样,而称为帽合茶。每合重量正料7斤14两至8斤不等,每3合1串。清中叶,帽合茶发展为砖茶,旅蒙商在湖北羊楼洞一带建有数十家砖茶加工作坊。其压制法,初极幼稚,置茶叶于蒸笼中,架锅蒸之,倾入模型中,置木架压榨器中,借杠杆力,压榨之,移时,在模中托出,放于楼上,听其自然干燥。由于蒙古地区是游牧经济区,原来基本上没有什么加工制造工业。17世纪末,汉族手工匠人随着旅蒙商人不断涌入塞外谋生,起初这些工匠绝大多数是春至秋归,称为"雁行"客户。后来他们逐渐在当地定居下来,开设手工作坊,从事熟皮、制毡、制鞋、酿酒、榨油、制酱油及制作蒙古包、首饰、鞍具、法器等。如归化城"毛毡毯、制皮、大理石细工……等也很著名"。[568]山西人善酿酒,尤其山西杏花村汾酒历史悠久,色香味俱佳。山西商人在经商中把酒的制作技术也传到了外地,带动了当地制酒业的发展。如"东三省、山东、察、绥、甘各省地方,凡产有高粱、豆、米原料者,无不多有晋师制酒,谓之烧锅"。[569]西宁府属威远堡以青稞酿造烧酒,约始于明末,据说是山西客户以杏花村酿造技术始创,致"威远烧酒,逐渐闻名远近"。[570]山西商人在新疆所造之烧酒称代酒,清人祁韵士有诗称:"梨花淡白入杯香,十字帘前下马尝;蟇

饮不妨争拇战,岂知清绝绍兴良。"[571]著名的贵州茅台酒,据传也是"清朝时山西人经商于茅台镇,依汾酒制法而兴"。[572]

山西票号在资金调拨、开展埠际服务方面,也促进了国内各地区商品流通的发展。

19世纪五六十年代,上海已成为全国商业贸易的一个中心,是进口商品和全国农副产品出口的集散地,光绪二十一年(1895)进出口贸易总值已达31500余万关两。这一庞大的贸易量必须有强有力的金融予以支持。当时上海进出口贸易商的金融调度主要使用钱庄的钱票,但是钱庄财力并不雄厚,大多在2万两到4万两之间,后来有所扩大也不过5万两左右,个别的达8万两到10万两,而上海钱庄对商号或商人"所放之财,辄盈数十万(两)"。[573]显然钱庄资本有限,无此力量。原来钱庄的运营资本是得到了山西票号的支持。据《申报》1881年1月12日文载:"迨东南底定,上海商埠日盛,票号聚于斯者二十四家,其放银于钱庄,多至二三百万两。"这二三百万银两的货款在商品流通领域中发挥着借贷资本的作用。因为钱庄对所贷票号之款必然要流到经营国内外商业贸易的商人手中,故票号的生息资本通过钱庄,最终以商品经营资本的形式活跃于国内市场。由于山西票号资本雄厚,在组织上采取分号往来制,即在全国各城市,凡设有票号分号之处,皆可直接通汇,因而山西票号通过汇兑事业支持商业贸易的作用尤为显著。例如内地商人购买外国进口商品,其资金融通和财务结算都须得到票号支持。据瓦格尔《中国金融记》载:"开封商人当得悉他所购买的货物须于某日付款若干之后,马上向他往来的钱庄开一张地方性的期票,交与当地山西票号的分号,向该分号买一张汇票寄与他的上海代理人。代理人把汇票送与山西票号在上海的分号,换取该分号的限于当地流通的期票,交与他的捎客,就开封商人的代理人而言,这交易到此就结束了。"

重庆从19世纪80年代,渐成为长江上游的经济中心,光绪七年(1881),重庆进口洋货将近占上海进口的1/9,仅次于上海、汉口、天津等地。在上海的山西票号对向重庆内销洋货的商人所提供的信用,是两倍于它在重庆所收的款项。而依靠票号信用经营贸易的商号,其经营额常常为其资本额的5倍。重庆与上海之间商品货币的清算,基本上是依靠晋商在两地票号的汇划来完成。19世纪90年代以后,随着重庆贸易的发展,晋商在重庆票号的存放款业务迅速发展。光绪十七年(1891),重庆洋货进口为137余万关两,到光绪二十年

（1894）增加到510余万关两。土货出口额也由138余万关两增加到500余万关两。4年中进出口值各增3倍和2倍。大宗棉纱的购买、大量农副产品的外销等贸易活动所需要的资金，以及由此导致的各地区间金融调拨和清算，绝大部分要通过晋商在重庆票号的金融活动来完成。所以，19世纪90年代后到20世纪初，山西商人在重庆的票号起着左右当地金融市场的作用。

天津是山西票号的重要活动商埠。从光绪四年（1878）到光绪二十年（1894）的近20年间，进口天津的洋货从770余万关两增至2100余万关两。同时，出口土货也从160余万关两增至680余万关两。进口天津的洋货除了销往直隶省外，大多运销省外各地，如山西太原、太谷、平阳、蒲州、潞安、汾州、大同、朔平各府县，并越过黄河，销往陕西省的西安、同州、兴安等地，及河南省的彰德、怀庆、卫辉和山东省的济南、临清、东昌等地。山西商人在上述各地都设有分号，它们之间的商业贸易正是通过山西票号的汇划来解决。山西商人销往蒙古的洋货，输往沙俄的两湖茶叶，收购蒙古皮毛的出口，均以天津为中转站来完成其贸易，而这些贸易又都是由山西商人在天津的票号来完成金融划拨。

安徽芜湖，以炼"苏钢"著称于世，山西在该地设票号，专门负责钢款的汇兑和现银的解运。[574]南方口岸厦门，对外贸易中一向与南洋、新加坡联系密切，每日进出口岸的轮船多至10余艘，各商号从事商业的营运资本，多向山西商人在厦门的票号通融。以至厦门商业繁盛，在厦门的山西票号协同庆、蔚长厚、新泰厚年获利五六万金以上。商业不景气时，票号也大受损失。如厦门源通银号多年经营茶栈，一直与山西票号通融资金，光绪十七年（1891）五月，因周转失灵倒闭，使山西蔚泰厚、新泰厚票号都遭到数万金的损失。这些事例从正反两方面，说明了山西票号与当地商业活动的密切关系。[575]

晋商对于国际贸易也起着促进作用。明代晋商远贾海外已屡见不鲜。如万历时，山西襄陵县西梁村贾人，已兴贩于海外。[576]著名的山西潞绸，"在昔（明）全盛时……贡篚互市外，舟车辐辏者，转输于省直，流衍于外夷，号称利薮"。[577]明末崇祯十四年（1641）又有晋商拟乘船私贩人参到日本。[578]入清后，随着恰克图对俄贸易口岸的开辟，在长达两个多世纪的对俄贸易中，主要角色是山西商人。他们以中国之茶叶、丝织物等易俄之毛织物，有哈剌、哔叽、吐绒、羽翎、毛毡等。据统计，乾隆初年恰克图年交易额为300万～400万卢布，到乾隆五十八年（1793）达到709.9万卢布，50年间增加了300万卢布。道光时，中俄恰克图贸易进入全面发展时期:道光二十年(1840)到三十年(1850),俄国对华贸易占其对外贸易总额的60%以上,而恰克图是主要贸易口岸;中国对俄贸易占全国输出的16%～19%,仅次于对英贸易,其贸易口岸主要在恰克图。山西商人还走出国界,深入俄国莫斯科、多木斯克、赤塔等地设号经营。清乾隆时,以山西介休范氏为代表的山西船帮在对日贸易中是当时国内最大的洋铜商,时有洋铜船15艘,范氏就有六七艘。他们把中国的丝绸、瓷器、茶叶等商品运销日本,同时把洋铜等日本商品贩回中国。清季,山西合盛元票号先后在日本和朝鲜等地设立分号,开展了国际金融活动。

二、对城镇的兴起和繁荣起了积极的推动作用

商业依赖于城市的发展,而城市的发展也要以商业为条件。晋商从事数百年的长途贩运、设铺零售活动,对于各地城镇的兴起和繁荣起了积极的推动作用。九边之首的大同,原只是军事重镇,但由于山西商人在这一带从事经商活动,使大同"繁华富庶,不下江南"。[579]晋南的运城,元代尚是一小村落,元末始建城,是河东盐治所在地,也是山西盐商的老窝。随着明清山西盐商的活跃,运城日渐繁荣。明代开中制的实施,"商贾之懋迁,羁人之旅食,与夫工执业、民赴役者,纷纷然皆都于路村(运城)"。[580]到清代前期,运城已发展成"商民辐辏,烟火万家",[581]"人集五万"。[582]其人口结构包括坐运盐商、缙绅、斗行、牙人、浇晒人夫等,史称"安邑缙绅,运城居半"。[583]由于运城的兴起,州治解州、县治安邑反而日渐衰落。明人袁翱说:人们"纷纷然皆都于路村(运城),而居解(州)之民浸以凋落"。[584]《安邑县志》载:"清季因运城盐客丛集,市民繁居,本(安)邑渐形零落,仅成为县政中心,商肆居民不见增益,游观者或诮为荒堡。"[585]所以清代的运城已经不仅是秦晋豫三省的池盐集散地,而且是"晋省一都会",[586]在山西已占有相当重要的地位。[587]

平遥、太谷、祁县原只是山西晋中的一般县城,清代山西票号兴起,由于这三个县城是山西票号总号的所在地,因而三县城也成为当时著名的金融城市。平遥县城中"廛肆纵横,街衢皆黑壤,有类京师,盖人烟稠密之故"。[588]城内因集市贸易而筑有市楼,这种市楼在国内很罕见,市楼建筑准确年代不详,据说建于康熙年间。从宏伟高大的市楼建筑中不难看出当时商业之繁盛。市楼有对联云:

五行气正民生遂百尺楼高物象新
朝晨午夕街三市赞风桥台井上楼

太谷县在明初尚是"土瘠民贫,俗尚勤俭,慕学力田,淳厚不奢"[589]的地方,明中叶以后太谷人勤于贸易,随着票号业的兴起,太谷成为祁、太、平三帮中之一帮,其势力之大,"东北至燕奉蒙俄,西达秦陇,南抵吴越川楚,俨然操全省金融之牛耳",[590]故人称"金太谷"。城内东街,铺面林立,路面全用条石铺地,城中央是高耸入云的鼓楼,沿街小巷到处是深院高楼。这种高楼,其实是平房。大宅院均有漂亮的门楼,结构、装饰各异,进了太谷城俨然如进入一座中世纪城堡。这里"商贾辐辏,甲于晋阳"。[591]美国人罗比·尤恩森在他所著的《宋氏三姐妹》一书中,称太谷为"中国传统的金融中心","中国的华尔街"。[592]山西介休县人多"挟资走四方,山陬海澨,皆有邑人,固繁庶之地也"。[593]介休张兰镇清代已成为"商贾复四方辐辏,俨如大邑"[594]之地。清人祁韵士有诗称:"市上争估嫌价贵,道旁乞食悯衣单,此旁富庶称无比,只恐浮华力已殚"。[595]

河曲县地处山西、陕西、内蒙古交界处,西临黄河,素有晋西北水旱码头之称,晋商在这里很活跃。旧志有诗云:"一年山水流莺啭,百货如云瘦马驼。"[596]称赞当时商贾云集的繁盛景

平遥市楼

宋氏三姐妹

象。山西河津县"邑鲜贸易,而今且商贾盈途,渐趋繁华"。[597]直隶宣府乃明代京师之北门,"贾店鳞比,各有名称……潞州绸铺、泽州帕铺……各行交易铺沿长四五里许,贾皆争居之"。[598]塞北归化城(今呼和浩特),在乾隆时已成为蒙古地区第一大商业城镇,该城"人口三万余,喇嘛亦二万",[599]"居民稠密,行户众多,一切外来货物先汇聚该城囤积,然后陆续分拨各处售卖",[600]当时,"牧畜交易约有数处:其马市在绥远城,曰马桥;驼市在副都统署前,曰驼桥;牛市在城北门外,曰牛桥;羊市在北茶坊外,曰羊桥;其屠宰牧畜,剥取皮革,就近硝熟,分大小皮货行,在城南门外十字街,俗呼为皮十字"。[601]牧畜市场的严格划分,可见该城牧畜市场之繁荣与规模。另外,从清政府在归化城设置的税务机构中亦可见该城之繁盛。乾隆三十六年(1761)因归化城地方"商贾云集,诸货流通,而蒙古一带土产日多,渐成行市",[602]遂奏请在该城设置税卡,"其所设四处栅栏,南栅系杀虎口孔道;北栅通山后部落喀尔喀札萨克等处,东栅通察哈尔八旗,西栅通乌拉特、鄂尔多斯地方"。[603]可见归化城当时是联结察哈尔、喀尔喀、鄂尔多斯及内地的重要贸易通道,是蒙古地区的商业枢纽。

恰克图(中国一方称买卖城)地处蒙古土谢图汗部北境、色楞格河东岸中俄分界处,其地初为荒野,自雍正五年(1727)作为中俄互市之地,晋商云集,市肆喧闹,"商业茂盛,道路平坦,人口三千,南走库伦八百里,贸易品以茶为大宗"。[604]18世纪末,该城有商店100余家,其中较大商店37家。

库伦(乌兰巴托),"康熙年间,有山西商人来此经商,共有十二家,当地商会之组织,即为十二家各举一商董,称为十二甲首"。[605]直到咸丰时,从东营子到西库伦,广大地面商号皆为晋商开办,使库伦成为外蒙古地方的商业重镇。乌里雅苏台蒙语为乌杨柳,本非集镇。清初随着清军势力向西推进,山西旅蒙商随军而进,乌里雅苏台的商业也随之渐兴。雍正时筑城,乾隆时又增筑,成为喀尔喀蒙古首府,城西为商业区,有铺房千余间,商民二三千。[606]该城经商者多为晋商,最著名的有大盛魁商号。科布多原本荒凉,晋商最早在此经商,雍正八年(1730)始筑城,乾隆三十二年(1767)增筑,发展为"城有市场,商贾骈集"[607]之城镇。多伦诺尔昔时仅七个水泡子,随着晋商往来频繁,商务渐盛,"今则人家鳞比,衡宇相望,居然沙漠之间一都会……贸易以马市为最盛"。[608]包头城流传着"先有复盛公,后有包头城"之说。所谓复盛公本是山西祁县乔姓商人在包头城开办的商号,包头原来无城,是乔姓先在东前街地开办复盛公商号,后又增加复盛西、复盛全等商号,乾隆时逐渐形成商业城镇。包头的商店大多在东西两街,而西街又较东街繁华。兹将包头城部分商店名称列出如下:[609]

开办时间	商号名称	开办时间	商号名称
乾隆	三义公	嘉庆	复信魁
乾隆	丰昌	嘉庆	义和公
嘉庆	东顺成	嘉庆	仁义全
嘉庆	源茂升	嘉庆	广盛魁
嘉庆	祥盛号(祥盛瑞)	嘉庆	祥盛元
嘉庆	广昌永	嘉庆	义成元

张家口原是一片荒野,"自隆庆五年北房款贡以来,始立市场"。[610]入清后始为"南北交易之所,凡内地之牛马驼羊多取给于此,贾多山右人,率出口以茶布兑换而归,又有直往恰克图地方交易者,所货物多为紫貂猞猁"。[611]据《清季外交史料》记述,当年张家口有山西帮茶商百余家,其中以长裕川、长盛川、大玉川、大昌川等四大川字号最著名,乾隆时张家口已发展成为"塞上商埠"、"塞上皮都"。

巴里坤也是"城厢内外,烟户铺面,比市而居,商贾毕集,晋民尤多"。[612]

西宁城设号经商者多为晋商,如合盛裕、晋益老商号,年代久远,以致西宁有"先有晋益老,后有西宁城"之说。

东北的卜奎(齐齐哈尔),清代是蒙、汉、达斡尔族贸易的据点,这里"商贩多晋人,铺户多杂货铺",成为东北新兴城镇。朝阳县也是在晋商的推动下而兴起,故有"先有山西曹氏商号,后有朝阳县"之说。

从以上事例不难看出,晋商对许多城镇的兴起,都起到了积极的推动作用。

三、对富甲一方起到了促进作用

山西自然条件差,"土瘠天寒,生物鲜少",民多节俭。清人康基田说:山西人俭者,"实地本瘠寒,以人事补其不足耳"。他又说:"太原以南,多服贾远方,数年不归,非自有余而逐什一也。盖其土之所有不能给半,岁之食不能得,不得不贸迁有无,取给他乡;太原以北,岗陵丘阜,碛薄难耕,乡民惟以垦种上岭下坂,汗牛痛仆,仰天待命,无平地沃土之饶,无水泉灌溉之益,无舟车鱼米之利,兼拙于远营,终岁不出里门,甘食蔬粝,亦势之使之然,而或厌其嗜利,或病其节啬,皆未深西人之苦,原其不得已之初心也。"[613]但是,明清以来,山西人改变了旧的观念,认为因贫求富,农不如工,工不如商,遂成商业人才之渊薮。[614]于是他们大量外出经商,结果使不少山西人的生计改观,甚至成为富人。康熙皇帝说:"朕比年巡行七省,惟秦晋两地,民稍有充裕。"[615]宁武府,"数十年前,虽富家,妻衣不过布素。自雍正中西北用兵,百姓贸迁货物与挟一技以往者,多饱囊归,争以其资悦妇人,比户相耀,于是被绮罗者几十五六矣"。[616] 咸丰时（1851~1861）,惠亲王绵瑜称:"伏思天下之广,不乏富庶之人,而富庶之省,莫过广东、山西为最。风闻近数月以来,在京贸易之山西商民,报官歇业回家者,已携资数千万出京,则山西之富庶可见矣。"[617]绵瑜之说有些夸张,他是想让山西商人多捐输些银两助饷而已,但也不可否认山西商人在外致富者不在少数。而《光绪朝东华录》讲得比较切近实际,原文称:"晋中富庶之区,仅榆次、平遥、太谷、祁县、介休等县,其余贫瘠之区,或百里而无富室,或数十里而无一小康之家。"[618]榆次、平遥、太谷、祁县、介休等县,其经济实力在明代尚是一般,比山西南部蒲州、曲沃、临汾等县差得多。但入清以后,特别是道光时建立山西票号后,平遥、太谷、祁县因是票号总号所在地,而发展成为富县。如太谷县,在明初尚是"土瘠民贫,俗尚勤俭,慕学力田,淳厚不奢"[619]地,明末才有了"农力于野,商勤于贸易"[620]的记载。乾隆时,"阳邑（太谷）民多而田少,竭丰年之后,不足供两月,故耕种之外,咸谋善生,跋涉数千里率不以为常。土俗殷富,实由于此"。[621]道光后,太谷为山西三帮票号之一,富甲一方,"俨然操全省金融之牛耳"。[622]美国人罗比·尤恩森甚至称太谷为"中国的华尔街"。[623]由于山西人外出经商皆用本籍乡人为伙友,故外出经商人多的地方,因商而富者越多。据有人调查,清末民初山西祁县的总户数中,60%以上的家庭都有过经商史。按此推算,10万人的小县就有15000多人在外从事商业活动。当时有民谣称:"家有万两银,不如票号上有个人。"[624]反映出这些外出在票号工作的祁县人,其财富远远不止万两银。如果60%的户这样经商,因商而富甲一方是显而易见的。又如山西临晋县方志载:"民国纪元前,临民经商陕者常万余人,凡子弟成年,除家无余丁及质地鲁钝者外,余悉遣赴陕省习商,陕省金融事业临人掌握者居其泰半,其他各贸易所亦多临人据其要津,每岁吸收之金钱不下万金。"[625]可见,临晋县人也以本乡人外出经商而富。那么,山西地方有多少山西人外出经商呢?有人估计,"清末晋民非但迹遍行省,抑且角逐外藩,人数有二十万之多,岁入在二千万以上"。[626]山西人还有个习俗,在千里万里外致富后,其银钱都要设法运回老家,致乡里人因商而致富者越来越多,即使未成大户,也能脱贫而成小康之家。这一现象,在票号总号的所在地太谷、祁县、平遥尤为明显。

四、促进了人口的迁徙和流动

山西商人足迹遍天下,他们外出经商打开了人们的视野,原来山西人死守故土的传统观念渐被打破,走南闯北之风渐行。如万历《潞安府志》卷2载:"惟是好商游起家,婚娶故占籍,遂为东西南北之人。"山西北连大漠,山西人出塞北上,由来已久。明代隆庆议和,蒙汉互市开通,山西人北上贸易者日益增多,并且出现了私自逃到塞外定居之人。如山西榆次人李孟阳在边塞私贩马尾,后与山西偏关老营堡李义、韩龙图、李兴、孙大臣等10数人集伙投奔塞外,继续私贩马尾。[627]嘉靖三十年(1551)后,

边城满洲里

又有不少汉人移居边塞丰州,他们在大同人丘富、赵全、李自馨、张彦文等的带领下,东起丰州城,西迄东胜,沿大小黑河"开良田数千顷",并建造了村落,自称百姓,蒙古人把"百姓"按谐音称为"板升"。隆庆时,他们已"开云中丰州地万顷,连村数百"。[628]当时,城郭居室布满丰州;"耕种市廛,花柳蔬圃",[629]呈现出一派生机勃勃的繁荣景象。入清以后,随着清政府对赴蒙贸易限制的放宽,旅蒙晋商得以较快发展。从18世纪后期到19世纪初期,蒙古地区商业贸易日趋兴旺。这个时期,山西旅蒙商在蒙古地区所设的固定贸易网点不断扩大,成为永久性商号。先期来草原经商的山西商人,"往来既久,渐与蒙人稔习,凡乞隙区支窝棚久而不去","迨至囊橐丰富,遂营田宅,畜牛马,易行商为坐贾"。[630]据不完全统计,到19世纪60年代,活跃在漠北喀尔喀蒙古地区的旅蒙商人已有20余万,定居的大小商号约500余家。[631]在山西旅蒙商的影响下,康熙、雍正年间,已有"晋陕北部贫民,由土默特而西,私向蒙古人租地垦种……于是,伊盟(鄂尔多斯部)七旗境内,凡近黄河、长城处,所在(皆)有汉人足迹"。[632]乾隆以后,随着清王朝封建统治由鼎盛走向衰落,国内外阶级矛盾和民族矛盾的日趋尖锐,自然灾害频仍,清政府为了缓和内地阶级矛盾,放宽了出塞的限制,山西人北上经商、种地,搞运输、手工业者络绎不绝。这就是历史上著名的"走口外"、"闯关东"。走口外是指出杀虎口或张家口。前者为西口,后者为东口,闯关东是指到东北地方。有许多民歌唱出了当时人走口外的情景。如山西河曲民谣:

河曲保德州,

十年九不收。

男人走口外,

女人挑苦菜。

山西临县民歌唱道:

山西晋阳县(哟),百十里李家庄,

出了一个桂姐女,生得好人样。

桂姐生得好(哟),十人九抬爱,

窈个窕窕小身材,风吹丝裙裙摆。

桂姐好风流(哟),梳的个麻花头,

西边又别发卡卡,当中把马鬃鬃留。

只有家里穷(哟),小丈夫出了门,

一去口外七八载,没拉个信和音。

抓起一支笔(哟),磨下一盘墨,

泪珠珠(呀么)卜拉拉,白纸纸上面落。

河曲旧志载:"河曲人耕商塞外草地,春夏出口,岁暮而归。但能经营力作,皆是糊口养家。本境地瘠民贫,仰食于口外者无虑数千人……出外耕商者,莫不通蒙古人语。"《绥远通志》载:"于是内地人民之经商懋迁者,务农而春去秋归者,亦皆由流动而渐进定居,由孤身而渐成家室……凡经属近诸旗地,已蔚为农牧并管,蒙汉共居之乡。"山西人移居口外人口无具体统计,据《大清会典》载:乾隆十四年(1749)山西省和内地省份的百姓在"归化城、八沟、多伦诺尔数处所集之人,已至数十万"。[633]清水河"原系蒙古草原,所有居民并无土著,大抵内地各州县人民流寓,而附近边墙之偏关、平鲁二县人为尤多",[634]乾隆元年(1736)"民人寄寓者十有余万"。[635]清政府为加强行政管理,对移民"择其善良者立为乡长、总甲、牌头,专司稽查"。[636]

闯关东者,据军机处录副载:"吉林、宁古塔等处,(人参)刨夫除本地旗民外,多系山东、山西、直隶等处流籍。"[637]山西清徐县有民谣称:"我娃娃蛋,我娃娃亲,我娃娃长大了走关东。深蓝布、佛头青、虾米海菜吃不清。"[638]此外,北京、天津、张家口等地,也由于山西商人在该地开办商号,日久天长,成为"永久性商号",商人便落籍于该地。所以至今上述城市中,祖籍山西者很多。由上可见,山西商人的经营活动,对于人口的迁移和变动,起到了积极的推动作用。

五、促进了明清近世文化的发展

明清晋商"贾而好儒"的程度似比徽商略有逊色,但是在尊师重教,重视培育近世文化人才方面却也是不遗余力。如前述祁县乔家堡富商乔氏,不仅经商有方,而且尊师重教,对其子弟要求很严格。乾隆初,乔氏与秦氏最初在包头经营复盛公商号,由于经营有方,商业蒸蒸日上,后又开办了复盛西、复盛全等商号,统称"复"字号。乔氏发迹后,很重视对子弟的教育,严禁其子弟吃喝嫖赌。但秦氏反之,放松了对其子弟的教育,其子弟染上嫖赌恶习,经济上渐渐入不敷出,最后只得把商号的股份大多抽出,而乔氏趁机补上,复字商号皆归乔氏控制。乔氏对其子弟多以家塾形式延师就读,而且对教师十分优待。每位教师

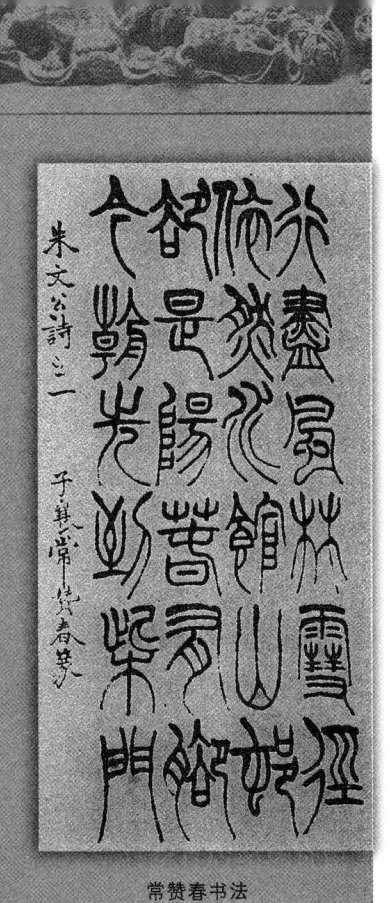

常赞春书法

常旭春魏碑体楷书局部

常赞春书法

皆有两名书童侍奉，每饭必有一位主人陪同，逢年过节盛宴招待，宴请亲朋必设教师正席。教师深感知遇之恩，竭力教好学生。到近代，乔氏映字辈14人中，有2人为大学生。榆次车辋富商常氏也一直很重视延请名师，教育子弟。从康熙年间八世常吉入邑为秀才，到光绪三十二年（1906）废除科举制度，近200年间，常氏取得秀才、贡生、举人、监生等的学子176人，其中入仕者132人。常氏家族崇尚艺文，对书法、美术等多有贡献。如常氏第一个秀才八世常吉的双勾书法，堪称一绝。十二世常炳的柳体书法，常怿的山水草虫画，均有很高造诣。常氏第十四世进士出身的常麟书，多才博学，对经、史、诗词、戏曲、文学、训诂均有研究，著有《约斋文集》、《约斋诗稿》等。此外，常立屏、常立爱的草书，常立方的草书、隶书，常旭春的魏碑、诗词，常赞春的篆书，常麟图的楷书、行书，常凤栖的楷、隶、篆、金石文等，在三晋书画界均享有盛名。常氏在咸丰、同治、光绪年间共办私塾17所，开创了当时山西一个家族办学最多的纪录。光绪二十九年（1903）常氏创办笃初小学堂，是山西兴办最早的农村新学堂。光绪三十二年（1906）常氏创办私立中学兼高初两等小学堂，是山西最早兴办的12所中学之一。光绪三十年（1904）秋，常氏开办的"知耻女学堂"，是山西最早的女子学堂之一。介休富商冀氏，也很重视对子弟的教育。马太夫人主持家政时，曾"会垣修贡院，首捐万金"。[639]祁县富商渠本翘，在家乡创办了山西省第一所女子学校，本翘还出任过山西大学堂监督。

山西商人对于古文物的收藏、鉴定,也做了不少有益的工作。北京琉璃厂是京师古董商所在地。这里的古董商人很多是山西人,如咸丰九年(1859)开办的德宝斋古董商号,店主刘氏是山西汾城(襄汾)人,刘氏本人以精于鉴别法帖、印章、书法而闻名京师。同治六年(1867)开办的英古斋,店主是山西襄汾人王德风,该商号以鉴定和经营鸡血、田黄石等古印章著名。此外,还有襄汾人毛子恒开设的渊识斋,襄汾人贾济川开设的晋秀斋,临汾人李健平、李欣平开办的永誉斋,襄汾人裴振山开办的振寰阁等,他们分别以鉴定和经营古墨、古砚、古印、金石、青铜器闻名琉璃厂。[640]又如祁县富商乔景僖、乔映南父子酷爱收藏古玩。据说乔氏收藏有鼻烟壶数十个,还有用七八十块寿田、青田等名贵玉石组成的印章,每块上刻一句文,合起来为整篇《文昌帝君阴骘文》,是由明代著名篆刻家文彭操刀。这一珍贵文物原为清贵族端方之物,他和乔家素有来往,后端方遭暗杀身亡,此物便归乔家。无奈此物尚缺一块,乔家常以为憾事。一次,古玩商贩携几件玉器来乔家,乔映南见内中有一块印章,上刻"欲广福田须平心地"几字,正是欲觅之印章,心中大喜,却不露声,反而说:"这些破玩意儿也拿来,赶快拿走吧!"商贩连忙说:"不敢,不敢,知道这几件不入尊目,以后我有好的再来孝敬,不过年前手头实在有点拮据……"映南说:"早说不就完了,谁让咱们是老相识呢!"遂让人从账房支去50两现银,商贩千恩万谢,坚决要把东西留下。乔映南说:"既然你过意不去,就把这块印章留下让孩子们托个福,我也不白拿,再给你50两,好好过年吧。"古玩商贩喜出望外,高兴而去,乔映南得成完璧。不过这套印章后来的下落,却不得而知了。[641]

在全国各大商埠大多筑有山西商人会馆,而这些会馆又多是宏伟壮丽之建筑,成为当地的古代建筑财富。如开封的山陕会馆,清乾隆年间由山西旅汴客商集资兴建。道光时,陕商加入,易名山陕会馆。1933年甘肃商人加入,又易名山陕甘会馆。该会馆建筑巍峨壮丽,布局严谨,装饰华丽。尤以砖雕、石雕、木雕精美绝伦,堪称"三绝"。会馆前有雕砖砌成的照壁,上嵌"二龙戏珠"、"八仙过海"及人物、山水、花卉、鸟兽等大大小小透空砖雕图画,尤其一对小巧玲珑的算盘和账簿,显露出会馆浓郁的商业气氛。照壁两边有掖门,左右为钟鼓楼。顺甬道向北有牌楼,飞檐相错,斗栱互交。牌楼后有正殿、配殿,均用琉璃瓦覆盖,翠碧辉煌。殿楼内外浮雕、透雕,造型生动优美,堪称清代雕刻艺术珍品。馆内关帝庙,有关关羽的雕刻比比皆是,如钟楼上有"关公斩蔡阳"的木雕,牌楼有"关羽封金"、"脱离曹营"、"过五关斩六将"等雕刻。牌楼下部抱鼓石上有"狄仁杰登山望母"、"薛仁贵汾河湾夫妻相会"雕刻。山西商人把乡土题材融于建筑艺术之中,使人触景生情,亲切异常。[642]洛阳的潞泽会馆,为清乾隆九年(1744)山西潞安府(今长治市)和泽州府(今晋城市)商人捐资而建。其馆舍重楼飞檐,气势宏伟。舞楼为重檐歇山顶,木雕彩绘,龙飞凤舞。钟鼓楼为单檐歇山顶,左右对峙,稳重挺拔。大中殿为重檐歇山顶。后殿为悬山顶。柱础雕刻精美,造型千姿百态。院内两对石狮,姿态威武,栩栩如生。南阳地区社旗镇的山陕会馆,占地5467平方米,前为东西辕门、琉璃照壁、铁旗杆、东西马厩,进里为悬鉴楼、东西廊房,三进为大拜殿、药王殿、马王殿,最后为春秋楼。四组建筑主体均在一条中轴线上,布局严整,庄严肃穆。大楼殿檐下有刻着《西游记》《封神榜》故事内容的木雕。该馆在修建过程中,曾"运巨石于楚北,访名匠于天下"。[643]苏州

河南社旗山西会馆瓷雕

的全晋会馆,始建于清乾隆四十一年(1776),进入前厅两侧各有一座专为迎客奏乐而建的亭阁式吹鼓楼,楼内各塑六尊吹鼓手,各持乐器,似有阵阵鼓乐从楼中飘出回荡。明式戏台是会馆建筑精华所在,戏台高出地面2米许,三面临空,飞檐高翘。戏台顶部采用半球形内旋式穹窿顶,在米红色的底壁上有324只黑色蝙蝠和306颗金黄色云头,由下向上斜行在列,相依相绕18圈,最终汇集到顶部的紫铜镜上。其建筑不仅十分精美,并运用声学原理,起到了聚音作用。[644]

山西商人的民居建筑也是另有特色,比较集中地体现了我国北方民居建筑的独特风格。如祁县乔氏大院,占地面积8724平方米,建筑面积3870平方米,共6个大院,内含20个小院,313间房屋。大院四周为全封闭式砖墙,高3丈余,上有女墙和城墙垛口,更楼、眺阁分布于大院房顶之南,是一座城堡式建筑。乔家大院始建于清乾隆年间,又经同治、光绪和民国年间扩建增修。全院设计精巧,既有整体美感,局部建筑又各具特色。从院的形式看:有四合院、穿心院、偏正套院、角道院、跨院、院内园;从屋顶造型看:有悬山顶、硬山顶、歇山顶、卷棚顶及平房顶等;从门的结构看:有一斗三升十一踩双翘仪门、荒廊半出檐门、硬山半檐砖砌门、石雕侧跨门等;从窗的格式看:有仿明酸枝棂丹窗、通天隔扇菱花窗、栅条窗、雕花窗、大格窗及双启型和悬启型、侧式排启型多种,形式各异,变化多端。从屋顶上统观全院,高低、平凸、垂孤、上翘、有脊、无脊,使人眼花缭乱。尤其檐头廊板的绘制工艺及巧夺天工的木雕刻艺术,精美绝伦。每个雕刻品都有民俗寓意,诸如天官赐福、三星高照、和合二仙、招财进宝、麒麟送子等。总计全院木雕艺术品有300余件。砖雕工艺,俯仰可见,如房顶有脊雕,女墙有扶栏雕等。除了建筑艺术外,建筑物讲科学,也是一大特色。如房顶上的烟囱状物,实际上有的是排气孔。为使室内空气产生对流,后墙上部有孔通屋顶,夏季排热气,冬季防煤气。此类设计,别处建筑极为少见。[645]

祁县城内渠氏大院是可与乔家大院相媲美的又一民居建筑。渠氏是晋中大富商,渠氏大院始于清乾隆年间,占地4600平方米,建筑面积2814平方米。整个院落内东西一条轴线,南北两条轴线,将187间房屋分为18个四合院。每个四合院自成体系,而各院之间又互相连接,形成院套院、门连门的美妙格局。大院外观为城堡式,墙高10余米,墙头有垛口式女墙。第一个院为石雕栏杆院,工艺精湛的石雕鱼虫花鸟无不栩栩如生。大院右侧为五进式穿堂院。主院

为三进式牌楼院，主院前为戏台院。当年渠家曾不惜重金，在此组班唱戏，终日笙歌悦耳，热闹非凡。惜此戏台院后毁于战乱。主院西侧的青砖甬道，将南北6个院一分为二，北面为两个统楼院，南面为四个相通的四合院。整座院落，青石奠基，水磨青砖砌墙。全院9座楼阁，雕梁画栋，各具特色。院中"云壁仙景、彩云博风、绝代三雕、五进探幽"等，均为著名景点。院内砖雕石刻，丰富多彩，如一枝千蔓、二龙戏珠、三星高照、四虎相抢等。整个建筑精湛高雅，富丽堂皇。[646]

太谷曹家大院位于该县北洸村东北角，距今已有200余年的历史，建筑和规模相当可观。曹家大院原由"福、禄、寿、喜"四座院落组成，现存"寿"字院系曹家"三多堂"所有，"三多"意为"多子、多福、多寿"。"寿"字院占地6500平方米，宅院分南北两部分，东西并排三个穿堂两进式大院，内套15个小院，共有房舍276间，三个穿堂大院的堂房连在一起，高近20米，巨型石条作基，青砖为墙，拔地而起，蔚为壮观。楼顶部建有三座并排亭榭，在亭中凭栏远眺，方圆十数里尽收眼底。[647]

榆次车辋富商常氏住宅，从康熙年间始建，经过不断增筑扩建，到光绪年间常氏住宅在车辋村整整占了南北、东西两条大街。沿着这两条街，常家的深宅大院，鳞次栉比，亭台楼阁，相映成辉。常家大院占地约13万平方米，房屋1500余间，仅楼房就有40余座。时有"乔家一个院，常家两条街"之说。常氏宅第当年的建筑规模，相当于祁县乔家大院的5倍以上。从常家大院的布局上看：主体建筑雄浑方正，每个正院均分内外两进，外院一律临街，南房倒座，大门侧东洞开，内有东西厢房各五间，正北则有一处倒座南房，正中设垂花门，里院则呈长方形，为外院一倍，上房与南房相对称，东西各有厢房间数不等。常家大院的特点主要表现在三个方面：一是每所方正院落的里院正中都建有木结构牌楼，飞檐斗，小巧玲珑，牌楼两边又各有一截砖雕花墙，宛如嵌宝石的扎带，使庭院增添了不少南国园林秀色。二是院落之间和院落后边，大多建有花园、果园、菜园，并与正院相通，回廊、甬道、草亭点缀其间，犹如南方园林。[648]三是各个院落中砖雕、木雕、石雕到处可见，使宅第建筑到处浸透着秀美、绮丽。特别是客房的"暖气"装置，是在地面下边生火炉，保证了屋内冬季温暖如春，客人住此会感受到主人待客之温暖，这一建筑可谓独具匠心。

常家宅院一条街

常家宅院之花园

山西襄汾县丁村有40多座院落，房屋300多间，均为明清民居建筑。丁村人从明代开始经商，清代也以经商为主业。丁村人经商致富后，兴建民居住宅，形成了今日之丁村明清民居住宅建筑群。其建筑有明代住宅6所，房屋83间；清前期住宅15所，房屋272间；其余为清末建筑或年代不详者。其住宅建筑物有正厅、腰厅、厢房、绣

楼、牌楼、门楼、观景楼等。整个建筑结构严谨,布局合理。建筑材料一般为木框架结构,墙为砖结构。屋顶有悬山式和硬山式,单檐式和重檐式。大体上明代住宅建筑比较朴实大方,木料多粗壮,雕刻花纹简素。清代住宅建筑较华丽,斗拱、画板、门楣、栏楹雕饰十分精巧,其内容有人物雕、浮雕、透雕。雕刻多是神话故事、民间社火,如司马光砸缸、放风筝、耍狮子、跑驴、二十四孝、岳母刺字等。[649]

版画蒲剧《黄鹤楼》

晋商对山西梆子戏的发展也有着一定影响。元末明初,正是北杂剧衰落,昆曲开始盛行之时,而在山陕豫交界三角地带的民间艺人,则将民歌小曲演唱故事逐渐搬上了舞台,初称"土戏",又因演唱时用梆子这种打击乐伴奏,故又称"梆子腔"。清人朱维鱼《河汾旅话》称:"村社演戏曰梆子,词极鄙俚,事多诬捏,盛行于山陕,俗传东坡所倡,亦称秦腔。"[650]乾隆以后,梆子戏已占领山陕豫戏曲舞台。而且,在山西商人的支持下,梆子戏发展很快,深入到了城镇乡村各个角落,如山西太谷县任村多富商,经常请戏班演出。该村富商贾氏,在其宗庙"至诚宫"每年至少演九台祭祀戏,以至乡间有"要看好戏到任村,任村有个至诚宫"之说。同时,"商路即戏路"。明清山西商人"致富皆在千里或万里之外",他们因远离家乡,便经常不惜重金邀请家乡戏班到他们驻外埠商

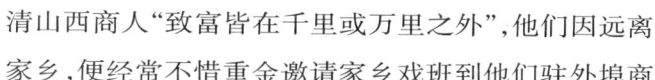

晋剧《挂图》

第九章 明清晋商的历史作用与地位

283

号、票号的所在地演出。在山西商人聚集的商业重镇大多有山西会馆，而会馆内多筑有戏台，于是逢年过节或每月初一、十五，同乡欢聚一堂，祭神祀祖，聚餐演戏。同治、光绪年间，北京的"梆子班亦极一时之盛，而以义顺和、宝顺和两班为最著名"。[651]义顺和、宝顺和的主要演员多为山西名伶，如三盏灯、水上漂、盖天红等。在北京甚至有"三盏灯进了京，买卖人发了疯"之说。天津是清末民初北方最大的商业城，山西商人多在天津设号，山西梆子班社及名伶来京必到津演出。上海为迎合山西商人观看家乡戏的需要，在宝善街"丹桂茶园"经常有梆子戏演出，以供山西客商娱乐消遣。群仙茶园、大观园等戏院也经常上演梆子戏，以满足晋商之需。山西名伶十三旦、水小漂、人参娃、自来红等，曾多次应邀到上海演出。张家口是内地与蒙俄通商枢纽，这里山西商人尤多，所以山西梆子在张家口尤受欢迎。随着山西商人深入到多伦诺尔、归化、库伦等地经商，山西梆子也很快风靡上述各地。四川、云贵也有不少山西商人，川剧的"弹腔"、云贵的梆子戏，很可能与山西商人把山西梆子引进该地有关。甘肃、宁夏、青海的山西商人也不少，所以这些地方也流行梆子戏。有人说，凡是有山西商人活动的地方，就有梆子戏的演出。此话反映了梆子戏的发展与晋商的密切关系。另外，各戏班为了满足山西商人的需要，在剧目内容上也多演出与商人有关的剧目。如《七件

清徐铁棍

衣》、《八件衣》、《珍珠衫》、《管鲍分金》、《纨袴镜》等。这些剧目反映了商人生活的不幸,揭露了封建官吏对商人的迫害欺压,能在商人中引起共鸣,颇受商人欢迎。山西商帮除了邀请戏班演出外,他们还出资举办梆子戏班。咸丰年间,祁县富商渠氏办有三庆戏班。咸丰十年(1860)前后,榆次聂店富商王钺办有"四喜戏班"。同治年间,祁县金财主渠源淦办有上下聚梨园戏班。光绪元年(1875),榆次富商崔玉峰办有"二保和娃娃班"。光绪六年(1880),太谷富商孙氏借银2000两给戏迷杨成斋,由杨出面办起了锦霓园戏班。由上可见,因为山西商人的喜好,及他们在经济上的支持,山西梆子得以获得较快发展,并成为影响较大的一个梆子声腔剧种。[652]

山西商人对于饮食文化的发展也起到了积极的推动作用。晋商家宴红白喜事,比较讲排场,一般家宴"八碗八碟",有的富商增加"三台",即在"八碗八碟"之外又增加了点心、水果、三炒、三烩等124种食品。这124种食品分为三台,分别由鸡、鸭、猪仔各统帅一台,故为三台。遇有重要人物光临,还要吃"官席"。其饭菜质量不仅档次高,碟盘摆放也有讲究,每桌菜品须摆成吉祥字形,还要适合坐席者身份。关于晋商商号之饮食,大体可分两类:一类是商号内部日常用饭,另一类是商号待客用饭。商号内部饭食不付伙食费,但有大中小灶之分。经理吃小灶,伙计、学徒吃中灶、大灶。就大灶伙食标准,也高于当地中等人家水平。晋商做生意待客之饭,十分讲究。清人刘大鹏在《退想斋日记》中说:"此间生意奢华太甚,凡诸客商名曰便饭,其实山珍海味,巨鳖鲜鱼,诸美味也。习俗使然,并无以为非者。"山西原本是面食之乡,在明清晋商的推动下,山西面食有了大发展。如在面食制作上,逐渐形成擀、推、拉、剔、拨、削、压、捏、搓、揿、折、滚、蘸、剪、切、押、拖、戳、铲、转、捏、煮、蒸、摊、炒、炸等多种方法。据不完全统计,面食成品中有煮制品70多种、煎制品15种、蒸制品120多种、烤制品20多种、烙制品30多种、焖炒类55种、汤饭类20多种,共计300多种,可谓多姿多彩,十分丰盛。

此外,山西商帮对古籍图书文物收藏也很重视。如山西祁县图书馆现存古籍图书5万余册,其中善本图书3万余册,主要来自山西商人私家藏书。祁县文管所收藏文物4100余件,其中古字画1000多件,也主要来自山西商界。

六、引起了社会风尚的变化

俗话说:"相嘘成风,相沿成俗。"民风是社会政治、经济、文化的反映。明代山西共辖 5 府 3 直隶州,16 府属州 78 县。明初 5 府 3 直隶州的民风基本状况是:

地　名	民　风	资料来源
太原府	其风勤俭,不好词讼。	嘉靖《太原府志》卷 9 引《一统志》
平阳府	君子忧深思,远小人,俭啬耳。甘辛苦,薄滋味,勤于耕织,服劳商贾……绛人……尚多勇敢,蒲解邻秦,其人乃有秦风。隰吉居山,其人多质朴、霍人与平阳颇类。	成化《山西通志》卷 2
汾州府	其民重厚、知义、尚信、好文。	光绪《山西通志》卷 99 引《明一统志》
潞安府	民多俭质而力农,士尚气节而务学。	同上
大同府	俗尚武艺,风声气息,自昔而然。	同上
泽　州	性质气豪,力勤耕种,悖而好义,俭而用礼。	同上
辽　州	其民信实纯厚,其俗则悍,朴直。	同上
沁　州	专力农耕,少事商贾。	同上

至于上述府州所辖 94 个州县之民风特点,据文献反映其中 13.8%即 13 个州县属民风刚劲直鲁州县,55.3%即 52 个州县属民风淳朴州县,78.7%即 74 个州县属尽力耕织州县,76.6%即 72 州县属民风勤俭州县,21.2%即 16 个州县属崇尚儒教文学州县,17%即 16 个州县属知礼讲义州县,13.8%即 13 个州县属少文学州县,12.7%即 12 个州县属不通商贾和少商州县,仅有 4%即 4 个州县属通商贾州县。一个州县常有几种特征。显然,明初的山西是一个男耕女织,自然经济结构比较典型的社会。

但是,随着开中法的实施,山西商人的兴起,商品经济的发展,山西民风从明中叶始逐渐发生变化,特别是交通比较发达的汾河、涑水流域的府州重镇,民风变化比较大。请看下表:

地　名	民　风	资料来源
太原府	省会男子不务蓄积,数金之家尽炫耀服饰之间,妇人尽白髻而妖服,不蚕不织……遇庙会则男妇并肩而骈集……而竞装宴会,而崇侈,物力耗矣。	崇祯《山西通志》卷29
榆次县	嘉隆以来,士风险薄,民俗奢侈。	万历《榆次县志》卷1
太谷县	尚气好讼,斗丽夸多。	崇祯《山西通志》卷29
文水县	士膏气秀而丰于财,性悍情乘而喜于讼。	同上
代　州	然而遂世变……淳朴散而浮靡渐兴。	万历《代州志》
平阳府	平阳为富饶……独蒲坂一州富庶尤甚,商贾争趋。	张瀚《松窗梦语》
太平县	信鬼神,喜祭赛,婚论财礼,丧用浮奢。	崇祯《山西通志》卷29
翼城县	近颇奢靡。	同上
临晋县	近好讼,婚姻论财。	同上
蒲　州	其挟轻资、牵车牛、走四方者十而九,商之利倍农……羡者必美室庐,鲜裘马,以耀间党之人。	张四维《条麓堂集》卷21
安邑县	邑近盐池,颇趋盐利。	崇祯《山西通志》卷29
绛　州	好蓄积,近入于奢。	同上
荣河县	健讼者宁亡身丧家,事神者甘鬻产枵腹。	嘉靖《荣河县志》
解　州	游惰好讼,婚娶论财。	崇祯《山西通志》卷29
霍　州	好置产业。	同上
曲沃县	土狭人满,每携资走四方,所至多流寓其间,虽海澨山陬,皆有邑人。	光绪《山西通志》卷98引《沃史》
汾州府	惟是宗室繁衍,渐流怙侈,民间效尤,竞务奢靡……民率逐于末作,趋利如鹜。	万历《汾州府志》卷2
介休县	隆于祀先,虽费而不惜。	崇祯《山西通志》卷29
平遥县	婚丧大奢。	万历《汾州府志》卷2
大同府	商旅辐辏,以浮靡相炫耀。	崇祯《山西通志》卷29
山阴县	奸伪丛生,则侈心一开,渐就奢靡。	崇祯《山阴县志》卷2
泽　州	风气渐娆,人心滋巧。	崇祯《山西通志》卷29
潞安府	奢靡其习染也……商贾家亦雕龙绣拱,玉勒金鞍,埒王公矣;妇女则珠络翠翘,飞纡岙绡,几后妃之饰。	万历《潞安府志》卷9

以上发生民风变化的府州县有23个,占全省府州县的1/4。上述民风发生变化的内容,从表象上看大多是奢靡、好讼、斗丽、论财等,实质上反映了由于山西商人致富后,带来了要求打破旧有的等级限制,而追求与士人同等对待的欲望。明万历年间曾任山西巡抚的吕坤在其《实政录》中道出了这种民风变化的实质内容。吕坤说:"织金妆花,本王府仕宦人家品服以别贵贱。今商贾工农之家一概穿着,已为僭分。又有混戴珠冠及金银,发髻围花,通袖刻丝,捻纱挑袖,袖口领缘等。"[653]因此万历年间曾任阳曲县知县的周永春曾组织文人编撰《复古指南》,企图恢复旧的礼教和等级。但是"落花流水东去也",随着社会商品经济的发展,社会风尚的变化已不可逆转,"商贾之家亦雕龙绣拱,玉勒金鞍,埒王公矣;妇女则珠络翠翘,飞纡峦绡,几后妃之饰矣"。[654]旧的封建等级、礼教已经受到了严重冲击。

入清以后,山西经商者越来越多,对社会风气带来了较大的变化。请看以下部分州县的县志记载:

地 名	民　　风	资料来源
太谷县	耕种之外,咸善谋生,跋涉数千里率以为常。	民国《太谷县志》卷3。
榆次县	县人……服贾者十之中四。	同治《榆次县志》卷7
清源县	牵车服贾,贸易远方者,恒多焉。	光绪《清源乡土志》卷10
高平县	四效:东务农、西服贾。	雍正《泽州府志》卷11
曲沃县	服贾而走四方者,踵相接焉。	乾隆《新修曲沃县》卷23
介休县	重迁徒服贾。	乾隆《介休县志》卷4
大同县	邑民之为商者亦不少。	道光《大同县志》卷8
沁水县	男多商贾。	光绪《沁水县志》卷4
绛 州	多贸易。	光绪《直隶绛州志》卷2
五台县	台民亦贸迁远方……则风气之变,亦已久矣。	光绪《五台新志》卷2
平定州	他若贾易于燕赵齐鲁间者几十之五。	光绪《平定州志·风土》
寿阳县	而贸易于燕南塞北者亦居其半。	光绪《寿阳县志》卷10
洪洞县	服劳商贾。	民国《洪洞县志》卷9
襄垣县	商业远游外省或住居各大商埠。	民国《襄垣县志》卷2
定襄县	多商贾。	康熙《定襄县志》卷2
阳曲县	民居栉比,铺业鳞排。	道光《阳曲县志》卷2
浮山县	道路以通,商贾以兴,往来糊口于齐鲁燕赵宋卫中山间者十之五六,人民渐有起色。	民国《浮山县志》卷32

续表

地　名	民　风	资料来源
宁武府	自雍正中西北用兵,百姓贸迁货物与挟一技以往者多饱囊归。	乾隆《宁武府志》卷9
安邑县	物近卤之区,颇趋盐利。	乾隆《解州安邑县志》卷2
河津县	今县商贾盈途,渐趋繁华。	光绪《河津县志》卷2
蒲　州	尤尚商贾。	康熙《蒲州志》卷3
怀仁县	邑民之为商者亦不少。	光绪《怀仁县志》卷4
绛　州	多贸易……抱布贸易殆无虚时。	光绪《直隶绛州志》卷2
灵石县	近时,远服贾者正复。	嘉庆《灵石县志》卷3
汾阳县	闾阎生计得之田者十三,得之贸易者十七。	顺治《汾阳县志》卷2
芮　城	营商于外者甚多。	民国《芮城县志》卷5
沁　源	业商者较前多矣。	民国《沁源县志》卷2
盂　县	往往服贾于远方,虽数千里不辞。	光绪《盂县志》卷6

随着山西人经商风气的盛行,传统的"士农工商"职业排序观念在山西发生了变化,人们把商业排在了各业之首。如雍正二年(1724)山西学政刘於义奏称:"山右积习,重利之念,甚于重名。子弟之俊秀者,多入贸易一途,其次宁为胥吏,至中材以下,方使之读书应试。"[655]雍正皇帝朱批道:"山右大约商贾居首,其次者犹肯力农,再次者谋入营伍,最下者方令读书。"[656]这种观念和风气一直延续到清末。清末人刘大鹏说:"近来吾乡(太谷县)风气大坏,视读书甚轻,视商业为甚重,才华秀美之子弟,率皆出门为商,而读书者寥寥无几,甚且有既游痒序竟弃儒就商者。亦谓读书之士,多受饥寒,曷若为商之多得银钱,俾家道之丰裕也。"[657]有一些民谣也反映了当时山西人的观念和风气:"有儿开商店,强如做知县";"良田万顷,不抵日进分文";"要想富,庄稼带店铺";"买卖兴隆把钱赚,给个县官也不换"。在这种情况下,曾经出现应考之童不敷额数的现象。刘大鹏说:"当此之时,凡有子弟者,不令读书,往往俾学商贾,谓读书而多困穷,不若商贾之能致富也。是以应考之童不敷额数之县,晋省居多,他省不知也。"[658]这是山西人重商带来的一个社会现象。另一方面,山西人仍有重学一面,但他们是以学保商,"学而优则商"。如榆次车辋富商常氏,他们尊师重教和为子弟提供优越的学习条件,目的并不是"学而优则仕",而是为常氏经商活动培养人才。九世常万玘、常万达兄弟在就学时,学习成绩优良,但学成之后未

去参加科考,而是随父亲常威到张家口经商。由于常氏兄弟有文化,经商多谋略,后来常万玘创立"十大德"商号,常万达创立"十大玉"商号,成为晋商中的一支劲旅。他俩的堂兄弟常万育,读书时"用力甚勤,人皆许其能远,母独命学陶朱术",他经商20年,很有成就。即使已取得功名的常氏子弟,仍以经商为荣。十二世常麒麟,已选拔贡,可赴京入国子监,但他弃儒为商。十三世常维丰,少年就学时,词章粹美,但他考入国子监后,仍然弃儒经商。常立训考中秀才后,又选为廪贡生,却认为经商才可"立身",而弃儒经商了。常氏子弟恪守"吾家世资商业为生计"的祖训。坚持以学保商,对商业的发展起了积极作用。总的来看,晋人虽重商,但也不是不重学,他们是商学结合,学中有商,商中有学。因而商人中不乏有学问之士,就连举人出身、任教20余年、自命不凡的刘大鹏也承认:"余于近日(在)晋接(触)周旋了几个商人,胜余十倍,如所谓鱼盐中有大隐,货殖内有高贤,信非虚也。自今以后,愈不敢轻视天下人矣。"[659]

此外,在山西人经商风气的影响下,外省一些地方也出现了经商之风。如河南涉县以"(山)西人善贾,涉民慕之,远出逐什一之利,苏杭关东无不至"。[660]

七、推动了近代工业的产生

中国的近代工业最初产生

保晋公司铁厂

在东南沿海地区,大约在19世纪50年代。山西近代工业的产生又比我国东南沿海地区晚了半个世纪。由于山西地处内陆,风气未开,近代工业所需的资本、生产、劳动力市场、商品市场尚不具备,以致近代工业姗姗来迟。尽管如此,山西商人对于山西近代工业的产生还是做出了一定的贡献。

山西最早的民族资本近代工业是由山西富商渠本翘所创办。光绪十八年(1892),时任山西布政使的胡聘之开办火柴局,开创了山西近代工业的先河。这个火柴局地址在太原三桥街,是官办性质。由于产品质量不高,社会上对火柴的使用不习惯,故火柴局经营状况很不好。光绪二十五年(1899)八月,胡聘之因矿案去职,火柴局已不能维持,改由山西商务局接管,但经营仍然不佳。光绪二十九年(1903),山西祁县富商渠本翘以5000银两作价接管,渠又拉同乡乔雨亭入伙,更名为双福火柴公司,从此官办工业转为民族资本工业。渠、乔从日本购回排杆机等设备,使火柴生产能力大增,营业日益

保晋公司经理崔廷献像

见好。1914年欧洲大战爆发,帝国主义无暇东顾,中国的民族资本主义工业获得了暂时发展的机会,双福火柴公司也得以较快发展。这期间公司盈利颇丰,公司资产总值达20万银元,渠、乔分红利40万银元。在双福火柴公司的影响下,山西很快出现了一个开办近代火柴业的高潮。1915年闻喜县商人段连岭等集资创办荣昌火柴公司,

1916年平遥县赵鸿谟等集资创办金井火柴公司,1924年平遥富商冀全义等集资创办昆仑火柴公司,时人称此时为山西火柴工业的黄金时代。

山西煤炭资源丰富,山西商人对于保护煤炭资源和开办近代采煤企业也做出了很大的贡献。山西丰富的煤炭资源,早为资本主义国家所垂涎。光绪二十三年(1897),腐败无能的清朝当局竟将山西盂县、潞安(长治)、泽州(晋城)、平定、平阳(临汾)五处煤铁采矿权出卖给了英国福公司。对于资本主义国家的侵略和清政府的腐败卖国行径,山西人民十分愤慨。光绪三十一年(1905),当英商在平定勘测和霸占矿地时,终于爆发了山西人民的争回矿权运动。山西商人积极参加了这一运动,祁县富商渠本翘为了从英商手中赎回矿权,亲自出面向山西各票号借银137.5万两作为首付赎矿银,从英商手中赎回了矿权,使前后达10年之久的山西人民争回矿权斗争取得了最后胜利。与此同时,山西商人、士绅于光绪三十三年(1907)组织了保晋矿务有限公司,推举渠本翘担任了公司首任总经理。公司成立后,山西各票号踊跃认股,据称有20万股。下面是部分票号向保晋公司投资情况表[661]:

票 号	帮 别	入股数	投资银(两)
蔚泰厚	平 遥	600	3000
百川通	平 遥	600	3000
天成亨	平 遥	600	3000
日升昌	平 遥	600	3000
蔚长厚	平 遥	600	3000
蔚丰厚	平 遥	600	3000
新泰厚	平 遥	600	3000
宝丰隆	平 遥	600	3000
平帮票号	平 遥	1200	6000
大德通	祁 县	600	3000
大德恒	祁 县	600	3000
三晋源	祁 县	600	3000
存义公	祁 县	600	3000
大盛川	祁 县	600	3000
合盛元	祁 县	600	3000
世义信	祁 县	600	3000
中兴和	祁 县	300	1500
合 计		10500	52500

山西保晋矿务有限公司是山西开办最早、规模最大的民营采煤企业，对后世采煤企业的发展产生了深远的影响。

山西最早的电灯公司，是由襄汾县商人兼地主刘笃敬于宣统元年（1909）创办。山西商人还投资近代铁路建设。如山西同蒲铁路奏准商办后，光绪三十四年（1908）公举刘笃敬总理铁路建设事务，由票号各商认股60万两，其他山西各商认股40万两。后来，同蒲铁路建设克服重重困难，终于在1933年建成，成为山西南北交通一大动脉。

山西商帮在其他省也有过不少投资生产或支持近代企业开办的活动。如明代曾有晋商韩公先是贩运、收购松江棉布，后发展到自己投资开设工场，召募染人，从事加工染色。[662]乾隆四十九年（1784），新疆古城北瑚图斯地方，有山西商人刘通聚集千数人在该地私开金厂。[663]乾隆五十一年（1786），山西榆次商民郭君玺曾在顺天府与人伙开三合硝煤窑。[664]乾隆五十四年（1789），山西商人王延辉曾在延庆府属黄土梁地方开采铅斤。[665]清末，山西蔚盛长票号曾在河南道口对印刷厂和南阳桑场发放贷款：道口的某集股印刷厂贷银4万两，南阳李青店桑场贷银9000余两。[666]在营口，山西票号放款广东南海人叶雨田开设的机器榨油坊。叶氏另有驳船搞运输，运销广州、香港，并在广州建有卸货码头和散油仓，谓"恰昌货轮"。叶氏是位拥有百万资产集运输、油坊业的早期民族工商业者。而叶氏的企业一直得到山西票号的支持，仅光绪三十三年（1907），山西票号放款叶氏有200多万银两，几占其全部营运资本的1/3。

第二节
明清晋商与其他商人的比较

明清时期随着社会商品经济的发展，山西商帮与徽商、陕西商、宁波商、山东商、广东商、福建商、洞庭商、江右商、龙游商在商界最为活跃，被人誉为"中国十大商帮"。下面我们先将山西商帮与另外九个商帮作一比较。

一、在明清社会商品经济发展的前提下,在特定的历史环境与地理条件下兴起和发展,是十大商帮的共同点,但山西商帮又具有活跃时间长、活动地域广的特点

明清徽商发祥地徽州府地处皖南丛山峻岭中,皖、浙、赣三省交界处,地少人多,物产丰富,水路便捷,利用明中叶东南城镇兴起和开中折色制的实施之机,徽商应运而起,后发展为与晋商相匹敌之大商帮。陕西商人与晋商所处地理环境相类似,同样兴起于开中法实施之初,山、陕商经常在各地联合建会馆,故有时人们把山陕商统称西商。山东人多地少,灾荒频仍,但水陆交通发达,故人多弃本逐末。江西人口繁众,物产丰富,又有运河、长江、赣江水路之便,但赋役繁重,致使人口大量外流,散布在各地的江西人发展成为江右商帮。广东两面皆海,明中叶后广州又是中国对外贸易的最大的和唯一的通商口岸,于是广东商帮得以乘天时、地利而大盛。福建东临大海,由于明政府推行禁海政策,故福建商人以亦盗亦商的形式活跃于东海。宁波地处东海之滨,以从事海外贸易兴起,但由于明政府推行禁海政策,宁波商帮活动区域转向内地,在京津地区和长江中下游的重镇具有相当势力。洞庭商帮以太湖洞庭东山和西山籍而得名,东西山分峙太湖东南部,气候宜人,物产丰富,水路发达,水运成本低廉,为洞庭商人的兴盛提供了有利条件。他们以善于经营闻名全国,人称"钻天洞庭"。龙游商帮是指浙江衢州府属西安、常山、开化、江山、龙游五县商人,其中以龙游商人最多,经商手段最高明,故人称龙游商。这个地区位处浙闽皖赣四省要冲,山区物产有竹笋纸、甘蔗、木材、茶等,但耕田少,居民为了生计而大量外出经商,逐渐成为一大地方商帮。晋商帮与上述九个商帮一样,在特定历史环境与地理条件下兴起,明中叶开中纳粮改为折色制后,走向全国市场。入清后,随着全国统一局面的形成,活动区域遍及国内各地,进而北上俄国,东渡日本,活跃商界5个多世纪,是为各商帮所不及,可谓山西商帮的一个特点。

二、经营项目广泛为十大商帮之共同点,但晋商首创票号,活跃于金融界,此为山西商帮又一特点

明清十大商帮均广泛经营各种商业项目,如盐业以晋商、徽商、陕商最著名;绸布业有晋商、徽商、陕商、宁波商等;茶业有晋商、徽商、陕商、江右商、宁波商、广东商等;烟业有晋商、徽商、宁波商、龙游商等;粮食业有晋商、徽商、宁

波商、广东商、江右商等；棉花业有晋商、陕商、徽商、山东商等；木材业有晋商、徽商、陕商、江右商、龙游商等；典当业有晋商、徽商、陕商等。但是，清中后期出现的票号业为晋商首创，其票号遍布全国各商埠，又设分庄于朝鲜、日本等国，并一度执全国金融界之牛耳，可谓山西商帮之又一特点。

三、讲信誉、讲义利、重信息为十大商帮之共同点，但晋商又注意同业交往的"慎待相与"，可谓山西商帮在经营作风上的一个特点

明清十大商帮在商业经营中十分重视信誉、义利及信息，这也是他们的成功之道。如徽商在营销活动中"以诚待人"、"以信接物"、"以义为利"；洞庭商人"喜观万货之情"、"能变以因时"、"礼貌待客"；江右商人重视市场信息和商业信誉等。晋商在经商作风上除上述几方面外，又十分重视同业交往中"慎待相与"。所谓"相与"，就是与本商号、票号交往共事之单位（商号、钱庄等）。如前所述，晋商对"相与"单位，都要经过详细了解后，认为有信誉和资力者，才与之有银钱交往。否则，均婉言谢绝。但是，凡已经建立"相与"之单位，均予以信任并竭力维持关系，即使无利可图，也不随意断绝往来。万一对方倒闭，所欠之债即使成了呆账，也多听之任之，权当教训。如祁县乔氏在包头开办的复字商号，其"相与"的双盛公、双盛茂商号欠银 6 万两，无力偿还，后来只是双盛公、双盛茂商号财东杨老五给复字号财东乔映霞磕了一个头便了事。又有"相与"的二宝庆商号欠乔氏复盛西号银 8000 两，一分未还，也算了事。还有"相与"的广义恒绒毛店欠祁县财东乔氏商号 5 万元，仅以值数千元房地产抵偿了事。[667]晋商所以如此对待"相与"者，其缘故有二：一是晋商认为商号之间有银钱业务往来，乃是正常活动，难免有意外亏欠现象，切不可动辄打官司，否则以后往来户越来越少；二是晋商认为天下衙门向南开，有理无钱莫进来，打官司要银子，宁肯便宜让给商人，也不愿填衙门这个无底洞。这样，"相与"的商号业务一旦翻身，自然不会忘记本商号厚待之处。况且晋人商号林立，如果是骗子，骗了一次无二次，骗了这家骗不了另一家。除非你这个商号不在市面上了，否则总要与我商号交往。正因如此，晋商商号在市面上威望很高，其他商号均以与晋商商号"相与"为荣。而且一旦出现欠银，也必先偿还所"相与"的晋商商号，以便取信，今后继续"相与"。上述慎待"相与"和诚恳对待"相与"，可谓山西商帮的又一特点。

四、以乡谊结帮经商是十大商帮的共同点，但晋商在结帮用人上另有独到之处，尤其是伙计制、股俸制的创设，推动了商业的发展，可谓山西商帮的又一特点

十大商帮多以乡谊结帮经商。如宁波商约于明末开始结帮，其在京的鄞县会馆有着叙"桑梓之谊"的作用。广东商帮往往由本乡宗族势力结合在一起，如佛山的冼、霍、李、陈等望族，他们既是本宗族的族绅、族长，又是广东商界的头面人物，他们经常通过宗族来干预商业经营。徽州商人的乡党宗族势力结合尤为紧密，徽商借助宗族势力把持某地或某一行业的贸易，他们借助宗族势力进行贸易竞争，其对市场需求的判断和预测，很多是依靠在各地经商的族人所提供。如绩溪商人章必泰，"隐于贾，往来吴越间"，"尝因收访族谱，遇福建蒲城宗人名汉于吴门，道及南峰宗祐重建事，于是相与刊发知单，遍告四方诸族"。徽商还借助宗法制度，控制从商伙计。徽商中店伙、雇工一般均由族人乡党或佃仆充当。徽商还很重视尊祖敬宗，其目的在于发挥家族作用，即以宗子的身份来管理约束族众，以血缘亲疏尊卑关系来维护等级制度。徽商甚至在其经商地建宗祠。其商业伙计皆为族人，借助宗法控制商业伙计，徽商最为突出。晋帮同样是以乡谊结帮，但宗族关系较徽商松弛。如晋商规定商号不准用三爷（商号负责人的少爷、姑爷和舅爷），学徒、伙计尽管是乡党，但仍需有亲友介绍，有保人，面试合格才能入号，入号后要接受培训。明代晋商以行义为本所创行的伙计制，其组织和规模皆为历史上前所未有。入清后，山西商帮又创行股俸制，特别是人身顶股制的创行，开历史之先河，其制颇有实用价值。因此，晋商在乡党结帮的基础上，采用伙计制，人身顶股制，严格用人制度，可谓晋商又一特点。

五、贾而好儒，培养子弟科举成名，步入仕途，抬高社会地位，是明清十大商帮的共同愿望，但山西商帮又有学而优则商的特点

贾而好儒，培养子弟走科举仕宦之路，是十大商帮的共同点，他们经商致富后，大多聘名师，办私塾，培养其子弟参加科举考试。如两淮科考中，商籍入考人数大大超过土著。据《两淮盐法志》卷49《科举志》统计：

明代两淮科考中，进士共137名，其中歙人70名，陕西30名，山西6名，土著31名；举人共286名，其中歙人162名，陕西42名，山西9名，土著73

名;贡生共88名,其中歙人3名,陕西3名,山西1名,土著81名。

由此可知,明代两淮科考中经商家庭出身的徽、陕、晋籍进士106名,占总数的77%,举人214名,占总数的74%。贡生人数少,仅7名,占总数的8%。晋商还在山西运城办有盐商子弟学校,称之为运学。清雍正时从运学"岁试取文武生各二十名,科试取进文生二十名,廪、增各四十名"。明代晋商王文显之父一直视儒为上,当文显经商致富后,他仍然不快,甚至要分家,让文显出去另住。当文显弟王珂举于乡时,他才高兴起来,说道:"兄商而利,弟仕而名,乃吾今何憾矣!"[668]代州人杨近泉,虽为两淮盐商,"独喜与士子游",当其子杨恂举于乡时,杨近泉喜曰:"夫我乃不以儒显,儿子以儒显矣,尚何事贾!"即日弃资斧北还,与乡老结社觞咏为欢。[669]阳曲贾人张承志"喜读书,遇古人忠孝事,辄笔以授子"。[670]蒲州人薛英贤"鬻烟纸于市,夜辄苦读"。[671]永济王鲲,"父贾于外,鲲方学",后从父习营运以分劳苦,乃令其弟"煜专力于读"。[672]这些都反映了晋商贾而好儒、业儒或培养子弟学儒是为了做官的一面。但是晋商又有重利甚于重名的一面。他们甚至让最优秀的子弟去经商,以致有清一代,山西无一文状元,但却有武状元5人。据统计,清代共有文状元114人,其中:江苏最多,有49人;浙江次之,有20人;安徽居三,有9人。所以,尽管晋商与徽商等同为十大商帮,但晋帮商人有学而优则商,以学保商的一面,可谓其又一特点。

关于明清山西商帮在商业史上的地位,我们先将明清山西商帮与国际上著名的犹太商人、威尼斯商人、荷兰商人做个比较。

犹太商人 犹太商人从中世纪由经营借贷业而兴起。犹太人原先并非从事商业理财的民族,在其发源地,他们主要从事农牧业,即使在罗马帝国时代的商业世界里,也数不上他们。直到他们散布于欧洲以后,才到处与基督教人冲突。他们是化外之民,仅仅是作为君主的所有物受到保护和生存,不享受公民权。他们的财产是国王的财产,国王随意可向他们征税,只是从国王的利益出发,不把他们挤压到不能生存的地步而已。在中世纪的城镇里,他们被规定居住在特定的犹太区里,不许他们参加行会,不许他们购置不动产。他们被限制所苦,被迫害所困,被迫从事那些不与基督教徒发生冲突的职业。他们只好从事借贷业,以至整个中世纪的放债事业完全落入犹太人之手中。犹太人的理财天赋对于中世纪的王侯们有着极大用处,但仍遭到基督教人的仇恨。犹太人终于被法国、英国、西班牙等国驱逐，变成了东方流浪者。他们在埃及、亚洲或俄罗斯定居，在克伦威尔时代以前，又被准许定居英格兰，渐渐地取得了合法的公民资格。由于犹太人惊人的经商天才，他们在现代商业和银行业中占据了重要地位。犹太商人的经商信条是：贯彻现金主义，必要时甚至连银行存款也不相信；要善于宣传商品；要有心算快的才能，判断迅速准确；重视契约；知识丰富。

威尼斯商人 威尼斯商人是中世纪商人，他们的兴起与良好的地理位置有很大关系。威尼斯位于亚得利亚海畔小岛。威尼斯人以捕鱼为生，后来兼营蒸制海盐，而盐是中古商业的重要商品。波河流域肥沃谷地的产品经过威尼斯等岛屿输出到亚得里亚沿岸。所以威尼斯人用鱼、盐交换北方平原的谷物、酒类和油，进而与更北的山区人交换木材和金属。威尼斯人逐渐成为大陆与伊斯的利亚半岛和达尔马提亚海岸之间必不可少的中介人。他们扩展贸易，以至远达希腊和埃及，他们为中欧特别是德奥商人充当运输者。十字军东征时代，威尼斯的港口位置极其适宜于转

水城威尼斯

运业的发展。威尼斯商人注意到十字军的必需品是他们可以从中渔利的源泉，在整个十字军时期，以及以后的几个世纪，他们热衷于利用战争做走私买卖，经营铁、木材，利用船运为基督教服务，利用贿赂满足十字军的贪欲，引诱他们攻击那些与威尼斯争夺商业霸权的基督教城市。在运送大批十字军军队及军需品过程中，威尼斯船队完全是商业性质，除了要运费，还要手续费。如1202年威尼斯商人运送4500名武士和2万名步兵，以9个月为期，运费48000银马克，外加手续费。十字军不能如数付清，尚缺少33000马克，于是威尼斯商人要求十字军帮助围攻邻城萨拉，后又促使征服君士坦丁堡。1204年攻克君士坦丁堡后，威尼斯人又以该城作为东方贸易中心。十字军每占领一地，威尼斯人就要求立即履行原定协议，以至十字军所征服地区的3/4都归威尼斯人所有。所以威尼斯的执政者自称"我是罗马帝国八分之三的君主"。威尼斯人在所占领地区，建立货栈，并通过这些据点，控制了通达亚洲内地以及越过波斯湾到达印度的骆驼队通道。威尼斯人又驱逐热那亚人，占据克里米亚和黑海的繁盛商业，并把货栈设在顿河口的泰纳，加强对俄罗斯商业的垄断。由于欧洲各国宫廷中都有了威尼斯大使，威尼斯商业权势牢固地确立，以至欧洲各国君主都俯首听命于威尼斯人，凡威尼斯商人的货物，皆可自由出入市场，而其他国家的货物进口，则要征收重税。从12世纪～15世纪，威尼斯商人是欧洲最大的运输商，他们通过运输业得到了巨大的财富。威尼斯的黑海船队航行于爱琴海群岛、君士坦丁堡、泰纳及克里米亚各港口之间，由各地运回粮食、葡萄酒、蜜及安哥拉羊毛织品和精美的服装；威尼斯的埃及船队航行于威尼斯与亚力山大城或开罗之间，南接陆路，越过苏伊士海峡，运回丝、香料、象牙和印度、阿拉伯产的棉花。威尼斯的亚美尼亚船队定期开到亚力山大勒达海湾的亚洛斯地方。威尼斯的法兰特船队西到那不勒斯、西班牙、葡萄牙、法兰西、英格兰和法兰特等港口，其最终目的地是布鲁日。此外，威尼斯还有一些船队航行到北非海岸，直达黎波里、密尼斯、阿尔及利亚和摩洛哥。这些港口是穿过撒哈拉沙漠骆驼队行程的终点，摩洛哥人沿着这条陆路运送奴隶、象牙、沙金、枣及谷物到港口，与威尼斯能工巧匠所制造的丝织品、亚麻布、呢绒、棉织品、玻璃制品、皮革品、甲胄及武器等进行交换，而威尼斯的产品又是靠海外输入原料制成。威尼斯商人为了维护自身利益，实行贸易保护政策，凡进口制造品一律课以重税。但为了增加金属等几种必需原料的货源，又规定了奖励进口办法。盐是政府专卖品。威尼斯航海法令规定,由外国船运到威尼斯的货物,必须纳补助关税。总之,凡是可以有利于威尼斯人的事,无不竭力而为。这时,威尼斯商人实际垄断了东方产品的贸易,所以日耳曼、匈牙利和波希米亚商人只有屈从威尼斯立法院规定的种种限制。这个水城的人,从此不仅是欧洲商品的运输商和商品制造商,并且发展了金融机构,大多成为银行家。1157年,以伦巴银行著称的威尼斯国家银行成立,这个银行的金融机构遍布于欧洲各沿海国家,并在各商业中心点设立了分行。现在伦敦的一条主要金融大街仍叫"伦巴街"。当时银行制度已相当完善,信用制度也很发达,汇兑办法已普遍使用,有现金储存和保险业务。[673]

荷兰商人 从16世纪末期始,荷兰商人兴起。荷兰原是西班牙属国,后来摆脱西班牙的统治,建立了独立的资产阶级共和国,资本主义获得了极其迅速的发展,成为17世纪标准的资本主义国家。荷兰资本主义发展的特点是以商业资本为主。荷兰造船业较发达,17世纪中期荷兰已建立了一支庞大的商船队,拥有商船16000多只,商船总吨位是当时英、法、葡萄牙、西班牙四国的总和。当时成千上万的荷兰商船航行在世界海洋上,他们运输各国商品,充当各地贸易中介人,被称为"全世界的海上马车夫"。这种转口贸易,使荷兰商人获得了海上贸易的霸权。当时,

荷兰阿姆斯特丹

欧洲南方和北方国家之间的贸易,欧洲与东方之间的贸易,几乎全部掌握在荷兰商人的手里。由于欧洲国家市场价格相差很大,这种转口贸易带来了巨额利润,荷兰资本主义的繁荣就是建立在这种商业垄断权的基础上。到17世纪末18世纪初,荷兰人失去了海上优势和贸易的垄断权,被英国所取代。英国能够战胜荷兰,主要是因为英国工业资本主义发展迅速,具有雄厚的资本主义经济实力,而荷兰是靠经营海上转运贸易发家的商业国,没有本国发达的工业作为贸易基础,所以在自由竞争中终于敌不过工业资本发达的英国。也就是说,荷兰作为一个占统治地位的商业国家走向衰落的历史,正是一部商业资本从属于工业资本的历史。

由上可见,中世纪犹太商人是以借贷业起家,凭借惊人的经商天才,坚韧不拔的精神,最终在现代商业和银行业中占据了重要地位;威尼斯商人是以其地理优势,经营专卖品盐和军需品起家,并借助十字军东征扩展贸易,进而称霸商界一时;荷兰商人则是靠海上转运贸易发展起来。如前所述,明清山西商帮是凭借"极临边境"的地理优势,在开中法的实施过程中,靠提供军饷和贩运专卖品盐而兴起,同时,晋商又是明清时代最大的典当商和票号商,垄断了北方通往俄国的贸易,又是陆上国际贸易的最大运输者,这些都与犹太商人、威尼斯商人以及荷兰商人(荷兰商人是海上运输者,晋商是陆上国际贸易运输者)有着惊人的相似之处。德人李希霍汾说:山西人"具有卓越的商才和大企业精神,有无比优越的计算智能,有发达的数量意识和金融才华",因此"中国人好比犹太人,而山西人更像犹太人"。[674]日本人岩崎继生在《大同风土记》一书中说:"山西商人,有着原来近江商人那样的对于商道的机敏和毅力……其商业组织与其他地方的并没有什么不同,同样也是单独经营的与共同经营的两种。单独经营的,与日本的情形相似;共同经营者,有财东(资本家)和掌柜的(管理营业)之分。商店的一切营业,全都委托掌柜的经管。在店里适当地配置有小掌柜的、伙计(店员)等等。而这些人相互之间通过连锁关系,保持着一种团结局面,以便实现维护商业利益,防止同业间的竞争,在采购及销售方面相互扶助,处理纠纷等项目。乍一看,同其他的一般中国商人并无任何不同之处,然而仔细观察就可发现,在资本流通等方面,其经营手段是十分巧妙的。"[675]清人梁启超还将山西票号与意大利自由都府的钱商做了比较。他认为相同之处有四:"南意大利之重要事业一为存款,二为汇票,至于钞票则发行极少，当时所营商业，大抵与帝王贵族往来者居多，吾票号与商家通有无之处，固属不少，然大抵以官场存款为大宗，此其相类处一也；意国钱商之汇兑，因当时各国币制不统一，故得从中取利，而吾票号因各地平色不同，故能于汇兑中有所取盈，此其相类处之二也；意之钱商当日其信用极佳，常有强其出票者，然彼常有惮而不敢为，与吾山西票号慎于出票，当金融紧急，每将所出之票收回，其事相同，此其相类之处三也；山西票号之起源不能记忆，当明末清初极发达，则与南意大利钱商之萌芽三百年前者时代相等，此其相类之处四也。"[676]

总之，明清山西商人作为中国的一个地方商帮，称雄商界5个多世纪，在世界商业史上是罕见的。他们创立山西票号、伙计制、人身顶股制、两权分离经理负责制等，开历史之先河。他们对于开发国内市场、亚洲市场和欧洲市场，促进社会商品经济和金融业的发展，均做出了积极的贡献。正如梁启超先生所说："鄙人在海外十余年，对于外人批评吾国商业能力，常无辞以对，独至此有历史、有基础，能继续发达之山西商业，鄙人常以自夸于世界人之前。"[677]因此，明清山西商人在世界商业史上是占有很重要地位的。

结束语　明清晋商的历史启示

晋商称雄商界五个多世纪的辉煌历史,是十分引人注目的。他们重商立业、敢为天下先的意识,不畏艰辛、开拓进取的精神,善于经营、生财有道的成功管理经验,至今仍有着借鉴作用。因此,总结晋商的兴衰经验教训和他们的经商之道,能给我们许多有益的启示。

欧中国际发展论坛暨2006百年晋商合作峰会

一、市场意识的萌发,是明清晋商经商成功的思想基础

我国的封建社会是一个"重农抑商"的社会,传统的观念是"学而优则仕",在"士农工商"的四民中,商为末等。但是明清晋商不受这一封建传统观念和封建等级的约束。他们把商视同士农工一样为本业,甚至认为"商贾居高"、"学而优则商"。因此,弃儒经商者比比皆是。这可以说是晋商称雄商界的一个重要因素。它保证了经商人才的不断涌现,经商成风,以经商为荣。由于明清晋商萌发了市场意识,所以他们能背井离乡走天涯,致富皆在数千里和数万里之外。山西人外出经商者,人数已无法稽考。据1933年7月1日山海关报告称,东北沦陷后从关外返回的山西商人就有17万人,而这个数字尚不足在东北的山西人总数的1/3。俄国"十月革命"后从俄国返回的山西商人代表说:当时在俄国的山西商人有1万人。这就是说外出经商者至少在20万人以上。"走西口"、"闯关东"在今天已是历史,但却是当

时山西人的最寻常的活动。当然,市场意识的萌发,有着一定的社会环境与历史背景。明清晋商能在这方面悟醒,正是他们称雄商界500年的思想基础。

二、3 抓住机遇,是明清晋商经商成功的关键

明清晋商的兴起在于他们抓住了明初开中制实施的时机,他们以"极临北边"的地理优势,捷足先登,而兴起于北方。在开中纳粮改为折色制后,他们又不失时机地在抓紧盐业运销的同时,进行多业经营,成为明中后期的商界劲旅。入清后,他们在中国版图空前辽阔,大一统、多民族国家政治局面相对稳定的社会环境中,全方位开展国内外贸易,取得了极大成功。清季,他们又适应社会商品货币经济发展的需要,首创山西票号,并一度执全国金融界之牛耳。而山西票号衰落的原因之一,是未能适时改革,使历史机遇错过。可见,抓住机遇是事业盛衰成败的一个关键。机不可失,时不再来,使然也。

三、明清晋商创行的人力顶股制,有着现实价值与意义

晋商在长期的商业竞争中,为了增加企业的凝聚力,提高经济效益,广泛实行所有权和经营权的两权分离制与股份制,收到了良好的效果,特别是他们首创的人力顶身股制度,将工作年限和工作业绩作为条件,以人力顶股,与资本股同样分红,使企业职工与财东的利益有机地结合在一起。人力顶身股制在现代企业中仍有着借鉴意义。资本股与人力股结合在一起的股份制,可以充分调动企业职工的劳动积极性,提高企业的经济效益。

四、诚信是明清晋商经营管理思想的核心

晋商经营管理思想的核心是"诚信"。企业的价值观,是导向仪,也是动力源。山西商人以诚待人、以信取人,保证了商业信誉,收到了远近悦来的效果。在今天,继承和发扬古代优秀的传统文化,对于企业的发展仍有着十分重要的意义。采取"优化组合"的原则,使优秀传统文化与现代文化"接壤"。以"诚"来说,就是忠诚祖国,真诚服务社会,把企业的生存发展与社会的前途、祖国的命运、公众的利益紧密结合起来。以爱国、爱社会的价值观启迪、培养全体职工对企业的热爱,激励、增强企业的凝聚力、向心力。所谓"信",是企业处理各方面

关系的道德规范。信以处世,诚以待人,是中华民族的固有美德,经营企业就要以信为本,守信如石。即使在企业之间的激烈竞争中,也要以"信"为道德准则来从事经营活动。对待客户,在经营服务上必须确立"信"的道德规范。做到保证商品质量,取信于顾客;文明礼貌服务,尊重顾客与互相信任等。上述诚信内涵都是企业兴旺发达必须具备的条件。

五、重视人才,是明清晋商成功的重要保证

明清晋商的成功来之不易,靠的是几代商人的艰苦创业,不断传承。国外的经验也证明,商业资本的繁荣,往往有数代商人企业家的不断贡献。现在面临世界新技术革命浪潮的冲击,我国要尽快缩短同发达国家的差距,必须重视人力资源的开发和使用,不断培育一批批富有开拓精神,懂经营、善管理、精核算的具有敏锐的市场意

2004晋商国际论坛暨当代经理人山西企业论坛

识的新世纪企业家。

明清晋商认为从业人员素质十分重要,因此十分重视职工的培养与教育,他们在山西运城设有子弟学校——运学。当时天下盐场皆无专学,惟独晋商设有专学。山西商人培训员工的内容,主要有两个方面:一是思想品德方面,各商号根据本号创业起家的经历分别进行传统的信义教育,激发职工的吃苦精神和意志。二是业务教育。徒弟入号,分给老职工带领,在实际业务中经受锻炼,学习业务技术,将培训教育与实践考核、加薪顶股相结合,不断提高员工的业务素质。借鉴明清晋商的经验,结合现代企业职工的特点,进行爱国主义、职业道德教育,加强业务技术培训,通过生动活泼、形式多样的教育,不断提高企业管理者、劳动者的整体素质,是现代企业经营成功的保证。

注 释

[1]梁启超:《饮冰室文集》29《莅山西票商欢迎演说辞》。

[2]参阅《宫崎市定论文选集》下《历史与盐》,商务印出馆1965年版。

[3]《国语·晋语》八。

[4]《史记·货殖列传》。

[5]《史记·魏世家》"正义"。

[6]参阅《十大古都商业史略·太原》,中国财经出版社1990年版。

[7]《山西阳高天桥出土的战国货币》,《考古》1956年第4期。

[8]参阅张星烺:《中西交通史料汇编》第1册,第27~28页,中华书局1977年版。

[9]转引自王孝通《中国商业史》第76页,上海书局1984年版。

[10]《魏书》卷23《莫含传》。

[11]《北史》卷15《常山王遵传》。

[12]《太平广记》卷137,武士彟条。

[13]《太平广记》卷147,裴佃先条。

[14]《旧五代史》卷129《李彦頵传》。

[15]《宋史》卷255《张永德传》。

[16]陈开俊等译:《马可波罗游记》第37章,福建科学技术出版社1981年版。

[17]《明史》卷309《李自成传》:"自成至,悉熔所拷索金及宫中帑藏、器皿,铸为饼,每饼千金,约数万饼,骡车载归西安。"

[18]谷霁光:《明朝时代之山西与票号》,《中国古代经济史论文集》,江西人民出版社1980年版。

[19]王士性:《广志绎》,又见沈思孝:《晋录》。

[20]傅衣凌:《明清时代商人及商业资本》,人民出版社1980年版。

[21]徐松荣:《近代时期的山西农业》,《近代的山西》,山西人民出版社1988年版。

[22]曹贯一:《中国农业经济史》,中国社会科学出版社1989年版。

[23]《皇朝经世文编》卷43,任启运:《请安流民兴水利疏》。

[24]《古今图书集成·职方典》卷346《大同府部·风俗考》。

[25]朱轼:《朱文端公文集》补编卷4《咨户兵二部河南巡抚禁遏籴》。

[26]孙嘉淦:《孙文定公奏疏》卷3《请开籴楚省疏》。

[27]童书业:《中国手工业商业发展史》第253~254页,齐鲁书社1981年版。

[28]《明穆宗实录》卷54,隆庆五年二月。

[29]《明会典》卷129《兵部12》。吴晗《读史札记·明代军屯》密云原额军数误为9065人。

[30]表列数字未包括屯草、民运草、地亩银、犒赏银。

[31]据《明英宗实录》卷55,正统四年五月丁巳条款,从山西到宣大两镇粮食竟需运费六七石之多。

[32]《明史·食货志》。

[33]王守义:《论明代的商屯制度》,《南开大学学报》1956年第2期。

[34]《明史·食货志》。

[35]张萱:《西园闻见录》卷35。

[36]朱廷立:《盐政志》卷4载:"洪武二十八年,各处边防缺粮,户部奏请开中纳米,定为则例,出榜召商。"

[37]《明史·食货志》、《河东盐法志》、《大明会典》卷28。

[38]《明经世文编》卷186,霍韬:《哈密疏》。

[39]《明经世文编》卷431,刘应秋:《盐政考》。

[40]《明经世文编》卷444,王德完:《论救荒无奇及时讲求以延民命疏》。

[41]王守义:《论明代的商屯》,《南开大学学报》1956年第2期。

[42]顾炎武:《天下郡国利病书》卷28。

[43]如《明英宗实录》卷27正统二月甲申载:"甘肃地寒,少生五谷,近日中盐商贾,多就彼买米,以致谷价涌贵。"

[44]《西园闻见录》卷65《兵部14》。

[45]《明经世文编》卷590《叶文庄公奏疏》。

[46]《明经世文编》卷64《马端肃公奏疏三》。

[47]《明经世文编》卷95《章枫山文集》。

[48]《天下郡国利病书》卷28。

[49]《阎古古全集》。

[50]李因笃《受祺堂文集》卷41。

[51]张四维《条麓堂集》卷28。

[52]《明经世文编》卷447,涂宗浚《边盐壅滞疏》。

[53]薛宗正:《明代盐商的历史演变》,《中国史研究》1980年第2期。

[54]《明穆宗实录》卷14,隆庆元年十一月。

[55]《明经世文编》卷246,胡松《陈愚忠效末议以保万世治安事》。

[56]华钰:《盐荚议》。

[57]《清高宗实录》卷1261,乾隆五十一年闰七月丙申:"晋省路当孔道。"

[58]陆思贤:《关于草原丝绸之路》,《内蒙古社联学刊》1991年第9期。

[59]黄序鹓:《海关通志》上册,转引自《山西外贸志》上。

[60]《鲁布鲁克东行记》中译本,中华书局1985年版。

[61]〔日〕佐伯富:《清代塞外的山西商人》。

[62]参阅陆思贤:《关于草原丝绸之路》,《内蒙古社联学刊》1991年第9期;曹永年《明代蒙古中晚期的经济》,《内蒙古大学学报》1991年第2期。

[63]谷霁光:《明清时代之山西与山西票号》,《中国古代经济史论文选集》,江西人民出版社1980年版。

[64]《宫崎市定论文选集》,商务印书馆1965年版。

[65]《明武宗实录》卷164,正德十三年七月。

[66]《河东盐法备览》卷11,邰永春《募民捞采疏》。

[67]顾炎武:《天下郡国利病书·山西》。

[68]顾炎武:《天下郡国利病书·山西》。

[69]《河东盐法备览》卷11,邰永春:《募民捞采疏》。

[70]宋应星:《天工开物》卷上《作咸》第三。

[71]《河东盐法备览》卷6《运商门》。

[72]黄启臣:《明代山西冶铁业的发展》,《晋阳学刊》1987年第2期。

[73]《明会典》卷194。

[74]《明英宗实录》卷329,天顺五年六月。

[75]黄启臣:《明代山西冶铁业的发展》,《晋阳学刊》1987年第2期。

[76]王化:《明清阳城商业》(未刊稿)。

[77]李时珍:《本草纲目》卷8。

[78]宋应星:《天工开物》卷中《五金》第八。

[79]《明经世文编》卷318,王崇古:《酌许虏王乞四事疏》。

[80]《明英宗实录》卷329,天顺五年六月,"山西阳城县铁冶甚多,每年课铁不下五六十万斤,乞不为例,运十万斤至陕西给与各卫,速造兵器"。

[81]文林《琅琊漫钞》,见《历代小说笔记选》。

[82]《明英宗实录》卷158,正统十二年,"大同山西数处产有碳……军民自取碳,免纳课钞"。

[83]宋应星:《天工开物》卷中《燔石》第十二:"煤有三种,有明煤、碎煤、末煤。明煤……燕、齐、秦、晋生之。"

[84]《明一统志》卷19、20、21。

[85]〔顺治〕《高平县志》卷1、卷9。

[86]〔康熙〕《保德州志》卷3。

[87]〔康熙〕《临县志》卷1。

[88]〔咸丰〕《汾阳县志》卷4。

[89]顾炎武:《天下郡国利病书》。

[90]杜纲:《娱目醒心编》卷3第2回。

[91]王守义:《明代山西的潞绸生产》,《中国社会经济史论丛》第2辑,山西人民出版社1982年版。

[92]《郭青螺先生遗书》卷16《圣门人物志序》。

[93]吕坤:《去伪斋文集》卷2《停止砂锅潞绸疏》。

[94]〔顺治〕《潞安府志》卷1。

[95]宋应星:《天工开物》卷中《五金》第八。

[96]宋应星:《天工开物》卷中《五金》第八。

[97]李时珍:《本草纲目》卷11。

[98]顾清:《傍秋亭杂记》卷下。

[99]李时珍:《本草纲目》卷25。

[100]康基田:《晋乘蒐略》卷2。

[101]张四维:《条麓堂集》卷20。

[102]谢惊:《清虚观记》。

[103]〔成化〕《山西通志》卷2。

[104]〔成化〕《山西通志》卷2。

[105]〔万历〕《汾州府志》卷2《地理》。

[106]〔万历〕《潞安府志》卷9《政事》。

[107]〔万历〕《泽州府志》卷1《方舆志》。

[108]〔光绪〕《山西通志》卷99,引《明一统志》。

[109]〔民国〕《偏关志》。

[110]顾炎武:《天下郡国利病书》原编4册《疏上耿平洋策》。

[111]王世贞:《弇州史料》后集卷36。

[112]沈思孝:《晋录》;又见王士性《广志绎》。

[113]宋应星:《野议·盐政议》。

[114]林希元:《林次崖先生文集》卷2《王政附言疏》。

[115]王世贞:《嘉靖以来内阁首辅传》卷7。

[116]〔万历〕《扬州府志》序。

[117]汪士信:《乾隆时期徽商在两淮盐业经营中应得、实得利润与流向试析》,《中国经济史研究》1989年第3期。

[118]谢肇淛:《五杂俎》卷4《地部》。

[119]李梦阳:《空同集》卷44《明故王文显墓志铭》。

[120]张四维:《条麓堂集》卷21。

[121]张四维:《条麓堂集》卷28。

[122]韩邦奇:《苑落集》卷6《大明席君墓志铭》。

[123]张四维:《条麓堂集》卷28。

[124]吕柟:《续刻吕泾野先生文集》卷8《明义官王府暨配张氏墓表》。

[125]《阎古古全集》卷6。

[126]〔同治〕《两淮盐法志》卷45。

[127]张瀚:《松窗梦语》。

[128]王世贞:《弇州史料》前集卷8《市马考》。

[129]瞿九思:《万历武功录》卷8《俺答列传下》。

[130]方逢时:《大隐楼集》卷11《与工部谢侍郎论边事书》。

[131]参见小野和子:《山西商人与张居正》,《东方学报》第58册。

[132]王士琦:《三云筹俎考》卷2《封贡考》。

[133]《明经世文编》卷318,王崇古:《议收胡马利害疏》。

[134]瞿九思:《万历武功录》卷8《俺答列传下》;参见《明穆宗实录》卷61。

[135]瞿九思:《万历武功录》卷8《俺答列传下》。

[136]峨嵋山人:《译语》,转引自卢明辉、刘衍坤的《旅蒙商》,中国商业出版社1995年版。

[137]《明经世文编》卷136,胡世宁:《备边十策疏》。

[138]《明经世文编》卷447,涂宗浚:《边盐壅滞疏》。

[139]薛宗正:《明代盐商的历史演变》,《中国史研究》1980年第2期。

[140]韩邦奇:《苑落集》卷6。

[141]〔同治〕《两淮盐法志》卷47《人物6》。

[142]张四维:《条麓堂集》卷23。

[143]王世贞:《嘉靖以来内阁首辅传》卷7。

[144]谢肇淛:《五杂俎》卷4《地部》。

[145]〔褚华〕《木棉谱》。

[146]叶梦珠:《阅世编》卷7载:"棉花布,吾邑所产,已有三等……上阔尖细者曰标布……俱走秦、晋、京、边诸路……前朝标布盛行,富商巨贾操重资而来市者,白银动以数万计,多或数十万两,少亦以万计。"

[147]《明经世文编》卷15,杨一清:《为修复茶马旧制第二疏》。

[148]〔顺治〕《霍山县志》卷2《土产》。

[149]李华:《明清以来北京工商会馆碑刻选编·修建戏台罩棚碑记》,文物出版社1980年版。

[150]《明武宗实录》卷65,正德五年七月癸亥。

[151]瞿九思:《万历武功录》卷8《俺答列传下》。

[152]《明孝宗实录》卷178,弘治十四年八月。

[153]朱祖文:《北行日谱》,转引自寺田隆信《山西商人研究》。

[154]《皇明文海》卷138,王畿:《奉政大夫真定府同知松泉胡公墓志铭》。

[155]《明神宗实录》卷302,万历二十四年九月癸卯。

[156]〔同治〕《衡阳县图志》卷11。

[157]瞿九思:《万历武功录》卷7《俺答列传中》。

[158]谈迁:《枣林杂俎》。

[159]李华:《明清以来北京工商会馆碑刻选编》,文物出版社1980年版。

[160]《明英宗实录》卷236,景泰四年十二月辛亥。

[161]《明孝宗实录》卷179,弘治十四年八月壬申。

[162]《明神宗实录》卷411,万历三十三年七月。

[163]吕柟:《泾野先生文集》卷7《赠秦宣府序》。

[164]〔道光〕《万全县志》卷10《志余》。

[165]张四维:《条麓堂集》卷28。

[166]吕柟:《续刻吕泾野先生文集》卷8。

[167]葛守礼:《葛瑞肃公家训》卷上。

[168]李华:《明清以来北京工商会馆碑刻选编》,文物出版社1980年版。

[169]《皇明文海》卷138,王畿:《奉政大夫真定府同知松泉胡公墓志铭》。

[170]朱国祯:《涌幢小品》卷17。

[171]张四维:《条麓堂集》卷28。

[172]王家屏:《复宿山房集》卷26《封刑科给事中杨公墓志铭》。

[173]王家屏:《复宿山房集》卷25《陕西苑马寺卿按察司佥事覃公墓志铭》。

[174]吕柟:《泾野先生文集》卷31《明怀远将军潞州卫指挥同知高公墓碑》。

[175]韩邦奇:《苑落集》卷6《大明席君墓志铭》。

[176]〔雍正〕《朔平府志》卷10《人物》。

[177]〔咸丰〕《汾阳县志》卷13《艺文》。

[178]《续刻吕泾野先生文集》卷8。

[179]张四维:《条麓堂集》卷30。

[180]张四维:《条麓堂集》卷 28。

[181]张四维:《条麓堂集》卷 28。

[182]李梦阳:《空同集》卷 44《明故王文显墓志铭》。

[183]张四维:《条麓堂集》卷 23。

[184]张四维:《条麓堂集》卷 28。

[185]〔光绪〕《襄陵县志》卷 22。

[186]《皇明世法录》卷 69《边防》。

[187]《明孝宗实录》卷 178,弘治十四年八月。

[188]王家屏:《复宿山房集》卷 26《封刑科给事中杨公墓志铭》。

[189]〔光绪〕《山西通志》卷 142《义行录上》。

[190]《明经世文编》卷 359,庞尚鹏:《清理延绥屯田疏》。

[191]沈思孝:《晋录》;又见王士性:《广志绎》。

[192]张四维:《条麓堂集》卷 21。

[193]张四维:《条麓堂集》卷 23。

[194]《明史·食货志》。

[195]〔雍正〕《陕西通志》卷 41《盐法》。

[196]《明史·李庆传》。

[197]《续文献通考》卷 20。

[198]《明经世文编》卷 199,潘潢:《查核边镇主兵钱粮实数疏》。原文有的镇合计数与累计数不符。如大同镇累计为 1031566 两,辽东镇累计为 499539 两,宁夏镇累计为 494866 两,山西镇累计为 842914 两,蓟州镇累计为 307088 两。又,原文大同镇京运银缺具体数字,按照原额为 5 万两。

[199]《明孝宗实录》卷 32,弘治二年十一月。

[200]秦佩珩:《明清社会经济史论稿》,中州古籍出版社 1984 年版。

[201]《明武宗实录》卷 13,正德元年五月乙未。

[202]《万历武功录》卷 8《俺答列传下》。

[203]《万历武功录》卷 8《俺答列传下》。

[204]《明世宗实录》卷 339,嘉靖二十七年八月。

[205]《西园闻见录》卷 61《边储》。

[206]《明经世文编》卷 40,杨鼎:《杨大司农奏疏》。

[207]《明世宗实录》卷 558,嘉靖四十五年五月。

[208]《明神宗实录》卷 28,万历二年八月。

[209]《明穆宗实录》卷14,隆庆元年十一月。

[210]《明经世文编》卷252,赵炳然:《条陈边务以俾安壤事》。

[211]《明神宗实录》卷421,万历三十四年五月。

[212]《明经世文编》卷40,杨鼎:《杨大司农奏疏》。

[213]王士性:《广志绎》卷3。

[214]屈大均:《广东新语》卷16《木牛》。

[215]宋应星:《天工开物》卷1《乃粒》。

[216]王征:《新制诸器图说》、《鹤饮图说》、《引水之器二图说引》。

[217]周亮工:《闽小记》。

[218]霍韬:《霍渭崖家训·田圃第一》。

[219]宋应星:《天工开物》卷2《乃服》。

[220]屈大均:《广东新语》卷27。

[221]《泉南杂志》卷上。

[222]《农政全书》卷35。

[223]〔嘉靖〕《松江府志》卷6,引《梧浔杂佩》。

[224]〔正德〕《姑苏志》,转引自罗仑主编的《苏州地区社会经济史》,南京大学出版社1993年版。

[225]《消夏闲记摘抄》中。

[226]《物理小识》。

[227]《谷山笔尘》卷4。

[228]〔光绪〕《嘉兴府志》卷4引万历《秀水县志》。

[229]〔乾隆〕《潞安府志》卷8《物产》。

[230]赵全星:《赵忠毅文集》卷13《张守清传》。

[231]黄启臣:《明代山西冶铁业的发展》,《晋阳学刊》1987年第2期。

[232]陆蓉:《菽园杂记摘抄》卷7。

[233]葛贤慧、张正明:《明清山西商人研究》,香港欧亚经济出版社1993年版。

[234]《清史稿·食货志》。

[235]《清文献通考·征榷》。

[236]葛贤慧:《乾隆时期的粮食调剂》,《历史档案》1988年第4期。

[237]《清世祖实录》卷5,顺治元年五月乙亥。

[238]《清高宗实录》卷1261,乾隆五十一年闰七月丙申。

[239]〔顺治〕《潞安府志》卷1《地理4》。

[240]〔康熙〕《黎城县志》卷2《职官12》。

[241]〔康熙〕《长治县志》卷8《风俗物产》。

[242]〔乾隆〕《五台县志》卷8。

[243]〔雍正〕《朔平府志》卷3。

[244]〔乾隆〕《孝义县志·物产》。

[245]〔乾隆〕《祁县志》卷2。

[246]〔嘉庆〕《介休县志》卷12《艺文》。

[247]〔光绪〕《平陆县续志》卷下《艺文》。

[248]徐继畬:《松龛全集》文集卷1《尧都辨》。

[249]〔民国〕《安邑县志抄本》卷15。

[250]《清史稿·兵志》。

[251]孙廷铨:《颜山杂记》卷4《物产》。

[252]《东华续录》。

[253]〔道光〕《大同县志》卷8。

[254]〔道光〕《阳曲县志》卷2。

[255]〔光绪〕《五台新志》卷2《生计》。

[256]〔乾隆〕《孝义县志》卷4《物产风俗》。

[257]引自黄启臣:《十四—十七世纪中国钢铁生产史》,中州古籍出版社1989年版。

[258]唐甄:《潜书·富民》。

[259]《清盐法志》卷89。

[260]张正明:《山西工商业史拾掇》,山西人民出版社1987年版。

[261] 王守义:《明代山西的潞绸生产》,《中国社会经济史论丛》,山西人民出版社1982年版。

[262]林永匡、王熹:《清代山西与新疆的丝绸贸易》,《山西大学学报》1987年第1期。

[263]〔道光〕《大同县志·志余》。

[264]〔嘉庆〕《介休县志》卷9《人物》。

[265]参见梁冰:《伊克昭盟的土地开垦》,内蒙古大学出版社1991年版。

[266]参见卢明辉:《清代蒙古地区与中原地区的经济贸易关系》,《北方民族关系史论丛》,内蒙古人民出版社1984年版。

[267]参见卢明辉:《清代蒙古地区与中原地区的经济贸易关系》,《北方民族关系史论丛》,内蒙古人民出版社1984年版。

[268]《清稗类钞》第五册《农商类》,中华书局1984年版。

[269]参见卢明辉:《清代蒙古史》,天津古籍出版社1990年版。

[270]松筠:《绥服纪略》。

[271]《东三省政略》《蒙务下·纪实业》。

[272]参见《旅蒙商大盛魁》,《内蒙文史资料》第12辑。

[273]转引自渠绍淼、庞义才:《山西外贸志》(内刊)。

[274]转引自渠绍淼、庞义才:《山西外贸志》(内刊)。

[275]参见刘选民:《中俄早期贸易考》,《南京学报》第25期。

[276]参见王少平:《中俄恰克图贸易》,《社会科学战线》1990年第3期;许淑明:《清代前期的中俄贸易》,《清史论丛》第7辑。

[277]转引自渠绍淼、庞义才:《山西外贸志》(内刊)。

[278]常献春:《山西献征》卷8。

[279]李华:《明清以来北京工商会馆碑刻选编·重修河东会馆碑记》,文物出版社1980年版。

[280]李华:《明清以来北京工商会馆碑刻选编·公建桐油行碑记》,文物出版社1980年版。

[281]《驰名京华的老字号》,文史资料出版社1986年版。

[282]李华:《明清以来北京工商会馆碑刻选编·山西平阳府太平县合邑士商创建并增修会馆碑记》,文物出版社1980年版。

[283]张正明、薛慧林:《明清晋商资料选编》第109页,山西人民出版社1989年版。

[284]李华:《明清以来北京工商会馆碑刻选编·重修浮山会馆碑》,文物出版社1990年版。

[285]《驰名京华的老字号》,文史资料出版社1986年版。

[286]田秋平:《晋商在琉璃厂的字号》,《太原晚报》1991年7月18日;(日)寺田隆信《清代北京的山西商人》,《郑天挺纪念论文集》,中华书局1990年版。

[287]《驰名京华的老字号》,文史资料出版社1986年版。

[288]《山西票号史料》第45页,山西人民出版社1990年版。

[289]李燧:《晋游日记》。

[290]张正明、薛慧林:《明清晋商资料选编》第101页,山西人民出版社1989年版。

[291]《天津商会档案汇编》上,天津人民出版社1990年版。

[292]刘续亨:《我所了解的在天津的山西商人》,《文史研究》1994年1、2期。

[293]〔光绪〕《山西通志》卷139。

[294]〔雍正〕《泽州府志》卷37。

[295]〔乾隆〕《无极县志》卷1。

[296]〔乾隆〕《获鹿县志》。

[297]〔乾隆〕《宝坻县志》卷7。

[298]徐宗亮:《龙江略述》。

[299]《吉林外纪》卷23。

[300]〔民国〕《沈阳县志》卷7。

[301]〔民国〕《太谷县志》卷5。

[302]〔光绪〕《山西通志》141。

[303]《小方壶舆地丛钞》第二帙《乌鲁木齐杂记》。

[304]椭园:《新疆纪略》。

[305]陕甘总督文绶《陈新疆情形疏》,《皇清奏议》卷59。

[306]〔乾隆〕《洵阳县志》卷11《物产》。

[307]樊真:《雪里送炭》,《文史研究》1992年第3期。

[308]转引自张学君:《清代四川的山陕资本》(未刊稿)。

[309]〔道光〕《綦江县志》卷10。

[310]彭泽益:《中国近代手工业史资料》第二卷。

[311]〔咸丰〕《隆昌县志》卷38《物产》。

[312]〔道光〕《南江县志》卷上《物产》。

[313]〔同治〕《綦江县志》卷10《物产》。

[314]《小方壶舆地丛钞续编》第三帙。

[315]〔光绪〕《山西通志》卷139。

[316]〔光绪〕《汾阳县志》卷6。

[317]《徐继畬全集》奏疏卷下《潞盐刍议致王雁汀中丞》。

[318]《清代档案史料丛编》第三辑。

[319]《江苏明清以来碑刻资料选集·山西陕西河南寓苏运货南濠北马头碑记》,三联书店1959年版。

[320]《山西票号史料》第28页,山西人民出版社1990年版。

[321]《益闻录》。

[322]〔嘉庆〕《湘潭县志》卷6;〔光绪〕《湘潭县志》卷17。

[323]〔同治〕《衡阳县图志》卷11。

[324]〔乾隆〕《长沙府志》卷14;〔嘉庆〕《长沙县志》卷14。

[325]〔光绪〕《善化县志》卷16。

[326]《明季北略》卷20。

[327]〔光绪〕《山西通志》卷140。

[328]〔光绪〕《山西通志》卷143。

[329]〔道光〕《阜阳县志》卷5《风俗》。

[330]〔道光〕《颖上县志》卷5《风俗》。

[331]《福建盐法志·配运》。

[332]《山西票号史料》第60页,山西人民出版社1990年版。

[333]〔光绪〕《山西通志》卷140。

[334]〔光绪〕《山西通志》卷141。

[335]《明清史料》己编第1本。

[336]《皇朝文献通考》卷17《钱币考》。

[337]清档军机处录副《清单》,存第一历史档案馆。

[338]见渠绍淼、庞义才:《山西外贸志》(内刊)。

[339]转引自渠绍淼、庞义才:《山西外贸志》(内刊)。

[340]转引自渠绍淼、庞义才:《山西外贸志》(内刊)。

[341]《旅蒙商大盛魁》,《内蒙古文史资料》第12辑。

[342]高德胜:《旅俄商人牛允宽与"璧光发"》,《山西政协报》1992年9月11日。

[343]李华:《明清以来北京工商会馆碑刻选编·重修临汾会馆碑记》,文物出版社1980年版。

[344]李华:《明清以来北京工商会馆碑刻选编·修建临襄会馆碑记》,文物出版社1980年版。

[345]李华:《明清以来北京工商会馆碑刻选编·河东会馆碑记》,文物出版社1980年版。

[346]李华:《明清以来北京工商会馆碑刻选编·公建桐油行碑记》,文物出版社1980年版。

[347]张正明:《河南的山西商人会馆》,《文史研究》1994年1、2期。

[348]尼·维·鲍戈亚夫连斯基《长城外的中国西部地区》,商务印书馆1980年中译本。

[349]刘献廷:《广阳杂记》卷4。

[350]参见张国辉:《清代前期的钱庄和票号》,《中国经济史研究》1987年第4期。

[351]转引自黄冕堂:《清史治要》,齐鲁书社1990年版。

[352]屈大均:《广东新语》卷5。

[353]施鸿保:《闽杂记》卷9。

[354]《山西票号史料》第10页,山西人民出版社1990年版。

[355]李燧:《晋游日记》。

[356]王鎏:《钱币刍言》。

[357]清档军机处录副,山西巡抚申启贤复奏《钱票不能禁止及山西钞票流通情况析》,道光十八年六月二十五日。

[358]参阅孔经纬:《中国资本主义史纲要》,吉林文史出版社1988年版。

[359]李燧:《晋游日记》。

[360]张正明、薛慧林:《明清晋商资料选编》第101页,山西人民出版社1989年版。

[361]卫聚贤:《山西票号史》。

[362]孔祥毅:《近代史上的山西商人和商业资本》,《近代的山西》,山西人民出版社1988年版。

[363]铢庵:《人物风俗制度丛谈》。

[364]参见曹继植:《戴拳师除霸护商贾》,《文史研究》1992年第3期。

[365]卫聚贤:《山西票号史》。

[366]《清高宗实录》卷1068,乾隆四十三年十月。

[367]李华:《明清以来北京工商会馆碑刻选编·重修仙翁庙碑记》,文物出版社1980年版。

[368]李华:《明清以来北京工商会馆碑刻选编·颜料行会碑记》,文物出版社1980年版。

[369]清档、江苏巡抚陶澍道光八年四月初八日奏折。

[370]卫聚贤:《山西票号史》。

[371]李宏龄:《山西票商成败记》。

[372]《山西票号史料》第134页,山西人民出版社1990年版。

[373]《山西票号史料》第134页,山西人民出版社1990年版。

[374]《东粤藩储考》卷12,转引自张国辉的《十九世纪后半期中国票号业的发展》,《历史研究》1985年第2期。

[375]《论语·述而》。

[376]《史记·货殖列传》。

[377]韩邦奇:《苑落集》卷6。

[378]纪晓岚:《阅微草堂笔记》。

[379]韩邦奇:《苑落集》卷6。

[380]《易经》。

[381]张正明:《清代的茶叶商路》,《光明日报》1985年3月5日。

[382]〔光绪〕《山西通志》卷139《孝友》。

[383]〔同治〕《榆次县志》卷18。

[384]徐继畬:《松龛全集》文集卷3《致王雁汀中丞书》。

[385]〔雍正〕《泽州府志》卷37《孝义》。

[386]〔光绪〕《山西通志》卷137《忠烈录下》。

[387]《启桢纪闻录》卷5,引自韩大成的《明代社会经济初探》第230页,人民出版社1986年版。

[388]见《论语》的《子路》、《季氏》、《宪问》等篇。

[389]《二程遗书》卷15。

[390]林娃:《晋商文化中的骄子》(未刊稿)。

[391]定襄《邢氏族谱》卷2《墓志文》。

[392]〔民国〕《榆次县志》卷18《单行录》。

[393]〔光绪〕《永济县志》卷13《耆寿》。

[394]王家屏:《复宿山房集》卷26。

[395]〔同治〕《两淮盐法志》卷43。

[396]徐继畬:《松龛全集》文集卷2《冀母马太夫人七十寿》。

[397]〔乾隆〕《大同府志》卷29。

[398]张四维:《条麓堂集》卷28。

[399]张四维:《条麓堂集》卷20。

[400]李燧:《晋游日记》。

[401]王士性:《广志绎》。

[402]徐珂:《清稗类钞·农商类》。

[403]《山西票号史料》第590、591页,山西人民出版社1990年版。

[404]张正明:《清代晋商的股俸制》,《中国社会经济史研究》1989年第1期。

[405]张四维:《条麓堂集》卷21。

[406]孟阳《续修张氏族谱》。

[407]顾轩:《顾斋遗集》卷下《挹华王君墓志铭》,《山右丛书初编》本。

[408]〔康熙〕《阳城县志·义侠》。

[409]李梦阳:《空同集》卷44《明故王文显墓志铭》。

[410]曹振武:《晋商习俗》,《文史研究》1992年第3期。

[411]《论语·先进》。

[412]张正明、薛慧林:《明清晋商资料选编》第148页,山西人民出版社1989年版。

[413]孟阳《续修张氏族谱》。

[414]孟阳《续修张氏族谱》。

[415]顾轩:《顾斋遗集》卷下《挹华王君墓志铭》,《山右丛书初编》。

[416]〔万历〕《汾州府志》卷12《隐逸》。

[417]〔雍正〕《泽州府志》卷37《孝义》。

[418]〔咸丰〕《汾阳县志》卷10《杂识》。

[419]《东华录》康熙二十八年二月。

[420]张正明、薛慧林:《明清晋商资料选编》第290页,山西人民出版社1989年版。

[421]《定襄邢氏族谱》卷2《耆宾鸿盘公墓志铭》。

[422]李宏龄:《同舟忠告》。

[423]曹振武:《晋商习俗》,《文史研究》1992年第3期。

[424]刘式如:《大德通票号》,载《山西工商业史拾掇》,山西人民出版社1987年版。

[425]韩邦奇:《苑落集》卷6。

[426]张四维:《条麓堂集》卷27。

[427]《光山县志》卷139。

[428]王家屏:《复宿山房集》卷26。

[429]张四维:《条麓堂集》卷28。

[430]〔光绪〕《山西通志》卷131。

[431]《孟子·离娄上》。

[432]《荀子·强国篇》。

[433]李梦阳:《空同集》卷44《明故王文显墓志铭》。

[434]〔光绪〕《山西通志》卷143《义行录》。

[435]《孙子十家注·张预》。

[436]张四维:《条麓堂集》卷23。

[437]张四维:《条麓堂集》卷21。

[438]沈思孝:《晋录》。

[439]张四维:《条麓堂集》卷28。

[440]张正明、高春平:《晋商王文素及其〈新集通证古今算学宝鉴〉》,《晋阳学刊》1994年第1期。

[441]参见《旅蒙商大盛魁》,《内蒙古文史资料》第12辑。

[442]参见《旅蒙商大盛魁》,《内蒙古文史资料》第12辑;王双、张正明:《中国商业历史故事选》,中国商业出版社1992年版。

[443]见《山西票号史料》第11~15页,山西人民出版社1990年版;参阅冀孔瑞:《晋中第一家票号——日升昌》,《山西商人的生财之道》,中国文史出版社1986年版。

[444]参见《山西票号史料》第18、19页,山西人民出版社1990年版;冀孔瑞:《介休侯百万和蔚字号》,《山西商人的生财之道》,中国文史出版社1986年版。

[445]参见《山西票号史料》第635、636页,山西人民出版社1990年版。

[446]参阅《山西票号史料》,山西人民出版社1990年版;郝建贵:《大德通票号始末》,《山西商人的生财之道》,中国文史出版社1986年版;刘式如:《大德通票号》,《山西工商业史拾掇》,山西人民出版社1987年版。

[447]参阅《山西票号史料》,山西人民出版社1990年版。

[448]田树茂:《第一个在国外设庄的票号——合盛元》(未刊稿)。

[449]录自《山西票号史料》第333页,山西人民出版社1990年版。

[450]录自《山西票号史料》第334页,山西人民出版社1990年版。

[451]这段史料承蒙日本学者松浦章提供,特此致谢。

[452]录自《山西票号史料》第333页,山西人民出版社1990年版。

[453]此资料蒙日本学者山根幸夫、松重充浩协助在日本外务省外交史料档案馆取得。

[454]参见田树茂《第一个在国外设庄的票号——合盛元》(未刊稿)。

[455]李宏龄:《山西票商成败记》。

[456]李宏龄:《山西票商成败记》。

[457]参见冯妇、武润桃:《协同庆票号荣枯记》,《文史研究》1992年第3期。

[458]李宏龄:《山西票商成败记》。

[459]参见《驰名京华的老字号》,文史资料出版社1986年版。

[460]参见韩洪文:《广誉远药厂四百年》,《山西商人的生财之道》,中国文史出版社1986年版;王双、张正明等:《中国商业历史故事选》,中国商业出版社1992年版。

[461]《爱薇堂遗集·叙》,转引自《三晋一百名人评传》,山西人民出版社1992年版。

[462]《息影园诗存·清陆军部主事筱山乔君墓志铭》,转引自《三晋一百名人评传》,山西人民出版社1992年版。

[463]卫聚贤:《山西票号史》。

[464]李宏龄:《同舟忠告》。

[465]陈立三:《平遥李君墓表》。

[466]《山西票号史料》第566~568页,山西人民出版社1990年版。

[467]《山西票号史料》第568页,山西人民出版社1990年版。

[468]《中国通商银行董事会文件》卷1。

[469]盛宣怀:《愚斋存稿》卷2。

[470]清档度支部档案,光绪三十三年十月银行科北档房呈裕字第9号。

[471]江西巡抚李勉林复奏,《申报》1901年7月2日。

[472]陈其田:《山西票庄考略》。

[473]李宏龄:《山西票商成败记》。

[474]陈其田:《山西票庄考略》。

[475]李宏龄:《山西票商成败记》。

[476]陈立三:《平遥李君墓表》。

[477]《明史》卷219《张四维传》。

[478]《明史·张四维传》;张四维:《条麓堂集》卷28、30;小野和子:《山西商人和张居正》,《东方学报》第58册。

[479]《明史·王崇古传》,《太原王氏》,北岳文艺出版社1994年版;小野和子:《山西商人和张居正》,《东方学报》第58册。

[480]蝉伏老人《康熙南巡秘记·噶礼毒母案》,转引自李华:《清代山西平阳大商人亢百万》,《清史研究通讯》1984年第4期。

[481]李斗:《扬州画舫录》卷9。

[482]李华:《清代山西平阳大商人亢百万》,《清史研究通讯》1988年第4期。

[483]〔乾隆〕《介休县志》卷9《人物》。

[484]参见《碑传集》卷42《赠中宪大夫太仆寺卿衔范府君毓馪墓表》。

[485]《内务府来文》乾隆二十一年,转引自《历史研究》1981年第3期韦庆远等《清代著名皇商范氏的兴衰》。

[486]参见介休市人大办公室《清代皇商巨贾范氏简介》(未刊稿)。

[487]《清史稿·范毓馪传》;《碑传集》卷42;松浦章《山西商人范毓馪家族的谱系和事迹》,《谱牒学研究》第2辑。

[488]武殿琦、胡育先:《在中堂——乔家大院》,山西人民出版社1993年版。

[489]参见《山西票号史料》,山西人民出版社1990年版;武殿琦、胡育先《在中堂——乔家大院》,山西人民出版社1993年版;刘静山《山西祁县乔家在包头的"复"字号》,《山西商人的生财之道》,中国文史出版社1986年版。

[490]冀孔瑞:《介休侯百万和蔚字号》,《山西商人的生财之道》,中国文史出版社1986年版。

[491]见卫聚贤:《山西票号史》。

[492]参见《山西票号史料》第777页,山西人民出版社1990年版;冀孔瑞:《介休侯百万和蔚字号》,《山西商人的生财之道》,中国文史出版社1986年版。

[493]参见张礼明等:《渠家发迹探因》,《文史研究》1994年第1、2期。

[494]参见《山西票号史料》第780页,山西人民出版社1990年版;常士晔:《山西榆次车辋常氏家乘介绍》(未刊稿)。

[495]参见太谷县志编纂委员会《太谷县志》;聂昌麟:《太谷曹家商业资本兴衰记》,《山西商人的生财之道》,中国文史出版社1986年出版。

[496]徐继畬:《松龛全集》文集卷2。

[497]《山西票号史料》第781页,山西人民出版社1990年版。

[498]参阅卫聚贤:《山西票号史》。

[499]吴相湘:《民国人物列传》上册,台北传记文学出版社。

[500]《孔祥熙与朱莉·连英的谈话》是由美国犹他州立大学袁清教授提供,谨在此表示感谢。

[501]《山西票号史料》第 590 页,山西人民出版社 1990 年版。

[502]1937 年孔德成主修《孔子世家谱》。

[503]张正明、靳珊:《对〈孔祥熙早年在太谷〉一文的订正和补充》,《山西文史资料》1989 年第 65 辑。

[504]朱熹:《朱子语类》十三《力行》。

[505]赵吉士:《寄园寄所寄》卷 11。

[506]《明清徽商资料选编》第 227 页,黄山书社 1985 年版。

[507]〔民国〕《歙县志》卷 9《人物志》。

[508]〔光绪〕《婺源志》卷 32。

[509]《明清徽商资料选编》第 226 页,黄山书社 1985 年版。

[510]参见张海鹏、唐力行:《明清徽商心理研究》,1988 年中国商业史学会年会论文。

[511]汪道昆:《太函副墨》卷 1《先大父状》。

[512]《休宁西门汪氏宗谱》卷 6《益府典膳福光公暨配金孺人墓志铭》。

[513]《许氏统宗谱·处士孟洁公行状》。

[514]《绩溪县志馆第一报告书》,《胡适之先生致胡编纂函》,转引自张海鹏、唐力行:《明清徽商心理研究》,1988 年中国商业史学会年会论文。

[515]臼井佐知子:《徽州汪氏的移动和商业活动》,《中国社会和文化》第 8 号,1993 年 6 月。

[516]纪昀:《阅微草堂笔记》卷 23《滦阳续录》(五)。

[517]参见渠绍淼、庞义才:《山西外贸志》(内刊)。

[518]《晋商盛衰记》。

[519]〔俄〕波兹德涅耶夫:《蒙古与蒙古人》,1898 年圣彼得版。

[520]清档,山西巡抚宝棻光绪三十四年三月十三日奏折。

[521]《山西票号史料》第 376 页,山西人民出版社 1990 版。

[522]1869 年《海关贸易报告·烟台》。

[523]《天津商会档案选编》(上)第 1169 页,天津人民出版社 1989 年版。

[524]〔民国〕《太谷县志》。

[525]《阎伯川先生年谱长编初稿》(一),台湾商务版。

[526]徐继畬:《松龛全集》奏疏卷下《潞盐刍议致王雁汀中丞》。

[527]清档,山西巡抚宝棻光绪三十四年三月十三日奏折。

[528]《阎伯川先生年谱长编初稿》,台湾商务版。

[529]清档军机处录副,期成额、观音保:《为筹办本税事宜》。

[530]清档军机处录副,四达、彰宝:《查审归化城监督福礼收税一案》。

[531]《清仁宗实录》卷11,嘉庆二十五年十二月戊戌。

[532]清档军机处录副,管理户部事务祁隽藻《为遵旨报上捐输情形奏折》,《明清晋商资料选编》,山西人民出版社1989年版。

[533]徐继畬:《松龛全集》文集卷3《复阳曲三绅士书》。

[534]清档喀尔吉善:《为奏闻事》,乾隆六年十一月十一日。

[535]清档四达、彰宝:《为遵旨严审定拟具奏事》,乾隆三十三年一月二十九日。

[536]徐继畬:《松龛全集》文集卷3《复阳曲三绅士书》。

[537]参见余英时:《中国近世宗教伦理与商人精神》,《内在超越之路》,中国广播电视出版社1992年版。

[538]张四维:《条麓堂集》卷28。

[539]张正明、薛慧林:《明清晋商资料选编》第300页,山西人民出版社1989年版。

[540]《清高宗实录》卷1255,乾隆五十一年五月。

[541]〔光绪〕《长治县志》卷6《列传》。

[542]《罪恶之家》,河南人民出版社1964年版。

[543]《清高宗实录》卷1255,乾隆五十一年五月。

[544]卫聚贤:《山西票号史》。

[545]谢肇淛:《五杂俎》卷4《地部》。

[546]定襄《邢氏族谱》卷2。

[547]孟阳《续修张氏族谱》。

[548]〔乾隆〕《祁县志》卷9《人物》。

[549]王锡纶:《怡青堂诗文集》卷2,引自《近代的山西》,山西人民出版社出版。

[550]梁恭辰:《池上草堂笔记》。

[551]李斗:《扬州画舫录》卷9。

[552]〔光绪〕《山西通志》卷140。

[553]清宫中档,乾隆二十年四月尹继善奏折:"江省各营仍照例出口买马1000余匹。"

[554]《清圣祖实录》卷240,康熙四十八年十一月庚寅。

[555]〔乾隆〕《口北三厅志》卷5《田赋志》。

[556]〔光绪〕《续修寿阳县志》卷10《风土》。

[557]陈东升:《清代旅蒙商初探》,《内蒙社会科学》1990年第3期。

[558]李长鼎:《李长鼎集》卷19。

[559]〔光绪〕《平遥县志》卷12杂录志《疏通籴粜文》。

[560]〔雍正〕《泽州府志》卷12《物产》。

[561]孙嘉淦:《孙文定公奏疏》卷3。

[562]〔咸丰〕《汾阳县志》卷10。

[563]〔乾隆〕《长治县志》卷7。

[564]〔光绪〕《寿阳县志》卷10《风土》。

[565]〔光绪〕《平定州志》卷5《食货》。

[566]〔乾隆〕《周至县志》卷9《风俗》。

[567]《四川盐法志》卷39。

[568]〔光绪〕《蒙古志》卷2。

[569]〔民国〕《徐沟县志》第四章《商史》。

[570]王致中、魏丽英:《明清西北社会经济史研究》,三秦出版社1989年版。

[571]祁韵士:《万里行程记》。

[572]欧阳源:《名贵的土特产》,载《祖国的贵州》,贵州人民出版社1955年版。

[573]《申报》1881年1月23日。

[574]转引自黄启臣:《十四~十七世纪中国钢铁生产史》,中州古籍出版社1989年版。

[575]参阅张国辉:《十九世纪后半期中国票号业的发展》,《历史研究》1985年第2期。

[576]〔光绪〕《襄陵县志》卷22。

[577]〔顺治〕《潞安府志》卷1。

[578]谈迁:《枣林杂俎》。

[579]谢肇淛:《五杂俎》卷4《地部2》。

[580]〔乾隆〕《解州安邑县志》卷12《艺文》,袁翱:《复盐池西禁门记》。

[581]《河东盐法志》卷8《运城》。

[582]〔乾隆〕《解州安邑县志》序。

[583]〔乾隆〕《解州安邑县运城志》卷2《风俗》。

[584]〔乾隆〕《解州安邑县运城志》卷12《艺文》,袁翱《复盐池西禁门记》。

[585]〔民国〕《安邑县志》卷2《城邑考》。

[586]〔乾隆〕《解州安邑县志》卷2《风俗》。

[587]张正明:《古代运城的创建与发展》,《晋阳学刊》1985年第5期。

[588]祁韵士:《万里行程记》。

[589]《永乐大典·太原府志》。

[590]〔民国〕《太谷县志》序。

[591]〔乾隆〕《太谷县志》序。

[592]罗比·尤恩森《宋氏三姐妹》(赵云侠译),世界知识出版社1984年版。

[593]〔嘉庆〕《介休县志》卷4《户口》。

[594]〔嘉庆〕《介休县志》卷12《艺文》,刘尔聪《修张兰城记》。

[595]祁韵士:《万里行程记·濛池行稿》。

[596]河曲县志编纂委员会《河曲县志》,山西人民出版社1989年版。

[597]〔光绪〕《河津县志》卷2《风俗》。

[598]〔嘉靖〕《宣府镇志》卷20《风俗考》。

[599]〔光绪〕《蒙古志》卷2。

[600]清档军机处录副,巴延三《查明归化城税务情形》。

[601]《古丰识略》卷20。

[602]清档军机处录副,巴延三《查明归化城税务情形》。

[603]《古丰识略》卷20。

[604]〔光绪〕《蒙古志》卷2。

[605]《内蒙地志》。

[606]《乌里雅苏台志》。

[607]〔光绪〕《蒙古志》卷2。

[608]〔光绪〕《蒙古志》卷2。

[609]参见《北方民族关系史论丛》第1辑第127页,内蒙古人民出版社1984年版。

[610]《明经世文编》卷452,梅国桢《请置榷税疏》。

[611]秦武域:《闻见瓣香录》甲卷,《山右丛书初编》本。

[612]《皇清奏议》陕甘总督文绶《陈新疆情形疏》。

[613]康基田:《晋乘搜略》。

[614]严慎修:《晋商盛衰记》。

[615]《清圣祖实录》卷215,康熙四十三年正月辛酉。

[616]〔乾隆〕《宁武府志》卷9《风俗》。

[617]张正明、薛慧林:《明清晋商资料选编》第291页,山西人民出版社1989年版。

[618]张正明、薛慧林:《明清晋商资料选编》第293页,山西人民出版社1989年版。

[619]《永乐大典·太原府志》。

[620]〔万历〕《太谷县志》。

[621]〔民国〕《太谷县志》卷3。

[622]〔民国〕《太谷县志》序。

[623]罗比·尤恩森《宋氏三姐妹》(赵云侠译),世界知识出版社1984年版。

[624]朱明媚、武殿琦:《祁县商帮刍议》,《文史研究》1994年第1、2期。

[625]〔民国〕《临晋县志》卷4《生业略》。

[626]〔民国〕《阎伯川先生年谱长编初稿》(一),台湾商务出版。

[627]《万历武功录·俺答列传中》。

[628]《明经世文编》卷434,冯时可:《俺答后志》。

[629]顾祖禹:《读史方舆纪要·大同府》。

[630]徐世昌:《东三省政略·蒙务下》,转引自《中国北方民族关系史》,中国社会科学出版社1987年版。

[631]《中国北方民族关系史》,中国社会科学出版社1987年版。

[632]潘复:《调查河套报告书》第219页,转引自卢明辉的《清代蒙古史》,天津古籍出版社1990年版。

[633]《大清会典》卷994《理藩院刑法·盗贼》。

[634]〔光绪〕《新清水河厅志》卷36。

[635]《晋政辑要》卷1。

[636]《大清会典》卷978。

[637]清档军机处录副,金简、福康安《查办参务》。

[638]刘文炳:《徐沟县志》第四章。

[639]徐继畬:《松龛全集》文集卷2《冀太夫人七十寿》。

[640]田秋平:《晋商在琉璃厂的字号》,《太原晚报》1991年7月18日。

[641]武殿琦、胡育先:《在中堂——乔家大院》,山西人民出版社1993年版。

[642]参见王思霖、冯印谱、常世龙:《乡情浓浓扑面来》,《山西日报》1992年10月3日。

[643]丁心娥:《河南的晋陕会馆》,《山西政协报》1988年10月7日。

[644]参见魏凯:《苏州的全晋会馆》,《山西人大工作》1994年第7期。

[645]参见武殿琦、胡育先:《在中堂——乔家大院》,山西人民出版社1993年版。

[646]参见田中仁、杜天威《乔家大院声名远,渠家大院亦奇绝》,《山西日报》1993年5月1日。

[647]参见江鸟:《太谷三多堂》,《太原日报》1995年10月4日。

[648]参见林娃:《清代北方民居文化珍品》(未刊稿)。

[649]参阅张正明:《山西丁村明清住宅略述》,《史学月刊》1990年第1期。

[650]转引自刘文峰:《山陕商贾与梆子戏的关系》,《中华戏曲》第3辑,山西人民出版社1987年版。

[651]《旧剧丛谈》。

[652]刘文峰:《山陕商贾与梆子戏的关系》,《中华戏曲》第3辑。

[653]吕坤:《实政录·禁约》。

[654]〔万历〕《潞安府志》卷9。

[655]张正明、薛慧林:《明清晋商资料选编》第24页,山西人民出版社1989年版。

[656]《明清晋商资料选编》第25页,山西人民出版社。

[657]刘大鹏:《退想斋日记》。

[658]刘大鹏:《退想斋日记》。

[659]刘大鹏:《退想斋日记》。

[660]〔嘉庆〕《涉县志》卷1《疆域》。

[661]《山西票号史料》第341页,山西人民出版社1990年版。

[662]李维桢:《大泌山房集》卷85《韩公墓志铭》。

[663]《清代的矿业》下,第526页,中华书局1983年版。

[664]《清代的矿业》下,第406页,中华书局1983年版。

[665]清档军机处录副,直隶总督刘峨:《谨题为详情等事》。

[666]《山西票号史料》第347页,山西人民出版社1990年版。

[667]刘静山:《山西祁县乔家在包头的"复"字号》,《山西商人的生财之道》,中国文史出版社1986年版。

[668]李梦阳:《空同集》卷44《明故王文显墓志铭》。

[669]王家屏:《复宿山房集》卷26。

[670]〔光绪〕《山西通志》卷143。

[671]〔光绪〕《山西通志》卷140。

[672]〔光绪〕《山西通志》卷140。

[673]〔英〕威廉斯著,陈耀昆译:《世界商业史》,中国商业出版社1989年版。

[674]转引自沙莲香:《中国民族性》(一),中国人民大学出版社1989年版。

[675]岩崎继生:《大同风土记》第九章,载《山西历史辑览》,山西省地方志编纂委员会办公室编印。

[676]梁启超:《饮冰室文集》29《莅山西票商欢迎演说辞》。

[677]梁启超:《饮冰室文集》29《莅山西票商欢迎演说辞》。

附 录

附录一：

主要参考书目

《国语·晋语》

《史记》

《魏书》

《晋书》

《北史》

《太平广记》

《旧五代史》

《宋史》

《明史》

《清史稿》

王士性：《广志绎》

沈思孝：《晋录》

《明实录》

《清实录》

《明经世文编》

《皇朝经世文编》

《明会典》

张萱：《西园闻见录》

《河东盐法志》

《两淮盐法志》

《河东盐法备览》

《清盐法志》

〔成化〕《山西通志》

〔光绪〕《山西通志》

〔万历〕《汾州府志》

〔万历〕《潞安府志》

〔万历〕《泽州志》

〔顺治〕《高平县志》

〔康熙〕《保德州志》

〔咸丰〕《汾阳县志》

《寿阳县志》

《榆次县志》

《五台新志》

《太谷县志》

《介休县志》

《河津县志》

《宣府镇志》

《蒙古志》

《内蒙地志》

《乌里雅苏台志》

《宁武府志》

《临晋县志》

《徐沟县志》

《涉县志》

〔道光〕《万全县志》

〔顺治〕《霍山县志》

〔万历〕《扬州府志》

王世贞:《嘉靖以来内阁首辅传》

谢肇淛:《五杂俎》

韩邦奇:《苑落集》

吕柟:《续刻吕泾野先生文集》

张瀚:《松窗梦语》

瞿九思:《万功武功录》

冯梦龙:《智囊》

谈迁:《枣林杂俎》

王家屏:《复宿山房集》

顾炎武:《天下郡国利病书》

《阎古古全集》

《受祺堂文集》

张四维:《条麓堂集》

宋应星:《天工开物》

《明一统志》

杜纲:《娱目醒心编》

《清文献通考》

《清稗类钞》

松筠:《绥服纪略》

《小方壶舆地丛钞》

徐继畬:《松龛全集》

祁韵士:《万里行程记》

《永乐大典》

《山右丛书初编》

康基田:《晋乘搜略》

顾祖禹:《读史方舆纪要》

《大清会典》

《晋政辑要》

纪昀:《阅微草堂笔记》

吕坤:《实政录》

刘大鹏:《退想斋日记》

李维桢:《大泌山房集》

李梦阳:《空同集》

卫聚贤:《山西票号史》

陈其田:《山西票庄考略》

李宏龄:《山西票商成败记》《同舟忠告》

梁启超:《饮冰室文集》

李隧:《晋游日记》

《京城坊巷志稿》

《山西票号史料》,山西人民出版社1990年版。

《清代的矿业》,中华书局1983年版。

李华:《明清以来北京工商会馆碑刻选编》,文物出版社1980年版。

渠绍淼、庞义才:《山西外贸志》,山西省地方志办编。

《山西商人的生财之道》,中国文史出版社1986年版。

《内蒙古文史资料》第 12 辑《旅蒙商大盛魁》,内蒙古文史资料研究委员会编。

卢明辉:《清代蒙古史》,天津古籍出版社 1990 年版。

《中国北方民族关系史》,中国社会科学出版社 1987 年版。

《北方民族关系史论丛》,内蒙古人民出版社 1984 年版。

《驰名京华的老字号》,文史资料出版社 1986 年版。

张正明、薛慧林主编:《明清晋商资料选编》,山西人民出版社 1989 年版。

《近代的山西》,山西人民出版社 1988 年版。

黄冕堂:《清史治要》,齐鲁书社 1980 年版。

黄启臣:《十四~十七世纪中国钢铁生产史》,中州古籍出版社 1989 年版。

王致中、魏丽英:《明清西北社会经济史研究》,三秦出版社 1989 年版。

秦佩珩:《明清社会经济史论稿》,中州古籍出版社 1984 年版。

葛贤慧、张正明:《明清山西商人研究》,香港欧亚经济出版社 1993 年版。

张正明:《山西工商业史拾掇》,山西人民出版社 1987 年版。

寺田隆信:《山西商人研究》,山西人民出版社 1986 年版译本。

《宫崎市定论文选集》,商务印书馆 1965 年版。

《十大古都商业史略》,中国财经出版社 1990 年版。

《中国商业历史故事选》,中国商业出版社 1992 年版。

童书业:《中国手工业商业发展史》,齐鲁书社 1981 年版。

武殿琦、胡育先:《在中堂——乔家大院》,山西人民出版社 1993 年版。

韩大成:《明代社会经济初探》,人民出版社 1986 年版。

吴慧:《中国古代商业史》,中国商业出版社 1983 年版。

定襄,《邢氏族谱》

盂阳,《续修张氏族谱》

《天津商会档案选编》,天津人民出版社 1989 年版。

《汉口山陕会馆志》

《明清佛山碑刻文献经济资料》,广东人民出版社 1987 年版。

《中国十大商帮》,黄山书社 1993 年版。

《谱牒学研究》第 2 辑,文化艺术出版社 1992 年版。

李龙潜:《明清经济史》,广东高等教育出版社 1985 年版。

金汉升:《中国行会制度史》,百花文艺出版社 2007 年版。

王尚义:《晋商商贸活动的历史地理研究》,科学出版社 2004 年版。

谭其骧:《中国历史地图集》第七册、第八册,地图出版社1987年版。

李浩、郭海:《晋矿魂》,山西人民出版社2001年版。

《晋商印章选编》(未刊)

王尚义:《晋商商贸活动的历史地理研究》,科学出版社2004年版。

附录二：

英国福公司与山西当局议定山西开矿等有关章程、合同

一、福公司与晋丰公司议定条款

二月十九日，英国公使窦纳乐函称，本月十三日，会同意国大臣赴贵署，谈及山西路矿借款合同一事，十六日在署，又复议及拟将所立合同，抄送查阅，承告以俟山西巡抚奏报到日，方能奉复，兹将合同原文抄送，即希贵王大臣查酌为幸。此布。

照录原摺。

北京福公司与晋丰公司刘鹗，于光绪二十三年九月三十日，即西历一千八百九十七年十月二十五日，两面议明，以晋丰公司于光绪二十三年九月初三日，秉奉山西巡抚部院批准，独自开办盂平泽潞诸属矿务，同日又奉批准，自借洋债办理该矿，现与议定各条款于后。

（一）福公司允于此次两面所议合同批准后，即派矿师前往晋省，查勘该属各矿，开具节略。

（二）如矿师节略利于开采，福公司允与晋丰公司，即借洋债，无逾一千万两，并即购办一切采矿应需机器。

（三）凡调度矿务与开采工程，由晋丰公司刘鹗，会同洋商经理，而矿中执事，议明总以尽用华人为是。

（四）按照晋丰公司与福公司所立初次合同第二款，于开矿赢余，先提用本官利八厘，又公积一分后，所存余利，除已提百分之二十五分，报效国家外，议定再提百分之二十五分，呈归抚宪拨用。

（五）办矿之期，限办六十年，以每矿开办之日为始，限满矿场与一切机器皆归抚宪收回，无须给结与福公司分文偿补。此合同华法文各缮两分，彼此收执。

光绪二十三年九月三十日，即西历一千八百九十七年十月二十五日
《矿务档》第1384～1385页。

二、山西商务局与福公司议定山西开矿制铁及转运各色矿产章程

（一）山西商务局禀奉山西巡抚批准，专办盂县、平定州、潞安、泽州与平阳府属煤、铁，以及他处煤油各矿。今将批准各事，转请福公司办理，限六十年为期，应先由矿师勘定何乡、何山、何种矿产，绘图贴说，禀请山西巡抚查明。果与地方情形无碍，一面咨明总理衙门备案，一面发给凭单，准其开采矿地，勿稍耽延，如系民产，向业主议明，或租或买，公平给价；如系官产，应照该处田则，加倍纳赋。

（二）山西商务局禀奉山西巡抚批准，自借洋债，不得过一千万两之数。如所派勘矿师以此数不敷于用，山西商务局仍专向福公司续借。

（三）凡调度矿务与开采工程，用人理财各事，由福公司总董经理、山西商务局总办会同办理。

（四）各处矿厂，应用华、洋董事各一人。洋董管工程，华董理交涉，一切账目，皆用洋式银钱出入。洋董经理，华董稽核，各矿厂总以多用华人为是，所有薪水皆由公司发给。

（五）勘验矿地，或应打钻、掘井、探视钻苗，应先与地方商明，踏损田禾，酌量赔偿。至开矿以后，或因矿踏塌陷，损伤民命房产，应归公司抚恤赔偿；若定办一矿，有占民地，必须会同地方官，或向地主租用，或备价购买，秉公定价。务使两不受亏，方昭公允，所开矿地，无论或租或买，但遇有坟茔、祠墓，必须设法绕越，毋得发掘。

（六）所办矿务，每年所有矿产，按照出井之价值，面抽五，作为落地税，报效中国国家。每年结账盈余，先按用本付官利六厘，再提公积一分，逐年还本，仍随本减息。俟用本还清公积，即得停止。此外，所余净利，提二十五分归中国国家，余归分司自分给。以后，中国他处有用洋款开采煤、铁矿者，应请一概仿照此章。所有矿产值百抽五纳税，以归划一。再此系商人筹借开办矿务，如有亏折，与中国国家毫不干涉。

（七）盂、平、泽、潞，地面甚广，开办不止一处。然各矿出入与所有盈余，各归各矿清理。如或彼亏此盈，不得以此矿之盈，补彼矿之亏，致使国家应得余利，因之少减。

（八）凡开矿所需料件、机器等物进口，照开平各矿现行章程，完纳海关正

半税项,内地厘捐概不重征。至开出矿产运出口时,仍照章纳税。

(九)公司所开之矿,以六十年为限。一经限满,公司所办各矿,无论新旧,不问盈亏如何,即以全矿机器及该矿所有料件,并房产、基地、河桥、铁路,凡系在该矿成本项下置役之业,全行报效中国国家,不求给价。届时由商务局禀请山西巡抚派员验收。

(十)每处矿厂,总以联络官民预息纷争为要。应由商务局禀请巡抚,酌派照料委员一人,又设照料绅士一员,由公司聘请。该员、绅薪水,均由公司筹备。

(十一)矿师、工头,开办之始,自应选有洋人;倘日后华人中,有精矿学、谙习工程者,商务局会同公司派充此项要职。至其余司事照料等职,无关重大责成者,皆用华人,尤其多用山西人,以开风气。

(十二)矿丁亦多用晋人,其工价应从公酌定。至矿丁受伤,应如何体恤,与使用数十年后,应如何酌给养老之费,又平日作工,每日若干时刻各节,统俟开矿后,再由商务局会同福公司采择欧美各矿妥善章程,商请巡抚定夺。

(十三)福公司于各矿开办之始,即于矿山就近,开设矿务、铁路学堂。由地方官、绅选取青年颖悟学生二三十名,延请洋师教授,以备路、矿因材选用。此项经费,由福公司筹备。

(十四)山西商务局所措福公司银一千万两,系约估之数。将来每开一矿,实需资本若干,由福公司拨用后,准福公司按照所用之数,造印借款股分票,刊刻章程,定期发卖。如佛商于期内愿买此种股票者,有则无论多寡,听其买取。

(十五)华商收买此项矿务股票,应由商务局按照时价涨落,照章代为收买,或自行买卖,均听其便;如华绅富商于六十年限内,将基本矿股票收至四分之三,即将该矿先期收回,由商务局查报,饬交该华商自行经理。

(十六)凡于所准矿地,遇有民人先经开采者,不得侵占,如原主自愿租卖,应由商务局会同公司,秉公给价,但不得稍有抑勒。

(十七)各矿遇有修路、造桥、开浚河港,或须添造分支铁道,接至干路或河口,以为转运该省煤、铁与各矿产出境者,均准福公司禀明山西巡抚,自备款项修理,不清公款;其支路应订章程,届时另议。至正定至太原铁道,已由商务局另行借款修理。该路左右各一百里内,福公司不得另造铁道,以杜争端。凡为以上所准各事,其须用民地之处,亦照各局已定章程租买,不得稍占民地,仍求地方官代为保护。

(十八)每至年终,或盈或亏,各分矿造具清册,应各请华、洋公正人一名,核算无讹,然后刊刻报单,送至商务局察核,各矿盈亏,另造总册呈报巡抚,以凭分咨(总理衙门、户部)查核,并将报效国家,一并呈缴。

(十九)该矿为自主之产,将来中国有与别国战争之事,该公司应听中国号令,不得接济敌国。

(二十)兹章程华、洋文缮具两份,各执为凭。

大清光绪二十四年四月初二日,即西历一千八百九十八年五月二十一号

山西矿务局福公司罗沙弟

《山西矿务档案》第3~6页,《矿务档》第1415~1419页。

三、盛大臣与福公司续订合同四条

光绪三十一年铁路总局与福公司商订中国拟设山西熔化厂并合办山西潞泽平盂矿务合同四条

(一)山西商务局将批准专办之平定州盂县泽州府潞安府与平阳府煤铁以及他处煤油各矿,光绪二十四年商务局与福公司订立合同,转请福公司办理,限六十年为期,现今议定中国愿与福公司合办以上平盂潞泽等处铁矿,以及化铁用之煤与炼焦炉,福公司应允中国合股开办,以五成为度,自给凭单之日起,六十年为限,其限期之中,中项董事人数相等,平权办理。合股派股之时,所有福公司创始已用经费,如实在单据可凭,确系为铁矿事宜所用,准其分派核算,拨入股本项内,其详细合同,另行会订,至以上所指各处煤矿,如亦愿意合办,届时由山西商务局与福公司再行商议。

(二)中国国家自筹资本,准在晋省设立熔化厂,将中国与福公司合办铁矿之铁砂,交由国家镕化厂,炼成铁砖,以便易于火车转运,此熔化厂或设在就近产铁之处,或就在近铁路之处,由彼此商定相宜地段安置,其化铁炉式样,自必选取各国最新最精之图样,估算办理,届时福公司如有图样价值,亦可一并呈送,由督办大臣裨益,应准商量中国国家,推广办理,以期尽善而保厂矿彼此利益。

(三)熔化之费,彼此商定公道之价,该厂如实系自己需用之煤及焦炭,倘欲在第一款所捐各处之煤矿购买,须订一额外价值,比外卖之价略减,该公司尽先供用,该厂既设之后,国家须时常保全别法销用,该厂亦不得于该公司交

炼铁砂,有所耽延。

(四)该厂及日后推广之厂,均系中国国家物产,该厂督办大臣应自选用合适化铁工。

《山西矿务档案》第11~12页。

四、山西商务局与福公司议定赎回山西盂县平定州潞安泽州与平阳府开矿制铁转运正续各章程合同之合同

山西商务局与福公司,于光绪二十四年,议定山西开矿制铁以及转运各色矿产章程二十条,嗣于光绪三十一年,经铁路大臣盛宣怀与福公司商订续合同四条,今既有此龃龉,以致不得遵守前后所定之合同,山西按察司现奉谕旨,来京会商调停此件,以了结所有关于章程合同之事,兹将彼此议定之款,均开列于下。

——现在山西商务局与福公司商议,商务局愿晋省备款,将所有与福公司所定开矿制铁转运正续各章程合同议定赎回作废。既以会议之后,福公司因体谅晋省甚愿自办本省矿务之至意,按其详细情形,应允晋省将前后所议定开矿制铁转运正续各章程合同,由晋省赎回自办,以敦友谊而维和平。

——赎款计行平化宝银二百七十五万两,由山西商务局担任,按期交清。

——此项赎款数目,系晋省所担任,交与福公司收纳。认为赔偿福公司原订合同内应索之款,并各项所损失之利益,至福公司在他省另有经营,与晋省毫无干涉。

——此项赎款,准于光绪三十四年正月二十日先交一半,计行平化宝银一百三十七万五千两。其余之款,分三期摊还。光绪三十五年四月初一日,为第一批,计行平化宝银四十五万八千三百三十三两。三十六年四月初一日,为第二批,计行平化宝银四十五万万八千三百三十三两。三十七年四月初一,为第三批,计行平化宝银四十五万八千三百三十三两。

——赎款按行平化宝银核算,不折不扣。其由晋至京汇费等项,并先行借垫款项利息,均归晋省承认。

——此案原由商务局禀奉山西巡抚批准,复经前总理衙门奏准。现既由晋省备款赎回作废,此项合同,应请外务部咨照山西巡抚,督饬商务局按期交款,不准稍有拖欠。

——晋省矿务既系收回自办，福公司将所有开矿制铁转运正续各章程合同之权，一概退回，晋省绝无借洋款之意。惟此次福公司既将所有利益退回，将来晋省矿务制铁转运等事，万一有筹借外款之事，由晋省通告福公司。果其处处较廉，再行筹议，否则另借，各无异言。

——从此合同签订之日起，三月之内，福公司应将在平定州所有厂房一切交出，与所有机器等物一并与山西商务局。其开列于原定合同所订之五处，福公司将其已购之产，一概退还，不得再执为业。

——福公司所聘用之人，无论工程师或他项员役，因此而失其事业，以致不得营生，向福公司要求赔款者，福公司自行提任。

——此项赎款，由商务局先行筹借，由晋省亩捐的款项下，每年尽数拨用。缘矿产系晋省公共产业，亩捐亦系晋省公共办理全省公益之款，是以应使此款赎回本省之矿产，惟有未将此项赎款还清以前，不得将此亩捐稍为更改或减免其数。如亩捐不敷此用，则晋省大吏须随时提用他款，以补不足。

——原合同议定之章程二十条，既为前总理衙门批准，今了结事之合同，亦为外务部所批准，并为大英国使臣应允，以俾彼此保其本国之人，遵守一切。

——现将此合同以华英文缮具两份，各执一份为凭。

山西商务局福公司梁
大清光绪三十三年十二月十七日

《矿务档》第 1596~1598 页。

附录三：

中国晋商会馆名录

(二零零八年八月八日增订版) 王能长 辑

序号	名称	别名	馆址	始建年代	创建者	现况
一、北京市（七二所）							
００一	北京城平遥会馆	颜料会馆	北芦草园	明代中叶	平遥颜料商	存戏楼待修
００二	北京城临汾东馆	临汾乡祠	打磨厂	明代	临汾县商贾	存戏楼待修
００三	北京城临汾会馆	临汾西馆	廊坊三东	明末	临汾县商绅	已修缮完整
００四	北京城潞安东馆	潞郡会馆	炉神庵	明代	潞安府商贾	存碑刻三通
００五	北京城平阳会馆	阳平会馆	小蒋家胡同	明末清初	平阳府士商	已修缮完整
００六	北京城临襄会馆	山右馆	晓市大街	康熙五三年	临汾襄陵商	存碑刻七通
００七	北京城晋翼会馆		小蒋家胡同	清雍正十年	翼城县商绅	存七碑及匾
００八	通州晋翼会馆	布行公所	教子胡同	清康熙末年	翼城县商贾	已经被拆除
００九	北京城翼城会馆		珠市口西街	清雍正十年	翼城县商贾	待考
０一０	北京城翼城会馆		虎坊桥大街	清代	翼城县商贾	民国同售出
０一一	北京城翼城会馆		宣外大街	清乾隆年间	翼城县士商	待考
０一二	北京城潞安会馆	潞安西馆	珠市口西街	清代	潞安府商贾	大部分拆除
０一三	北京城浮山会馆	五圣神祠	鹞儿胡同	清雍正七年	浮山盐头商	存碑刻七通
０一四	北京城河东会馆	烟行会馆	广安门大街	清雍正五年	晋商众烟商	大部分拆除
０一五	北京城河东会馆		小蒋家胡同	清代	晋商众商贾	待考
０一六	北京城襄陵会馆	襄陵会馆	五道庙	乾隆二六年	襄陵油盐商	仅存碑三通
０一七	北京城襄陵会馆	襄陵会馆	余家胡同	清道光年间	襄陵油盐商	已经破损
０一八	北京城襄陵会馆	襄陵会馆	李铁拐斜街	清乾隆年间	襄陵县士商	待考
０一九	北京城襄陵会馆	襄陵会馆	珠市口西街	清代	襄陵县盐商	已经碑一通
０二０	北京城襄陵会馆	三官庙	南下洼子	清代	襄陵县士商	仅存碑二通
０二一	北京城平定会馆		西柳树井	清乾隆年间	平定州士商	已经被拆毁
０二二	北京城太原会馆	太原郡馆	皮库营西街	清康熙年间	太原府士商	存基本格局

序号	名称	别名	馆址	始建年代	创建者	现况
0123	北京城洪洞会馆	洪洞馆	广内大街	乾隆三三年	洪洞县商绅	已经被拆毁
0124	北京城曲沃会馆		贾家花园	清代	曲沃贾汉复	已改建小学
0125	北京城曲沃会馆		虎坊桥大街	清代	曲沃县士商	已经被拆毁
0126	北京城永济会馆		宣外大街	清乾隆年间	永济县士商	待考
0127	北京城蒲州会馆		骡马市大街	清代	蒲州县士商	待考
0128	北京城平介会馆		鹞儿胡同	乾隆一八年	平遥介休商	已经破损
0129	北京城汾阳会馆	民乐园	王广福斜街	清代	汾阳县商贾	存乾隆二碑
0130	北京城介休会馆	三晋西馆	北官园	清代	介休县士商	待考
0131	北京城三晋会馆	山西乡馆	骡马市大街	清康熙六年	山西众商绅	仅存碑数通
0132	北京城三晋会馆		贾家花园	清代	曲沃贾汉复	存陈廷敬记
0133	北京城三晋会馆	山晋东馆	阎王庙前街	清代	山西众士商	待考
0134	北京城三晋会馆	山右会馆	北五老胡同	清道光九年	山西众商绅	存道光碑拓
0135	北京城山西会馆	云山别墅	东晓市街	清代	山西众商贾	待考
0136	北京城山西会馆		下斜街	光绪一八年	山西众士商	改三晋宾馆
0137	北京城山西会馆	山西会馆	鞭子巷四条	清代	山西众士商	待考
0138	北京城山右会馆	山右会馆	明因寺街	清康熙年间	临汾襄陵商	存碑刻二通
0139	北京城山右会馆	山西会馆	铁香炉	清代	山西众士商	光绪同已废
0140	北京城右三晋会馆	山西会馆	上斜街	明天启四年	山西诸商绅	已改建小学
0141	北京城西晋会馆		海淀青龙桥	乾隆四一年	山西众商贾	仅存碑一通
0142	北京城西晋会馆	财神庙	广内大街	清代	山西众士商	已经碑拆除
0143	北京城汾城会馆	晋太平馆	晋太高庙	清乾隆年间	太平县商贾	已经被拆除
0144	北京城晋太会馆	太平试馆	百顺胡同	乾隆二九年	太平县商贾	光绪同已废
0145	北京城太平会馆		丞相胡同	清代	太平县商贾	已经被拆除
0146	北京城太平会馆		百顺胡同	清代	太平县商贾	光绪同已废
0147	北京城赵城会馆		刷子市胡同	清乾隆年间	赵城县商贾	被民居占用
0148	北京市汾水会馆		粉坊琉璃街	清代	山西众士商	待考

序号	名称	别名	馆址	始建年代	创建者	现况
〇四九	北京城解梁会馆		粉房琉璃街	乾隆五年	解州众士商	待考
〇五〇	北京城孟县会馆		小椿树胡同	乾隆五四年	孟县镫铺商	已经拆毁
〇五一	北京城孟县会馆	南药王庙	椿树上三条	清嘉庆年间	孟县众士商	已经被拆毁
〇五二	北京城灵石会馆	书行会馆	宣外大街	清代	灵石县士商	已经被拆除
〇五三	北京城代州会馆	代郡会馆	西河沿	清代	代州众士商	已经被拆除
〇五四	北京城忻定会馆		孙公园	清代	忻州定襄商	待考
〇五五	北京城忻定南馆	忻定试馆	苏州胡同	清代	忻州定襄商	待考
〇五六	北京城泽州会馆	泽郡外馆	花市中四条	清道光年间	泽州府士商	被民居占用
〇五七	北京城泽州会馆	泽郡内馆	康家胡同	清道光年间	泽州府士商	待考
〇五八	北京城闻喜会馆	闻喜庵	赶驴市	清顺治年间	闻喜县商贾	已经被拆除
〇五九	北京城绛山会馆	绛州会馆	椿树下三条	清代	绛州稷山商	已经被拆除
〇六〇	丰台山西会馆	老爷庙	长辛店大街	民国初年	山西众商贾	存戏台完好
〇六一	门头沟山西会馆		三家店中街	清代	山西众商贾	存不发建筑
〇六二	门头沟山西会馆		磨石道大街	民国初年	山西众商贾	待考
〇六三	通州山西会馆		马驹桥三街	清代	山西众商贾	待考
〇六四	通州山西会馆	关帝庙	张家湾村	明代	山西银粮商	"文革"拆除
〇六五	密云县银粮会馆	三圣神祠	旧城南门内	清康熙年间	山西造纸商	引进被拆毁
〇六六	北京城纸行会馆	造纸公会	宣外白纸坊	清乾隆年间	晋鲁冀商	存碑刻三通
〇六七	北京城靛行会馆		珠市口西街	清乾隆年间	晋鲁冀染商	待考
〇六八	北京城当业会馆		西柳树井	清嘉庆八年	晋京冀当商	待考
〇六九	北京城钱业公会		前外西河沿	清代	晋冀浙钱商	待考
〇七〇	药行香会馆	南药王庙	崇外东晓市	清乾隆年间	香行众晋商	待考
〇七一	北京文昌会馆	书行会馆	沙土园	清同治元年	晋冀京书商	待考

二 天津市（三所）

序号	名称	别名	馆址	始建年代	创建者	现况
〇七二	天津县山西会馆	晋郡会馆	粮店后街	乾隆三六年	山西众烟商	存碑十余通
〇七三	天津县山西会馆	晋义堂	估衣街	嘉庆二二年	晋商十三帮	存匾额碑刻

序号	名称	别名	馆址	始建年代	创建者	现况
〇七四	天津县山西会馆		杨柳青镇	清道光年间	山西众商贾	待考
三 河北省（二二所）						
〇七五	获鹿县晋鹿会馆	西会馆	今鹿泉监狱	乾隆三六年	晋冀众商贾	基本完整
〇七六	获鹿县山西会馆	东会馆	今部队驻地	清代	晋冀铁商	局部幸存
〇七七	保定府三晋会馆	山西会馆	旧城东大街	乾隆五六年	山西众商贾	改建织绫厂
〇七八	真定府山西会馆		今正定旧城	清代	山西众商贾	待考
〇七九	赵州山西会馆		今赵县旧城	清代	山西众商贾	待考
〇八〇	栾城县山西会馆		旧县城	清代	山西众商贾	待考
〇八一	深泽县山西会馆		旧县城南关	清代	山西众商贾	待考
〇八二	束鹿县山西会馆		辛集镇	乾隆四九年	山西众商贾	仅存民国碑
〇八三	蠡县山西会馆		大百尺镇	清代中叶	山西众商贾	已经被拆毁
〇八四	永清县山西会馆	晋益楼	南关镇	明末清初	山西典当商	已经被拆毁
〇八五	大城县山西会馆	关帝庙	旧县衙前	清咸丰年间	山西典当商	被日军侵毁
〇八六	吴桥县山西会馆		旧县城内	乾隆五九年	山西众商贾	改建机械厂
〇八七	任丘县山西会馆		县城西关	清初	山西众商贾	已经被拆毁
〇八八	故城县山西会馆		县城郑家口	乾隆二五年	山西众商贾	已经被拆毁
〇八九	故城县山西会馆	南会馆	城南运河岸	清代	山西众商贾	已经被拆毁
〇九〇	张家口山西会馆	关帝庙	上堡营城子	清乾隆年间	山西众商贾	为大兴戏园
〇九一	张家口太谷会馆	关帝庙	堡子里	清初	太谷县商贾	已经被拆毁
〇九二	张家口太谷会馆	关帝庙	东关街口	明代	太谷县商贾	被小学占用
〇九三	迁西县山西会馆	三义店	三屯营	清代	山西众商贾	已经被拆毁
〇九四	山海关山西会馆		今东大街	清代	山西众商贾	基本完整
〇九五	馆陶县山西会馆		县城西南隅	清代中叶	山西众商贾	待考
〇九六	馆陶县山西会馆		南馆陶镇	清代中叶	山西众商贾	待考
四 内蒙古自治区（五八所）						
〇九七	多伦县山西会馆	关帝庙	县城	清乾隆十年	山西众商贾	保存完好

348

序号	名称	别名	馆址	始建年代	创建者	现况
〇九八	归化厅聚锦社	店行行会	旧城	清康熙年间	百货业晋商	待考
〇九九	归化厅集锦社	贸易行会	东街关帝庙	清康熙年间	对蒙贸易晋商	待考
一〇〇	归化厅醇厚社	杂货行会	东街关帝庙	清康熙年间	杂货业晋商	待考
一〇一	归化厅鲁班社	木工行会	旧城鲁班梏	清康熙年间	木制业晋商	待考
一〇二	归化厅皮行社	皮货行会	东街关帝庙	清康熙年间	皮货业晋商	待考
一〇三	归化厅生皮社	生皮行会	东街关帝庙	清康熙年间	生皮业晋商	待考
一〇四	归化厅成衣行	成衣行会	旧城财神庙	清康熙年间	成衣业晋商	待考
一〇五	归化厅净发社	理发行会	旧城南茶坊	清雍正年间	理发业晋商	待考
一〇六	归化厅金炉社	锻制行会	南龙王庙内	清康熙年间	锻制业晋商	待考
一〇七	归化厅宝丰社	钱庄行会	旧城财神庙	清康熙年间	钱庄业晋商	待考
一〇八	归化厅银行社	银号行会	旧城玉皇阁	康熙雍正间	银号业晋商	待考
一〇九	归化厅当行社	当铺行会	东街关帝庙	康熙雍正间	当铺业晋商	待考
一一〇	归化厅吴真社	油漆行会	南龙王庙内	康熙雍正间	油漆业晋商	待考
一一一	归化厅德盛社	肉行行会	旧城	康熙雍正间	生肉行晋商	待考
一一二	归化厅仙翁社	酒饭行会	东街关帝庙	康熙雍正间	酒饭业晋商	待考
一一三	归化厅药王社	医药行会	旧城	康熙雍正间	医药业晋商	待考
一一四	归化厅钉鞋社	修鞋行会	旧城	康熙雍正间	修鞋业晋商	待考
一一五	归化厅公义社	纸房行会	南龙王庙内	康熙雍正间	山西众纸商	待考
一一六	归化厅福兴社	经纪行会	北茶坊庙内	康熙雍正间	经纪业晋商	待考
一一七	归化厅新疆社	贩运行会	旧城	清康熙年间	对疆贸晋商	待考
一一八	归化厅金龙社	茶帮行会	东街关帝庙	清康熙年间	山西众茶商	待考
一一九	归化厅诚敬社	粮商行会	旧城三贤庙	清康熙年间	山西众粮商	待考
一二〇	归化厅毡毯社	毡毯行会	旧城西茶坊	清康熙年间	毡毯业晋商	待考
一二一	归化厅马王社	马车行会	南龙王庙内	清康熙年间	运送业晋商	待考
一二二	归化厅青龙社	碾行行会	旧城财神庙	清康熙年间	碾米业晋商	待考
一二三	归化厅福虎社	面行行会	旧城玉皇阁	清康熙年间	面粉业晋商	待考

序号	名称	别名	馆址	始建年代	创建者	现况
一二四	归化厅集义社	靴行行会	旧城南茶坊	清康熙年间	靴业众商贾	待考
一二五	归化厅衡义社	帽行行社	旧城三贤庙	康熙雍正间	帽业晋商	待考
一二六	归化厅荣丰社	羔皮行社	旧城西茶坊	康熙雍正间	羔皮业晋商	待考
一二七	归化厅威镇社	粗皮行会	东街关帝庙	康熙雍正间	粗皮业晋商	待考
一二八	归化厅马店社	马店行会	旧城北茶坊	清康熙年间	马店业晋商	待考
一二九	归化厅骡店社	骡店行会	旧城玉皇阁	清康熙年间	骡店业晋商	待考
一三〇	归化厅福庆驼社	驼店行会	旧城北茶坊	清康熙年间	驼店业晋商	待考
一三一	归化厅车店社	车店行会	旧城北茶坊	清康熙年间	车店业晋商	待考
一三二	归化厅意和社	皮匠行会	西茶坊庙内	清代	皮匠业晋商	待考
一三三	归化厅公议社	绳匠行会	南龙王庙内	清嘉庆年间	麻绳业晋商	待考
一三四	归化厅代州社		旧城十王庙	清康熙年间	代州众商贾	待考
一三五	归化厅晋阳社		旧城南茶坊	清康熙年间	太原县商贾	待考
一三六	归化厅交城社		旧城十王庙	清康熙初年	交城县商贾	待考
一三七	归化厅祁县社		东街关帝庙	清康熙年间	祁县众商贾	待考
一三八	归化厅上党社		旧城南茶坊	清康熙年间	潞泽二府商	待考
一三九	归化厅晋中社		旧城财神庙	清康熙年间	大同府商贾	待考
一四〇	归化厅宁武社		东街关帝庙	清康熙年间	宁武县商贾	待考
一四一	归化厅介休社		旧城南茶坊	清康熙年间	介休县商贾	待考
一四二	归化厅崞县社		旧城财神庙	清康熙年间	崞县众商贾	待考
一四三	归化厅盂县社		旧城北茶坊	清康熙年间	盂县众商贾	待考
一四四	归化厅太谷社		东街关帝庙	清康熙年间	太谷县商贾	待考
一四五	归化厅榆次社		旧城南茶坊	清康熙年间	榆次县商贾	待考
一四六	归化厅文水社		东街关帝庙	清康熙年间	文水县商贾	待考
一四七	归化厅忻州社		东街关帝庙	清康熙年间	忻州众商贾	待考
一四八	归化厅太原社		旧城南茶坊	清康熙年间	太原府商贾	待考
一四九	归化厅寿阳社		旧城三贤庙	清康熙年间	寿阳县商贾	待考

序号	名称	别名	馆址	始建年代	创建者	现况
一五〇	归化厅集义社		旧城财神庙	清康熙年间	应县泽源商	待考
一五一	归化厅汾孝社		旧城十王庙	康熙四年	汾阳孝义商	待考
一五二	归化厅平遥社		旧城西茶坊	清康熙年间	平遥县商贾	待考
一五三	归化厅阳曲社		旧城西茶坊	清康熙年间	阳曲县商贾	待考
一五四	归化厅定襄社		旧城财神庙	清康熙年间	定襄县商贾	待考
五、山西省（六五所）						
一五五	省城太原县会馆		郑家巷	未详	太原县士商	待考
一五六	省城榆次县会馆		东校尉营	未详	榆次县士商	待考
一五七	省城太谷县会馆		精营西二道	未详	太谷县士商	待考
一五八	省城祁县会馆		新寺巷	未详	祁县众士商	待考
一五九	省城文水县会馆		大铁匠巷	未详	文水县士商	待考
一六〇	省城汾阳县会馆		崔家巷	未详	汾阳县士商	待考
一六一	省城孝义县会馆		新成北街	未详	孝义县士商	待考
一六二	省城平遥县会馆		天地坛正街	未详	平遥县士商	待考
一六三	省城介休县会馆		南园子西巷	未详	介休县士商	待考
一六四	省城方山县会馆		水西门	未详	方山县士商	待考
一六五	省城临县会馆		双龙巷	未详	临县众士商	待考
一六六	省城长治县会馆		右字巷	未详	长治县士商	待考
一六七	省城长子县会馆		察院后	未详	长子县士商	待考
一六八	省城屯留县会馆		新成西街	未详	屯留县士商	待考
一六九	省城襄垣县会馆		东校尉营	未详	襄垣县士商	待考
一七〇	省城潞城县会馆		新成南街	未详	潞城县士商	待考
一七一	省城壶关县会馆		精营东二道	未详	壶关县士商	待考
一七二	省城黎城县会馆		新成西街	未详	黎城县士商	待考
一七三	省城平顺县会馆		临泉府	未详	平顺县士商	待考
一七四	省城泽郡会馆		棉花巷	清代	泽州府士商	待考

序号	名称	别名	馆址	始建年代	创建者	现况
一七五	省城沁县会馆		前所街	未详	沁县众士商	待考
一七六	省城沁源县会馆	同乡会	郑家巷	民国十年	沁源县士商	县志存碑记
一七七	省城平定县会馆		四岔楼	未详	平定县士商	待考
一七八	省城寿阳县会馆		新民东街	未详	寿阳县士商	待考
一七九	省城清源县会馆		西夹道	未详	清源县士商	待考
一八〇	省城大同县会馆		繁院后	未详	大同县士商	待考
一八一	省城天镇县会馆		新成南街	未详	天镇县士商	待考
一八二	省城浑源县会馆		精营西边街	未详	浑源县士商	濒临拆毁
一八三	省城定襄县会馆		南肖墙	未详	定襄县士商	待考
一八四	省城静乐县会馆		临泉府	未详	静乐县士商	待考
一八五	省城代县会馆		中校尉营	未详	代县众士商	待考
一八六	省城五台县会馆		宁化府东巷	未详	五台县士商	待考
一八七	省城崞县会馆		南囗子西巷	未详	崞县中士商	待考
一八八	省城繁峙县会馆		典膳所	未详	繁峙县士商	待考
一八九	省城临汾县会馆		大铁匠巷	未详	临汾县士商	待考
一九〇	省城洪洞县会馆		地藏庵	未详	洪洞县士商	待考
一九一	省城曲沃县会馆		前所街	未详	曲沃县士商	待考
一九二	省城汾城县会馆		棉花巷	未详	汾城县士商	待考
一九三	省城蒲州会馆		大铁匠巷	清代	蒲州府士商	待考
一九四	省城临晋县会馆		新民南正街	未详	临晋县士商	待考
一九五	省城虞乡县会馆		小什府	未详	虞乡县士商	待考
一九六	省城夏县会馆		精营中街	未详	夏县众士商	待考
一九七	省城芮城县会馆		后铁匠巷	未详	芮城县士商	待考
一九八	省城垣曲县会馆		天地坛二巷	未详	垣曲县士商	待考
一九九	省城闻喜县会馆		新道街	未详	闻喜县士商	待考
二〇〇	省城河津县会馆		小袁家巷	未详	河津县士商	待考

序号	名称	别名	馆址	始建年代	创建者	现况
一〇一	省城霍县会馆		后铁匠巷	未详	霍县众士商	待考
一〇二	省城灵石县会馆	同乡会	裴家巷	清末民初	灵石县士商	待考
一〇三	省城赵城县会馆		前所街	未详	赵城县士商	待考
一〇四	省城解县会馆		东仓巷	未详	解县众士商	待考
一〇五	省城襄城县会馆		未详	未详	襄城县士商	待考
一〇六	祁县钱业公所	钱业公会	县城钱市街	清末民初	祁县众钱商	待考
一〇七	安邑县山陕会馆		运城	清代	晋陕众商贾	待考
一〇八	永济县梨园会馆		韩阳镇	清光绪年间	蒲伶祁彦子	待考
一〇九	泽州府梨园会馆	五聚堂	府城周元巷	清道光年间	府属梨园行	待考
一一〇	浮山县广生会馆		县城	清光绪年间	浮山县商贾	待考
一一一	襄陵县古城会馆	关帝庙	古城镇内	清光绪年间	襄陵县商贾	待考
一一二	高平县商业会馆		旧城南门外	清康熙年间	高平县商贾	待考
一一三	高平县马埒会馆		今金峰西路	清代	高平丝绸商	待考
一一四	高平县寺庄会馆	关帝庙	寺庄镇北偏	清道光六年	寺庄镇商贾	待考
一一五	陵川县附城会馆	关帝庙	附城镇东街	清道光四年	附城镇商贾	待考
一一六	陵川县礼义会馆		礼义镇	道光十五年	礼义镇商贾	待考
一一七	垣曲县同善会馆	关帝庙	同善口镇	乾隆五六年	同善镇商贾	待考
一一八	芮城县商业会馆	财神庙	县城财神庙	乾隆四九年	芮城县商贾	待考
一一九	夏县曹张会馆		曹张镇东街	清咸丰八年	曹张镇商贾	待考

六 陕西省（三十所）

序号	名称	别名	馆址	始建年代	创建者	现况
一二〇	西安府三晋会馆	山西会馆	梁家牌楼	清代	山西众商贾	待考
一二一	西安府山西会馆	药材会馆	长乐坊	清代	晋陕众药商	待考
一二二	西安府山西会馆	南药会馆	素箩巷	清代	山西众商贾	待考
一二三	洛川县山陕会馆	关帝庙	隆坊镇	清代	晋陕众商贾	待考
一二四	凤翔山陕豫会馆	敬城会馆	东关香坡南	清初	晋陕豫商贾	待考
一二五	凤翔县山西会馆	晋圣宫	东关麻家巷	乾隆四十年	山西众商贾	待考

序号	名称	别名	馆址	始建年代	创建者	现况
一二六	丹凤县船帮会馆	花戏楼	龙驹寨	明末清初	晋陕诸船帮	保持完整
一二七	丹凤县青瓷会馆	大王庙	龙驹寨	康熙四六年	晋陕众瓷商	基本完成
一二八	山阳山陕会馆	关帝庙	漫川关	清代	晋陕众商贾	存大殿拜殿
一二九	汉阴山陕会馆	关帝庙	县城东关	乾隆三三年	晋陕众商贾	待考
一三〇	石泉山陕会馆		县城北	道光二四年	晋陕众商贾	待考
一三一	紫阳西北五省会馆	山陕会馆	瓦房店镇	清代	晋陕众商贾	基本完整
一三二	永寿山陕会馆		监军镇	乾隆三三年	晋陕众商贾	待考
一三三	泾阳县山西会馆		县城	清代	山西众商贾	待考
一三四	三原县山西会馆		西关山西街	清代	山西众商贾	待考
一三五	宜川县山西会馆		县城内	清咸同年间	山西众商贾	待考
一三六	西乡县山陕会馆		县城	清代	晋陕众商贾	待考
一三七	旬阳县秦晋会馆		蜀河镇	清代	晋陕众商贾	待考
一三八	汉中府山西会馆		府城	清代	山西众商贾	待考
一三九	城固县山西会馆		县城	清代	山西众商贾	待考
七 甘肃省（一三所）							
一四〇	兰州府山陕会馆		东门内偏北	康熙一七年	晋陕众商贾	待考
一四一	兰州府三晋会馆		马府街西	清光绪年间	山西众商贾	待考
一四二	永登县山陕会馆	关帝庙	今文化馆内	清代	晋陕众商贾	已经被拆毁
一四三	永登县山陕会馆	古晋会馆	红城宁朔村	乾隆二一年	晋陕众商贾	保存完好
一四四	张掖县山陕会馆		城内小南街	清雍正三年	山西众商贾	保存完好
一四五	榆中县山陕会馆	西会馆	青城村	明天启元年	晋陕众商贾	文革拆毁
一四六	榆中县山陕会馆	东会馆	新民村	明天启七年	晋陕众商贾	建国初拆毁
一四七	秦州山陕会馆		今天水市内	清乾隆年间	晋陕众商贾	基本完好
一四八	甘谷县山西会馆		县城	嘉庆一五年	晋陕众商贾	存门楼大殿
一四九	秦安县山西会馆		陇城镇	清代	山西众商贾	待考
一五〇	岷县山西会馆		未详	清代	山西众商贾	待考

序号	名称	别名	馆址	始建年代	创建者	现况
二五一	武山县山陕会馆		滩歌镇	清代	晋陕众商贾	仅存道光碑
二五二	景泰县陕山会馆		正路乡	清咸丰五年	山西众商贾	仅存遗址
二五三	酒泉县山西会馆		县城文庙街	清光绪年间	晋陕众商贾	存石狮牌坊
二五四	临夏县山陕会馆		县城	清代	山西众商贾	已经不存在
二五五	敦煌县山西会馆		县城	清嘉庆十年	晋陕众商贾	已经被拆毁
二五六	古浪县山陕会馆		土门镇	清代	晋陕众商贾	文革拆毁
二五七	古浪县山陕会馆		大靖镇	清代	晋陕众商贾	文革拆毁
二五八	皋兰县山陕会馆	关帝庙	山子石	康熙四七年	晋陕众商贾	仅存遗址
二五九	陇西县山陕会馆		北关正街	乾隆二九年	晋陕众商贾	已经被拆毁
二六〇	通渭县山陕会馆		县城西关	清代	晋陕众商贾	待考
二六一	秋遭州山陕会馆		州城	乾隆三三年	晋陕众商贾	待考
八、宁夏回族自治区（六所）						
二六二	宁夏府平阳会馆		城西草巷东	清代	平阳府商贾	待考
二六三	宁夏府太汾会馆	三晋会馆	老城新华街	清光绪年间	太汾二府商	改建电影院
二六四	宁夏府山西会馆	财神殿	坡南	清代	山西众商贾	待考
二六五	盐池县山陕会馆		惠安堡南关	清初	晋陕众商贾	同治回匪毁
二六六	灵武县三省会馆		吴忠堡	清代	晋陕众商贾	待考
二六七	固原州秦晋会馆	山陕会馆	米粮市直西	清代	晋陕众商贾	待考
九、青海市（五所）						
二六八	西宁县山陕会馆		县城东门外	光绪一四年	晋陕众商贾	已修复完好
二六九	民和县山陕会馆		川口镇	清代	晋陕众商贾	已经被拆毁
二七〇	贵德县山陕会馆		城内中心街	民国六年	晋陕众商贾	已经被拆毁
二七一	大通县山陕会馆		县城	清末民国初	晋陕众商贾	已经被拆毁
二七二	湟源县山陕会馆		县城	清末民国初	晋陕众商贾	已经被拆毁
十、新疆维吾尔自治区（六所）						
二七三	迪化城山西会馆	关帝庙	原汉城东关	乾隆四四年	山西众商贾	待考

序号	名称	别名	馆址	始建年代	创建者	现况
二七四	巴里坤山西会馆	关帝庙	原汉城东街	清嘉庆六年	山西众商贾	"文革"拆毁
二七五	奇台县山西会馆	关帝庙	县城	清代	山西众商贾	待考
二七六	焉耆县山西会馆	关帝庙	老城西南隅	清道光年间	山西众商贾	待考
二七七	伊宁县山西会馆	关帝庙	县城东门外	清代	山西众商贾	待考
二七八	塔城县山西会馆		县城内	清代	山西众商贾	待考
二十四、四川省（三五所）						
二七九	成都县山西会馆		中市街	乾隆二一年	山西众商贾	已经不存在
二八〇	自流井山西会馆		今自贡市	未详	山西众商贾	仅存一照片
二八一	温江县秦晋会馆	秦晋宫	县城南门外	清代	晋陕众商贾	待考
二八二	万源县山西会馆		县城	清代	山西众商贾	待考
二八三	三台县山西会馆		县城	清代	山西众商贾	待考
二八四	卢山县秦晋宫	陕西会馆	县城东南隅	清代	晋陕众商贾	待考
二八五	叙州府文水会馆	文水馆	府治宜宾城	清代	文水县商贾	待考
二八六	叙永县山陕会馆	春秋祠	盐店街	光绪二六年	晋陕众商贾	保存完好
二八七	邛崃县秦晋公所	陕西会馆	北街路东	清嘉庆年间	晋陕众商贾	待考
二八八	南充县山陕会馆	三元宫	半边街侧	清代	晋陕众商贾	待考
二八九	灌县秦晋会馆	秦晋馆	县城	清代	晋陕众商贾	待考
二九〇	绵竹县山陕会馆	武圣宫	县城	清代	晋陕众商贾	待考
二九一	广安县山西会馆		县城	清代	山西众商贾	待考
二九二	资中县五省会馆	三圣宫	苏家乡市内	清代	晋陕众商贾	待考
二九三	茂州山陕会馆	秦晋书院	内城鼓楼南	清乾隆初年	晋陕众商贾	待考
二九四	茂州山西会馆	山陕新馆	外城	清道光八年	山西众商贾	待考
二九五	乐山县山西会馆	秦晋公所	县城	清代	晋陕众商贾	待考
二九六	金堂县秦晋宫	三圣宫	北街学宫右	清代	晋陕众商贾	待考
二九七	冕宁县山陕会馆	三圣宫	县城东北隅	清代	晋陕众商贾	待考
二九八	泸县山陕会馆	三圣宫	县城东	清乾隆元年	晋陕众商贾	待考

序号	名称	别名	馆址	始建年代	创建者	现况
二九九	郫县山陕会馆	永清宫	县城	清代	晋陕众商贾	待考
三〇〇	雅安县山陕会馆		县城	清代	晋陕众商贾	待考
三〇一	罗江县秦晋会馆	三圣宫	县城北一里	清雍正年间	晋陕众商贾	待考
三〇二	会理北五省会馆	陕西馆	县城	清代	晋陕等商贾	待考
三〇三	打箭炉山陕乡祠	关帝庙	今康定县城	清代	晋陕众商贾	待考
一二 重庆市（三所）							
三〇四	重庆府山西会馆		巴县仁和湾	清乾隆年间	山西众商贾	待考
三〇五	重庆府八省会馆		府治巴县城	乾隆嘉庆间	晋陕赣等商	待考
三〇六	九龙坡山西会馆	关帝庙	走马镇	清代	山西众商贾	待考
一三 云南省（一三所）							
三〇七	昆明县秦晋会馆		县城	清代	晋陕众商贾	待考
三〇八	云南府八省会馆		府治昆明城	清代	晋陕等商贾	待考
三〇九	晋宁县山陕会馆	关圣宫	二街村	清代	晋陕众商贾	正在修复中
三一〇	赵州秦晋会馆		州城	清代	晋陕众商贾	待考
三一一	江川县秦晋会馆		县城	清代	晋陕众商贾	待考
三一二	姚州秦晋会馆		州城	清代	晋陕众商贾	待考
三一三	思安县秦晋会馆		县城	清代	晋陕众商贾	待考
三一四	元谋县秦晋会馆		县城	清代	晋陕众商贾	待考
三一五	保山县秦晋会馆		县城	清代	晋陕众商贾	待考
三一六	剑川县秦晋会馆		县城	清代	晋陕众商贾	待考
三一七	中甸县秦晋会馆		县城	清代	晋陕众商贾	待考
三一八	会泽县秦晋会馆	陕西会馆	县城	清代	晋陕众商贾	保存较完整
三一九	昭通县五省会馆	陕西庙	城内永顺街	乾隆二四年	晋陕等商贾	待考
一四 贵州省（一二所）							
三二〇	贵阳县山陕会馆	报国寺	城内陕西路	康熙二五年	晋陕众商民	待考
三二一	贵阳府八省会馆		今富水南路	清代	晋秦等八省	仅存楹联

序号	名称	别名	馆址	始建年代	创建者	现况
三二二	正安县秦晋会馆		县城	清代	晋陕众商贾	待考
三二三	仁怀县秦晋会馆		县城	清代	晋陕众商贾	待考
三二四	毕节县秦晋会馆		县城	清代	晋陕众商贾	待考
三二五	大定县秦晋会馆		县城	清代	晋陕众商贾	待考
三二六	湄潭县秦晋会馆		县城	清代	晋陕众商贾	待考
三二七	湄潭县秦晋会馆		县城	清代	晋陕众商贾	待考
三二八	镇远府秦晋会馆		县城	清代	晋陕众商贾	待考
三二九	息烽县秦晋会馆		县城	清代	晋陕众商贾	待考
三三〇	安平县秦晋会馆		县城	清代	晋陕众商贾	待考
三三一	安平县秦晋会馆		县城	清代	晋陕众商贾	待考
一五 西藏自治区（一所）							
三三二	芒康县秦晋会馆		县城	清代	晋陕众商贾	待考
一六 辽宁省（九所）							
三三三	沈阳县山西会馆	关帝庙	怀远关外	清代	山西众商贾	待考
三三四	新民县山西会馆	关帝庙	县城大街	清乾隆年间	山西众商贾	待考
三三五	辽阳县山西会馆	关帝庙	县城西门外	康熙乾隆间	山西众商贾	仅存碑记
三三六	铁岭县山西会馆	关帝庙	县城鼓楼街	清康熙二二年	山西众商贾	已被拆毁
三三七	海城县山西会馆	关帝庙	西门外大街	康熙二一年	山西众商贾	保存完好
三三八	朝阳县山西会馆	关帝庙	县城东大街	清乾隆九年	山西众商贾	1952年拆毁
三三九	义州山西会馆	关帝庙	县城南关	清雍正九年	山西众商贾	仅存碑记
三四〇	兴城山西会馆	关帝庙	县城西门外	明崇祯八年	山西众商贾	仅存碑记
三四一	盖平县山西会馆	关帝庙	县城西门内	清代	山西众商贾	待考
一七 吉林省（一所）							
三四二	吉林县山西会馆	东关帝庙	东莱门外	康熙五十年	山西众商贾	伪满时拆毁
一八 黑龙江省（二所）							
三四三	五常县山西会馆	拉林镇内	拉林镇内	清咸丰年间	山西众商贾	1971年拆毁

序号	名称	别名	馆址	始建年代	创建者	现况
三四四	宁安县山西会馆	关帝庙	西大街路北	清乾隆五年	山西众商贾	1947年拆毁
二九 福建省（一所）						
三四五	福州府山陕会馆		府城	清代	晋陕众商贾	待考
三十 上海市（四所）						
三四六	沪北钱业会馆		北河南路	光绪二五年	晋浙等钱商	迁存戏楼
三四七	上海县山西会馆	三晋会馆	未详	清嘉庆年间	山西众商贾	待考
三四八	上海县晋业会馆		龙华路	清嘉庆年间	山西众商贾	待考
三四九	山西汇业公所	汇号公所	宝善街路东	清光绪二年	山西众票商	仅存光绪碑
三一 山东省（三四所）						
三五〇	历城县山陕会馆		布政司大街	乾隆三九年	晋陕众商贾	仅存碑三通
三五一	长清县山西会馆		县城	清代	山西众商贾	待考
三五二	济阳县山西会馆		县城	清代	山西众商贾	待考
三五三	聊城县太汾公所		旧米市街	清康熙年间	太汾二府商	仅存同治碑
三五四	聊城县山陕会馆	关帝庙	东关运河边	清乾隆八年	晋陕众商贾	保存完好
三五五	淄博山陕会馆	关帝庙	周村武圣街	清代	晋陕众商贾	保存完好
三五六	临清县山西会馆		县城内	清代中叶	山西众商贾	待考
三五七	临清县山西会馆	关帝庙	魏湾东辛庄	清代中叶	山西众商贾	待考
三五八	东阿县山西会馆		县城内	清代中叶	山西众商贾	待考
三五九	东阿县山西会馆		张秋镇南	康熙三三年	山西众商贾	存山门殿院
三六〇	武城县山西会馆		县城	清代中叶	山西众商贾	待考
三六一	恩县山西会馆		北城外	清代中叶	山西众商贾	待考
三六二	德州山西会馆		州城内	清代中叶	山西众商贾	待考
三六三	东平州山西会馆	关帝庙镇	关庙街	清代中叶	山西众商贾	已经被拆毁
三六四	东平州山西会馆		沙站镇	清代中叶	山西众商贾	已拆建小学
三六五	冠县山西会馆		县城	清代中叶	山西众商贾	待考
三六六	阳谷县山西会馆		县城	清代中叶	山西众商贾	待考

序号	名称	别名	馆址	始建年代	创建者	现况
三六七	阳谷县山西会馆	运司会馆	阿城镇南	乾隆三年	山西众盐商	仅存大殿
三六八	汶上县山西会馆	西晋会馆	东门大街	清代	山西众商贾	存乾隆残碑
三六九	泰安县山西会馆	关帝庙	泰山脚下	待考	山西众商贾	保存完好
三七〇	泰安县山西会馆	关帝庙	大渡口镇南	清康熙年间	山西众商贾	存主体建筑
三七一	梁山县山西会馆	关帝庙	安山镇	清代	山西众商贾	待考
三七二	梁山县山西会馆	关帝庙	馆驿镇靳口	清代	山西众商贾	待考
三七三	微山县山西会馆	关帝庙	未详	清代	山西众商贾	待考
三七四	济宁县三省会馆		县城大街东	清代	晋陕豫众商贾	待考
三七五	菏泽县山西会馆		县城内	清乾隆年间	山西众商贾	已拆建戏院
三七六	临朐县山西会馆		县城	清代	山西众商贾	待考
三七七	诸城县山西会馆		县城	清代	山西众商贾	待考
三七八	费县山西会馆		费城镇	清代	山西众商贾	待考
三七九	泗水县山西会馆		城关大街	清代	山西众商贾	被日军侵毁
三八〇	曲阜县山西会馆		县城	清代	山西众商贾	已经被拆毁
三八一	新泰县山西会馆		楼德镇内	清代	山西众商贾	已经被拆毁
三八二	宁阳县山陕会馆		东庄村西隅	清道光年间	晋陕众商贾	保存完整
三八三	峄县山西会馆	新关帝庙	台儿庄	雍正三年	山西众商贾	保存完整
三 安徽省（七所）						
三八四	亳州山陕会馆	大关帝庙	州城北关	顺治三年	晋陕众商贾	保存完好
三八五	涡阳县山西会馆		县城西关	清代	山西众商贾	为捻军盟址
三八六	六安县山陕会馆		便门口	清末民初	晋陕众商贾	存楹联三幅
三八七	泗州山西会馆		州治城内	明末清初	山西众商贾	已经不存在
三八八	阜阳县山西会馆		东关牛市街	清同治年间	山西众商贾	保存完好
三八九	芜湖县山陕会馆	定慧庵	县西严家山	清顺治十年	晋陕众商贾	待考
三九〇	太和县山西会馆		未详	清代	山西众商贾	存楹联二副

序号	名称	别名	馆址	始建年代	创建者	现况
三三 浙江省（一所）							
三九一	杭州山西会馆		未详	清代	山西众商贾	待考
三四 江苏省（十所）							
三九二	南京城山西会馆	关帝庙	颜料坊	乾隆二二年	山西众商贾	已拆建工厂
三九三	扬州山陕会馆		东关街	清代	晋陕众盐商	基本完整
三九四	苏州翼城会馆	老山西馆	小武当山	清初	翼城县商贾	已经不存在
三九五	苏州山西会馆	全晋会馆	山塘街	乾隆三十年	山西众钱商	咸丰十年毁
三九六	苏州全晋会馆	白石会馆	中张家巷	清光绪五年	山西众客商	保存完好
三九七	徐州府山西会馆		云龙山东麓	清乾隆七年	山西众客商	保存完好
三九八	睢宁县山西会馆	洪洞会馆	李集镇	清代	山西众商贾	待考
三九九	镇江府山西会馆		府城内	清代	山西众客商	待考
四〇〇	淮安县山西会馆	定阳会馆	县城内	清代	平阳府钱商	待考
四〇一	吴江县山西会馆	东关帝庙	盛泽大舱圩	康熙四九年	山右众商贾	咸同间颓圮
三五 河南省（八四所）							
四〇二	陕州山陕会馆		城关	清代	晋陕众商贾	已经不存在
四〇三	灵宝县山陕会馆		老城南门街	清代	晋陕众商贾	已经不存在
四〇四	渑池县山陕会馆		千秋镇	清代	晋陕众商贾	待考
四〇五	洛阳县山陕会馆	西会馆	南关马市街	清康熙年间	晋陕众商贾	保存完好
四〇六	洛阳县潞泽会馆	东会馆	东关新街	清乾隆九年	潞泽二府商	保存完好
四〇七	宜阳县山陕会馆	关帝庙	白杨镇东关	乾隆二五年	晋陕众商贾	保存较完整
四〇八	洛宁县山陕会馆	关帝庙	县城西门内	清雍正五年	晋陕众商贾	存戏楼
四〇九	洛宁县山陕会馆	关帝庙	长水镇	清乾隆年间	山西众商贾	已经不存在
四一〇	伊川县山陕会馆		白元镇	清代	晋陕众商贾	存戏楼
四一一	河内四省会馆		沁阳清华镇	清代	晋秦冀鲁商	待考
四一二	武陟县山陕会馆		县城	清代	晋陕众商贾	待考
四一三	新乡县山陕会馆	关帝庙	县城	清代	晋陕众商贾	待考

序号	名称	别名	馆址	始建年代	创建者	现况
四一四	辉县山西会馆	关帝庙	县城南关	乾隆二十五年	山西众商贾	保存完好
四一五	辉县山西会馆		平甸村	清雍正四年	山西众商贾	待考
四一六	浚县山陕会馆		县城	清代	晋陕众商贾	待考
四一七	浚县山陕会馆		道口镇	清代	晋陕众商贾	待考
四一八	林州山西会馆		州城	清代	山西众商贾	待考
四一九	林州山陕会馆	关帝庙	州城难关	清代	晋陕众商贾	待考
四二〇	林州山陕会馆		合涧镇	清代	晋陵甘商贾	待考
四二一	林州山陕会馆		姚村	清代	晋陕众商贾	待考
四二二	林州山陕会馆		临淇镇	清代	晋陕众商贾	待考
四二三	安阳县山西会馆		水冶镇北街	乾隆二十六年	山西众商贾	存关帝大殿
四二四	开封府山西会馆		龙亭东侧	清康熙年间	山西众商贾	已经不存在
四二五	开封山陕甘会馆	关帝庙	明徐府旧址	乾隆三十年	晋陕众商贾	保存完好
四二六	朱仙镇山陕会馆	大关帝庙	镇西北隅	康熙二十四年	晋陕众商贾	存主题建筑
四二七	朱仙镇山西会馆	小关帝庙	镇内	清代	山西众商贾	已拆建学校
四二八	商丘县山西会馆	陆陈会馆	刘口集南街	乾隆四年	晋陕众粮商	待考
四二九	永城县山西会馆	同乡会	县城西	清康熙年间	山西众商贾	待考
四三〇	禹州山西会馆		今二中校内	乾隆二十九年	山西众商贾	存门楼戏楼
四三一	禹州山西会馆	关帝庙	神垕镇	清乾隆年间	晋陕众商贾	保存完好
四三二	襄城县山西会馆		霍堪镇	康熙五十年	山西众商贾	待考
四三三	漯县山西会馆	三晋乡祠	今漯河二中	康熙三十四年	山西众商贾	存拜殿碑刻
四三四	临颍县山陕会馆		县城	清代	晋陕众商贾	待考
四三五	临颍县山西会馆		南街村	清代	山西众商贾	存大殿待修
四三六	舞阳县山陕会馆		北舞渡镇	清康熙年间	晋陕众商贾	存牌楼拜殿
四三七	汝州山陕会馆	陕山庙	城关	清代	晋陕众商贾	已经不存在
四三八	汝州山陕会馆	关帝庙	半扎镇东街	乾隆二十六年	晋陕众商贾	存戏楼拜殿
四三九	叶县山陕会馆	山陕庙	县城北关	清代	晋陕众商贾	待考

序号	名称	别名	馆址	始建年代	创建者	现况
四四〇	叶县山陕会馆	山陕庙	旧县镇	清代	晋陕众商贾	存戏楼
四四一	叶县山陕会馆	山陕庙	龙泉镇	清乾隆年间	晋陕众商贾	已经被拆毁
四四二	叶县山陕会馆	山陕庙	廉村镇	清代	晋陕众商贾	存戏楼
四四三	鲁山山陕会馆	陕山庙	张良镇	清代	晋陕众商贾	待考
四四四	鲁山山陕会馆	陕山庙	县城	清代	晋陕众商贾	待考
四四五	鲁山山陕会馆	陕山庙	二郎庙镇	清代	晋陕众商贾	待考
四四六	郏县山陕会馆	山陕庙	城西关大街	康熙三年	晋陕众商贾	保存较完整
四四七	南阳县山陕会馆	山陕庙	县城南关	清代	晋陕众商贾	待考
四四八	南阳县山陕会馆		石桥镇	清嘉庆年间	晋陕众商贾	已经被拆毁
四四九	南阳县山陕会馆		瓦店镇	清代	晋陕众商贾	被洪水冲毁
四五〇	南阳县山陕会馆		禹王店镇	清代	晋陕众商贾	已经被拆毁
四五一	邓州山西会馆		城关	清代	山西众商贾	待考
四五二	邓州山陕会馆		汲滩镇	清雍正四年	晋陕众商贾	保存较完整
四五三	南召县山陕会馆	山陕庙	城关	清代	晋陕众商贾	待考
四五四	南召县山陕会馆	山陕庙	云阳镇	清代	晋陕众商贾	待考
四五五	南召县山陕会馆	山陕庙	南河店街	清代	晋陕众商贾	待考
四五六	南召县山陕会馆	山陕庙	乔端街	清代	晋陕众商贾	待考
四五七	南召县山陕会馆	山陕庙	未详	清代	晋陕众商贾	待考
四五八	西峡县山陕会馆		西峡口镇	清道光年间	晋陕众商贾	已经被拆毁
四五九	方城县山陕会馆		拐河镇	咸丰二年	晋陕众商贾	已改作小学
四六〇	镇平县山陕会馆		城关	清代	晋陕众商贾	待考
四六一	镇平县山陕会馆		贾宋镇	清代	晋陕众商贾	待考
四六二	镇平县山陕会馆		石佛镇	乾隆二十七年	晋陕众商贾	待考
四六三	镇平县山陕会馆		黑龙集镇	清雍正七年	晋陕众商贾	待考
四六四	镇平县山陕会馆		侯集镇	乾隆三年	晋陕众商贾	戏楼已拆毁
四六五	内乡县山陕会馆		城关	清乾隆年间	晋陕众商贾	已经被拆毁

序号	名称	别名	馆址	始建年代	创建者	现况
四六六	淅川县山陕会馆	关帝庙	荆紫关镇	嘉庆二年	晋陕众商贾	保存较完整
四六七	赊旗镇山陕会馆	关公庙	今社旗县城	乾隆二十年	晋陕众商贾	保存完好
四六八	唐河县山陕会馆		县城西关	清代	晋陕众商贾	待考
四六九	唐河县山陕会馆		源潭镇	清雍正九年	晋陕众商贾	保存完好
四七〇	桐柏山陕会馆		平氏镇	乾隆八年	晋陕众商贾	待考
四七一	新野县山陕会馆		城关	清康熙年间	晋陕众商贾	主建筑尚存
四七二	新野县山陕会馆		新甸镇	清乾隆年间	晋陕众商贾	已改作小学
四七三	商城山陕会馆		北关三里桥	乾隆嘉庆间	晋陕众商贾	待考
四七四	周口镇山陕会馆	关帝庙	沙河南岸	康熙二十年	晋陕众商贾	待考
四七五	周口镇山陕会馆	关帝庙	沙河北岸	康熙三十年	晋陕众商贾	保存完好
四七六	确山山陕会馆	山陕庙	县城	清代	晋陕众商贾	待考
四七七	上蔡县山陕会馆		县城	清代	晋陕众商贾	待考
四七八	正阳县山陕会馆		城外东南隅	清代	晋陕众商贾	待考
四七九	正阳县山西会馆	关帝庙	汝南埠西街	康熙四六年	山西众商贾	存乾隆碑记
四八〇	正阳县山西会馆	关帝庙	鲁店西南隅	道光三年	山西众商贾	待考
四八一	泌阳县山陕会馆	关帝庙	县城西关	清代	山西众商贾	待考
四八二	济源县山陕会馆	关帝庙	县城	清代	山西众商贾	待考
四八三	潢川县山陕会馆	三义观	县城	清代	晋陕众商贾	待考
四八四	沁阳县山陕会馆		县城	清代	晋陕众商贾	待考
四八五	许昌县山陕会馆		县城	清代	晋陕众商贾	待考
三六 湖北省(五四所)						
四八六	郧西县山陕会馆	山陕馆	县城南门外	康熙四八年	晋陕众商贾	待考
四八七	郧西县山陕会馆	南会馆	上津镇	清乾隆年间	晋陕众商贾	待考
四八八	郧县山陕会馆	山陕庙	西关柴家巷	清乾隆六年	晋陕众商贾	已经不存在
四八九	郧县山陕会馆		白浪镇	清代	晋陕众商贾	待考
四九〇	钟祥县山陕会馆		南门外大街	清康熙年间	晋陕众商贾	已经不存在

序号	名称	别名	馆址	始建年代	创建者	现况
四九一	钟祥县山陕会馆	山陕庙	旧口镇	清代	晋陕众商贾	被日军炸毁
四九二	钟祥县山陕会馆	关帝庙	石牌镇	康熙五三年	晋陕众商贾	戏楼挺完整
四九三	随州山西会馆	新关帝庙	南关东街后	清康熙年间	山西众商贾	咸丰同焚毁
四九四	随州山西会馆		未详	清道光初年	晋陕众商贾	已经不存在
四九五	丹江口山陕会馆		孙家湾	清代	晋陕众商贾	基本完好
四九六	随州山西会馆		历山镇内	嘉庆一五年	晋陕众商贾	待考
四九七	随州山西会馆		未详	清代	山西众商贾	待考
四九八	随州山西会馆		未详	清代	山西众商贾	待考
四九九	江陵县山陕会馆		旧县城内	清代	晋陕众商贾	待考
五〇〇	石首山陕会馆		大南门外	清康熙年间	晋陕众商贾	待考
五〇一	安陆县山陕会馆	西关帝庙	府西门内	清道光年间	晋陕众商贾	待考
五〇二	当阳县山陕会馆	关帝宫	东门外	乾隆五三年	晋陕众商贾	待考
五〇三	当阳县山陕会馆	关帝宫	清溪镇	清代	晋陕众商贾	待考
五〇四	房县山陕会馆	山陕馆	西关街北	清代	晋陕众商贾	待考
五〇五	房县山西会馆	关帝庙	城东北隅	清代	山西众商贾	待考
五〇六	房县山西会馆	关帝庙	西关外	清代	山西众商贾	已经不存在
五〇七	保康县山西会馆		县城	清代	山西众商贾	待考
五〇八	云梦县山西会馆	关帝庙	东城内	清代	山西众商贾	待考
五〇九	襄樊山陕会馆	秦晋会馆	樊城邵家巷	康熙五三年	晋陕众商贾	基本完好
五一〇	孝感县山陕西会馆	西会馆	县城西南隅	清代	晋陕众商贾	待考
五一一	潜江县山陕会馆		县城	清代	晋陕众商贾	待考
五一二	宜城县山陕西会馆		县城北街	清代	晋陕众商贾	待考
五一三	南漳县山陕会馆		县城	清代	晋陕众商贾	待考
五一四	谷城县山陕会馆		县城	清代	晋陕众商贾	待考
五一五	均州县山陕会馆		州城	清代	晋陕众商贾	待考
五一六	枝江县山陕会馆		县城	清代	晋陕众商贾	待考

序号	名称	别名	馆址	始建年代	创建者	现况
五一七	枝江县山陕会馆		未详	清代	晋陕众商贾	待考
五一八	枝江县山陕会馆		未详	清代	晋陕众商贾	待考
五一九	枝江县山陕会馆		未详	清代	晋陕众商贾	待考
五二〇	枝江县山陕会馆		未详	清代	晋陕众商贾	待考
五二一	枝江县山陕会馆		未详	清代	晋陕众商贾	待考
五二二	枝江县山陕会馆		未详	清代	晋陕众商贾	待考
五二三	枝江县山陕会馆		未详	清代	晋陕众商贾	待考
五二四	松滋县山陕会馆		未详	清代	晋陕众商贾	待考
五二五	松滋县山陕会馆		未详	清代	晋陕众商贾	待考
五二六	松滋县山陕会馆		未详	清代	晋陕众商贾	待考
五二七	松滋县山陕会馆		未详	清代	晋陕众商贾	待考
五二八	松滋县山陕会馆		未详	清代	晋陕众商贾	待考
五二九	松滋县山陕会馆		未详	清代	晋陕众商贾	待考
五三〇	松滋县山陕会馆		未详	清代	晋陕众商贾	待考
五三一	光化县山西会馆		新盛街东	清代	山西众商贾	待考
五三二	公安县山陕会馆		县城	清代	晋陕众商贾	待考
五三三	江陵县山陕会馆	金龙寺	沙市	清代	晋陕众商贾	待考
五三四	汉口镇山陕会馆	关帝庙	循礼坊	康熙二年	晋陕众商贾	被日军炮毁
五三五	山陕滇旅公所	泰山庙	循礼坊	清代	晋陕众商贾	已经不存在
五三六	山西布帮公所	山陕里	循礼坊	清代	山西众布商	已经不存在
五三七	汉口镇烟帮公所		燕山桥上首	光绪二十九年	晋陕诸烟商	已经不存在
五三八	荆州山陕会馆		沙阳镇	清代	晋陕众商贾	已经不存在
五三九	竹山县山陕会馆		县城东南隅	清代	晋陕众商贾	待考
二七 湖南省（九所）						
五四〇	长沙县山陕会馆		坡子街	清康熙三年	晋陕众商贾	待考
五四一	善化县山陕会馆		县城	清代	晋陕众商贾	待考

序号	名称	别名	馆址	始建年代	创建者	现况
五四二	湘潭北五省会馆	关圣殿	平政路	清乾隆年间	晋陕豫鲁冀	基本完整
五四三	湘潭县山西会馆		县城	清乾隆年间	山西众商贾	待考
五四四	湘阴县山陕会馆		县城	清代	晋陕众商贾	待考
五四五	衡阳县山陕会馆		县城	清代	晋陕众商贾	待考
五四六	邵阳县山陕会馆		县城协署西	清代	晋陕众商贾	待考
五四七	泸溪县山陕会馆		县城	清代	晋陕众商贾	待考
五四八	怀化县山西会馆		洪江区	清代	山西众商贾	待考
二八 江西省（四所）						
五四九	南昌县河东会馆		县城	清代	晋陕众商贾	待考
五五〇	新建县山西会馆		吴城镇	清代	山西众商贾	待考
五五一	铅山县山陕会馆	关帝庙	河口镇一堡	清代	晋陕众商贾	待考
五五二	铅山县山陕会馆	五省会馆	石塘镇阳坂	清代	晋陕等五省	待考
二九 广东省（二所）						
五五三	广州府山陕会馆		府城濠洋街	清代	晋陕众商贾	待考
五五四	佛山镇山陕会馆		升平街	乾隆四五年	晋陕众商贾	存碑刻三通
三十 广西壮族自治区（三所）						
五五五	邕宁县秦晋会馆	秦晋书院	今南宁沙街	乾隆五九年	晋陕众商贾	存碑刻三通
五五六	桂林府山陕会馆		府城	清代	晋陕众商贾	待考
五五七	桂林北七省会馆		府城行春门	清末民初	晋陕等七省	待考
三一 台湾省（一所）						
五五八	台湾山西同乡会		台北市	未详	晋籍商贾者	常组织活动

［仅据相关资料检索，截至二零零八年八月八日，所知文献记载明、清、民国间，晋商曾在中国三十个省（直辖市自治区）独建或合建会馆共计五百五十八所。］

附录四：

《贸易须知》 （炳记）

按语：这部炳记《贸易须知》（上、下卷）原由日本京都大学人文科学研究所谷井阳子女士保存，本人于1994年作为该所招聘学者与小野和子教授进行合作研究时，蒙谷井阳子女士借读抄录此书，在此谨向谷井阳子女士表示感谢。这部炳记《贸易须知》内容十分丰富，包括如何学徒、如何站柜台、如何讨账、如何进货、如何当掌柜、如何做伙计等，从其内容看乃清代后期之作，从其内容中的语句看，有许多山西方言俗语，如"哄人"、"纸篓篓"、"屙稀"、"头醋不酸"等，当时借读时即疑为山西商人之作。本人曾请山西省社会科学院语言研究所所长沈慧云研究员就《贸易须知》中的山西方言俗语进行辨识论证，她也认为书中多山西方言俗语，显然为山西商人所著。罗仑先生在《南京大学学报》1989年第4期发表有《乾隆盛世江南坐商经营内幕初探》一文，内中提到江苏王秉元开初氏纂《生意世事初阶》（至少在乾隆五十一年前已纂成，原书存南京大学图书馆），此书内容有许多与《贸易须知》相似的地方，本人抄录《贸易须知》部分内容请南京大学历史系范金民先生把两本书进行核对，发现两书内容有相同处，也有不同处，相同处文字也略有出入，有的内容《贸易须知》有，而《生意世事初阶》无。正如范金民先生来信中所说："可以推定，《贸易须知》是在《生意世事初阶》（至少是《生意世事初阶》在前，《贸易须知》在后）基础上增删而成的。原文是较符合江南人讲话习惯的，经《贸易须知》一改，可能更符合山西人口味，而《生意世事初阶》没有的部分，看来更多山西说话习惯。因此，您的推断是正确是。"由上可见，《贸易须知》是在《生意世事初阶》基础上增删而成的更适合山西人使用的清代山西商人之著作。早在明代，山西商人王文素曾著《新集通证古今算学宝鉴》，现在我们又看到了清代晋商的有关如何经商的著作，这两部著作对于我们进一步了解晋商、认识晋商颇有帮助。兹将《贸易须知》抄录于下：

贸易须知辑要　卷上

一、学小官，第一要受（守）规矩，受（守）拘束，不受（守）规矩，则不能成方

圆,不守拘束,则不能收敛深藏,即顽石须琢经磨,方成器耳。

一、学小官,清晨起来,即扫地、撑柜、抹桌、□椅、添砚池水、润笔、擦戥子,拎水与人洗脸,烧香,冲茶,俱系初学之。

一、学小官,要站在柜后,照看柜里柜外,看人做生意,听人说甚话的买卖,彼此交谈问答,对答贯串,必须听而记之。

一、客到,俟客坐定,即斟茶,双手之请茶奉过,退两步,再回头走。茶吃过,即奉烟、请烟。如客坐多时,再茶再烟。客去即将茶钟烟袋归于原处,不可东搭西惯。

一、进柜学小官者,全在流动活泼为第一,必须先学眼前一切杂事,谙练、熟猾、伶俐、精灵,便要目联耳听,手勤脚快,然则用心习学人,戥子、银水、算盘必通。次之,听人言谈,学人礼貌。以上种种,如是,方入生意之门。

一、学小官,不可嘴快插言多嘴,如众人在一处议话,你可耳听,勿使眼望。又道:紧眼睁,慢开口。

一、学小官,切莫嫌大人嘴啰嗦。他说你,皆是教你□人,不然说你怎的,你若嫌他琐碎,行于脸□,下次当说你也不说了。系小人不教不训,何以成人,你去思之。

一、学小官,不要口钝怯,但□头戥、银水、算盘、笔道、言谈、礼貌诸事,须要请教人:某老爹,某大爷,求指教、教导。切不可拙口钝腮,一言不发,犹如木头船。一如此者,学到老亦不是中用的,全要嘴上花梢,哄人,骗人,那人再无不导你的。又道叫人不折本,只要舌头打个圆,哄死不偿命。且你学的乖,藏在你肚里,即兵火盗贼,莫能劫之,岂不是你一生之受用也。

一、学小官,目今相反。假如在店内二人,一人说你,一人不说你,反道说你者是坏人,不说你者是好人。岂不知不说你者,烂肚肠也,说你者,不□受人之托,嗣后你成人者,则知说你者是恩人,不说你者是坏人。到后你成人了,到底还说你者是仇人,不说你者是恩人。初学者不可不明辨此理也。

一、学小官,切不可拗强。拗强者,蠢笨之根也。如那人指点你、说你,他必定比你高些,才能够说你。你若对嘴、对舌、翘鼻高,不肯服他,你的生意,就是学一世也是不能成的也。

一、学小官,切勿嘴馋,或在灶上拈嘴拈食,或偷钱在外买东西吃,或要人的东西吃,如此者,不但无品性,且丧志。戒之,戒之。

一、学小官,先要立品行。行有行品,立有立品,坐有坐品,吃有吃品,睡有睡品。以上五品，务要端正方成。体统行者，务须平身垂手，望前看足，而行如遇尊者，必须逊让，你獐头鼠望、东张西望、摇膊乱跑、卖呆望□，如犯此样，急宜改之。立者，必须挺身稳立、沉重、端严，不可倚墙、靠壁、托腮、咬指。□□□坐者，务必平平正正，只坐半椅，鼻须对心，切勿抑坐、偏斜、仰腿、赤足，如犯此形，规矩何在。食者，必□容缓食，箸碗无□菜，须省俭，大可厌者贪吞抢噎，筋不停留满碗乱，又还嘴舐，扒手桌上，这样丑态，速速屏去。睡者，贵乎屈膝侧卧，闭目吻口，先睡心，后睡目，最忌者瞌睡岔脚，露膊弓膝，多言多语，□□呼气，一有此坏样，趁早除之。

一、学小官，要有耳性，有记才，有血色，有活气，此四种万不可少。他有耳性者，则听人吩咐、教导。有记才者，学□的事就不能忘却了。有血气者，自己就顾廉耻了。有活气者，则有活泼之象，又叫着是个生意脸蛋，而人人见了欢喜你，夸奖你，岂不美哉。

一、学小官，要受教听说。你受教听说，那人只管尽自己才情，尽行教你，他心里都是欢喜的，你若不受教听说，教你一次、二次、三次，不信你终日不改。只是贪玩，那人不但不说你，反把高帽子与你戴。何也？即不受教，自然你就不喜人说了，那随你混去了，说你怎的。又道：久谏成仇。

一、学小官，扫地先将水洒，可免喷灰。次之，一帚押一帚，轻轻而扫，毋使尘飞。再者，恐地下有银钱，拾起来交与店主，此乃试你之心，看你可爱银钱，切勿上腰私藏，慎之。尚有字纸，检入纸篓篓。

一、学小官，掸柜，务将灰掸于一处，然后吹之，恐有银末蘸于盘银之内。

一、学小官，一笔道习字，饭后闲暇无事，可以在柜上习学操练，如有事，切不可。圣人云：行有馀力，则以学文。

一、学小官，学习算盘，日间不可学打算盘。生意之家，忌的白日不打空算盘，务要在晚上，无事学习算盘，请教人指明算法，全要揣悟自省。

一、学小官，一称戥子，将毫理清，拿定提好，勿使一翘、一懒，总要在手里活便，称小戥子，务必平口，称大戥子，务必平眉，不可恍惚，高低标准，方可报数。看银水成色，整锭者，看其底脸，审其路数，是哪一处出的银子，但成色一样，销手百般，细察要紧。如整锭无边者，销铅无疑。有云：有银无边，那是假。如疑惑，认不真者，剪开便知明白。块头者看其宝色、墙光、底脸、容口，纹银是纹银底脸，九五是九五底脸。如底脸不相□者，必须存神。又道：银无二色。如在墙光打闪滑头滑脑者，即剪开，则见铜之矣。

一、学小官,说话要响响亮亮,高高朗朗,切不可糊里糊涂,说在肚里,使那人听不见。亦不可胡言乱道,嘻嘻哈哈,总要诚实妥贴,别只管笑话顽,我只当没有听见,才成学生意之道。

一、学小官,学得周年两载生意,有点眉眼,有点门路,就要硬着头任意在柜上勉强做生意,不可退后。如你做不下来者,自有旁人接应,你一回两回,胆大者就好向前做了。如你不向前,终是担心,何能展放,到甚的时候才能够做生意。又道:若要会,人前累。

一、学小官,一着你到街上买东西,或是叫你到别店,有事将事办完,急速回店,切不可久耽搁,贪玩好嬉。如此者,就不把生意放在心上了。谨记,谨记。

一、学小官,初学者总要自己谨慎、小心、惧怯、怕人,不可放荡、轻狂。至嘱,至嘱。

一、学小官,一生意之家,务须早起。早起者,不但神清,而且气爽。柜内柜外,掸扫洁净,摆列齐整,亦是店面之光彩也。

一、开张铺面之家,切不可在柜内打盹、看书、伸腰、打呵欠、混闹、嘻嘻哈哈、打头戤□□□□□□,犯之则无店矣。

一、学小柜台做生意者,必须健身稳立,礼貌端庄,言谈响亮,格外神清,眼观上下,察人真伪,辨其贤愚,买物之人,则不轻视你了。

一、做生意,必须把生意放在心上,不可胡思乱想,即要紧心事,则生意亦要□开。有云:心无二用。想心事,做生意遮掩,神情恍惚,即无讲究矣。

一、手里做着生意,还要耳朵听人说话,还要嘴里说着话,还要眼里联□事事,所以做生意之人要八面威风。

一、人借你柜上戥子称银者,你切不可伏在他面前,望着他的银包,恐有遗失,你可站开些,俟他称过银子后,然后将戥子收过来可也。

一、居家开店,掸几扫地,俱要朝里扫,不可朝外扫,此系常之忌讳耳。

一、替人夹银子,夹开必须放在柜上,切不可就放入他银包内,恐有讹误,慎之。

一、与子弟学生意者,切莫先送入大店,何也? 但大店内本钱是大的,生意是大的,气概是大的,眼眶是大的,穿的是绸缎,吃的是美味,如此排场,难免嫖赌,将以上行为日逐看在眼里,日久成风,岂不误却终生,就是学成顶好的生意,总是立于险地,岂千年不散之(宴)席,倘一时不合,解出生意,则难寻小店之生意,岂不艰难乎。但有子弟,必须先送在小店里学生意,而小店虽则本小，但为事俱系寸金步子，论穿着，不过布单衣服，论吃者，不过粗茶淡饭，银钱细算分文厘毫不肯费用，只讲勤俭，并不奢华，寻常日用必需，就若居家一样，况而烧锅煮饭，上门下门也，即使过这般苦楚，见过这等行为，就晓得银钱非容易，寻亦知当家过日，但人情物理，纤维明白。如果生意学成有六七分。然后再入大店，自是此务明白，则不知妄为而说问渐高，见识渐远，为人毕竟超群。又道：不是一番寒彻骨，怎得梅花扑鼻香；不吃苦上苦，难为人上人。又道：边殊者，亦近墨者，近墨者黑，处世小□则易大，就小则难。此说良有以也。

一、教小官，论其资质如何，聪敏者，敏教法，鲁钝者，鲁钝教法。聪敏者不可过于严禁他，必须缓言相训，怎长怎短，始末根由，指点明白，甚的事怎样做，甚的话怎样说，你不相（向）他细说分明，他怎能晓得。《论语》云：生而知之者也，上。你看世上有多少生而知之之人乎？皆系口传心授学而知之。鲁钝者，其教不同前，即乎同前一样教法，他也只当耳边风，岂有为师的两样教法，奈乎！着力教乎不能成，不着力教者成矣。只此贤愚别矣。

一、教钝鲁之小官，止可慢慢管，店东亦不知替他说哪些细话，已学两年如有一银之通，再都（渡）可也。如仍照前鲁钝，则无教导之说话，即或教成了，亦是个灰黑灰黑者，条□出来的黑穗一包黑灰，并非麦子，所以成不了物者，故名。倒不如起早打发他回去，免蔽自己之名。但教小官的时候，切不可洒□惯盆，粗言笨语，非打即骂，狼头狼脑，使出言样行为，晓得那小官犹如呆子、痴子一般，越教越拙，使那小官再不能向前也，所以店东伙计为使者，亦要有些涵养，有点获（爱）惜，倘那小官如果聪敏伶利不顽皮者，必须要细心着意教他生意，到后来成人，决不忘你授之恩也。

一、学小官，务要识好歹，那人□□朋友训诲你，又不过于严厉你，你就要努力奋志，把生意滋味□莫有个不成，□□□，又道：世上无难事，只怕用心人。生意放在心上，早晚盘□□□□□□，你若是终日顽皮贪懒，好戏胡闹，说东窜西，全不习学生意，诸事又不放在心上，就是那人钻在你肚子里也是不中用的，如此者，倒不如早些回去，以再相别图还好。

一、言谈，做生意之人不可缺也。与人闲坐，就是没话说，亦要四处搜寻出些话来讲讲，叙叙寒暄，谈谈时语，才成活变伶俐之道也。说话第一要谦恭逊让，和颜悦色，言正语真，方成正人君子，但凡言语之中，不可形于讥，检点留心。有云：言行要留有好样□□□□□□。

一、交易，言谈不要太多，多则令人犯厌，只在□，要说的确，当你若言多不

在理路,话多还说你是个骗子哩。

一、有女子堂客进店来买东西,切勿笑言相戏,趣话留连,外人看见就要说,被若喊叫起来,你的脸面何存?总要正色部明多寡,该卖则卖,不该卖则令别买,勿得自轻自贱,慎之。到底男女别,授受不可亲也。

一、面生人进柜,须要请教尊姓台甫,尊府何处,次之问有何贵干,至此务要细细查问,还须访他同伴人之,必要问此位是何人,彼若应,则无妨,若各言,不问。倘或竟有歹人冒同进店,你疑他伴,他疑你店之人,互相不问,真假难分,误事有之。昔有一人,同客进店,其店只当是随客之人,客只当店里之人,两下一依,后此人盗去银两,岂不是惜言两依之误也。

一、称彼来买物之银,大市价钱他是晓得的,假如货卖六七分,一斤戥子上就要放在六七分四五厘之间,称之一□,再□买物之人,则无疑惑,你若在六七分之里称懒懒,买物之人看见翘,则说我银子多哩,可不多出一番言语来。

一、称大小称者,必须扶稳拿一,勿使低昂,如称来买之□伙者,须拿着些回来。称己货者,须促着些,并非做没良心之事,亦是生意之法门也。

一、称钱与人,数钱与人,发货与人,付账与人,必须查而再查,算而又算,交代明白,手清迄,切勿乱虚慌张,□里糊涂,则有件错遗失之说也。

一、人来买物之银钱,既成,此时不可移动他的,俟停一刻再移,犹恐彼不来买,退还原银,不动则彼无讲矣。

一、买者拿银同你买货,问彼买何物,先言价值,次看银,再收用戥称,如色足平准则不必言,如色毛平轻,则除去所欠平色,计净银若干,货价该多少,多则退,少则添。

一、□来买物之银,先已称过不妥,既去,复再看,不可说我既称过,回来者务将银包打开再称、再看,不可说我既称过就掼过去,犹恐倒包抵赖,将铜换去银,将轻换去重,他若说你才称过,又称做甚,你回道,今银不过手,称过再看,可保无虞。一熟人来买物之银钱,不可就拿过许去,必先过数,如多则退,如少则添,你若惜情不过数者,来银止有少的,不得多的,岂不受了暗亏,但如今人,人面兽心者多,他晓得你不称他的银子,不数他的银,他就安心少称你的了,不但少了你的数,他还要拿银来同兑,凡交易者,君子不羞当面为是。

一、生意不比古时,以老为实,彬斌板版,目令你者依古时做生意者,则鬼已没得上门,而时下须得言如胶漆,口若蜜罐,花描行事,还要带三分奉承,彼反觉亲熟,且而相加信,再相熟者还可说两句趣话,生意无不妥矣。但今世俗只宜假,不宜□。又道:一天卖得三石假,三天卖不得一石真。

一、来往客寄存整封炮头银子,若务要当面拆开,查照看验,再为封固皮上写一笔某名存记,切不可随手收入,最为误事。昔有人客寄银一封存店,以为托熟,比时意为当查得,迟了一月,茶客来拿银,拆开看时,竟是青钱四百,实像一封银子,两下抵赖不清,只因起初未尝当面查验,有此一端,其后各认一半,可不是失于检点过节,凡一切事务大概不得存神,谨慎要紧。

一、发货与人务将原账一看,再将货单一看,然后照单发之,交点数日付讫存单□对。

一、面生之人货未到而先□得会其货,必须盘□细察名姓、何乡,尊□从哪一路来,置的甚宝货,合着甚价钱,到盘缠、关税□多少,细询一盘问,他货船今在那里,若说的对,再对□银,只可半信,又道□□能言,某□切要存心用意留神待他,可着一人暗地跟□尾之,俟他货到,方可大意,你若信他再行,以为真实,以好人相待,不防备他,一时满空,瞥见银两钱物衣物之所,即起不良之心,设法□你的了,千记谨慎要紧。

一、给票与客货件数,斤两折头价值一一算明查清,□落于自家底簿,然后给票,照票起,自后再对,对重宜,则无伪错矣。

一、对一切来往人各说话俱要存神留意,听他人出口,你随机应变,还须聆音察理辨色,你若冒失致不审来历,止晓得随口说出来,并不管前照后,诚恐话内有关系机密,岂不令人参破识透,但凡一切事,思寸思寸方可做,一切话亦要想想说,三思而行,方免后悔。

一、柜上生意要不论贫富,俱要一样应酬,不可以别其好丑,貌视于人,但做生意的人,是无有大小,只要有钱问买卖物,他即是个花子,□可交接。又道:生意人无大小,上至王侯,下至有□名人乞丐,都要圆活、谦恭、和平,应酬为本。

一、做生意止可一人对买者交谈,切不可柜外买柜内物个个插嘴多言,则不成大方生意,如买者执意不能不添,转弯可着一人往前分剖几句,则生意矣,但你若预先乱言杂语,你一句,我一句,及至到了不能转弯之时,无人接应,岂不是当□不□,无点排场耳。

一、在柜上做生意全要眼亮,第一要认识得人,如彼公道正直、出言有理,必公道待他,毋自欺也。你若妄言诳语,虚名寡实,彼看你举动轻净,则不信服你了。如那人本来粗俗,话语强梗,亦不□弱与他,他若狼头恼望着你,你亦要

威严望着他,但目今时时局变,他见你惧他,他只管强硬,越打越进,岂不是倚势强买,则生意取坏无点抓拿。又道:遇文王而施礼乐,遇桀纣而动干戈。

一、柜上做生意须平心定气,执执一一,和颜悦色,下气怡声,婉转相达,此乃生意乖巧之第一。你若气性暴露,肝气不平,那在暴躁,你更躁,岂不两下就有相打相骂之说。又道:生意为纳家,就是发怒亦要怒而不睛,才成生意之妥贴也。

一、做生意不可性急,性急则生意虽成,且而又无后手起翘。总要缓言相待,内中即有棱角转弯之变,你若急急迫迫三言两句将几句话头说掉了,至到后没得蹬答,岂不是没后手,则生意难成。又道:生意不成,言谈未到。

一、做生意切不可前言不应后语,都要至成的实,如何说起,如何说止,你若先三而后四,言语不一,则不相信与你也。

一、店内生意人擦满头须,一个一个做妥,交货自己拿定主意,总不要虚慌。某一笔该多少,某一笔该若干,算明查清,交付与彼,切勿见生意多,慌慌张张,失头忘尾,则有舛错多与。

一、做生意看那人来,甚人谈,你口要相甚话,□□□□□,总要随机应变,如他批评你的货丑,你亦不可嫌他,他善批你,亦要善解。又道:褒贬是买主。说说是闲人。

一、买者进店,要看你货色好歹,可先将丑的与他看,彼说不好,再把次一宗与他看,彼中意就买,若再不中意,你说道:先生果敢买高货,其价不贱哩。买者看道,则高价买之。你若猛然先把高货与他看,他则不信,可不要费唇舌,宁可多费于那人,则信之矣。

一、说各货价钱者,多须留些退步,你若是口言其实价,买者未能深信,但目今之生意老实不得,多要放三分虚头,宁可到后再让,彼必信服的。你若说一个实在价,那人决不能增的,止有减的,可不是留余地者佳。

一、倘有问你不买者,就是照本还说矮些,是不妨的,此谓之请客的盘儿。

一、次货讨人价钱者,须要水马不离桥,切勿冒失要人多少,彼问你讨价没影,则伸舌而去之,总要不离左右,物值所价,即或过路生意,亦有大市略高些还可,如想一倍买卖两倍者,彼不买奈何。

一、生意来,买方实未到本是不卖的,还伤子价是不买东西还价。在路口而不绝恍不定者是站在柜前则欲买。而不买之势,如买少走,则不。而要买之势,生意须三收三放。老拿着才买卖者,方无反悔疑惑,切莫犹豫,□□□□。

一、生意来买者买价未到本，或无多赚者，不可轻易放他们，如果不到本亦迁就，要□跌，此回不赚钱，恐下次有所图，你若潦草大意回他去了，则不成。生意之人必须笑容可掬，缓缓相就，推之以理，详之以情，那人（自）然多添些，可不是原全生意之成也。

一、做生意买者同你交易，必须把生意放在心上，同他对答怎长怎短，买□不买，切不可三心二意，别处打岔。必须立于柜面，俟彼口意不买，方可做别的事。莫说买者还价不到，远抛高，就不理他，你不理他，买者则动气而去，如遇见性躁者还要同你相骂到底，还要细细推详划本划利卖得、卖不卖得，不可自误，过后悔矣。

一、生意也要慷慨大方些，泼绰些，切不可一做生意，格外苛，总要推多取少才有主顾投奔□了。

一、做生意若是有利钱的货来，买者如价平色纤微差点，就要包涵些为是，切要执板定的要价足平色，则生意呆而莫□□。又道：要得生意成，八成当九成。

贸易须知辑要　卷下

一、门口价钱卖定，倘或货价纤微高些，你切勿就高，必须听得大市方可长价，你猛然就高，一时未能信服，不服者彼，彼则别买，往常是你主顾，彼若往别店买，别见亲□□与他买，除不高他的，反护他些，买者信以为然，只说你了。他下次永不来也。

一、货者陡高门口长价者，买人自不相信，必须将货物从地头因何而贵，或是微细，或遭干或伤雨，以至于贵，分下明白，买者自然信服，而增价买之。若贱亦公道与人，方成正气生意，则见你无欺，他下次即有投奔。又道：宁做一去百来之生意，一去不来之生意也。

一、生意都要自己修，为省□，不可自误，但价钱俱要公道。秤要准，货色要剔选搭配。倘价高，须涨在人后，或价贱，就要跌在人前，才成生意之领旨也。

一、同人交易者，彼兑来银如数，倘多者，系他错，必须退还，切勿收下。再者，算账亦要清白，不可苟且带错账混账等情。自古道：交以道，接以礼。

一、门市货色须要剔选，高货就在门口卖，不但卖得其价值，而又有主顾，次些的可以大宗搭去不妨。

一、下交账者俱要银金，发货才无挂冻，银不全将货发与他，他就有多少徊

徘摆布,或说你货低,或说你秤轻,当增价者不增,当加银水者不加。自古道:交钱饮酒,两无异说。

一、做惯小生意者。忽有大生意投你手里做,而大生意却比不(听)得小生意,就要自家慨然些,脱洒些,切勿象小生韭菜滚块,则大方矣。

一、赊账者看其为人若何,方其家道若何,如人信,口家道,又何妨。时下更有一种奸人,如花言巧语屡次骗你,把便宜与你讨,与你不计较,他此等行事,却是想你赊欠与他的心事,你看他来的脱洒,大概只说他是个好事,就方赊与他,一上了他的勾(钩),再已难脱,可慎思之。

一、问人讨账者,如欠主信实饶裕,不可琐碎多言。如欠主狡猾支吾者,一次闲话,二次累,三次发作,再四不可放过门,拿着他要钱,他若说今日不,就要道后日,即依他,及至到后日再往要之,其实又无,他又拿别的话来推托,未能就手,还要担代五天,真不误事,及至五天,又不相干. 彼言实在要迟一个月,事则图活,决不失信,说不妨,就迟一个月,什么日期来领,彼说只在这个月,你说只到底要个日子,三十日也是个月底,初十也是个月初,他如果设话回说,定日子等到至期,务要使彼取讨,就是大雨大雪大风必定要的,即使他不能推诿,此乃一步紧一步,他才着力作法还银,凡讨账者不可不此法也。

一、置货要看彼处市情,如客稀货广,口停着相买,若货少货多,就要谅自己行销酌买之,如货涨则买,有跌意暂停。又道:宁买迎头涨,不买迎头跌。

一、置货买时,虽厘毫必须讲究增减,何也?而求官者必须地头求,虽说厘毫无几,但精少则成多矣,置货不得不如是也。

货物贵极者必贱,贱极者必贵,此乃至理。但贵贱者不一,不可买,买者防。贱极者可买,买则防贵。职贵底子贱,此时无利者随即货等价。又道:货无百日贵,亦无百日贱。又云:极必反。谚云:家无千日货,不是长财人。又曰:家无口货不发。总而言之,须耐得、守得,才为锦囊也。

行情朝下松者,止可尽店内货销去,无多可口再松,奈之,则一张赶不上一张生意。你见行情好,买,图其多买些,倘行情贱,再就不好做的了。恐家来会,亦不可图他口批拉时,却受的好,及至兑银之时,措手不及,恐行情又贱,则货物销头不少,岂不受激切而暗亏也。

一、行情往上涨,可尽店内之力,四处腾挪多批些子,不妨其事。倘鬼市假高价,亦不可多买,总要看其句面,察其客路信息,果若真高,切不可错过,必须见景。

一、行情但凡几分几往上高,是几高,几分,几朝下跌,如行是真跌,如行猛高几,一旦猛跌几钱,一旦是假行情也,诚恐不然,亦要看其市情来□如何涨落。定规是:贵是贱,斟酌为要。

一、开行开店之人,三朝五日要在众行走走,讨讨信息,街上各店坐生,谈各货情,谈情形,不可一去延月不回,有误自家生意。你若呆坐在家里则不知行情有早晚之分、朝夕之变。

一、开店自己稍有本钱,可以转得过来就开店罢了,切不可图好看,多拉些行账在身上脱出银子账,眼见你银子多,就不守本分了,又想做别的事,肥大虚浮,或一着棋落空,你拉的行账多,他则见利,及至到后,你美不来必鹅溪(屙稀),□□□□□□□。

一、开小店自己人力须得□规矩,安分守己,勤生意,切不可胡坐(作)胡为,作颠狂奢侈,须得几文钱豢养家活口。又道:若要发,牙齿头上刮。

一、开大店之家,伙计多者不可过省,该逢槁要墙,逢节要即,上下总要一样,不可厚此薄彼,令大人嗔道,亦不可吃独食。

一、开店家之有一样菜下饭,便□不可重肴叠菜,拣好拣坏,惟有市面上吃菜是莫论头的,一文钱可以买顿菜饭,下百文亦可以买顿菜下饭,生意人总要打算盘为是。有云:富贵只为升合起,穷人只为莫算计,能有以也。

一、开小店切不可与有本之店混拉,你就是都送与他,也拉他不动的,必须平心,耐不可守说是我卖不得,同他乱卖一番,此事万不可行也。自古道:战不如善守,必须让他个戏头,才是生意诀门。

一、□开店,切不可嫌没生意,开不多晚,□要想开,而你店才开,远处人未必□知开,下半年十个月来若生意再丑竟无人开,又说□,罩守店,但新开大小店俱要年方成店面,□□□□,如琢如磨,慢慢修为自娱,你如用心、用意,在生意上讲究,再无生意者,天之命也。你说不关,就要捅到别处,如再不好,□□知奈何。谚云:头醋不酸,到底儿薄,总是难的。但时运不好,止有守,你若乱哄哄,越乱越坏。又道:剑者其实不易,守者难,其实更难。细观守字底下是个寸,家得一守,万丈有甲,守不得一寸,则万丈无活功,到归根耐之也。

一、店内用庶务,须量入为出,不可大支大用,但支用者本完还可,□□□□□□□□□□□□□□,若寻到一个,倒用去两个,岂有不坏事哉。又道:用字无底总要紧把,细吃细用总□可撑持。又道:银钱入手非容易,用尽方知来处难。

一、生意人切不可华丽，止可质□，有以淡饭省吃省穿终能积聚，但生意人可恨者嫖赌□□四字，有此一字后矣，穷之根，贫之源也。

看旁人穿好衣裳吃好食者，切不可照他行事。是话回答，切不可当面批评。当面批评则使他□惭，更要□了，俟晚□宵谈及日间所做生意，那一笔在差错，那椿事情做坏，惟亡以理评之，以请婉转相商从容评□，伙计无不听之、服之。又曰：衣穿非酌口所为期，言不谬。

一、做掌柜、大伙计虽不可自抬身价，而目中无人，非为不要有掌□□□□提调，即或东家有诸事，下等人一要图活通融，倘要不是处，亦以理而剖之，则上下欢心，无不服你，你若自己以尊贵，自夸其能，狂然自大，目中无人，行出坐坛，遣将之势，众不但不服你，还要留下唾骂，做大伙计者不得不思也。

一、用伙计者，必须安他之心，他才有心掌替你做生意，那人点能为，有点干办，你不可轻视于他，诸凡事情兼之钱银行日可就□迎□□，人道：可用托主而事，良禽相本而缕。

一、东家要察伙计家道盈余，他有什么心事你要代替他，替他揣磨，□合而为，宾主相投，自然越□越厚道，可以成协力同心之家也。

伙计亦要尽良心，必须贴心贴意．彼之银钱分文不染沾，与人账目银钱亦要清白，我既出乎忠心事彼，彼如不失我者也，弃暗投明矣。又道：贤臣择主而事，良禽相木而栖。

一、东家要察伙计家道，盗之之半，余者不在乎，此欠缺者，即靠此俸赡家，尚或过支些须，你勿得有吝，慨然□□，他自有心待你，你具而应急于他，岂不是美事哉。

一、付辛（薪）俸与伙计者，必须口那人用着银才问你，你千万不可吝，即称银与他，须得整齐些的，口那人寄回好用，该其银水者，切不可就其平戥亦不可短者，此乃至是之言也。

（注：此文原为手抄本，讹舛衍脱之处甚多。这里只做了简单标点，原著有文字不通地方，保持原样。未加改动。）

附录五：

吴慧先生诗词

读《晋商兴衰史》

创业维艰事足传，风沙割面万驼蹉。
直穿瀚海三千里，横历江湖五百年。
乔木几家曾服贾，名都何处不通廛？
能行诚信兼勤俭，籍甚当时非偶然。

读张正明著《平遥票号商》，奉题一首，请正

镖客曾伤矢石间，票庄谁创破难关。
汇通天下疾如水，信著寰中安若山。
杨桂廉风分号远，竹兰清气旧堂闲。
银行先导人谋拙，蹉失良机追莫还！

注：日升昌票号旧址堂屋有联：竹兰天地清气，山水古今大观，杨桂指扬州、桂林两分号所在地，与竹兰系借对。

张正明《晋商与经营文化》读后

何事任公常自夸，学优则贾振吾华。
鱼盐大隐古今业，驼茗长征昏晓笳。
进止贤亲著三晋，衰兴奢俭证诸家。

灯笼柱挂居无妄,故院来寻秋日斜。

张正明兄赠我《明清山西碑刻资料选》选其二题,诗以彰之

重修平遥县市楼记碑

翠碧玲珑几茸修,三檐四柱历春秋。
史传周礼制初备,神奉关公名永留。
一邑壮观看人涌,四方奇货想钱流。
平遥城古誉遐迩,应识城中有市楼。

读《山西碑刻资料选》(续)之乔致庸墓表

冠裳质朴老儒生,却掩斯人善贾名。
卷轴广求常案伏,乡间急告必囊倾。
特持忠实言无妄,力戒骄奢室更盈。
近日荧屏歌事迹,早经镌石有公评。

2008 年 4 月 9 日

读碑刻(续)之许鸿宇墓志铭

地狭民稠贾以资,取予术效解趋时。①
蛮烟朔雨艰无阻,蜗角蝇头利不遗。
焚券宽人素慷慨,抚孤责己倍温慈。
良商去后思难已,冻雨河津和沮丝。

2008 年 4 月 10 日

注:①行白圭之术。

读碑刻(续)之历次重修池神庙记

薰风夏日适时来,池水盐凝得阜财。
大舜定都辟商道,中唐建庙置神台。①
"山川德色"光常及,"草木余荣"春不回。②
明末苦饥何盛茸,云期弭盗复消灾。③

4月11日

注:①唐为唐代宗时韩滉始建。②万历修庙记中用词,"回"为"归去"之意。③谓用管氏侈靡篇中意。见崇祯九年重修池神庙记。

吴慧:1927年生,江苏吴江人,中国社会科学院经济研究所研究员,曾任中国商业史学会会长。享受国家特殊津贴专家。著有《桑弘羊研究》、《中国历代粮食亩产研究》、《中国商业政策史》、《中国盐法史》、《新编简明中国度量衡通史》,主编《中国商业通史》五卷本。

后 记

这次拙著修订增删部分约 6 余万字,是由山西省社会科学院历史所科研究人员张舒承担的。由于水平所限,缺点和错误仍然不少,欢迎各位读者批评指正。

拙著 1995 年初版和 2001 年再版,均由山西古籍出版社出版,时任责编王灵善先生为拙著的修改和出版,付出了辛勤的劳动。这次拙著增订本的出版,得到了山西经济出版社领导赵建廷、郝建军先生的大力支持,责编任冰女士为拙著的编辑出版,做了大量的工作,付出了许多心血。

谨在此,向上述各位先生、女士及关心拙著出版的各位读者,表示诚挚的谢意!

作 者

2009 年 10 月

图书在版编目(CIP)数据

晋商兴衰史 / 张正明 . -- 太原：山西经济出版社，2010.5（2022.1重印）

ISBN 978-7-80767-270-8

Ⅰ. 晋… Ⅱ. ①张…②张… Ⅲ. 商业史—研究—山西省—明清时代 Ⅳ. F729.4

中国版本图书馆 CIP 数据核字（2009）第 235885 号

晋商兴衰史

著　　者：张正明　张　舒
责任编辑：任　冰
装帧设计：华胜文化
出 版 者：山西出版传媒集团·山西经济出版社
社　　址：太原市建设南路 21 号
邮　　编：030012
电　　话：0351-4922133（市场部）
　　　　　0351-4922085（总编室）
E-mail：scb@sxjjcb.com（市场部）
　　　　zbs@sxjjcb.com（总编室）
网　　址：www.sxjjcb.com
经 销 者：山西新华书店集团有限公司
承 印 者：三河市明华印务有限公司
开　　本：787mm×1092mm　1/16
印　　张：25.125
字　　数：400 千字
印　　数：12001-14500 册
版　　次：2010 年 5 月　第 1 版
印　　次：2022 年 1 月　第 5 次印刷
书　　号：ISBN 978-7-80767-270-8
定　　价：68.00 元